AF752689

Erklärungsfaktoren für die Managementautonomie in kommunalen Mehrheitsbeteiligungen

Tobias Alexander Krause

Erklärungsfaktoren für die Managementautonomie in kommunalen Mehrheitsbeteiligungen

Eine empirische Studie

PL ACADEMIC RESEARCH

Bibliografische Information der Deutschen Nationalbibliothek
Die Deutsche Nationalbibliothek verzeichnet diese Publikation in der Deutschen Nationalbibliografie; detaillierte bibliografische Daten sind im Internet über http://dnb.d-nb.de abrufbar.

Zugl.: Potsdam, Univ., Diss., 2015

Umschlagabbildung:
© Repina Valeriya / Fotolia.com

517
ISBN 978-3-631-71783-7 (Print)
E-ISBN 978-3-631-71792-9 (E-PDF)
E-ISBN 978-3-631-71793-6 (EPUB)
E-ISBN 978-3-631-71794-3 (MOBI)
DOI 10.3726/b10877

© Peter Lang GmbH
Internationaler Verlag der Wissenschaften
Frankfurt am Main 2017
Alle Rechte vorbehalten.
PL Academic Research ist ein Imprint der Peter Lang GmbH.

Peter Lang – Frankfurt am Main · Bern · Bruxelles · New York · Oxford · Warszawa · Wien

Das Werk einschließlich aller seiner Teile ist urheberrechtlich geschützt. Jede Verwertung außerhalb der engen Grenzen des Urheberrechtsgesetzes ist ohne Zustimmung des Verlages unzulässig und strafbar. Das gilt insbesondere für Vervielfältigungen, Übersetzungen, Mikroverfilmungen und die Einspeicherung und Verarbeitung in elektronischen Systemen.

Diese Publikation wurde begutachtet.

www.peterlang.com

Vorwort

Die vorliegende Arbeit entstand während meiner Tätigkeit als wissenschaftlicher Mitarbeiter am Lehrstuhl für Public und Nonprofit Management der Universität Potsdam. Sie wurde vom Promotionsausschuss der Sozial- und Wirtschaftswissenschaftlichen Fakultät der Universität Potsdam im November 2015 als Dissertation angenommen. Im November 2016 wurde die Arbeit mit dem Peter Lang Nachwuchspreis prämiert und liegt daher nun als Verlagspublikation vor. Hierfür möchte ich mich an dieser Stelle herzlich bei der Peter Lang Verlag GmbH und den Juroren und Jurorinnen des Preises bedanken.

Für mich war die Erstellung dieser Arbeit eine Herausforderung und persönlich bereichernde Erfahrung zugleich. Den zahlreichen Personen, die mich in vielfältiger Art und Weise unterstützt haben, sowie den Weggefährten, die mich während der Promotionszeit begleitet und mir Rückhalt gegeben haben, möchte ich an dieser Stelle ganz herzlich danken.

Mein besonderer Dank gilt meiner Doktormutter, Frau Professor Dr. Isabella Proeller, für ihre hervorragende Unterstützung und ihr persönliches Engagement bei der Betreuung dieser Arbeit. Durch ihre konstruktiven Anmerkungen und Hinweise sowie nicht zuletzt ihre jederzeitige Diskussionsbereitschaft hat sie entscheidend zum Gelingen meiner Arbeit beigetragen.

Ebenfalls herzlich bedanken möchte ich mich bei Herrn Professor em. Dr. Christoph Reichard für die freundliche Übernahme des Zweitgutachtens und die zahlreichen wertvollen Diskussionen zum Thema. Ich bedanke mich insbesondere dafür, dass er während der Promotionsphase starkes Interesse an meiner Arbeit gezeigt hat und durch seinen großen Wissensschatz und seine vielfältigen Literaturhinweise zum Gelingen der Arbeit beigetragen hat.

Darüber hinaus bedanke ich mich bei Herrn Professor em. Dr. Dieter Wagner und Professor Dr. Sabine Kuhlmann für ihr Mitwirken in der Prüfungskommission.

Ebenfalls bedanken möchte ich mich bei Herrn Prof. Dr. Ulf Papenfuß. Er hat mir durch sein großes Expertenwissen zum Thema wertvolle Einsichten eröffnet und ich bewundere sein riesiges Engagement für die *Public Corporate Governance* in Deutschland.

Ein herzlicher Dank gebührt weiterhin meinen Kolleginnen, Kollegen und Freunden, durch die ich meine Promotionszeit in schöner Erinnerung behalten werde.

Meinen ehemaligen Kolleginnen und Kollegen am Lehrstuhl für Public und Nonprofit Management danke ich für die gute Zusammenarbeit, ausdrücklicher Dank geht an Anne-Kathrin Wenzel, Matthias Döring, Patrick Otto, Nadine Knapp, Jana Teich, Sebastian Adamski und Michael Haack. Ich muss mich vor allem bei Prof. Dr. Alexander Kroll, Prof. Dr. John Siegel und Prof. Dr. Dominik Vogel bedanken, denn sie haben mich in wertvollen Diskussionen immer wieder zum Grübeln und Nachdenken gebracht und mich auf dem Weg zur Lösung meiner Fragestellungen begleitet. Von ganz besonderem Wert ist für mich die Freundschaft, die sich während der letzten Jahre zu meiner Kollegin Valeria Haasis entwickelt hat. Als Kollegin und Freundin konnte ich mich immer auf sie verlassen, Rat bei ihr suchen und finden – hierfür danke ich ihr aufrichtig.

Insbesondere bin ich Annett Wadewitz, Jacob Witte und Stephanie Massar zu Dank verpflichtet, denn sie haben mich während der Adressrecherche und beim Versenden der Fragebögen in besonderem Maße unterstützt.

Des Weiteren muss ich mich bei allen Geschäftsführerinnen und Geschäftsführern kommunaler Unternehmen bedanken, die an der Umfrage teilgenommen haben. Ohne eine tatkräftige Unterstützung wäre diese Arbeit nicht möglich gewesen! Auch den prominenten Unterstützern der vorliegenden Umfrage bin ich zu großem Dank verpflichtet: Allen voran der Kommunalen Gemeinschaftsstelle für Verwaltungsmanagement (KGSt), dem Bundesverband Öffentliche Dienstleistungen-Deutsche Sektion des CEEP e.V., bvöd und der Allianz der öffentlichen Wasserwirtschaft e.V.

Ganz besonders bedanke ich mich bei meinen Eltern, denn sie haben mich auf allen meinen Wegen unterstützt und begleitet.

Zu guter Letzt möchte ich mich bei meiner Frau Daniela bedanken, die mich unterstützt, stärkt und auch in schwierigen Zeiten zu mir steht.

Tobias Krause,
Potsdam den 30.11.2016

Inhaltsverzeichnis

Teil III Diskussion der Ergebnisse und Limitationen der Studie

Tabellenverzeichnis

Abbildungsverzeichnis

Abkürzungsverzeichnis

AG	Aktiengesellschaft
AktG	Aktiengesetz (Deutschland)
ANOVA	Varianzanalyse („Analysis of Variance“)
AR	Aufsichtsrat
ARegV	Anreizregulierungsverordnung
Art.	Artikel
BSAQ	Board-Self-Assessment-Questionnaire
bspw.	beispielsweise
bzw.	beziehungsweise
ca.	circa/annähernd
CEEP	European Centre of Enterprises with Public Participation and of Enterprises of General economic Interest
CFA	Confirmatory Factor Analysis/Konfirmatorische Faktorenanalyse
CFI	Comparative-Fit-Index
CG	Corporate Governance
COBRA	Comparative Public Organization Data Base for Research and Analysis Network
df	Freiheitsgrade („degrees of freedom“)
DGO	Deutsche Gemeindeordnung
DrittelBG	Drittelbeteiligungsgesetz
EDP	Electronic Data Processing/Elektronische Datenverarbeitung
EEG	Erneuerbaren Energien Umlage (EEG)
et al.	et alia/und andere
EU	Europäische Union
e.V.	eingetragener Verein
EnWG	Energiewirtschaftsgesetz
EWG	Europäische Wirtschaftsgemeinschaft
f.	folgende
ff.	folgenden/fortfolgende
FuE	Forschung und Entwicklung
FPV	Fallpauschalenvereinbarung
GbR	Gesellschaft bürgerlichen Rechts
GG	Grundgesetz
gGmbH	gemeinnützige Gesellschaft mit beschränkter Haftung
GmbH	Gesellschaft mit beschränkter Haftung
GmbH & Co KG	Gesellschaft mit beschränkter Haftung & Compagnie Kommanditgesellschaft
GmbHG	GmbH-Gesetz (Deutschland)
GWB	Gesetz gegen Wettbewerbsbeschränkungen

H	Hypothese
HGB	Handelsgesetzbuch
IT	Informationstechnologie
KGSt	Kommunale Gemeinschaftsstelle für Verwaltungsmanagement
KHEntgG	Krankenhausentgeltgesetz
KHG	Krankenhausfinanzierungsgesetz
KMO	Kaiser-Meyer-Olkin-Kriterium
HRM	Personalmanagement (Human Resources Management)
MSA	Kaiser-Meyer-Olkin Maße der Samlping Adequacy
NPM	New Public Management
OHG	Offene Handelsgesellschaft
ÖPNV	Öffentlicher Personennahverkehr
P	Prediction/Vorraussage
p	p-Wert/Überschreitungswahrscheinlichkeit
s.	signifikant
SGB	Sozialgesetzbuch (Deutschland)
S.R.O.	Rechtsform der haftungsbeschränkten Gesellschaft in der Tschechischen Republik
TLI	Tucker-Lewis-Index
MitbestG	Mitbestimmungsgesetz
N	Populationsgröße
n	Stichprobenumfang
NPO	Non-Profit-Organisation
NRW	Nordrhein-Westfalen
n. s.	nicht signifikant
OECD	Organisation for Economic Co-operation and Development
OLS	Ordinary Least Squares/Kleinste-Quadrate-Methode
PCF	Principal Component Factor Analysis
PPP	Public-Private-Partnerschaft
Quango	Quasi-autonomous-non-governmental-Organisation
RL	Richtlinie
RMSEA	Root Mean Square Error of Approximation/ Approximationsdiskrepanzwurzel
smc	quadrierte, multiple Korrelationen
SOE	State owned Enterprise/Staatsunternehmen
STATA	Statistiksoftware von StataCorp
Stat.	Statistisches
SET	Social-Exchange-Theorie
TAC	Transaktionskostentheorie
U.S.	United States/Vereinigte Staaten
VARIMAX	Varianzmaximierende Rotationsmethode
VIF	Varianz-Inflations-Faktor
z.B.	zum Beispiel

Zusammenfassung

In den letzten Jahrzehnten ist der Trend der Verselbstständigung in vielen Kommunen zu beobachten. Ein Großteil der öffentlichen Leistungserbringer wird mittlerweile als privatrechtliche Gesellschaften in einem wettbewerbsorientierten Umfeld geführt. Während viele Forscher Ausgliederungen in Form von nachgeordneten Behörden auf Bundesebene untersuchen und diese Reformwelle als einen faktischen Autonomisierungsprozess beschreiben, gibt es nur einige wenige Studien, die sich explizit mit den Autonomisierungstendenzen auf Kommunalebene auseinandersetzen. Daher fehlt es an empirischen Erkenntnissen zur Steuerung der kommunalen Beteiligungen.

Dieser Forschungslücke widmet sich die vorliegende Arbeit und untersucht erstmals Erklärungsfaktoren für die faktische Autonomisierung von kommunalen Mehrheitsbeteiligungen aus dem Blickwinkel der Gesteuerten. Die zu Grunde gelegte Forschungsfrage lautet: Welche instrumentellen und relationalen Faktoren beeinflussen die Managementautonomie in kommunalen Mehrheitsbeteiligungen?

Die Untersuchung verfolgt dabei drei Unterziele: Erstens soll die aktuelle Steuerungspraxis und -intensität untersucht werden, mit der die kommunalen Akteure auf die Geschäftstätigkeiten der Beteiligungen wahrnehmbar Einfluss nehmen. Zweitens sollen neben strukturellen Kontextfaktoren wie Branche und Rechtsform weitere, relationale Erklärungsfaktoren für die unterschiedlichen Autonomiegrade der kommunalen Unternehmen identifiziert werden. Drittens sollen die gewonnenen Erkenntnisse genutzt werden, um praktische Handlungsempfehlungen für die Beteiligungssteuerung in Kommunen zu geben.

Zur Beantwortung der Forschungsfrage hat der Autor auf Basis der Transaktionskosten- und der Social-Exchange-Theorie einen Analyserahmen erstellt. Darauf aufbauend wurde ein eigenständiger Fragebogen entwickelt, der weitere theoretische Konstrukte aus der internationalen Forschung berücksichtigt.

Die aufgestellten Hypothesen wurden mit einer großflächigen Umfrage in den 39 größten deutschen Städten empirisch getestet. Dafür wurden schriftliche Fragebögen an 1079 kaufmännische Geschäftsführer kommunaler Unternehmen versendet. Die Befragung richtete sich vor allem an Geschäftsführer auf den beiden obersten Konzernebenen. Insgesamt konnte der Autor einen Rücklauf von 243 ausgefüllten Fragebögen verzeichnen. Die eigenständige Auswertung erfolgte mit der Statistiksoftware STATA.

Im Ergebnis zeigen sich mehrere empirische Erkenntnisse: Erstens konnten mittels Faktorenanalyse vier unabhängige Faktoren von Managementautonomie in kommunalen Unternehmen identifiziert werden: Personalautonomie, Generelles Management, Preisautonomie und Strategische Fragen. Während die Kommunen ihren Beteiligungen einen hohen Grad an Personalautonomie zugestehen, unterliegen vor allem strategische Investitionsentscheidungen wie die finanzielle Beteiligung an Tochterfirmen, große Projektvorhaben, Diversifikationsentscheidungen oder Kreditaufnahmen einem starken politischen Einfluss.

Zweitens führt eine Rechtsformänderung und die Platzierung in einem Wettbewerbsumfeld (auch bekannt als Corporatisation) vor allem zu einer größeren Flexibilisierung der Personal- und Preispolitik, wirkt sich allerdings wenig auf die weiteren Faktoren der Managementautonomie, Generelles Management und Strategische Entscheidungen, aus. Somit behalten die Kommunen ihre Möglichkeit, auf wichtige Unternehmensfragen der Beteiligung Einfluss zu nehmen, auch im Fall einer Formalprivatisierung bei.

Drittens führt eine Verschiebung von der Input- zur Outputsteuerung in der Wahrnehmung der Manager zur Flexibilisierung der Personal-, Preis- und Strategieautonomie der Beteiligungen. Dies gilt nur dann, wenn Inputsteuerung tatsächlich aufgegeben und durch andere Steuerungsmechanismen ersetzt wird. Zwar schränkt auch die Zielsteuerung die Managementautonomie ein, doch dies nur zu einem geringeren Grad wie andere Mechanismen. Bei Anwendung von unterjähriger Berichterstattung über nichtfinanzielle Ziele können zusätzliche Einschränkungen der Personalautonomie vermindert werden. Die Verwaltungsführung kann aber informelle Steuerungsmechanismen wie Treffen oder Telefonate nutzen, um ihren Einfluss auf die Personalpolitik weiterhin geltend zu machen.

Viertens verschieben sich die wesentlichen Steuerungsakteure in privatrechtlichen Beteiligungen. Den Aufsichtsräten kommt damit eine wesentlichere Bedeutung zu. Besonders effektive Aufsichtsräte können die strategischen Handlungsfreiheiten der Unternehmen verbessern. Anders als angenommen tragen effektivere Aufsichtsräte aus Sicht der Geschäftsführer aber nicht zu einer insgesamt größeren Unabhängigkeit in der Unternehmensführung bei, sondern schränken vor allem die generelle Managementautonomie gegenüber der Kommune ein. Es ist anzunehmen, dass auch besonders fähige Aufsichtsräte ihre Aufsichtspflicht anders interpretieren als ihre Pendants in Privatunternehmen und die gemeinwohlorientierten Ziele der kommunalen Unternehmen mitberücksichtigen.

Fünftens kann ein besseres Vertrauensverhältnis zwischen Steuernden und Gesteuerten die Preisautonomie der Unternehmen gegenüber der Kommune steigern. Auch die Anwendung eines Public-Corporate-Governance-Kodex kann das gegenseitige Vertrauensverhältnis verbessern und trägt damit indirekt zu einer Flexibilisierung der Preispolitik bei. Dabei ist zu berücksichtigen, dass viele Versorgungsunternehmen in einem stärkeren Wettbewerbsumfeld agieren und die Preisspannen in den meisten Branchen schon durch die Konkurrenzsituation am Markt und die nationalen und internationalen Rechtsbestimmungen gesetzt werden.

Sechstens konnten bisherige Public-Corporate-Governance-Kodizes aus Sicht der Geschäftsführer dazu beitragen, die wahrgenommene Effektivität der Aufsichtsräte zu verbessern und deren Informationsüberlastung zu verringern. Auch der Anteil der Politiker in den Gremien reduziert sich bei Anwendung eines kommunalen Corporate-Governance-Kodex drastisch.

Letztlich können zur Erklärung der Autonomiefaktoren transaktionskostenbasierte und relationale Faktoren ergänzend herangezogen werden. In den Transaktionsspezifika wirken vor allem der Wettbewerb in der Branche, die Messbarkeit der Leistung, die politische Relevanz der Branche, die Anzahl der Politiker im Aufsichtsrat und die eingesetzten Steuerungsmechanismen. In den relationalen Faktoren setzen sich die Variablen gegenseitiges Vertrauen, Rolle der Aufsichtsräte, Informationsaustausch, Rollenkonflikte, Rollenambivalenzen und Geschäftsführererfahrung im Sektor durch.

Um Rollenkonflikte im Management der Unternehmen zu verringern, empfiehlt der Autor, politische Eingriffe in das Unternehmensgeschehen auf ein notwendiges Maß zu beschränken, strategische Prioritäten zu setzen und die dadurch entstehenden Kosten im Vorhinein abzuschätzen oder möglichst klar zu beziffern. Dafür sind Stakeholder-Dialoge und Szenario-Analysen notwendig, die verschiedene politische Interessenlagen berücksichtigen und zu einem Ausgleich bringen.

1. Einleitung

Verwaltungsreformen der vergangenen Jahrzehnte rückten eine institutionelle Sichtweise in den Mittelpunkt der Betrachtung (Schedler und Proeller 2011: 5). Ein wichtiges Ziel der Reformbestrebungen war es, einen Wandel von der traditionellen Inputsteuerung hin zu einer Outputorientierung zu beschreiten (Schedler und Proeller 2011: 5). So sollte ein Umfeld geschaffen werden, dass sich vor allem an den Wirkungen des Verwaltungshandelns orientiert und externe wie interne Leistungserbringer in die Überlegungen miteinbezieht (Hood 1991; Majone 1997; Thatcher 2002).

Das Staatsverständnis wandelte sich vom Staat als Produzenten zu einem Gewährleisterstaat, der Leistungen nicht selbst erbringen muss, jedoch die Aufgabenerfüllung sichert (Reichard 2009: 61). Anders als im angloamerikansichen Raum wurden viele öffentliche Leistungserbringer in Deutschland aber nicht radikal ausgelagert sondern zögerlich „verselbstständigt" (Reichard 2009: 63). Diesem Phänomen soll sich die vorliegende Arbeit widmen.

Der Trend der Verselbstständigung lässt sich international unter den Begriffen „Agencification" und „Corporatisation" verorten (Jann 1999; Pollitt et al. 2004; Grossi und Reichard 2008; Bach 2014). Ziel dieser Reformbestrebungen ist es, durch Delegation an autonomere Einheiten größere Effizienz und Effektivität in der staatlichen Aufgabenerbringung zu erzielen (Bach 2014).

„Agencification" bedeutet, verselbstständigte Behörden auf Bundes- und Landesebene zu errichten, die klar abgegrenzte Aufgaben wahrnehmen, „leistungsbezogen gesteuert werden und erweiterte administrative Handlungsspielräume erhalten" (Bach 2014: 23).

„Corporatisation" bezeichnet einen „structural reform process, which changes the operational conditions of Public Sector Organizations in order to place them on a commercial basis in a competitive environment. At the same time, it allows the government, as owner, to invervene by providing broad direction in key performance targets (including financial and nonfinancial) and community service obligations" (Teo 2000: 558). Die Definition von Corporatisation erfordert „a separate statutory authority, with a distinct legal identity, separate accounts and its own board of directors" (Vagliasindi 2008: 7) und „requires the enterprise to be incorporated under the same laws that govern private corporations" (Vagliasindi 2008: 7).

In Ländern mit geringem Bruttoinlandsprodukt gilt Corporatisation als ein wichtiger Schritt, um Korruptionsprobleme zu beseitigen und die öffentliche Leistungserstellung der vielen staatseigenen Unternehmensformen zu verbessern (World Bank 2006: 13; Vagliasindi 2008: 1ff.; OECD 2012: 3ff.; Andres et al. 2013: 93ff.).

In Deutschland wird Corporatisation unter der Bezeichnung „formelle Privatisierung" (Kuhlmann und Wollmann 2014: 174) vor allem auf der Kommunalebene sichtbar. Einige Autoren sprechen aufgrund der Vielzahl der Ausgliederungen bereits vom „Konzern Kommune“ (Linhos 2005: 1ff.). Vor allem Versorgungsunternehmen und Stadtwerke werden zumeist im Privatrecht geführt.

Für eine wirtschaftliche Betätigung in privater Rechtsform müssen verschiedenste Zulassungsvoraussetzungen erfüllt sein. Jede Gemeinde ist zuvorderst verpflichtet, die Leistungserstellung im Sinne der Daseinsvorsorge zu gewährleisten (Art. 28.2 GG). Schon in der mittlerweile aufgehobenen, deutschen Gemeindeordnung von 1935 war die sogenannte „Schrankentrias“ (§ 67 DGO) verankert, die bis heute in den gemeinderechtlichen Vorschriften eine wichtige Rolle spielt. Sie besagt, dass eine Gemeinde nur wirtschaftliche Unternehmen mit Gewinnerzielungsabsicht errichten darf, wenn:

„– der öffentliche Zweck das Unternehmen rechtfertigt
– das Unternehmen nach Art und Umfang in einem angemessenen Verhältnis zur Leistungsfähigkeit der Gemeinde und zum voraussichtlichen Bedarf steht
– der Zweck nicht besser oder wirtschaftlicher durch einen anderen erfüllt wird oder erfüllt werden kann“ (§67 DGO; Meßmer 2011: 95).

Die Auslegung der Schrankentrias orientiert sich an der Gemeindeordnung des jeweiligen Bundeslandes. Kommunen müssen darüber hinaus (je nach Branche und betroffener Aufgabe) eine Unzahl von rechtlichen Spezifika bei der Gründung von eigenen Unternehmen beachten (Meßmer 2011: 84ff.; Uechtritz et al.: 67ff.).

Nichtsdestotrotz nimmt die Bedeutung der deutschen kommunalen Beteiligungen als Erbringer von öffentlichen Leistungen zu. Laut statistischem Bundesamt gab es im Berichtsjahr 2010 ca. 14939 öffentliche Fonds, Einrichtungen und Unternehmen in Deutschland (Statistisches Bundesamt 2013a: 261ff.), davon befanden sich 13357 in Kommunalbesitz (Statistisches Bundesamt 2013b: 108). Im Berichtsjahr 2011 war die Gesamtzahl der Mehrheitsbeteiligungen bereits von 14939 auf insgesamt 15127 öffentliche Fonds, Einrichtungen und Unternehmen angestiegen (Statistisches Bundesamt 2014: 265ff.).

Zu den zahlenmäßig wichtigsten Branchen zählen das Wohnungswesen, die Wasser- und Energieversorgung, die Abwasser- und Abfallentsorgung, die Wirtschaftsförderung, der öffentliche Personennahverkehr und das Gesundheitswesen (Statistisches Bundesamt 2013b: 108; Statistisches Bundesamt 2014: 265f.).

Nahezu 50% aller kommunalen Beschäftigten sind bei öffentlichen Unternehmen angestellt. Das Kreditvolumen, das in Beteiligungen ausgelagert wurde, entspricht ungefähr dem der kommunalen Kernhaushalte und ein großer Teil der kommunalen Investitionen werden in kommunalen Unternehmen getätigt (Richter et al. 2006: 122; Papenfuß 2013a: 1; Statistisches Bundesamt 2013b: 250ff., 261f.).

In den Statistiken verdeutlicht sich der vermehrte Trend zur privaten Rechtsform (Grossi und Reichard 2014: 4; Grossi und Reichard 2016). Papenfuß (2010: 105) findet 2010 in einer Analyse aller verfügbaren deutschen Beteiligungsberichte gemessen an der Gesamtzahl unmittelbarer Beteiligungen einen Anteil von 76% privatrechtlicher Beteiligungen in Mehr- und Minderheitseigentum der Kommunen. In deutschen Großstädten mit über 400.000 Einwohnern liegt der prozentuale Anteil sogar bei 86% (Papenfuß 2010: 105; Papenfuß 2012: 56). Auch das statistische Bundesamt berichtet von einem Vormarsch der privaten Rechtsform. Von den insgesamt 15127 öffentlichen Fonds, Einrichtungen und Unternehmen in Mehrheitseigentum der öffentlichen Hand wurden in 2011 immerhin 9793 in privater Rechtsform organisiert, darunter 8815 als GmbH (Statistisches Bundesamt 2014: 267).

Diesen Befund nimmt der Autor zum Anlass für die vorliegende Studie, in der die Konsequenzen formeller Privatisierung erstmals als Autonomisierungstendenzen nach der Ausgliederung untersucht werden. Es interessieren vor allem solche Unternehmen, die zwar bereits einen Rechtsformwechsel vollzogen haben, sich aber größtenteils noch in öffentlichem Eigentum befinden und somit keiner vollständigen bzw. materiellen Privatisierung unterliegen.

In der Einleitung wird der Autor zuerst den Begriff des kommunalen Unternehmens definieren. Im Anschluss daran sollen Untersuchungsgegenstand und Untersuchungsziele der Studie erläutert werden. Es folgen die Formulierung der Forschungsfrage, die Erläuterung des Kontexts, eine kurze Erklärung zur Methodik der Studie, sowie jeweils ein Abschnitt zu Relevanz und Aufbau der Arbeit.

1.1 Kommunale Unternehmen: Begriffsverständnis

Der Begriff des „Kommunalen Unternehmens" wurde gesetzlich nicht klar und eindeutig definiert. Die rechtliche Definition ist stark an den Begriff „Öffentliches Unternehmen" angelehnt (Fabry 2011: 35). Bisherige Abgrenzungen machen sich vor allem anhand der Einflussnahme und des Eigentümers fest (Fabry 2011: 35). Das Gesetz gegen Wettbewerbsbeschränkungen (GWB) beispielsweise richtet sich an solche Unternehmen, „die ganz oder teilweise im Eigentum der öffentlichen Hand stehen oder von ihr verwaltet oder betrieben werden" (§ 130.1 GWB; Fabry 2011: 35). Weiterführender definiert die Richtlinie 80/723/EWG öffentliche Unternehmen als „jedes Unternehmen, auf das die öffentliche Hand aufgrund Eigentums, finanzieller Beteiligung, Satzung oder sonstiger Bestimmungen, die die Tätigkeiten des Unternehmens regeln, unmittelbar oder mittelbar einen beherrschenden Einfluss ausüben kann" (Fabry 2011: 35; Art. 2.1 RL 80/723/EWG).

Von einem mittelbaren, beherrschenden Einfluss lässt sich sprechen, wenn die Mehrheit der Stimmrechte im Unternehmen durch eine Beteiligung der Kommune an Zweit- oder Drittorganisationen zu Stande kommt, die ihrerseits Anteile am Unternehmen halten oder Stimmrechte besitzen (§16.4 AktG). Juristisch betrachtet geht es somit lediglich um die Beherrschungsmöglichkeit, eine tatsächliche Ausübung des Einflusses ist nicht zwingend notwendig (§ 17.1 AktG).

Auch in der Theorie zielt der Begriff des „öffentlichen Unternehmens" stark auf den Eigentumsaspekt ab. Radon und Thaler (2005) sprechen von Organisationen, die Privatunternehmen in ihren Funktionen und Handlungsweisen sehr ähnlich sind (Radon und Thaler 2005: 12f.). Als Hauptunterscheidungsmerkmale nennen sie die öffentliche Eigentümerschaft und dem damit verbundenen Einfluss (Radon und Thaler 2005: 12). Bozek et al. (2004) glauben, dass öffentliche Unternehmen „arm's length entities established to pursue public policy and commercial objectives" (Bozek et al. 2004: 79) sind. In ihrer Definition wird hervorgehoben, dass öffentliche Unternehmen gleichermaßen kommerzielle wie auch politische Ziele verfolgen sollen. Shirley (1997) dagegen betont den kommerziellen Charakter der Organisationen als „government-controlled entities that generate the bulk of their revenues from selling goods and services" (Shirley 1997: 850).

Definierte die OECD State Owned Enterprises (SOEs) ursprünglich als „business entities established by central and local governments, and whose supervisory officials are from the government" (OECD 2009: 6), wurde diese relative enge Definition bereits in den 90er Jahren im Zuge großer Privatisierungswellen umformuliert in: „state-owned and state-holding enterprises" (..) "those firms whose majority shares belong to the government" (OECD 2009: 6). Anders als die EWG Definition legt die OECD Definition von 2009 somit einen größeren Wert auf die Mehrheitsbeteiligung des Staates. Ein Bezug zu einem originär öffentlichen Gesellschaftszweck wie im deutschen Gemeinderecht besteht nach Auffassung der OECD nicht zwingend.

Um ein „öffentliches Unternehmen" in Deutschland empirisch eingrenzen zu können, wird in der Jahresstatistik ebenfalls eine eigentumsorientierte Definition angewandt. Das statistische Bundesamt behandelt vereinfachend nur solche Unternehmen, Fonds und Einrichtungen als öffentlich, bei denen „die öffentliche Hand mittelbar oder unmittelbar über mehr als 50% der Anteile oder des Stimmrechts verfügt und die sich nicht zu den Kernhaushalten zählen lassen" (Statistisches Bundesamt 2013b: 108).

Neuerdings wird für privatrechtliche Organisationen auch die Bezeichnung „Privatisierte öffentliche Unternehmen" (Statistisches Bundesamt 2014: 466) verwendet. Der ursprüngliche Begriff vereint allerdings eine Vielzahl verschiedener Rechtsformen (z.B. Gesellschaften mit beschränkter Haftung, Eigenbetriebe, Vereine oder Anstalten des öffentlichen Rechts) außerhalb der Kernhaushalte, die wiederum in den unterschiedlichsten Strukturen (bspw. Public-Private-Partnerschaften, interkommunale Zusammenschlüsse, Holdingstrukturen, Netzwerke und Verbände) auftreten können.

In dieser Arbeit zu kommunalen, öffentlichen Betrieben wollen wir zwischen Eigentum, Wettbewerb, Rechtsform und politischer Einflussnahme auf Unternehmenstätigkeiten differenzieren (Moulton und Bozeman 2010: 88; Bozeman und Moulton 2011: i363ff.). Um diese Feinheiten in der empirischen Analyse herauszuarbeiten, wählen wir originär eine relativ simple und pragmatische Definition für öffentliche Unternehmen und bezeichnen diese als:

> „Enterprises where the state has significant control, through full, majority or significant minority ownership" (Gnan et al. 2010: 720).

Der Autor bezieht sich damit zuvorderst auf den Eigentumsbegriff. Bei der betroffenen Gebietskörperschaft kann es sich um eine Kommune, einen Kreis, ein Bundesland oder einen gesamten Staat handeln. Für kommunale Unternehmen kann die Kommune als Alleineigentümer auftreten oder private bzw. gemeinnützige Partner miteinbeziehen. Die Kommune besitzt potenziell Steuerungsmöglichkeiten und Kontrollrechte, muss diese aber nicht ausüben. Die Rechtsform kann privatrechtlicher oder öffentlich-rechtlicher Natur sein. Bei einer kommunalen

Mehrheitsbeteiligung handelt es sich meist um ein traditionelles Versorgungsunternehmen aus den Bereichen Wasser, Strom, Krankenversorgung, Abfallentsorgung oder Personennahverkehr. Andere Bereiche wie Wohnungsbau, Wirtschaftsförderung, Informationstechnologie und Kulturförderung gewinnen aber zunehmend an Bedeutung für deutsche Kommunen.

1.2 Untersuchungsgegenstand

Die vorangestellte Definition kann uns nicht erklären, warum öffentliche Unternehmen überhaupt existieren (Florio und Fecher 2011: 362). Abgesehen von ideologischen Argumenten (Marx 2009) werden Marktversagen (Rees 1984) und politisch-strategische Argumente (Bruton 1998) als Gründe für die Existenz von öffentlichen Unternehmen angeführt (Cuerva-Cazurra et al. 2014: 921).

Bei vielen Versorgungsunternehmen handelt es sich um natürliche Monopole (Cuerva-Cazurra et al. 2014: 921). In einem solchen Fall ist es gesamtgesellschaftlich kostengünstiger, den Markt über einen Anbieter zu bedienen als über mehrere, weil die Grenzkosten bei steigender Ausbringungsmenge unterhalb der Durchschnittskoten verlaufen (Knieps 2005: 24; Oelmann 2008: 113; Schomaker 2009: 9). Die Regierung kann durch Regulierung von Preisen und Nutzungsrechten oder durch Eigenerstellung auf diese Form von Marktversagen reagieren.

Eine mögliche, strategische Begründung für staatliche Eigenerstellung lautet, dass sozialpolitische Ziele wie Armutsbekämpfung oder Krankenversorgung nur mit Hilfe von eigenen Unternehmen zu erreichen seien (Cuerva-Cazurra et al. 2014: 921). Ebenso können Regierungen ein Interesse daran haben, strategisch wichtige Wirtschaftszweige zu kontrollieren (Cuerva-Cazurra et al. 2014: 921).

Das populär angeführte, ökonomische Gegenargument betrifft die Ineffizienz (De Alessi 1969: 18; Lawson 1994: 305ff.). Als Gründe für Ineffizienzen von öffentlichen Unternehmen werden unter anderem folgende genannt: Der öffentliche Sektor könne nicht das nötige Kapital aufbringen, um ebenbürtige Manager einzustellen (Ramaswamy 2001: 990). Aus schwachen Leistungen werden keine Konsequenzen gezogen (Ramaswamy 2001: 990), mangelnde Effektivität und Effizienz seien durch Kapitalstützen des Staates aufgefangen (Ramaswamy 2001: 990), die Eigentumsrechte seien unzureichend verteilt (Ramaswamy 2001: 990) und Gebietskörperschaften kämen ihren Aufsichtspflichten nicht oder nur ungenügend nach (Ramaswamy 2001: 990).

Trotz der vielen Gegenargumente wissen wir noch sehr wenig über die zu Grunde liegenden Governance Aspekte, die mit der Ineffizienz öffentlichen Eigentums in Verbindung stehen. Fehlt es beispielsweise an einem wettbewerbsintensiven Markt, so sind auch private Unternehmen nicht erheblich effizienter (Vickers und Yarrow 1988: 3; Ramaswamy und von Glinow 2000: 298; Ramaswamy 2001: 996). Viele Privatisierungen scheitern, weil das regulative Umfeld, Werte und Mission des Unternehmens, das Führungsverhalten, die Unternehmenskultur und die internen Steuerungs- und Feedbackmechanismen keine besondere Berücksichtigung in den Konzepten gefunden haben (Ramaswamy und von Glinow 2000: 299). Die ökonomische Entwicklung der Schwellenländer hat darüber hinaus gezeigt, dass viele öffentliche Unternehmen durchaus effizient und effektiv arbeiten können und sich Unternehmen wie China National Petroleum, Singapore Telecommunications oder Petroleo Brasileiro mittlerweile zu den größten und erfolgreichsten multinationalen Konzernen zählen lassen (Cuervo-Cazurra et al. 2014: 920, 926). Da viele dieser Unternehmen aber im Falle des Mißerfolgs durch staatliches Kapital abgesichert bleiben, stellen sich Fragen der Wettbewerbsverzerrung.

Genannte Kritikpunkte an der staatlichen Eigenerstellung lassen sich größtenteils auf die kommunale Ebene übertragen:

Für kommunale Unternehmen steht die Gebietskörperschaft in der regionalen Verantwortung als Regulierer, Auftraggeber und Eigentümer (Yescombe 2007: 15ff.; Radon und Thaler 2005: 12; Grossi et al. 2010: 232f.; OECD 2014a: 8ff.). Die betreffende Kommunalverwaltung muss allen Rollenanforderungen gleichermaßen gerecht werden. Jedoch können sich wirtschaftliche und politische Ziele durchaus unterscheiden (Radon und Thaler 2005: 17ff.). Dies provoziert soziale Kosten, die möglichst klar und deutlich zu formalisieren sind und deren Abwägung eine wichtige Aufgabe der Politik darstellt (OECD 2014a: 20). Bei imperfekter Rollenverteilung kann es zu beschränkter Handlungsunfähigkeit und Rollenkonflikten in der Geschäftsführung der Unternehmen kommen (Aharoni 1981: 1343). Die OECD (2005: 187f.) rät dazu, die Verantwortungsbereiche der Steuerungsgremien institutionell strikt zu trennen, um etwaige Zielkonflikte transparent offenzulegen.

Ein zweiter, wichtiger Gesichtspunkt betrifft den politischen Kontext, in den die Unternehmen eingebettet sind. Wegen des wechselnden politischen Umfeldes fehlt es vielfach an langfristigen Strategien und Planbarkeit (Ring und Perry 1985: 280f.). Die Bewertung der Zielerreichung erscheint aufgrund mehrdimensionaler Zielgrößen problematisch (Ring und Perry 1985: 280). Viele Ziele werden von politischer Seite bewusst unklar und vage formuliert und sind daher schwer überprüfbar (Ring und Perry 1985: 277ff.).

Ein drittes Argument betrifft die Werte, die dem Handeln der Unternehmen zu Grunde liegen. In wettbewerbsstarken Märkten kann es zu einer Verschiebung weg von traditionellen und hin zu marktorientieren Handlungsweisen kommen, die die Unternehmenswerte beeinflussen (Hafsi et al. 1987: 715ff.). Dies provoziert Wertekonflikte zwischen der Unternehmensführung und der Kernverwaltung. Einige Geschäftsführer entwickeln ein besonderes Selbstverständnis, dass das Unternehmensinteresse über das Interesse der Kommune stellt (Edeling et al. 2004: 147ff.).

Ein vierter Aspekt betrifft die Kapitalverflechtungen zwischen Kommunen und Unternehmen. Es führt zu massiven Wettbewerbsverzerrungen, wenn privatrechtliche Unternehmen, die am Markt agieren, im Fall von Misserfolgen durch die öffentliche Hand abgesichert werden (Koppell 2006: 130). Ist dies der Fall, bestehen nur geringe Anreize zu einer guten Haushaltsführung (Whincop 2005; MacCarthaigh 2011; Stan et al. 2014). Empirisch wurde bewiesen, dass solche Soft Budget-Constraints bei öffentlichen Unternehmen über längere Zeiträume hinweg zu gravierenden Ineffizienzen und Fehlanreizen führen können (Bertero und Rondi 2000: 96; Busch und Gustafsson 2002: 180f.; Bartel und Harrison 2005: 146).

Fünftens besteht die Gefahr der Intransparenz (Papenfuß 2013a: 70f.). Die Komplexität der Beteiligungsstrukturen, die unter dem Dach mehrerer kommunalen Holdings zusammengefasst werden, ermöglicht eine Neustrukturierung der Kernhaushalte (Grönnegard-Christensen und Pallesen 2001: 295). Einige Kommunen lagerten ihre Schulden bereits in sogenannte „Schattenhaushalte" aus oder verringerten den kommunalen Schuldenstand durch zusätzliche Kapital- und Finanzverflechtungen zwischen und innerhalb der Tochter- und Mutterunternehmen (Herrmann 2012: 50ff.).

Die Wahl des Steuerungsarrangements, ein letzter, häufig genannter Schwachpunkt staatlicher Eigenerstellung, scheint besonders erfolgskritisch (Ramaswamy 2001: 990). Das jeweilige Steuerungsarrangement der Kommune setzt die besonderen Rahmenbedingungen kommunaler Unternehmen. Es gibt uns Auskunft darüber, inwieweit sich die Governance der Kommunalen von reinen Privatunternehmen, die zwar auch der Branchenregulierung unterliegen, wirtschaftliche Entscheidungen aber weitgehend politisch autonom treffen können, unterscheidet.

Als Gegenmaßnahmen zu den genannten Kritikpunkten betont die OECD in ihren Berichten zur Public Corporate Governance den Schutz der operativen Managementautonomie vor mikropolitischen Eingriffen (OECD 2005, 2010, 2011, 2014). Es wird gefordert, dass den verantwortlichen Managern volle operative Managementautonomie zugesprochen wird und die zuständigen Aufsichtsräte ihre Aufgaben unabhängig von der Regierung wahrnehmen können (OECD 2014a: 7f.). Dafür ist es notwendig, dass der Eigentümer eindeutige Finanz- und Leistungsziele setzt, Berichtssysteme einrichtet, den Nominierungsprozess von Aufsichtsräten transparent macht, Kostenkalkulationen und Kapitalstrukturziele ausgibt und Risikotoleranzen festlegt (OECD 2014a: 7f.).

Vagliasindi (2008: 21f.) fordert darüber hinaus, dass öffentliche Unternehmen nach ähnlichen Maßstäben gesteuert werden, wie private Kontraktnehmer. Daher müssen bei politischen Verteilungszielen die daraus entstehenden Kosten bereits im Vorhinein quantifiziert und berücksichtigt werden, bei der Formulierung von Optima soll sich eher an Branchentrends als an Einzelwerten orientiert werden und es sollen nur solche Zielgrößen formuliert werden, die auch tatsächlich vom Management beeinflussbar sind (Vagliasindi 2008: 22).

Auf Lokalebene werden solche und andere formelle Steuerungsmaßnahmen als „kommunales Beteiligungsmanagement" (Otto 2002: 98) zusammengefasst. Kommunales Beteiligungsmanagement bezeichnet die *„Gesamtheit aller Maßnahmen, die eine Kommune in ihrer Rolle als Gesellschafter(in) bzw. Eigentümer(in) zur Führung der Beteiligungsunternehmen (...) einsetzt"* (Otto 2002: 98). Das Management umfasst zum einen die Entscheidungen der kommunalen Organisations- und Beteiligungspolitik wie bspw. die Gründung, den Erwerb oder Verkauf von Unternehmen wie auch die Möglichkeit, Leitlinien und Strategien für den Umfang und die Ziele kommunaler Daseinsvorsorge festzulegen (KGSt 2012: 20). Die Entscheidung über diese kommunenübergreifenden Sachverhalte obliegt meistens dem Gemeinderat und der Verwaltungsführung der Kommune. Darüber hinaus werden unternehmensspezifische Steuerungsentscheidungen getroffen. Dies geschieht zuvorderst in den einzelnen Unternehmensgremien wie dem Aufsichtsrat oder der Gesellschafterversammlung (Hille 2003: 115). Während die Gesellschafterversammlung durch Repräsentant/innen der Verwaltungsführung wie dem Kämmerer oder dem Bürgermeister vertreten wird, sind viele Aufsichtsräte in kommuneneigenen Unternehmen mit Politiker/innen aus dem Gemeinderat besetzt, um einen angemessenen politischen Einfluss der Gemeindevertreter zu gewährleisten. Aus Compliance-Gesichtspunkten ist problematisch, nach welchen Kriterien diese Aufsichtsräte ausgewählt und geschult werden (Papenfuß 2013a: 139ff.).

Viele Kommunen sind außerdem dazu übergegangen, eine Organisationseinheit Beteiligungsmanagement zu gründen, die sich maßgeblich mit der „Entscheidungsvorbereitung, -unterstützung, -durchführung und Kontrolle" (Huffmann 2011: 394; KGSt 2012: 3) befasst. Ihre Aufgaben umfassen im klassischen Sinne die Betreuung der Mandatsträger, das Beteiligungscontrolling und die Aufgaben der Administration (KGSt 2012: 19).

Die Organisationseinheit übernimmt zwar offiziell keine Steuerungsverantwortung, sie sammelt jedoch notwendige Informationen zu den Unternehmen und veröffentlicht diese in einem Beteiligungsbericht, bereitet Ausgliederungen vor und leitet der Verwaltungsführung wichtige Hinweise zur Erreichung der gesetzten Beteiligungsziele weiter (Creusen 2014: 8ff.). Für die Überprüfung und Sicherstellung der ordnungsgemäßen Leistungserstellung werden die jeweiligen Fachbereiche der Kommune in die Steuerung miteinbezogen.

Abbildung 1. Beteiligungsmanagement als Prozess (KGSt 2012: 19; Creusen 2014: 8)

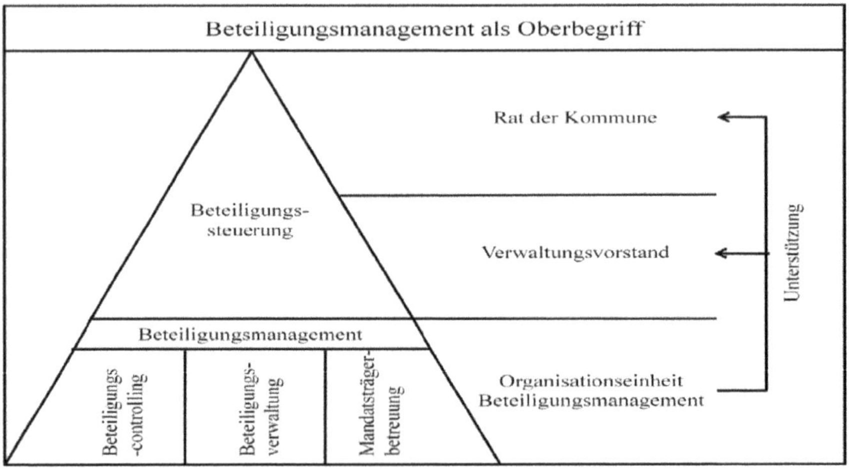

Über das Zusammenwirken dieser einzelnen Akteure ist empirisch gesehen nur wenig bekannt. Bisherige Studien zur Beteiligungssteuerung konzentrierten sich auf formelle und strukturelle Faktoren wie eine Beschreibung der verwendeten

Rechtsformen für kommunale Unternehmen (Killian et al. 2006; Papenfuß 2012), eine deskriptive oder normative Evaluation der eingesetzten Controlling-Instrumente (Diederich et al. 1994; Leitstelle Gemeindeprüfung NRW 2001; Pech und Bahn 2002; Hack 2005; Günther und Niepel 2006; Schedler et al. 2007; Lenk et al. 2013), die Abfrage von Konzernstrukturen (Linhos 2005), die wahrgenommene Rolle der Manager von Stadtwerken (Edeling et al. 2004), die Rolle von kommunalen Unternehmen allgemein (Bremeier et al 2006), den Stand der Einführung des kommunalen Gesamtabschlusses (Jantz et al. 2009; Hengel 2011), die Anwendung von Corporate Governance Kodizes und Transparenzregelungen in den Kommunen (Ruter 2004; KPMG 2007; Röber 2008; Theuvsen und Frentrup 2008; KPMG 2008; Papenfuß 2008, 2013a; Theuvsen 2011; Weiblein 2011), Organisationsmodelle und Personaleinsatz im Beteiligungsmanagement (Papenfuß und Aufenacker 2011), Vergütung und Besetzung von Managementpositionen (Papenfuß 2011), die Zahl der verfügbaren Beteiligungsberichte im Netz (Papenfuß und Schäfer 2010, 2011, 2012) und die Einführung innerbetrieblicher Steuerungsinstrumente bei Stadtwerken (Rottmann 2010; Lenk et al. 2013).

Oftmals wird den ausgegliederten Organisationen eine fehlende Steuerbarkeit durch Politik und Verwaltung unterstellt (Grossi und Reichard 2008: 613; Kuhlmann 2008: 582). Empirisch belegt ist, dass Steuerungsansätze vor allem finanzielle Aspekte in den Vordergrund stellen (Günther und Niepel 2006: 332f.; Hengel 2011: 50; Lenk et al. 2013: 17). In vielen Fällen besteht kein konsistentes Zielsystem innerhalb der Kommunen oder Ziele bleiben vage formuliert (Günther und Niepel 2006: 332; Bremeier et al. 2006: 45ff.). Nicht überall ist die notwendige Ressourcenausstattung für ein adäquates Zielcontrolling gegeben (Bremeier et al. 2006: 20), die Qualifikation der Aufsichtsräte wird in Frage gestellt (KPMG 2014: 19ff.) und es mangelt an einheitlichen Transparenz- und Rollenkriterien in der Public Corporate Governance (Papenfuß 2013a: 277f.).

Dementgegen stehen Modernisierungswellen, wie die deutschlandweite Einführung eines kommunalen Konzernabschlusses[1] (Jantz et al. 2009: 5ff.) und die Weiterentwicklung und Einführung von Public-Corporate-Governance-Kodizes[2] für Kommunen (KPMG 2008; Papenfuß 2013a).

Public-Corporate-Governance-Kodizes finden sich bereits in vielen Großstädten wie Mannheim, Lübeck, Halle, Magdeburg, Leipzig, Mainz, Münster, Gelsenkirchen,

1 Ein Konzernabschluss ist ein konsolidierter Jahresabschluss für Kernhaushalt und ausgegliederte Einheiten (Busch et al. 2009: 424). „Im Konzernabschluss werden rechtlich selbständige Unternehmen unter der einheitlichen Leitung und/oder unter dem beherrschenden bzw. kontrollierenden Einfluss einer Muttergesellschaft zusammengefasst" (Gräfer und Scheld 2007: 3).

2 Die Idee eines Public-Corporate-Governance-Kodex ist es, kommunenübergreifende Grundsätze der verantwortungsvollen Steuerung und Leitung öffentlicher Unternehmen zusammenzustellen, die sich bereits nach wissenschaftlichen Kriterien bewährt haben (Papenfuß 2013b: 304).

Düsseldorf, Duisburg, Dortmund, Essen, Bochum, Rostock, Bielefeld oder Frankfurt am Main (Burth und Gnädinger 2013; Papenfuß 2013).

Die Landesregierungen in Niedersachsen, Nordrhein-Westfalen und Rheinland-Pfalz haben entschieden, einen Konzernabschluss bis 2013 verpflichtend in allen Kommunen einzuführen (Burth und Gnädinger 2013). Das bedeutet, dass in den Kommunen der betreffenden Bundesländer bereits ein konsolidierter Jahresabschluss für Kernhaushalt und ausgegliederte Einheiten vorliegen sollte (Busch et al. 2009: 424). Allerdings sind bislang deutliche Verzögerungen zu erkennen (Burth und Gnädinger 2013). Da oft keine Einbindung in die kommunale Haushaltswirtschaft vorgesehen ist, werden darüber hinaus die tatsächlichen Steuerungspotenziale des Konzernabschluss für Kommunen angezweifelt (Busch et al. 2009: 426).

In dieser Arbeit sollen die Steuerungsarrangements deutscher Großstädte erstmals aus Sicht der Gesteuerten beleuchtet werden. Dabei soll insbesondere die Einflussnahme der Kommunen auf verschiedene Tätigkeitsbereiche ihrer Ausgliederungen interessieren. Über diese unternehmensspezifischen Sachverhalte ist in Deutschland fast nichts und international nur sehr wenig Empirisches bekannt.

Lediglich MacCarthaigh (2009) veröffentlichte eine ausführliche, deskriptive Studie zur Managementautonomie von 25 staatlichen Unternehmen in Irland. In der Stichprobe korrelieren Größe und strategische Autonomie der Unternehmen (MacCarthaigh 2009: 67ff.). Die Personalautonomie dieser Staatsunternehmen wurde von deren Managern im Mittel als relativ hoch beurteilt, die Finanzautonomie beurteilten die Verantwortlichen dagegen als eingeschränkt (MacCarthaigh 2009: 67ff.). Viele der Unternehmen durften ihre Ziele eigenständig formulieren (MacCarthaigh 2009: 42). In Bezug auf finanzielle Entscheidungen war es einem Großteil der Unternehmen allerdings nicht vergönnt, eigenständig Kredite aufzunehmen oder Tochterfirmen zu gründen (MacCarthaigh 2009: 36).

Eine weitere Studie von Braadbaart et al. (2007) untersucht den Zusammenhang zwischen faktischer Autonomie und Performanz von 22 regionalen und überregionalen Wasserwerken in afrikanischen und asiatischen Entwicklungs- und Schwellenländern. Dafür verwenden die Forscher einen summarischen Autonomieindex von Cheng et al. (2006) (Braadbaart et al. 2007: 115). Abgedeckt sind Fragen zur Beschaffung, zum Preisniveau, zur Kreditaufnahme, zur Rechnungsprüfung und zum Personalmanagement. Das Ergebnis zeigt, dass sich viele Regierungen das Recht Kredite abzuschließen, Ratsmitglieder zu benennen und abzuberufen, Gehaltsspannen vorzugeben und das Recht zur Festlegung der Wassergebühren vorbehalten (Braadbaart et al. 2007: 117). Im Mittel ist die Managementautonomie der betroffenen Wasserwerke als eher gering einzuschätzen. Allerdings müssen wir berücksichtigen, dass das institutionelle Umfeld in den betrachteten Regionen zum Zeitpunkt der Umfrage weit weniger entwickelt war als in der deutschen Wasserwirtschaft.

Da in der Studie lediglich eine Branche fokussiert wurde, war es den Autoren möglich, Pearson-Korrelationen mit ausgewählten Performanzindikatoren zu errechnen. Positive Korrelationen zwischen Autonomie und Performanz ließen sich unter anderem für die Zuverlässigkeit und Effizienz der Werke, deren Gewinn, die Qualität der abgelieferten Berichte und die Arbeitsproduktivität feststellen (Braadbaart et al. 2007: 119). Darüber hinaus bestanden signifikante, positive Zusammenhänge zwischen Autonomieindex und Preisniveau. Leider wurden in der Studie keine zusätzlichen Kontrollvariablen berücksichtigt.

Die einzige, dem Autor bekannte, multivariate Studie zur Managementautonomie in öffentlichen Unternehmen stammt aus dem Jahr 1993 (Lioukas et al. 1993). In dieser Studie sind es vor allem finanzieller Misserfolg und die Kapitalausstattung der griechischen Staatsunternehmen, die die verschiedenen Autonomiebereiche einschränken (Lioukas et al. 1993: 656ff.). Für ihren Einflussindex bei 110 staatlichen Unternehmen finden die Autoren positive Zusammenhänge zwischen Größe, finanzieller Abhängigkeit, sozialer Orientierung und der Anzahl der Politiker in den Aufsichtsräten (Lioukas et al. 1993: 656). Autonomieförderlich wirken sich dagegen der Internationalisierungsgrad und die Innovationsfähigkeit der Unternehmen aus (Lioukas et al. 1993: 656). Die Rechtsform der Unternehmen bleibt unberücksichtigt. Auch für die spezifische Branche der Unternehmen wird bei Lioukas et al. (1993) nicht kontrolliert, lediglich soziale Unternehmen werden mit einer speziellen Codierung versehen. Weitere internationale Studien zur Autonomie konzentrieren sich vorwiegend auf wenige Staatsunternehmen (Huber 2012) oder auf öffentliche Unternehmen in sozialistisch geprägten Schwellenländern (Hellman und Schankerman 2000; Wong et al. 2004; Chang und Wong 2004; Cheng et al. 2006; Chan 2009).

Es gibt sehr unterschiedliche Ansichten darüber, ob und in welcher Weise Governance-Veränderungen die Managementautonomie der Einzelbeteiligungen in industrialisierten Ländern beeinflussen. Die direkte Übernahme privatwirtschaftlicher Praktiken kann aufgrund der Spezifika öffentlicher Unternehmen ungeahnte Konsequenzen nach sich ziehen. Ein kommunales Unternehmen agiert in einem sehr komplexen Umfeld und unterhält Beziehungen zu einer großen Anzahl von Stakeholdern. Empirisch gesehen ist unklar, wie diese Akteure miteinander interagieren und welche der Instrumente, die von Kommunen genutzt werden, die Praxis der Unternehmensführung einschränken. Der Untersuchungsgegenstand der vorliegenden Arbeit ist es deshalb, solche formellen und informellen Kontingenzfaktoren zu identifizieren, bei denen ein signifikanter Zusammenhang zur faktischen Managementautonomie kommunaler Unternehmen besteht.

1.3 Untersuchungsziele

Ziel der vorliegenden Untersuchung ist es nicht, Gründe für die Wahl unterschiedlicher Rechtsformen zu identifizieren (Bel und Fageda 2007; Flinders 2009; Bel und Fageda 2010; Bel et al. 2013). Der Autor möchte nicht untersuchen, warum Kommunen bestimmte Tätigkeiten auslagern und andere in Eigenerstellung vollziehen (Hefetz und Warner 2004, 2007, 2011; Sundell und Lapuente 2012). Ebenfalls soll kein umfassendes Bild der aktuellen, kommunalen Steuerungslandschaft entworfen werden (Günther und Niepel 2006) oder ein neues Konzept zur Beteiligungssteuerung vorgelegt werden (Lasar et al. 2011; Schedler et al. 2011). Primäres Anliegen des

Autors ist es lediglich, Flexibilisierungstendenzen im Rahmen von Corporatisation-Prozessen besser verstehen zu lernen (Nelson und Nikolakis 2012: 378ff.).

Einige empirische Untersuchungen haben bereits gezeigt, dass Corporatisation öffentliche Unternehmen effizienter und effektiver machen kann (Dunsire et al. 1991; Shirley 1999; Bradbury 1999; Irwin und Yamamoto 2004; Bozek und Breton 2003; Aivazian et al. 2005; Bilodeau et al. 2007; Gomez-Ibanez 2007). Die Effizienzverbesserungen lassen sich nach derzeitigem Erkenntnisstand auf veränderte Kontrollstrukturen (Aivazian et al. 2005: 802ff.; Cambini et al. 2011: 214), verstärkten Wettbewerb (Bradbury 1999: 161), unternehmerisches Handeln (Bernier 2014: 254ff.) und die Vorteile von Flexibilisierungen zurückführen (Braadbaart et al. 2007: 120; Nelson und Nikolakis 2012: 378ff.; Garrone et al. 2013: 527ff.; Beecher 2013: 160f.). Diese Faktoren können allerdings in einem erheblichen Ausmaß variieren, wenn politische Stakeholder ihren Einfluss weiterhin geltend machen wollen (Nelson und Niolakis 2012: 382). Rechtsformänderung und Wettbewerb stellen somit zwar notwendige, nicht aber hinreichende Bedingungen für mehr Managementautonomie in den Unternehmen dar (Vagliasindi 2008: 7).

Das Untersuchungsziel der vorliegenden Forschungsarbeit besteht darin, Flexibilisierungstendenzen in mehrheitlich kommunalen Unternehmen zu identifizieren und hierfür Erklärungsfaktoren zu identifizieren (Lioukas et al. 1993; Verhoest et al. 2010; Bach 2014). Dabei soll die vorliegende Untersuchung erstmals nicht nur formelle, sondern auch informelle Aspekte berücksichtigen, die in den bisherigen, großflächigen Studien zur Public Corporate Governance (Reddy et al. 2011; Almquist et al. 2013; Ennser-Jedenastik 2013; Papenfuß 2013a; Lenk et al. 2013) weitgehend ausgeblendet wurden.

Aufgrund der Neuartigkeit des Forschungsvorhabens werden im Literaturüberblick Erklärungsfaktoren zur De-facto-Autonomie in verselbstständigten Behörden, den sogenannten „Agencies“ (Pollitt et al., 2004: 10; Verhoest et al. 2010: 17) herangezogen. Die Arbeit verfolgt damit drei Unterziele:

Erstens soll die aktuelle Steuerungspraxis und –Intensität untersucht werden, mit der die lokalen Verwaltungsakteure und Politiker auf die Geschäftstätigkeiten von kommunalen Unternehmen wahrnehmbar Einfluss nehmen. Zweitens sollen neben strukturellen Kontextfaktoren wie Branche und Rechtsform weitere, relationale Erklärungsfaktoren für die unterschiedlichen Autonomiegrade der Einzelbeteiligungen identifiziert werden. Drittens sollen die gewonnenen Erkenntnisse genutzt werden, um praktische Handlungsempfehlungen für die Beteiligungssteuerung in Kommunen zu geben.

1.4 Forschungsfrage

Die Forschungsfrage dieser Arbeit, die im zweiten Kapitel näher erläutert wird, bezieht sich auf den Steuerungsbegriff. Steuerung ist ein äußerst vielschichtiges Konzept und man kann es aus unterschiedlichen Blickwinkeln betrachten (Geringer und Hebert 1989). Wenn wir gemeinhin von Steuerung reden, stellen wir typischerweise drei Fragen: Wer steuert? Wie wird gesteuert? Was wird gesteuert? Wir wollen wissen, wer die Steuernden sind. Wir wollen wissen, welche Steuerungsinstrumente sie verwenden. Letztendlich wollen wir wissen, auf welche Objektbereiche die Steuernden einwirken.

Betrachten wir die Problematik aus Sicht einer Ausgliederung, so stellen sich die gleichen Fragen. Wir wollen wissen, wer von externer Seite her Einfluss auf das Unternehmensgeschehen nimmt. Wir wollen wissen, mit welchen Instrumenten diese Akteure Einfluss nehmen. Wir wollen wissen, in welchen Unternehmensbereichen autonom gehandelt werden kann und in welche hineingesteuert wird. Die „Was?"-Frage beantworten wir mit der Managementautonomie der Ausgliederung. Beteiligungssteuerung und Managementautonomie können somit als zwei Seiten einer Medaille betrachtet werden (Bach 2014: 52ff.). Weil Beteiligungssteuerung im Rahmen der Arbeit aus Sicht der Gesteuerten untersucht wird, lautet die Forschungsfrage:

Welche instrumentellen und relationalen Faktoren beeinflussen die Managementautonomie in kommunalen Mehrheitsbeteiligungen?

Inhaltlich vereint die vorliegende Forschungsfrage damit verschiedene Blickwinkel auf den Steuerungsbegriff. Erstens, die Mechanismen, die von Kommunen verwendet werden, um Rechenschaft einzufordern (Geringer und Hebert 1989: 246). Zweitens, die Frage nach den primären Steuerungsakteuren (Yesilkagit und van Thiel 2008: 46ff.). Drittens, die Wichtigkeit von transaktionskostenbasierten Variablen (Williamson 1985; Van der Meer-Kooistra und Vosselman 2000; Krause 2014). Viertens, die relationalen Determinanten von Managementautonomie wie beispielsweise Vertrauen, Reputation oder kulturelle Ähnlichkeit (van Slyke 2006: 167; Carpenter und Krause 2014: 5ff.; Tantardini und Kroll 2015: 12ff.). Zuletzt, in der abhängigen Variable, die jeweilige Dimension von Managementautonomie auf die sich die Einflussvariablen auswirken (Geringer und Hebert 1989: 246; Maggetti und Verhoest 2014: 243f.).

Um erste Erklärungsfaktoren für Managementautonomie in kommunalen Unternehmen zu identifizieren, wird untersucht,

- welche formellen und informellen Instrumente von den Kommunen eingesetzt werden, um einen tatsächlichen Einfluss auszuüben,
- welche Rolle die einzelnen Akteure in der Steuerung einnehmen und
- welche Rolle den sozialen Beziehungen der Akteure in der Steuerung zukommt.

1.5 Kontext

Das administrative System in Deutschland stellt im europaweiten Vergleich einen Sonderfall dar, der bis zu einem gewissen Grad mit einigen skandinavischen Ländern, der Niederlande, Österreich und der Schweiz vergleichbar ist (Kuhlmann und Wollmann 2014: 17f.). Unter dem Begriff der Kommune versteht man in Deutschland im weitesten Sinne sowohl die Gemeinden, als auch die kreisfreien Städte, die kreisangehörigen Städte und die Landkreise (Bogumil und Jann 2009: 103). Ende

2013 gab es in Deutschland noch ca. 11.161 Gemeinden, 2064 Städte (darunter 107 kreisfreie Städte) und 295 Landkreise (Statistisches Bundesamt 2014: 29).

Das Aufgabensystem unterscheidet vier Typen von kommunalen Aufgaben: Deutsche Kommunen nehmen einerseits Auftragsangelegenheiten im Bereich des Bundes und der Länder wahr (hierzu gehören beispielsweise der Zivilschutz oder die Bauaufsicht), die nicht dem eigenen Wirkungskreis zugeordnet werden (Ronellenfitsch und Ronellenfitsch 2012: 3). Hierzu zählen auch Pflichtaufgaben nach Weisung, die die Kommunen in Form einer unteren, staatlichen Verwaltungsbehörde wahrnehmen (Ronellenfitsch und Ronellenfitsch 2012: 5). Bei diesen Tätigkeiten ist eine privatrechtliche Erledigung ausgeschlossen.

Darüber hinaus erbringen die Kommunen Selbstverwaltungsangelegenheiten, für die die Gemeindevertretung die höchste Entscheidungsinstanz darstellt (Bogumil und Jann 2009: 104). Hier unterscheidet man die freiwilligen Aufgaben und die Pflichtaufgaben, deren Erledigung durch Gesetze zur Pflicht gemacht wird (Bogumil und Jann 2009: 104; Ronellenfitsch und Ronellenfitsch 2012: 4f.).

Pflichtaufgaben umfassen die Bereitstellung von Kindergärten, Jugend- und Sozialhilfe, Gemeindestraßen, Wohngeld, Schulverwaltung, Förderung des Wohnungsbaus, Abfallbeseitigung und Abwasserbeseitigung (Bogumil und Jann 2009: 104f.; Ronellenfitsch und Ronellenfitsch 2012: 3f.). Bei pflichtigen Selbstverwaltungsangelegenheiten können Kommunen über die Art und Weise der Aufgabenerfüllung entscheiden (Ronellenfitsch und Ronellenfitsch 2012: 4).

In den freiwilligen Aufgaben können Kommunen nicht nur über das „wie" sondern auch die Ziele einer Aufgabenerledigung entscheiden und besitzen eine sehr große Entscheidungsfreiheit im Rahmen der Daseinsvorsorge (Bogumil und Jann 2009: 105). Zu den freiwilligen Aufgaben zählen unter anderem die Bereitstellung und der Betrieb von Museen, Versorgungs- und Verkehrsbetrieben, Schwimmbädern, Theatern, Grünanlagen, Bürgerhäusern, Wirtschaftsförderung oder Sportstätten (Bogumil und Jann 2009: 104; Ronellenfitsch und Ronellenfitsch 2012: 4).

Anders als im angloamerikanischen Raum verstehen sich deutsche Kommunen aufgrund ihrer Historie als produzierende Dienstleister (Ambrosius 2012a: 75f.). Schon kurz nach dem ersten Weltkrieg übernahm der deutsche Staat die Aufgabe, daseinsvorsorgende Leistungen zu erbringen, um die Chancengleichheit für alle zu verbessern (Ambrosius 2012a: 75). Neben hoheitlichen Aufgaben wie innere Sicherheit, Bildung, Gesundheit und sozialer Sicherung wurden auch Dienstleistungen wie Verkehr und Energieversorgung zunehmend in staatlicher Eigenproduktion erstellt (Ambrosius 2012a: 77).

Ein Beispiel für die Entwicklung kommunaler Unternehmen ist die Historie der Stadtwerke. Stadtwerke entstanden als zuerst relativ lose Querverbünde bereits in den 1870er Jahren, um Gas- und Wasserversorgung unter einem Dach zu erstellen und Synergieeffekte zu nutzen (Ambrosius 2012b: 39). Mit Erlass der ersten Eigenbetriebsverordnung wurden diese Verbünde in den 1930er Jahren zu eigenständigen Unternehmen, die zunehmend auch Strom und Verkehr im Verbund vereinten und bis heute Bestand haben (Ambrosius 2012b: 39). Unter dem „Paradigma des Gewährleistungsstaates" (Ambrosius 2012a: 77), das Anfang der 90er Jahre ein stärker marktwirtschaftliches Verständnis von kommunaler Leistungserstellung propagierte, wurden Drittparteien und Private in die Leistungserstellungsprozesse miteinbezogen oder zumindest formell privatisierte Unternehmen gegründet, um das hierarchisch-administrative Prinzip staatlicher Steuerung abzulösen (Ambrosius 2012a: 76ff.). Mittlerweile lassen sich Stadtwerke als sogenannte Multifunktionseinheiten beschreiben, die verschiedenste Branchen wie Strom- und Wasserversorgung, öffentlicher Personennahverkehr, Transport, Abfallbeseitigung und sogar Stadtmarketing unter dem gemeinsamen Dach einer oder mehrerer Beteiligungsgesellschaften vereinen (Linhos 2006: 18ff.; Grossi und Reichard 2014: 5).

Viele Kommunen erkennen in der strategischen Neuaufstellung von privatrechtlichen Beteiligungen Wege der Refinanzierung und Möglichkeiten zur Verringerung der Kommunalschulden (Busch et al. 2009: 425ff.). Somit entstehen im Eigentum der Kommunen zunehmend auch in den Bereichen Wohnungsbau, Wirtschaftsförderung, Krankenversorgung, Transport, IT-Services, Kultur oder Sport Konzernverbünde von Privatunternehmen in der Form von GmbHs und AGs, die in ihren komplexen Eigentümerstrukturen und Verästelungen den Strukturen großer Konzerne in der Privatwirtschaft ähneln (Linhos 2006: 17ff.; Reichard und Grossi 2008: 86ff.; Grossi und Reichard 2014: 5ff.). Die veränderten Strukturen stellen veränderte Anforderungen an die Steuerungsfähigkeit der gewährleistenden Kommunen (Reichard und Grossi 2008; Leixnering und Bramböck 2013).

Im Gegensatz zum angloamerikanischen Raum und dem Vereinigten Königreich gilt im deutschen Privatrecht kein monistisches System, das Kontrolleure und Geschäftsleitung in einem gemeinsamen Management-Board von „Executives“ und „Non-Executives“ vereint (Jungmann 2006: 427f.). Das Aktienrecht unterscheidet zum einen den Aufsichtsrat, der Überwachungsfunktionen in Bezug auf die Geschäftsleitung wahrnimmt, die Geschäftsleitung einer Aktiengesellschaft bestellen und abberufen kann (Ganske 2005: 52ff., 185f.) und zum anderen den Vorstand, der die strategische Unternehmensrichtung vorgibt, das operative Geschäft des Unternehmens steuert, leitet und überwacht (Jungmann 2006: 427f.). Bei fundamentalen Entscheidungen mit hoher strategischer oder organisatorischer Bedeutung für die Gesellschaft muss der Aufsichtsrat seine Zustimmung geben (Jungmann 2006: 452ff.), darüber hinaus soll er eine Beratungsfunktion gegenüber der Geschäftsleitung ausüben (KPMG 2013: 8).

In der derzeit vorherrschenden kommunalen Rechtsform der GmbH ist ein Aufsichtsrat verpflichtend einzurichten, sofern das Mitbestimmungsrecht dies verlangt (§1.1.3 DrittelbG; §1.1 MitBestG). Entsprechende Gesetze und Sonderregelungen zur Anzahl der Mitglieder und Personalvertreter im Aufsichtsrat sind ab einer Mindestgröße von mehr als 500 Mitarbeitern zwingend zu beachten. In allen anderen Fällen kann der Aufsichtsrat einer GmbH freiwillig als sogenannter fakultativer Aufsichtsrat gebildet werden, der allerdings von den meisten Gemeindeordnungen empfohlen wird (Ganske 2005: 242ff.). Dessen Zusammensetzung und Zuständigkeiten unterliegen dann den besonderen Ausgestaltungen der Satzung des Unternehmens und lassen Freiraum für individuelle Anpassungen seitens der Kommunen (KPMG 2013: 7).

Weil viele Politiker in den Aufsichtsräten tätig sind, kommt es zu einigen Spannungsfeldern, die vor allem die fachliche Qualifikation, besondere Interessenkonflikte, die Zeit für die Mandatsausübung, die Vergütungssysteme und die Selbstevaluation der Aufsichtsräte betreffen (Papenfuß und Thomas 2007: 11). Rechtliche Unklarheiten bestehen insbesondere in Bezug auf die Weisungsbindung und die Verschwiegenheitspflicht der entsandten Aufsichtsräte (Papenfuß 2013a: 78ff.). In der letzten Zeit haben vor allem Großstädte individuelle Public-Corporate-Governance-Kodizes entwickelt, um einer verantwortungsvolleren Steuerung nachzukommen (Ganske 2005: 45ff.; Papenfuß 2013a: 99ff.).

1.6 Methodische Vorgehensweise

Die vorliegende Studie ist als Länderstudie angelegt. Sie soll als eine erste, breiter angelegte Querschnittsstudie zum Thema „Autonomie kommunaler Beteiligungen" auch auf internationaler Ebene für europäische Vergleiche genutzt werden. Der zu Grunde liegende Fragebogen wurde vom Autor selbstständig entwickelt und besteht überwiegend aus geschlossenen Fragen. Diese Fragen wurden weitestgehend so formuliert, dass sie auf verschiedene Branchen anwendbar sind und somit ein Mindestanspruch auf Generalisierbarkeit besteht. Ein Großteil der Fragen orientiert sich an international gängigen, theoretischen Konstrukten. Um die Studie optimal vorzubereiten, wurde eine explorative Fallstudie zur Beteiligungssteuerung in einer mittelgroßen deutschen Stadt durchgeführt. Unter anderem wurden Ratsmitglieder, Beteiligungsmanager, Aufsichtsräte und Experten zum Thema Autonomie und Steuerung der Beteiligungen befragt. Dadurch konnten bereits im Vorhinein viele wesentliche Erklärungsfaktoren ausgemacht werden, die im vom Autor erstellten Fragebogen Verwendung finden[3].

Die hier ausführlich diskutierte, quantitative Studie wurde durch den Autor selbst am Lehrstuhl für Public- und Nonprofit-Management der Universität Potsdam ohne besondere finanzielle Unterstützung entwickelt und durchgeführt. Die Kommunale Gemeinschaftsstelle für Verwaltungsmanagement (KGSt), die Allianz der öffentlichen Wasserwirtschaft e.V. und der Bundesverband Öffentliche Dienstleistungen – Deutsche Sektion des CEEP e.V. haben die Umfrage ideell unterstützt.

Im Mittelpunkt des Interesses stehen die Mehrheitsbeteiligungen Deutscher Großstädte mit über 200.000 Einwohnern. Die Analyse von Großstädten begründet sich damit, dass gerade in Großstädten die am weitesten fortgeschrittene kommunale Steuerung zu vermuten ist. Die Untersuchung stellt als erste nationale Studie zum Thema Managementautonomie noch keine Vollerhebung dar, sondern beschränkt sich vornehmlich auf die direkten und indirekten Mehrheitsbeteiligungen

3 Die wichtigsten Ergebnisse der Fallstudie dienten vor allem dem Autor selbst zur Entwicklung und Strukturierung des späteren Fragebogens. Wesentliche Teile der Untersuchung werden in einem Artikel der Zeitschrift *Public Organization Review* erscheinen und sind auf Anfrage vom Autor erhältlich (Krause 2015).

der Kommunen auf der ersten und zweiten Konzernebene, da gerade hier die Verbindungen zum kommunalen Träger als relativ stark angenommen werden.

Ein großer Vorteil dieses Untersuchungsdesigns liegt auch darin begründet, dass indirekte Beteiligungsverhältnisse auf diesen beiden Ebenen für Außenstehende noch relativ leicht durchschaubar sind. Hält beispielsweise ein 80%iger kommunaler Konzern eine 70% Beteiligung, so ist diese ebenso als kommunales Unternehmen (Kommunaler Anteil von 0,8 * 0,7= 56% und beherrschender Einfluss durch den kommunalen Träger nach § 290 HGB) einzuordnen. Neben privatrechtlichen Rechtsformen wurden auch öffentlich-rechtliche Rechtsformen wie beispielsweise Anstalten des öffentlichen Rechts und kommunale Eigenbetriebe in die Untersuchung miteinbezogen, um in dieser Hinsicht eine größere Varianz zu gewährleisten.

1.7 Theoretische Relevanz der Arbeit

Die theoretische Relevanz der Studie begründet sich zum einen darin, dass es die nach Kenntnisstand des Autors erste Studie zu kommunalen Unternehmen in einem industriealisierten Land ist, die den Trend der Corporatisation aus Sicht der Gesteuerten beleuchtet und die Frage nach den grundlegenden Mechanismen politischer Einflussnahme stellt. Dabei knüpft das Forschungsvorhaben an einem Forschungsprojekt an, das es sich zum Ziel gesetzt hatte, die faktische Autonomie von ausgegliederten, nachgeordneten Behörden, den sognannten Agencies auf Bundesebene, europaweit vergleichend zu untersuchen und hierfür theoretische Erklärungsfaktoren zu finden (Pollitt et al. 2004; Verhoest et al. 2010; Verhoest et al. 2011).

Die zweite Begründung für die Studie ist rein theoretischer Natur. Auch wenn die Grundannahmen zum menschlichen Verhalten angezweifelt werden können (Davis et al. 1997), lieferte die Prinzipal-Agenten-Theorie bisher den theoretischen Ansatz zum Verständnis von Corporate Governance Problemen (Jensen und Meckling 1976: 305ff.; Fama und Jensen 1983: 301ff.; Eisenhardt 1989: 57; Shleifer und Vishny 1997: 740f.; Papenfuß 2013a: 39ff.).

Nach der Prinzipal-Agenten-Theorie unterscheiden wir Ziel (bspw. den finanziellen Erfolg), Prinzipal (bspw. die Anteilseigner) und Agent (bspw. den Geschäftsführer bzw. ein Management-Board) (Eisenhardt 1989: 58). Der Prinzipal delegiert Aufgaben an einen Agenten. Ein Agenturproblem im Rahmen eines Kontraktes entsteht, weil Prinzipale und Agenten unterschiedliche Ziele verfolgen können, beide aber ihren eigenen Nutzen maximieren wollen (Eisenhardt 1989: 58).

Auch Shleifer und Vishny (1997), die den sicherlich seither einflussreichsten Corporate-Governance-Artikel veröffentlichten, stützen sich in ihren Überlegungen auf die Prinzipal-Agenten-Theorie (Shleifer und Vishny 1997: 738ff.). Aufgrund der Trennung von Eigentum und Verfügungsrechten in Kapitalgesellschaften stellen sie die Frage in den Mittelpunkt, wie die Geschäftsführer dazu gebracht werden können, das Geld der Investoren zu vermehren (Shleifer und Vishny 1997: 738). Nur im Idealfall sei es möglich, einen vollständigen Geschäftsführervertrag aufzusetzen, der alle möglichen Kontingenzfaktoren berücksichtige und dementsprechend die Gewinne optimal verteile (Shleifer und Vishny 1997: 741).

Unvollständige Kontrakte müssen daher wichtige Anreize wie beispielsweise Bonuszahlungen oder Kündigungsgründe setzen, um die Interessen von Geldgebern und Managern anzugleichen (Shleifer und Vishny 1997: 744). Da relativ kurzfristige Handelsgewinnspannen am Markt entstehen, sei dem Opportunismus der Manager nur bedingt nachzukommen (Shleifer und Vishny 1997: 745). Aufgrund dieser und anderer Probleme müsse das Privatrecht bestimmte Kontrollrechte definieren, die den Anlegern bei unvorhergesehenen Ereignissen einen Mindesteinfluss auf die Unternehmensführung garantieren (Shleifer und Vishny 1997: 773ff.).

Provozierend behauptet Whincop (2005), dieses Verständnis von Corporate Governance sei unvollständig, wenn es auf öffentliche Unternehmen angewendet werde, denn deren Prinzipale verfolgen gleichermaßen Sach- wie auch Formalziele (Whincop 2005: 5f.). Whincop (2005: 226f.) glaubt, dass es vielen staatlichen Eigentümern auch im Privatrecht nicht gelingen werde, ein angemessenes Organisationsumfeld zu schaffen. Die Anreize für Eingriffe durch die politische Ebene in bedeutenden Branchen seien schlichtweg zu hoch und provozieren Ineffizienzen in der Unternehmensführung (Whincop 2005: 115, 227).

Die wichtigste Ursache dieser Ineffizienzen bestehe in der unzureichenden Formalisierung des öffentlichen Zwecks (Whincop 2005: 7). Anteilseigner würden nach traditionellem Corporate-Governance-Verständnis erwarten, dass ihr Kapital gewinnbringend eingesetzt wird (Whincop 2005: 6). Diese Anteilseigner seien in öffentlichen Unternehmen aber die Bürger und damit auch primäre Leistungsempfänger und Kunden (Whincop 2005: 7). Bürgerinteressen werden durch verschiedene Gruppen mit unterschiedlicen Zielen vertreten. Daher sei es schwierig, den originären Zweck eines öffentlichen Unternehmens klar zu benennen (Whincop 2005: 7). Dies wiederum eröffne Spielräume für politische Interessenpolitik (Whincop 2005: 8).

Whincop (2005) nennt drei Arten von speziellen Governance Problemen: Die unzureichende Definition des öffentlichen Zwecks bei heterogenen Interessen (Whincop 2005: 5), die Kosten, die durch ein wettbewerbsfremdes Verhalten in den Unternehmen entstehen (Whincop 2005: 6) und das spezielle, zweistufige Prinzipal-Agenten-Problem bedingt durch Informationsasymmetrien zwischen Bürgern und Politikern auf der ersten Stufe und zwischen Politikern und Managern auf der zweiten Stufe (Whincop 2005: 5f.).

Besonders hervorzuheben seien die speziellen Agenturkosten von öffentlichen Unternehmen (Whincop 2005: 6). Anders als bei Privatunternehmen bestehe, selbst wenn man sich auf die unbedingt notwendigen Governance-Akteure beschränkt, immer eine zweistufige Prinzipal-Agenten-Beziehung: Die erste Konstellation betreffe die Bürger (Anteilseigner) als Prinzipale auf der einen Seite und die Regierungsvertreter (Politiker) als Agenten auf der anderen Seite. Die zweite Konstellation bestehe zwischen Regierungsvertretern auf der einen Seite und dem Management der Unternehmen auf der anderen Seite (Wong 2004: 6ff.; Whincop 2005: 6).

Daher reiche es bei öffentlichen Unternehmen nicht aus, die Macht der Anteilseigner gegenüber den Managern zu stärken, denn Politiker werden sich in das operative Geschäft der Unternehmen einmischen oder Partikularinteressen verfolgen (Whincop 2005: 11). Laut Whincop (2005: 11) kann dieses spezielle Problem nicht mit Hilfe der herkömmlichen Corporate-Governance-Empfehlungen aus dem Privatsektor gelöst werden. Bei Unternehmen mit Formal- und Sachzielen müssten die benötigten Governance-Mechanismen dafür sorgen, dass involvierte Parteien sich immer dann durchsetzen können, wenn eine insgesamt wohlfahrtssteigernde Wirkung eintritt (Whincop 2005: 12). Politiker in leitenden Positionen seien aber nur selten gewillt, ihren eigenen Einflussbereich zu begrenzen (Whincop 2005: 227).

Durch Einbezug der tatsächlichen Akteure im Umfeld gewinnt die Thematik zusätzlich an Komplexität (Leixnering und Bramböck 2013: 178). Die multiplen Ziele der Unternehmen führt Wong (2004: 7ff.) auf zwei Tatbestände zurück: entweder sind sie bereits legislativ angelegt oder sie entstehen dadurch, dass verschiedene Fachbereiche (als Kunden, Geldgeber, Eigentümer oder Regulierer) mit unterschiedlichen Zielen Einfluss auf die Unternehmen ausüben (Wong 2004: 8). So gesehen spricht vieles dafür, dass die Geschäftsführer in öffentlichen Unternehmen eine strategisch schwächere Position als ihre Geschäftsführerpendants in der Privatwirtschaft einnehmen (Luke 2010: 147ff.). Allerdings wissen wir nur sehr wenig über die Determinanten der Einflussnahme. Es gibt keine gesicherten Erkenntnisse darüber, ob Manager von öffentlichen Unternehmen ihre Informationsvorteile opportunistisch ausspielen. Einige Manager besitzen sicherlich einen Informationsvorteil gegenüber der Verwaltungsleitung (Whincop 2005: 5). Sie erfüllen aber gleichermaßen eine Mediatorrolle, weil sie verschiedene Interessen aus Politik und Verwaltung in ihren Entscheidungen antizipieren müssen, um ihre Legitimität zu sichern (Thomasson 2009: 249f.; Luke 2010: 156f.; Luke et al. 2011: 345).

Aus diesem Grund wählt der Autor für diese Studie einen theoretischen Ansatz aus der Organisationssoziologie. Dieser bezieht relationale Geflechte von Akteuren in die empirische Analyse ein: Die Social-Exchange-Theorie (Homans 1958, 1961; Blau 1964, 1968; Emerson 1976; Cook et al. 2013). Die Social-Exchange-Theorie fasst soziales Verhalten als einen reziproken oder verhandelten Austausch auf, der es Akteuren ermöglicht, Einfluss auszuüben oder deren Einfluss begrenzt (Cook und Rice 2006: 53). Im Mittelpunkt dieser Überlegungen steht die Interdependenz der Akteure (Blau 1964: 25ff.). Soziale Attribute und Ressourcen der betreffenden Akteure beeinflussen deren Abhängigkeit bzw. Autonomie zueinander (Emerson 1962, 1964). Für viele Social- Exchange-Theoretiker besteht daher eine enge Verknüpfung zwischen Macht- und Austauschkonstellationen in sozialen Beziehungen (Blau 1964: 115ff.; Emerson 1972: 39).

Der zweite Beitrag der vorliegenden Forschungsarbeit besteht folglich darin, Annahmen der Social-Exchange-Theorie auf die Managementautonomie von kommunalen Ausgliederungen zu übertragen, theoriegeleitete Hypothesen zu formulieren und diese für kommunale Unternehmen zu testen. Der Fall Deutschland wird in dieser Arbeit als Referenz angeführt, weil Deutschland über ein funktionierendes, gut entwickeltes Rechtssystem verfügt und der öffentliche Sektor in Deutschland auf einem qualitativ hohen Niveau Dienstleistungen bereitstellt.

Um den Erklärungsgehalt der Social-Exchange-Theorie einer kritischen Überprüfung zu unterziehen, wird das Analysemodell um Hypothesen aus der Transaktionskostentheorie ergänzt (Williamson 1985; Leimeister et al. 2010). Die Transaktionskostentheorie baut auf ein begrenzt rationales Menschenbild und die Annahme des Opportunismus auf (Jensen und Meckling 1976; Williamson 1985; Eisenhardt 1989). Besitzt eine der Vertragsparteien einen starken Informationsvorteil, so wird dieser durch Betrug, Verfremdung oder Zurückhaltung von Informationen ausgenutzt (Williamson 1985: 57ff.). Es kommt zu Transaktionskosten, die beispielsweise für die Überwachung und Absicherung der Vereinbarungen, die Lösung von Konflikten und die Nachverhandlungen bei unvorhergesehenen Umständen anfallen (Kieser 2002: 225f.).

Auch die Transaktionskostentheorie trifft Aussagen zur Autonomie von Kontraktpartnern und kann deshalb zur Beantwortung der Forschungsfrage herangezogen werden. Sie wird gemeinhin genutzt, um die Entscheidung für Eigenerstellung oder Contracting Out zu erklären (Hefetz und Warner 2012) und sie liefert empirische Hinweise zur Optimierung der Controllingsysteme (Caglio und Ditillo 2008). Allerdings liessen sich transaktionskostenbasierte Hypothesen zu Steuerungsmechanismen in Kommunen bisher kaum bestätigen (Cristofoli et al. 2010, Ditillo et al. 2015).

1.8 Aufbau der Arbeit

Die Arbeit gliedert sich insgesamt in drei Teile und fünf Kapitel. Sie umfasst einen Theorie- und einen Empirieteil. Der Theorieteil gliedert sich in die Kapitel eins und zwei. Der Empirieteil gliedert sich in die Kapitel drei und vier. Der dritte Teil der Arbeit umfasst das fünfte Kapitel.

Nach dieser Einleitung, in der der Untersuchungsgegenstand und die Forschungsfrage vorgestellt wurden, sollen im zweiten Kapitel die in dieser Arbeit verwendeten Begriffe der Steuerung und Managementautonomie im politischen Kontext näher definiert werden. Danach wird der bisherige Literaturstand zu Kontextfaktoren der Autonomie aus der Agenturforschung dargestellt, auf das Untersuchungsobjekt kommunales Unternehmen übertragen und die spezifisch theoretische Forschungslücke identifiziert. Für die Datenanalyse wird ein theoretisches Untersuchungsmodell entwickelt. Die Hypothesen werden vor allem aus der Social-Exchange-Theorie (Homans 1958, 1961; Blau 1964; Emerson 1976) und der Transaktionskostentheorie (Williamson 1975, 1981, 1985) abgeleitet. Das zweite Kapitel liefert somit den theoretischen Untersuchungsrahmen für das empirische Vorgehen.

Im empirischen Teil der Arbeit sollen die aufgestellten Hypothesen einer kritischen Untersuchung unterzogen werden. Das dritte Kapitel dient der Erläuterung der Methodik, der Operationalisierung der Variablen, der Beschreibung des Samples und der Grundgesamtheit. Im vierten Kapitel werden die aufgestellten Hypothesen mit multivariaten Analysemethoden überprüft. Der letzte Teil der Arbeit fasst in Kapitel fünf noch einmal die wichtigsten Ergebnisse zusammen, diskutiert Aussagekraft und Limitationen der Studie und leitet einige praktische und theoretische Handlungsempfehlungen ab.

Teil I
Theorie

2. Theoretischer Bezugsrahmen: Forschungsstand und Erklärungsmodell

Im folgenden Kapitel werden zuerst die Begriffe Steuerung und Autonomie definiert. Im zweiten Teil des Kapitels wird der bisherige Literaturstand zur faktischen Managementautonomie von Agencies erörtert und auf die De-facto-Autonomie von öffentlichen Unternehmen übertragen. Es folgt ein Abschnitt zum nur geringen Forschungsstand bei öffentlichen Unternehmen. In einem gemeinsamen Fazit werden die wichtigsten Erkenntnisse zur Managementautonomie von Ausgliederungen zusammengetragen und eine konkrete Forschungslücke identifiziert.

Im dritten Teil des Kapitels wird das theoretische Analysemodell erörtert. Zuerst wird die Transkationskostentheorie erklärt und auf das Untersuchungsobjekt übertragen. Darauf aufbauend werden neun Hypothesen zur Beschaffenheit der Transaktionen abgeleitet. Im Anschluss werden die Grenzen und Schwächen der Theorie diskutiert. In einem zweiten Abschnitt wird die Social-Exchange-Theorie vorgestellt und zehn Hypothesen zur Beschaffenheit von sozialen Attributen der Akteure aufgestellt. Wiederum werden Grenzen und Schwächen der Theorie diskutiert. Kapitel zwei endet mit einem zusammenfassenden Fazit.

2.1 Definitionen

Es ist eine fast unlösbare Herausforderung die Begriffe „Steuerung" und „Autonomie" in einem einzigen Kapitel auf drei bis vier Seiten zu definieren, denn über diese Begriffe wurden ganze Habilitationen verfasst.

Der Begriff der Steuerung steht schon lange im Mittelpunkt grundlegender verwaltungswissenschaftlicher Überlegungen (Weber 1922; Gulick 1937; Simon 1959; Lindblom 1959; Cyert und March 1963; Cohen et al. 1972; Dunsire 1978; Wood und Waterman 1991; Kaufmann und Majone 1986; McCubbins et al. 1987; Moe 1990; Hood 1991; March und Simon 1993; March und Olsen 1998; Huber und Shipan 2000; Krause 2010). Im traditionellen Bürokratieverständnis ist die Steuerung der Verwaltung gekennzeichnet durch Regeln und Hierarchien, die die Koordination der Akteure erleichtern (Weber 1922). In Webers Bürokratiemodell fallen funktionale und hierarchische Differenzierungen zusammen und die Koordination beruht auf rational-legalen Verfahrensweisen (Weber 1922). Auch die Tradition des Scientific Management betont die bewusste, strukturelle Arbeitsteilung in Organisationen (Taylor 1911; Gulick 1937).

Die betriebswirtschaftliche Perspektive unterscheidet zwei Gruppen von Steuerungsdefinitionen: engere, die sich auf einen einfachen kybernetischen Kreislauf des Messens, Berichtens und Korrigierens beziehen lassen (Merchant 1998: 2; Weetman 2006: 10; Drury 2008: 11) und weiter gefasste Definitionen, die zwischen verschiedenen Ebenen der Steuerung unterscheiden (Ouchi 1980; Hofstede 1981: 197f.;

Merchant 1998: 2ff.; Young und Anthony 2008: 3f.). In einer weiter gefassten Definition von Anthony und Young (2003) findet auf oberster Ebene die Strategieformulierung statt, Ziele werden definiert und Aktivitäten zur Zielerreichung werden festgehalten (Anthony und Young 2003: 3ff.). Auf zweiter Ebene wird der Einsatz der Ressourcen so verteilt und überprüft, dass die gesetzten, strategischen Ziele erreicht werden können und auf der dritten Ebene sprechen wir von routinierter Aufgaben- und Prozesskontrolle (Anthony und Young 2003: 3ff.).

Arbeiten von Simon (1959) und Lindblom (1959) allerdings haben früh gezeigt, dass das Verwaltungshandeln der Realität sich nicht durch rein rationale Ursache-Wirkungsketten beschreiben lässt, sondern der Annahme der begrenzten Rationalität unterliegt. Strategieformulierung findet oft im Zusammenspiel von verschiedenen Akteuren als relativ unkoordinierter, inkrementeller Prozess unter Unsicherheit statt (Lindblom 1959: 80ff.). Die Unvollkommenheit in der Information der einzelnen Akteure und die Begrenztheit in der Informationsverarbeitung führt zum sogenannten „Satisficing" (March und Simon 1993: 151ff.), Problemlösungen die nicht als perfekt effiziente Lösungen begriffen werden können (Simon 1959: 120; Cyert und March 1963: 116ff.; March und Simon 1993: 151ff.).

Pfadabhängigkeitsmodelle erkennen in der Steuerung von politischen Institutionen vielfach historisch gewachsene, institutionelle Muster, die sich aus zurückliegenden, kleinteiligen Entscheidungen zu Routinen weiterentwickelt haben (Krasner 1988: 83ff.; Mach und Olsen 1996: 256f.). Das Garbage-Can-Modell beschreibt den organisationalen Entscheidungsprozess mathematisch als Ansammlung von Auswahlmöglichkeiten, denen noch keine Probleme zugeordnet wurden, Lösungen die nach Problemen verlangen, eine Vielzahl an Gefühlslagen und Problemen, die nach Entscheidungssituationen suchen sowie Entscheidungsträgern, die auf Arbeit angewiesen sind (Cohen et al. 1972: 1ff.). Damit werden Probleme und Entscheidungen teilweise voneinander entkoppelt (Cohen et al. 1972: 16). Entscheidungen werden nur dann als solche getroffen und nicht umgangen, wenn die veränderten Rahmenbedingungen in ihrer Kombination neue Handlungsfenster eröffnen (Cohen et al. 1972: 16; Kingdon 1995: 168ff.).

Angelehnt an diese weniger rational anmutende Vorstellung der Entscheidungsfindung in Organisationen bildete sich ein verhaltenswissenschaftlicher Steuerungsbegriff heraus, der den Ideen der Kybernetik entlehnt wurde (Parsons und Platt 1973; Parsons 1977; Luhmann 1997). Die Perspektive der sich selbst steuernden Systeme befasst sich vor allem mit Interaktionsprozessen in sozialen Systemen (Luhmann 1987). Der akteurzentrierte Institutionalismus stellt als Gegenposition zur Selbststeuerung eine Verbindung zwischen Koordinationsmechanismen und Akteuren her (Mayntz und Scharpf 1995; Scharpf 2006).

Kaufmann (1986) kombiniert betriebswirtschaftliche mit verhaltenswissenschaftlichen Elementen und versteht die Probleme der administrativen Koordination im kybernetischen Sinne als Probleme der Guidance, Steuerung und Evaluation (Kaufmann 1986: 211ff.). Als Guidance bezeichnet Kaufmann „the function of standard-setting for actors who are to be linked for some of their potential actions into a system in order to achieve outcomes of higher complexity" (Kaufmann 1986: 225).

Solche Standards werden beispielsweise von der Marktrationalität des Wettbewerbs über den Preismechanismus und den finanziellen Erfolg gesetzt (Kaufmann et al. 1986: 218). Der Prozess der Evaluation gleicht einer „function of feed-back and concerns particular acts as well as the output of a whole system of action as far as it matches some desired outcomes and some mechanism of control" (Kaufmann 1986: 225). In dieser Arbeit definieren wir den Begriff der Steuerung im Sinne Kaufmanns (1986) als

> *„the function of information and motivation for (intelligent) conformity to (..) a system of interrelated actions"* (Kaufmann 1986: 225).

Die Definition beinhaltet damit eine Informations- und eine Motivationsdimension. Informationen dienen dem Steuernden dazu, die Einhaltung von Richtlinien, Handlungsvorgaben oder Zielen überprüfen zu können und gegebenenfalls auf neue Rahmenbedingungen hin anzupassen, um Konformität hervorzurufen. Motivationen bestehen oder werden genutzt, wenn Individuen oder Gruppen einen intrinsisch oder extrinsisch bedingten Antrieb zur Konformität mit dem Steuernden besitzen oder erwerben. Was genau Kaufmann (1986) unter „intelligenter" Konformität versteht bleibt offen. Der Autor wird in der Definition auf diese Wertung verzichten[4].

Als Gegenpol zum Steuerungsbegriff verwendet man, wenn von Ausgliederungen aus der Kernverwaltung gesprochen wird, oftmals den Begriff der „De-facto-Autonomie" (Flinders 2008: 145; Bach 2014: 54ff.) als „the exemption of constraints on the actual use of decision-making competencies" (Nordlinger 1987: 361; Verhoest et al. 2004: 104).

Gelegentlich kommt es zur Kritik an dieser spiegelbildlichen Sichtweise. Kritische Überlegungen fußen darauf, dass Steuerungsmechanismen und deren Wirkungen auf die Autonomie unterschiedlich ausfallen können (Roness et al 2008: 164). Laegreid et al. (2008: 23f.) glauben sogar, dass es sich bei Autonomie und Steuerung um zwei voneinander unabhängige Dimensionen handeln könnte. Die unterschiedlichen Ergebnisse weisen aber lediglich darauf hin, dass sich der Autonomiebegriff aus mehreren Dimensionen zusammensetzt, die sich nicht gleichwertig aufsummieren lassen (Bach 2014: 53).

---

4 Bovens (2007) unterscheidet darüber hinaus zwischen dem Begriff der Steuerung und dem der „Accountability". Nach Bovens (2007) können spezifische Arten von Beziehungen als ein Fall von Accountability gewertet werden. „A relationship qualifies as a case of accountability when (1) there is a relationship between an actor and a forum (2) in whcih the actor is obliged (3) to explain and justify (4) his conduct (5) the forum can pose questions (6) pass judgement (7) and the actor may face consequences" (Bovens 2007: 452). Steuerung versteht Bovens (2007) „broader than accountability and can include both ex ante and ex post mechanisms of directing behavior. Control means having power over and it can involve very proactive means of directing conduct" (Bovens 2007: 454). Die Begriffe Steuerung und Accountability können somit nicht synonym verwendet werden, wenngleich alle Accountability Beziehungen immer einen Steuerungsaspekt beinhalten (Bovens 2007).

Wird der gleiche Entscheidungsgegenstand von unten und oben her betrachtet, so können negative Zusammenhänge zwischen Einflussnahme und Autonomie durchaus aufgedeckt werden (Verhoest et al. 2004: 106ff.; Flinders 2008: 145; Verhoest et al. 2010: 18ff.; Bach 2014: 53). Ob man von Autonomie oder von Steuerung spricht, wird somit vor allem zu einer „Frage der Perspektive" (Bach 2014: 53).

In dieser Arbeit widmen wir uns vorwiegend der Managementautonomie in kommunalen Unternehmen und definieren:

> *„Management autonomy refers to senior management's ability to make decisions concerning the overall organisation, financial and personnel management of the entity without the constant involvement or need for approval by political or administrative municipal entities"* (OECD 2002: 13; Bouckaert und Peters 2004: 37).

Faktische Managementautonomie bezeichnet damit eine empirische Momentaufnahme der politischen und bürokratischen Einflussnahme auf die Managementtätigkeiten einer Organisation (Geringer und Hebert 1989; Lioukas et al. 1993; Lægreid et al. 2008; Verhoest et al. 2010). Anders als bei der Formalautonomie, die die rechtlichen Aspekte in den Vordergrund stellt, wird diese Einschätzung von Befragten in den Organsationseinheiten vorgenommen und kann sich im Zeitablauf verändern (Verhoest et al. 2004; Olsen 2009). Dies gilt auch, wenn die gesetzlichen Rahmenbedingungen bestehen bleiben.

Beim verwendeten Autonomiebegriff handelt es sich immer um ein relationales Konstrukt (Olsen 2009: 441f.). In einer Analyse sind die betrachteten Akteure, die auf die Organisation Einfluss nehmen, eindeutig zu benennen (Yesilkagit und van Thiel 2008: 139ff.; Bach 2014: 53). Ändert sich beispielsweise der Einflussbereich des Finanzdezernats, so hat dies womöglich Auswirkungen auf die Finanzentscheidungen der betroffenen Organisation. Wechselt die Regierung, so kann es zu einer neuen strategischen Ausrichtung der Organisation kommen.

Die politische Einflussnahme selbst kann mit Hilfe von formellen und informellen Elementen vollzogen werden (Romzek et al. 2014: 813ff.; Carpenter und Krause 2014: 9f.). In Kontrakten werden die Anforderungen an ein Produkt spezifiziert und die Regeln des Austauschs geschaffen (Brown et al. 2015: 7)[5]. Produktanforderungen können Inputs, Prozesse, Outputs und Wirkungen der Leistungserstellung definieren (Brown et al. 2015: 7). Weil aber nicht alle Ungewissheiten im Vorhinein absehbar sind, bleiben auch extensive Kontrakte für komplexe Leistungen bis zu einem gewissen Grad unvollständig (Brown et al. 2015: 1f.). In der Kontraktforschung spricht man von relationalen Kontrakten, die zusätzlich auf gegenseitiges Vertrauen

5 Brown et al. (2015) unterscheiden bei den Austauschregeln vor allem zwei Formen der Kompensation: In „Fixed Price-Contracts" wird der Preis für ein fertiges Produkt im Vorhinein ausgehandelt (Brown et al. 2015: 9). In „Cost-Reimbursement Contracts" werden die Verkäufer für die anfallenden Produktionskosten kompensiert (Brown et al. 2015: 9).

und informelle Beziehungen zwischen den Kontraktpartnern setzen (Bertelli und Smith 2010; Amirkhanyan et al. 2010).

2.2 Literaturstand und Forschungslücke

Seit den 90er Jahren werden unter dem Label „Quango" (Quasi-autonomous-non-governmental-Organisation) alle Organisationen zusammengefasst, die aus Effizienzgründen in separate öffentlich-rechtliche, hybride oder privatrechtliche Organisationen ausgegliedert wurden, „positioned at arm's length from ministers, partly in order to give the managers greater freedom to manage" (Pollitt und Bouckaert 2004: 7; de Kruijf 2011: 17ff.).

Im folgenden Literaturüberblick soll an vorherige Forschung zu Quangos angeknüpft werden, die das Konzept der De-facto-Autonomie verwendet. Dieser Forschungsstrang beschäftigt sich vor allem mit der Reformbewegung der Agencification[6]. Im vorliegenden, einführenden Abschnitt sollen die Unterschiede zwischen Agenturen und Unternehmen gekennzeichnet werden, um die Erkenntnisse der späteren Literaturanalyse nutzbar zu machen.

Eine Agentur ist nach gängiger Definition dadurch gekennzeichnet, dass sie

> „(1)überwiegend oder ausschließlich auf öffentlich-rechtlicher Grundlage tätig ist,
>
> (2) funktional aus der Ministerialverwaltung ausgegliedert ist,
>
> (3) anders als das Ministerium über einen gewissen Grad an Autonomie bei administrativen oder inhaltlichen Entscheidungen verfügt,
>
> (4) gleichwohl aber auf eine Weise mit dem Ministerium verbunden ist, die dem Minister oder Staatssekretär erlaubt, den Haushalt und die wichtigsten Ziele der Organisation zu ändern,
>
> (5) somit auch gegenüber dem politisch verantwortlichen Minister keine vollständige gesetzliche Unabhängigkeit besitzt,
>
> (6) kein gewinnorientiertes Unternehmen ist,
>
> (7) sie über einen längeren Zeitraum besteht und
>
> (8) über eigene finanzielle und personelle Ressourcen verfügt"
>
> (Pollitt et al. 2001: 274f.; Talbot 2004: 4f.; Verhoest et al. 2010: 17f.; Bach 2014: 29).

Weiterführender kategorisiert van Thiel (2011: 20) in ihrer Definition Agenturen ohne eigene Rechtspersönlichkeit (Typ 1), solche die auf Basis einer eigenen Satzung etabliert werden (Typ 2) und Bundesunternehmen im Privatrecht (Typ3) (van Thiel 2011: 21). In Anlehnung an diese Kategorisierung ließen sich öffentliche Unternehmen als eine spezielle Form von Quango begreifen, die der Agentur in vielen wichtigen Merkmalen ähnelt (van Thiel 2011: 21ff.).

---

6 „ Die Errichtung von verselbstständigten Behörden auf Bundes- und Landesebene, die klar abgegrenzte Aufgaben wahrnehmen, leistungsbezogen gesteuert werden und erweiterte administrative Handlungsspielräume erhalten" (Bach 2014: 23).

Dennoch lassen sich wesentliche Unterschiede zwischen Agenturen und Unternehmen in den folgenden Aspekten feststellen: Öffentliche Unternehmen können im Privatrecht geführt werden. Je nachdem, ob sie in einem offenen Wettbewerb zu Privaten stehen, ist eine starke oder weniger starke Gewinnorientierung zu vermuten (Lasar et al. 2011: 226f.). Einige öffentliche Unternehmen werden als Projektgesellschaften konzipiert und sind deshalb äußerst kurzlebig. Im Gegensatz zu ausgegliederten Behörden werden öffentlichen Unternehmen vor allem für Dienstleistungs- und Produktionsprozesse genutzt. Originäre Aufgaben der Politikvorbereitung und Regulierung sind im Normalfall nicht beabsichtigt. Die folgende Abbildung soll diese Unterschiede verdeutlichen:

Abbildung 2. Vergleich zwischen Agenturen und öffentlichen Unternehmen (Eigene Darstellung in Anlehnung an Shirley 1997: 856ff.; Pollitt et al. 2001: 273f.; Reichard 2009: 61ff.; Radon und Thaler 2005: 12ff.; van Thiel 2011: 20)

Merkmale	**Agentur**	**Öffentliches Unternehmen**
Rechtsgrundlage	Öffentlich-rechtlich	Privatrechtlich oder Öffentlich-rechtlich
Ausgliederung	Funktionale Ausgliederung	Funktionale Ausgliederung in einem Wettbewerbsumfeld
Art der Autonomie	Mindestgrad an Autonomie bei administrativen Entscheidungen	Hoher Grad an Autonomie bei (operativen) Produktionsentscheidungen
Beziehung zu Minister bzw. Fachbereich	Erlaubt es, Haushalt und wichtige Ziele zu ändern	Unternehmen besitzen einen eigenständigen Haushalt; Satzung ermöglicht Zieländerungen
Gewinnorientierung	Keine Gewinnorientierung	Gewinnorientierung und Kosteneffizienz bei bestehender Sachzieldominanz
Zeitraum	Besteht über einen längeren Zeitraum	Besteht nicht zwingend über einen längeren Zeitraum
Ressourcen	Verfügt über eigene finanzielle und personelle Ressourcen	Verfügt über eigene finanzielle und personelle Ressourcen
Wichtigste Aufgabe	Regulierungsaufgaben, Administration und Erbringer von Dienstleistungen	Erbringen Dienstleistungen am Endkunden, Meist keine originären Regulierungsaufgaben

Da seit Mitte der 90er Jahre keine erklärenden, quantitativen Untersuchungen zur De-facto-Managementautonomie von öffentlichen und kommunalen Unternehmen vorliegen, soll der folgende Literaturüberblick dazu dienen, Erkenntnisse der Forschung zu Agenturen auf öffentliche Unternehmen zu übertragen, wesentliche Einflussfaktoren auf die Managementautonomie zu identifizieren und eine Forschungslücke für die empirische Analyse herauszuarbeiten.

Um die spezielleren Eigenheiten im Kontext der Unternehmen ebenfalls zu berücksichtigen, werden in einem zweiten Teilabschnitt frühe theoretische Ansätze und Fallstudien angeführt, die sich explizit mit der Steuerung von öffentlichen Unternehmen auseinandersetzen. Leider ist dem Autor bis dato lediglich eine vergleichbare großflächige, empirsche Studie zur abhängigen Variable De-facto-Autonomie bekannt (Lioukas et al. 1993).

2.2.1 De-facto-Autonomie von Agenturen

Eine große Gruppe von Delegationsforschern beschäftigt sich seit über einem Jahrzehnt mit dem Phänomen der Agencification, der „Gründung und Verbreitung von unabhängigen, oft regulativ tätigen Agenturen“ (Bach 2014: 23; Maggetti und Verhoest 2014: 242ff.). Dabei untersuchten die Forscher eine große Anzahl von betroffenen Branchen wie beispielsweise den Finanzbereich, die Stromversorgung, Telekommunikation oder andere Versorgungsbereiche (van Thiel 2001, 2004; Pollack, 2002; Gilardi, 2002, 2005, 2009; Thatcher 2002; Jordana und Levi-Faur 2004; Levi-Faur 2005; Coen 2005; Jordana et al. 2011).

In vielen Länderstudien zur Agencification zeigte sich, dass die formale Unabhängigkeit nicht immer mit einer höheren De-facto-Autonomie der Agenturen zusammenfallen muss (Dudley 1994: 220ff.; Verhoest et al. 2004: 101ff.; Maggetti 2007: 271ff.; Bach 2014: 58). Es schien nicht die legale oder die strukturelle Autonomie allein zu sein, die eine ausgegliederte Organisation als bürokratisch autonom definierte (Verhoest et al. 2004; Maggetti 2007; Yesilkagit und van Thiel 2008; Verschuere und Barbieri 2009; 2012; Bach 2014).

Laut Olsen (2009: 441ff.) eröffnen sich auch innerhalb formaler und struktureller Grenzen spezifische Entscheidungsspielräume, die sich als Teildimensionen von Autonomie begreifen lassen. Ein wichtiger Forschungsstrang der Delegationsforschung beschäftigte sich daher im Rahmen eines europaweiten Umfrageprojektes mit dieser wahrgenommenen De-facto-Autonomie von ausgegliederten Agenturen (Verhoest et al. 2004; Maggetti 2007; Busuioc 2009) und untersuchte, inwieweit sich die „reale bürokratische Autonomie“ (Yesilkagit 2004: 531) auf unterschiedliche Rechtsformen oder strukturelle Gegebenheiten zurückführen lässt und inwieweit die vorgelagerten Reformprozesse einen Einfluss genommen haben.

Im EU-geförderten COBRA (Comparative Public Organization Data Base for Research and Analysis)-Netzwerk untersuchte man erstmals die Wahrnehmung der Gesteuerten und befragte Amtsleiter in über 23 Ländern (Greve et al. 1999; Yesilkagit 2004; Verhoest et al. 2010; Bach 2014). Das ursprüngliche Projekt lief von 2007 bis 2011 (Verhoest et al. 2011b: 5).

Ziel des Projektes war es, auf Basis von Querschnittsstudien, Erklärungsfaktoren für die unterschiedlichen Autonomiegrade in den Organisationen zu entdecken (Verhoest et al. 2010: 12ff.). Zum anderen sollte ein vermuteter Zusammenhang zwischen Autonomie und Performanz der Organisationen aufgedeckt werden (Verhoest 2005; Lægreid und Verhoest 2010; Lægreid et al. 2011). De-facto-Autonomie wurde im Projekt als dyadisches Verhältnis zwischen Agentur und übergeordnetem Ministerium begriffen (Maggetti und Verhoest 2014: 243). Strukturelle und formelle Faktoren fungierten erstmals als erklärende, nicht als abhängige Variablen (Verhoest et al. 2004; Lægreid et al. 2006; Yesilkagit und van Thiel 2008; Painter at al. 2010; Painter und Yee 2011; Verhoest et al. 2014).

Die zu Grunde liegende Argumentation beruft sich vor allem auf zwei theoretische Zugänge (March und Olsen 1989; March und Olsen 1998: 949ff.; March und Olsen 2006: 689ff.):

Die Logik der bedachten Konsequenzen („logic of consequences") (March und Olsen 1998: 949; Verhoest et al. 2010: 29) rückt funktionale Überlegungen in den Vordergrund. Veränderungen in Organisationen folgen rationalen Handlungen der Akteure, die auf einer durchdachten Analyse des Umfelds aufbauen (March und Olsen 1998: 949ff.). Angestrebt wird eine aus Sicht der Akteure möglichst effiziente oder effektive Lösung eines Problems. Das rationale Handeln verschiedener Akteure zieht somit logisch nachvollziehbare Konsequenzen nach sich, die sich im Verhandlungsprozess aus den unterschiedlichen Präferenzen und Ressourcen der Akteure ergeben (March und Olsen 1998: 949). Funktionale Überlegungen können ebenso von einer politischen, wie von einer ökonomischen Rationalität geprägt sein und müssen daher nicht zwangsläufig zu ökonomisch effizientem Verhalten beitragen (ter Bogt 2003: 162f.). Dennoch ist den funktionalen Ansätzen gemeinsam, dass die unterschiedlichen Akteure, wenngleich sie nicht über alle notwendigen Informationen verfügen können, zielorientiert und rational strategisch agieren (Entwistle 2011: 663).

Die Logik der Angemessenheit („logic of appropriateness") (March und Olsen 1998: 951ff.; March und Olsen 2006: 689ff.) dagegen stützt sich vor allem auf neo-institutionelle Überlegungen und nimmt an, dass (inner-)organisationale Akteure sich nicht aus effizienz- oder effektivitätsbezogenen Überlegungen heraus entscheiden, sondern dabei von ihren Identitäten, Rechten, Verpflichtungen und Routinen beeinflusst werden (March und Olsen 1996: 249). Damit sind sie eingebunden in ein Gebilde aus Ideen, Glaube und Werten, das ein Bewusstsein davon schafft, wie eine Organisation zu funktionieren hat (Greenwood und Hinings 1988: 295). Die Legitimität organisationaler Praktiken wird somit zum handlungsleitenden Kriterium (Meyer und Rowan 1977; DiMaggio und Powell 1983; Zucker 1987). Das Autonomiekonstrukt selbst wurde in der COBRA-Studie anhand einer vorgefertigten Antwortskala subjektiv gemessen.

Die Umfrageergebnisse deuten auf ein multidimensionales Konzept von De-facto-Autonomie hin (Verhoest et al. 2010: 60ff.). Zu Grunde liegende Beispielfragen im Autonomiekonstrukt sind nachfolgend überblicksartig aufgeführt:

Abbildung 3. Das Autonomiekonstrukt der COBRA Projektgruppe (Verhoest 2010: 23ff.)

Dimension of Autonomy	**Related Questions**
Managerial Autonomy	Can the organization without prior consent of ministers and departments set general policy for the organization concerning most aspects of:
Strategic Personnel Management Autonomy	The level of salaries for groups of staff Conditions for promotions for groups of staff Way of evaluating personnel for groups of staff Way of appointing personnel for groups of staff General criteria of downsizing in the organization Set staff number (within budgetary limits)
Operational Personnel Management Autonomy	Increase wage of a specific employee Promote a specific employee Evaluate a specific employee Appoint a specific individual Discharge/dismiss a single employee
Financial Management Autonomy	Take loans for investments Set tariffs for services or products Engage in participations in private law legal persons Shift between the budgets for personnel- and running costs Shift between the budgets for personnel- and running costs on the one hand and investments on the other hand Shift between the budgets of different years
Policy Autonomy	To what extent are the following activities carried out by the organisation (including regional or local units if they exist) or the ministry in charge? Answering of parliamentary questions Preparing the minister/secretary of state for parliamentary meetings (e.g. committees, question hour) Providing other services to the minister/ the secretary of state (e.g. preparation of speeches) Formulation of draft laws or decrees Formulation of regulations, guidelines etc. Enactment of regulations, guidelines etc.

Dimension of Autonomy	Related Questions
	Commenting on draft laws or decrees from other ministries Supporting political initiatives (e.g. idea catalogues) Implementation of decisions and policy measures Participation in negotiations at the EU/international level Drafting of strategies for the whole ministry's area of responsibility Evaluation/assessment/feedback regarding the effectiveness of programs, laws, measures

Aufgrund der kategorialen Skalierung und der meist nur wenigen Fälle konnten lediglich additive Indizes zu den Dimensionen der Autonomie gebildet werden. Bisherige Untersuchungen deuten aber darauf hin, dass diese Dimensionen für die Agenturen eine hohe interne Validität[7] besitzen (Verhoest et al. 2014; Maggetti und Verhoest 2014). Die unterschiedlichen Dimensionen werden als eigenständig angesehen, diskriminieren gut und scheinen im Gesamtdatensatz nur schwach miteinander zu korrelieren (Verhoest et al. 2014: 15). Sie beziehen sich vor allem auf drei organisationale Handlungsfelder:

1. Personalautonomie erfragt den Einsatz und die Verteilung der Ressource Personal auf operativer und strategischer Ebene.
2. Die Finanzmanagement-Autonomie stellt bestehende Handlungsspielräume in der Aufnahme, Verwendung und dem Einsatz von finanziellen Ressourcen in den Mittelpunkt.
3. Fragen zur Policy-Autonomie beziehen sich auf die Unabhängigkeit in der Vorbereitung, Umsetzung und Bewertung von politischen Entscheidungen (Verhoest et al. 2004: 108; Bach 2014: 68ff.).

Neben der rein deskriptiven Erfassung von Autonomieunterschieden stand die Erklärung von Varianzunterschieden im besonderen Interesse der COBRA-Forscher. Bis zum Zeitpunkt der Umfrage wurden vor allem strukturelle, aufgabenbezogene und kulturelle Erklärungen zur Analyse der Autonomieunterschiede herangezogen (Verhoest et al. 2014: 3ff.). Viele der Studien betonen daher den kulturellen Kontext der Agenturen (Aulich et al. 2010; Verhoest et al. 2010; Bach 2014).

Insgesamt unterscheiden die Forscher einige Ländercluster, die aufgrund ihrer Reformhistorie als relativ ähnlich klassifiziert werden können (Verhoest et al. 2010; Aulich et al. 2010; Painter und Peters 2010; Pollitt und Bouckaert 2004; Barbieri et al.

7 „Eine Untersuchung ist intern valide, wenn ihr Ergebnis eindeutig interpretierbar ist. Die interne Validität sinkt mit wachsender Anzahl plausibler Alternativerklärungen für das Ergebnis aufgrund nicht kontrollierter Störvariablen“ (Bortz 2005: 8)

2013; Bach 2014; Verhoest et al. 2014). Nach dieser Logik lassen sich England, Neuseeland und Australien als radikale Transformierer begreifen (Pollitt und Bouckaert 2004: 231ff.; Verhoest et al. 2014: 9ff.). Agenturen sind stärker strukturell verselbstständigt, verfügen über größere operative Managementautonomie und werden im Idealfall strategisch über Ergebnisse und Kontrakte gesteuert (Barbieri und Ongaro 2008: 401). Südeuropäische Länder wie Italien, Spanien oder Frankreich bilden ein gemeinsames Cluster von Ländern, die stärker mit den Folgen der Finanzkrise zu kämpfen haben und daher in letzter Zeit vermehrt auf Maßnahmen des New Public Managements zurückgreifen (Barbieri und Ongaro 2008: 406; Verhoest et al. 2014: 9ff.). Hier tritt ein traditionelles neben ein modernes, betriebswirtschaftliches Verständnis von Agenturen (Barbieri und Ongaro 2008: 406). Deutschland besitzt in seiner sehr vorsichtigen Adaption des New Public Managements einige Ähnlichkeiten mit Norwegen, Österreich oder den Niederlanden (Verhoest et al. 2011: 19; Bach 2012: 166ff.).

Erste Analysen deuten darauf hin, dass Agenturen in den kontinentaleuropäischen Ländern vor allem aufgrund von vagen Vorgaben über hohe Autonomie in der Umsetzung von Policies verfügen (Bach und Huber 2011: 206ff.). Dieses Phänomen ist nicht nur für Deutschland und Österreich anzutreffen, sondern auch in verschiedenen anderen Kulturkreisen wie Australien, Norwegen, Litauen oder Hong Kong (Verhoest et al. 2011: 21).

Betrachten wir die Personalautonomie der Agenturen, so zeichnet sich ein differenzierteres Bild ab: Ein kürzlich erschienenes Konferenzpapier demonstriert, dass latinistisch geprägte Länder wie Italien oder Portugal ihren Agenturen die geringste Personalautonomie zugestehen (Verhoest et al. 2014: 13). Skandinavische Länder statten ihre Agenturen mit einer deutlich größeren, strategischen Personalautonomie aus, dahinter folgen kontinentaleuropäische Agenturen (Verhoest et al. 2014: 13; Bach 2014: 291ff.). Wohl aufgrund der zurückliegenden Verwaltungsmodernisierungen fällt die wahrgenommene strategische Personalautonomie für Agenturen in der Schweiz und den Niederlanden höher als in Deutschland oder Österreich aus (Bach und Huber 2011: 208). Weiterführend entdecken Aulich et al. (2010: 221ff.) deutliche Unterschiede zwischen Agenturen in Australien, Hong Kong, Norwegen, Irland und Italien. Agenturen in Australien, Italien und Norwegen verfügen über eine größere Personalautonomie als solche in den anderen Ländern (Aulich et al. 2010: 221).

In Bezug auf Finanzentscheidungen bestehen ebenfalls Länderunterschiede. Hier besitzen australische Agenturen einen größeren Spielraum als Agenturen in Irland oder Italien (McGauran et al. 2005; Lægreid et al. 2006; Aulich et al. 2010; Barbieri et al. 2013). Belgischen Agenturen werden mehr finanzielle Entscheidungsfreiheiten zugestanden als italienischen (Verhoest et al. 2014: 14). Deutsche und österreichische Agenturen verfügen über geringere finanzielle Entscheidungsautonomie als solche in den Niederlanden (Bach und Huber 2011: 208; Verhoest et al. 2014: 14). Schwedische und dänische Agenturen verfügen über mehr finanzielle Entscheidungsfreiheit als finnische (Verhoest et al. 2014: 14).

Neben den angesprochenen Länderspezifika lassen sich vor allem aufgabenbezogene Erklärungsfaktoren für Autonomieunterschiede heranziehen. Pollitt et al. (2004: 264) erstellen für Primäraufgaben ein aufgabenspezifisches Pfadabhängigkeitsmodell. Insbesondere

1. die Messbarkeit der Leistung,
2. die politische Wichtigkeit und
3. die Größe des Budgets einer Agentur

sollen uns erklären können, wie autonom die Agenturen ihre Entscheidungen treffen (Pollitt et al. 2004: 264ff.). Die Messbarkeit von Outputs und Wirkungen vereinfacht laut Modell die Anwendung leistungsbezogener Steuerung. Sind insbesondere solche Aufgaben betroffen, die eine hohe politische Wichtigkeit haben oder besitzt die Agentur aufgrund ihrer schieren Größe an Bedeutung, so werden Politiker dem Modell zufolge ebenfalls eine höhere Steuerungsintensität ausüben (van Thiel und Yesilkagit 2014: 3).

Wie genau sich politische Wichtigkeit definieren lässt, bleibt vage (Hood und Dunsire 1981: 77). Bach (2014: 220f.) und Pollitt (2005: 128ff.) stellen fest, dass sich einige Politikbereiche wie die Gesundheitspolitik dauerhaft einer hohen Aufmerksamkeit aussetzen lassen müssen, andere dagegen lediglich potenziell und aufgrund von kurzfristigen Verfehlungen zum Gegenstand politischer Auseinandersetzungen werden (Pollitt 2005: 128). Verschuere (2007: 22ff.) entdeckt, dass sich manche Agenturen mit spezialisierten Aufgabenbereichen in einem Steuerungsvakuum bewegen, weil sie nur geringe politische Wichtigkeit besitzen.

Van Thiel und Yesilkagit (2014) plädieren aufgrund der Komplexität der betroffenen Aufgaben dafür, zwischen

1. Aktivität,
2. Funktion und
3. Politikbereich

als Metakategorien zu unterscheiden (van Thiel und Yesilkagit 2014: 6).

Unter den ersten Punkt fassen sie „die generellen Aktivitäten, die eine Agentur wahrnimmt“ (van Thiel und Yesilkagit 2014: 6). Zu den wichtigsten Aktivitäten von Agenturen zählen sie „Aufgaben der Informationsver- und -bearbeitung, Forschungs- und Regulierungstätigkeiten, Registrierung, Instandhaltung und Politikvorbereitung sowie monetäre Transfers“ (van Thiel und Yesilkagit 2014: 8). Mit zweitens, der Funktion der Agentur, „sind die Wirkungen gemeint, die durch diese Aktivitäten angestrebt werden“ (van Thiel und Yesilkagit 2014: 6). Drittens, der Politikbereich, bezeichnet den „Primärsektor, in dem die Agentur tätig wird“ (van Thiel und Yesilkagit 2014: 6). Weil für viele Politikbereiche ähnliche Aktivitäten wie Regulierung, Forschung oder Informationsverarbeitung anfallen, sei diese Unterscheidung zwingend notwendig (van Thiel und Yesilkagit 2014: 8).

Querschnittsanalysen deuten vor allem für die Policy-Autonomie der Agenturen auf die Wichtigkeit des Politikbereichs hin (Verhoest et al. 2010: 278f.). Im deutschen

Kontext wurde der Grad der politischen Salienz direkt bei den Amtsleitern abgefragt und es bestand ein hoher Zusammenhang zur funktionalen Politisierung[8] (Ebinger und Schmitt 2010: 84ff.). Für Flandern, Norwegen und Irland konnte demonstriert werden, dass die generelle Policy-Autonomie bei Agenturen im Bereich der Sozialpolitik geringer ausgeprägt ist (Verhoest et al. 2010: 278f.). Es lässt sich vermuten, dass sozialpolitische Entscheidungen eine höhere mediale Aufmerksamkeit nach sich ziehen und damit stärker der politischen Kontrolle unterliegen. Eine vergleichende Fallstudie zu Agenturen im sozialpolitischen Kontext beweist, dass schwedische, niederländische, englische und finnische Agenturen schon aufgrund ihres Politikbereichs einer stärkeren politischen Einflussnahme unterliegen (Caulfield 2004: 142ff.).

Auch für die Managementautonomie der Agenturen spielt der Politikbereich eine tragende Rolle. Im deutschen Sample zeigte sich, dass wirtschaftspolitische Bereiche mit einer größeren strategischen Personalautonomie korrelieren (Bach 2014: 295). In einer komparativen Studie zu Flandern, Norwegen und Irland finden sich dagegen negative Zusammenhänge zwischen wirtschaftspolitischem Arbeitsbereich und der Personalautonomie der Agenturen, die an Signifikanz verlieren, sobald man den Länderkontext miteinbezieht (Verhoest et al. 2010: 278f.). Der letztendliche Gesamtdatensatz für 15 Länder ergab einen positiven Zusammenhang mit Personalautonomie (Verhoest et al. 2014: 13ff.). Die Relation ist wahrscheinlich auf die besondere Komplexität des Arbeitsbereiches und die damit verbundene Spezialexpertise des Personals zurückzuführen.

In einigen Querschnittsanalysen steigt die Finanzmanagement-Autonomie der Agenturen, wenn diese ihre Leistungen direkt am Kunden erbringen. Italienischen Agenturen mit direkten Dienstleistungsfunktionen wird eine größere Autonomie über die eigenen Finanzen zugestanden (Barbieri et al. 2013: 37ff.). Auch im Gesamtdatensatz bei 15 Ländern finden sich signifikant positive Zusammenhänge zwischen direkten Dienstleistungsfunktionen und Unabhängigkeit bei Finanzentscheidungen (Verhoest et al. 2014: 14f.).

Dagegen verfügen Regulierungsbehörden in den Niederlanden über weniger finanzielle Entscheidungsspielräume als andere Behörden (van Thiel und Yesilkagit 2014: 18). Bach (2010: 102ff.) entdeckt auch in Deutschland niedrigere Werte von strategischer Personal- und Finanzautonomie bei Regulierungsbehörden. Verhoest et al. (2014: 15ff.) argumentieren auf Basis des bisher größten, komparativen Datensatzes, dass die Primärfunktion (Regulierung versus Direkte Leistungserbringung) zwar auf die Finanzentscheidungen der Agenturen einwirken kann, allerdings kein Einfluss auf Personalautonomie besteht (Verhoest et al. 2014: 15ff.).

Darüber hinaus beweisen Daten von 111 Agenturen in Hong Kong, dass direkte Dienstleistungsfunktionen mit einer größeren politischen Einflussnahme des übergeordneten Ministeriums verbunden sind (Painter und Yee 2011: 404ff.). Bei direkten

---

8 Entscheidungen wurden eher an politische Vorgaben angepasst (Ebinger und Schmitt 2010: 84f.).

Dienstleistungsfunktionen ist im Gegensatz zu regulierenden Aufgaben von einer besseren Messbarkeit der politischen Wirkungen auszugehen (Wilson 1989: 158ff.). Regulativ tätige Agenturen dagegen genießen in Holland eine größere Unabhängigkeit in der Politikentwicklung (van Thiel und Yesilkagit 2014: 18). Für Italien finden sich keine signifikanten Zusammenhänge zwischen der Funktion der Agenturen und Ausprägungen von Policy-Autonomie (Barbieri et al. 2010).

Es wurde außerdem angenommen, dass die Art des Budgets eine wichtige Determinante für die Management- und im Speziellen die Finanzmanagement-Autonomie einer Agentur sei (Pollitt und Talbot 2004; Barbieri et al. 2010). Besteht große finanzielle Abhängigkeit und fehlt es an alternativen Finanzquellen, so greifen die Argumente der Ressourcen-Dependenz-Theorie (Pfeffer und Salancik 1978: 46ff.). Die ministerielle Kontrolle über die Verteilung der monetären Ressourcen stärkt die Machtposition des übergeordneten Ministeriums (Pfeffer und Salancik 1978: 46).

Bisher konnte bestätigt werden, dass Agenturen, die finanziell stärker von der Aufsichtsbehörde abhängig waren, auch eine geringere Autonomie bei Finanzentscheidungen zugestanden wurde (Bach 2014: 304). Organisationen, die sich unabhängig finanzieren konnten, erwarben dagegen einen höheren Grad an Kreditaufnahme- und Preissetzungsautonomie (Verhoest et al. 2010: 278f.). Besonders für Deutschland und Norwegen stellt die unabhängige Finanzierung ein wichtiges Erklärungsmerkmal der Finanzmanagement-Autonomie nachgeordneter Behörden dar (Bach 2014: 288f.).

Eine größere Agentur dagegen provoziert höhere Informationsasymmetrien zwischen Ministerium und Gesteuerten, die den Autonomisierungsprozess verstärken können (Bertelli 2006: 236). Obwohl größere Agenturen in Flandern, Irland und Norwegen über mehr Finanzmanagement-Autonomie verfügen konnten (Verhoest et al. 2010: 278f.), deuteten italienische und deutsche Studien auf einen negativen Zusammenhang zwischen Größe und Unabhängigkeit der Finanzentscheidungen hin (Barbieri et al. 2013: 38ff.; Bach 2014: 306). Womöglich kommt es aufgrund der hohen Informationsasymmetrien zu einer Gegenreaktion der übergeordneten Ministerien und es werden stärkere Kontrollmechanismen eingerichtet (Barbieri et al. 2010: 6ff.).

Van Thiel und Yesilkagit (2014: 19) finden in den Niederlanden auch einen geringeren Grad an Personalautonomie bei solchen Agenturen, die über ein größeres Budget verfügen konnten. Verhoest et al. (2014) dagegen entdecken im bisher größten Datensatz mit 1430 Agenturen einen positiven Zusammenhang zwischen Größe und Personalautonomie, finden aber keine Relation zur Finanzmanagement-Autonomie (Verhoest et al. 2014: 13ff.).

Eine weitere, zentrale Determinante für die faktische Autonomie ist die Formalautonomie einer Agentur. Die Vermutung, dass rechtlich selbstständige Einheiten auch eine höhere De-facto-Autonomie genießen, liegt nahe. Verhoest et al. (2014) finden im internationalen Ländervergleich von 1430 Agenturen starke Evidenz dafür, dass eine unabhängige Rechtspersönlichkeit der Agenturen zur Steigerung von Personal- und Finanzmanagement-Autonomie beiträgt (Verhoest et al. 2014: 15). Diese Ergebnisse werden von vielen weiteren Studien unterstützt (van Thiel

2008; Painter und Yee 2011; Bach und Huber 2011; Bach 2014). Als ein besonders wichtiger Faktor, um gleichermaßen finanzielle wie auch personelle Unabhängigkeit zu stärken, wurde die Einführung eines zusätzlichen Verwaltungs- oder Aufsichtsrates in den Strukturen der Agenturen identifiziert (Verhoest et al. 2010: 278f.).

Formale und tatsächliche Autonomie unterschieden sich vor allem im deutschsprachigen Raum nur wenig (Bach und Jann 2010: 460f.; Bach und Huber 2011: 208). Bach (2014: 305) entdeckt in einem Vergleich zwischen deutschen und norwegischen Agenturen eine größere Finanzmanagement- und Personalautonomie für Agenturen mit eigener Satzung. Ebinger und Schmidt (2010: 80) untersuchen die funktionale Politisierung bei 164 Bundesbehörden. Die Frage an die Führungskräfte sollte ermitteln, wie stark diese ihre Entscheidungen an die vorgegebene politische Linie anpassen. Wie zu erwarten war, bestand ein negativer Zusammenhang zur funktionalen Politisierung, wenn es sich um eine eigenständige Verwaltungseinheit wie beispielsweise eine unabhängige Bundesoberbehörde handelte (Ebinger und Schmidt 2010: 84ff.).

Bach und Jann (2010) sowie Döhler (2007) argumentieren, dass sich Neugründungen von Agenturen strukturell als vertikale Spezialisierung bemerkbar machen. Dies ist der Fall, wenn zum Beispiel neu aufkommende Aufgaben der Ministerien delegiert werden sollen und zu einer Ausgliederung führen (Bach und Jann 2010: 456f.). Daneben finden sich in Deutschland viele Zusammenschlüsse und Umwandlungen von bereits existierenden Agenturen (Bach und Jann 2010: 456). Dies hat besonders in Agenturen mit selbstständiger Rechtsform zu einer größeren Autonomie in der Implementierung von Policies geführt (Bach und Jann 2010: 460f.). Ähnlich verhielt es sich in Hongkong, wo sich die vertikale Spezialisierung ebenfalls positiv auf die Policy-Autonomie der untersuchten Agenturen auswirkte (Painter und Yee 2011: 404).

Egeberg und Trondal (2009: 673ff.) analysieren die politische Autonomisierung in drei großflächige Befragungen der Jahre 1986, 1996 und 2006. Sie konnten anhand gepoolter Daten dieser Führungskräftebefragungen aller Ministerien und Agenturen in Norwegen zeigen, dass politische Signale in ausgegliederten Agenturen weniger stark wahrgenommen werden als innerhalb der Ministerien (Egeberg und Trondal 2009: 680ff.). Wenn die Agentur viele Tätigkeiten der Politikvorbereitung wahrnimmt, Politikbereiche verstärkt in der öffentlichen Debatte stehen, es zur Aufgabenduplizierung in Ministerium und Agentur kommt oder die befragte Person eine besonders hohe Position bekleidet, wird dieser negative Effekt allerdings gedämpft (Egeberg und Trondal 2009: 684). Der über die Zeit hinweg robuste Zusammenhang impliziert, dass sich die Einflussnahme der übergeordenten Ministerien durch eine strukturelle Ausgliederung auch faktisch verringert (Egeberg und Trondal 2009: 685).

Einige Studien untersuchten zusätzlich den Zusammenhang zwischen Steuerungsakteuren um und Policy-Autonomie in den Agenturen. Yesilkagit und van Thiel (2008, 2011) analysierten den Einfluss wichtiger Stakeholder auf die Policy-Autonomie. Ihre Beobachtungen zeigen, dass (ähnlich wie im U.S.-amerikanischen Kontext) das übergeordnete Ministerium, das Parlament, das Kabinett und das

Finanzministerium einen signifikanten Einfluss auf die Auswahl der Zielgruppe und Instrumente ausüben. Damit konnten parlamentarische Akteure immernoch die zentrale Stellung einnehmen, während nicht-parlamentarische Stakeholder als weniger wichtig wahrgenommen wurden (Yesilkagit und van Thiel 2008: 149; Yesilkagit und van Thiel 2011: 113ff.). Nehmen allerdings Kundengruppen, die Medien, besondere Interessengruppen und Berater eine zentralere Position für die Agenturen ein, so geht dies mit einer höheren Finanzmanagement-Autonomie der Agenturen einher (van Thiel und Yesilkagit 2008: 149).

Weitere, zentrale Erkenntnisse betreffen die eingesetzten Steuerungsinstrumente der Prinzipale. Für viele Agenturen zeigten sich große Defizite in der Zielsteuerung durch die übergeordneten Ministerien (Verhoest et al. 2011: 23ff.) oder in der horizontalen Koordination zwischen verschiedenen Aufsichtsbehörden (Verhoest et al. 2011: 24). Mit Ausnahme des vereinigten Königreichs und der skandinavischen Länder dominieren traditionelle Formen der Budget- und Inputkontrolle gegenüber moderneren Formen wie Leistungsbewertung, Performance Budgeting, Ziel- und Wirkungssteuerung (Verhoest et al. 2011: 24). Um Überkontrolle und Inflexibilität auch im Performance Management zu vermeiden, plädieren Verhoest et al. (2011: 25f.) für Performanz-Dialoge, gemeinsame Zielformulierungen und adaptive Lernprozesse.

Da verschiedene Steuerungsmechanismen für gewöhnlich gemeinsam auftreten, lassen sich Unterschiede in deren Wirkungsweise nur schwer feststellen. Roness et al. (2008: 164ff.) konnten mit einer Drei-Länder-Befragung zeigen, dass Zielsteuerung in verschiedenen Ländern und Regionen unterschiedlich interpretiert wird. So bestehen keinerlei direkte Zusammenhänge zwischen der Personalautonomie der Agenturen und der Anwendung von Prozess- und Zielsteuerung in der belgischen Region Flandern (Roness et al. 2008: 164). In Norwegen finden sich positive Zusammenhänge zwischen wahrgenommener Personalautonomie und der ministerialen Anwendung von Prozess- und Zielkontrolle (Roness et al. 2008: 164). Für irländische Agenturen zeigt sich ein positiver Zusammenhang zwischen Prozess- wie Zielkontrolle und autonomen Beförderungsentscheidungen (Roness et al. 2008: 164). Für die weiteren Autonomiedimensionen konnten keine signifikanten Zusammenhänge identifiziert werden. Weil Autonomie und Steuerungsmechanismen gemeinsam und auch unabhängig voneinander auftreten können, sprechen diese Ergebnisse für eine separate Betrachtung der Instrumente (Geringer und Herbert 1989: 235ff.). Die Einrichtung von neuen Steuerungsinstrumenten wie Ziel- und Wirkungssteuerung scheint besonders in Phasen des Umbruchs nur wenig Auskunft darüber zu geben, wie sich Einflussnahme und Machtposition der Ministerien aus Sicht der gesteuerten Einheiten verschiebt.

Ein weiteres wesentliches Thema in der Forschung zu De-facto-Autonomie ist das Vertrauen, dass den Agenturen entgegengebracht wird. Eine Fallstudie, die das Zusammenspiel von Accountability-Maßnahmen und Policy-Autonomie im Europäischen Polizeiamt Europol untersucht, zieht den Schluss, dass Autonomie und Vertrauen in einem äußerst dynamischen Prozess miteinander verbunden sind (Busuioc et al. 2011: 863ff.). Auch bei bereits niedriger De-facto-Autonomie kann es dazu kommen, dass die Einrichtung weiterer Aufsichtsmechanismen gefordert wird

(Busuioc et al. 2011: 860f.). Bei bereits eingeschränkter Handlungsfähigkeit wird die Organisation ihrer Möglichkeit beraubt, einen zusätzlichen Mehrwert zu demonstrieren. Sie verliert an öffentlichem Vertrauen und Glaubwürdigkeit. Dies kann in der Gegenreaktion zur Einrichtung weiterer Kontrollmechanismen führen und mündet im Extremfall in einer kontraproduktiven Mikropolitik (Busuioc et al. 2011: 863f.).

In einer weiteren Studie entdecken van Thiel und Yesilkagit (2011) bei 206 niederländischen Agenturen überraschenderweise, dass niedrigere, strukturelle Autonomie mit einem größeren Vertrauensverhältnis zum übergeordneten Ministerium verbunden sein kann. Gegenseitiges Vertrauen steigt ebenfalls, wenn es zu häufigen formellen Kontakten zwischen den Organisationen kommt (van Thiel und van der Wal 2010: 393ff.; van Thiel und Yesilkagit 2011: 795). Erhöht sich allerdings die Menge der erhobenen Kennzahlen, so beschädigt dies das Vertrauensverhältnis zwischen Agentur und übergeordnetem Ministerium (van Thiel und Yesilkagit 2011: 795). Die Forscher folgern, dass die Nähe zum übergeordneten Ministerium und nicht die Autonomie die entscheidende, vertrauensförderliche Variable sei (van Thiel und Yesilkagit 2011: 797). Besitzen Agenturen ähnliche historische Wurzeln wie die Ministerien oder es besteht eine große Wertekongruenz zwischen den Organisationen, so fördere dies das gegenseitige Vertrauen (Das und Teng 2001: 263).

Neben funktionalen Erklärungen finden wir nur wenige Studien zur faktischen Autonomie, die Hinweise auf eine Logik der Angemessenheit liefern. Zwar haben Studien zur Formalautonomie gezeigt, dass Pfadabhängigkeiten dazu führen können, dass durch die Gründung von Agenturen weitere Neugründungen entstehen (Yesilkagit und Christensen 2010), allerdings konnten nur wenige Muster durch das COBRA-Projekt identifiziert werden, die sich als konsistent und kulturell unabhängig herausstellten. Einerseits besteht das Phänomen, dass Länder mit einer stärkeren „Rechtsstaat" Tradition wie Deutschland oder Österreich ihren Agenturen weniger Managementautonomie zugestehen, während skandinavische und englische Traditionen von jeher auf größere Entscheidungsfreiheiten in den Agenturen Wert legen (Verhoest et al. 2011: 19; Verhoest et al. 2014: 14). Zweitens konnten Studien aus Irland, Norwegen und Flandern demonstrieren, dass nicht nur die administrative Kultur, sondern auch das Alter der einzelnen Agenturen einen Einfluss nehmen kann (Verhoest et al. 2010: 269). Ein höheres Alter der Agenturen erhöhte hier beispielsweise deren Policy-Autonomie (Verhoest et al. 2010: 178f.). Diese Effekte konnten auch für schwedische Agenturen nachgewiesen werden (Niklasson und Pierre 2012: 206ff.). In Italien dagegen bestehen keine signifikanten Zusammenhänge zwischen dem Alter der Agenturen und deren Autonomie (Barbieri et al. 2013: 37).

Ähnlich verhält es sich mit Studien zum Verhältnis von Performanz und Autonomie der Agenturen (Verhoest et al. 2004; Verhoest 2005; Yamamoto 2006; Verhoest et al. 2011). Hier konnten auf breiter, empirischer Basis lediglich Zusammenhänge mit der Innovationsfähigkeit der Agenturen nachgewiesen werden (Lægreid et al. 2011; Wynen et al. 2014). Wirtschaftskrisen in Irland und Griechenland haben beispielsweise eher dazu geführt, dass die faktischen Freiräume der Agenturen eingeschränkt als ausgebaut werden (Verhoest et al. 2011).

Zusammenfassend stellen wir fest, dass folgende Aspekte zur Erklärung der De-facto-Autonomie von Agenturen wichtig sind:

Erstens spielt der kulturelle Kontext eine wichtige Rolle. Nicht alle länderspezifischen Erkenntnisse zu den Agenturen lassen sich direkt auf andere Länder übertragen. Gründe für die Unterschiede liegen in den rechtlichen Gegebenheiten und den verschiedenen Verwaltungstraditionen der Kulturkreise.

Zweitens kommt dem Politikbereich der Agenturen eine tragende Rolle zu. Sind Agenturen im sozialpolitischen Bereich tätig, so besitzen sie eine größere politische Sichtbarkeit und unterliegen einer stärkeren Kontrolle in Bezug auf die Policies. Handelt es sich um Bereiche wie Wirtschaftspolitik, in denen die Folgen von Entscheidungen nur schwer absehbar sind, so finden sich positive Relationen zur Personalautonomie der Agenturen. Vermutlich ist dieser Zusammenhang auf die erforderliche Spezialexpertise im Bereich zurückzuführen.

Drittens stellt die Funktion einer Agentur eine wesentliche Determinante für De-facto- Autonomie dar. Nimmt eine Agentur direkte Dienstlesitungstätigkeiten wahr, so sind die Wirkungen leichter messbar und die Agenturen unterliegen einer stärkeren politischen Kontrolle. Diese niedrigere Policy-Autonomie geht sogar mit einer größeren finanziellen Unabhängigkeit der Agenturen einher. Nimmt eine Agentur dagegen vorwiegend Regulierungstätigkeiten wahr, so besteht eine größere politische Handlungsfähigkeit. Dies wirkt sich wiederum negativ auf die Unabhängigkeit der Finanzentscheidungen aus.

Mittelherkunft und Rechtsform stellen weitere, wesentliche Determinanten der Finanzmanagement-Autonomie dar. Können sich die Agenturen unabhängig finanzieren oder werden sie formal autonomer geführt, so übt dies einen direkten Effekt auf die Unabhängigkeit aus. Agenturen mit eigener Satzung verfügen zusätzlich über größere Unabhängigkeit in ihren Personalentscheidungen. Für die Größe der Agenturen besteht ebenfalls ein positiver Zusammenhang zur Personalautonomie.

Betrachtet man das Verhältnis zwischen De-facto-Autonomie und gegenseitigem Vertrauen sowie zwischen den eingesetzten Steuerungsemchanismen und der De-facto-Autonomie, so wurden bisher allenfalls widersprüchliche Zusammenhänge gefunden. Auch ein positives Verhältnis zwischen Autonomie und Performanz konnte bisher nicht eindeutig belegt werden. Es bestehen lediglich Zusammenhänge zur Innovationsfähigkeit der Agenturen.

Auf Basis der vorangehenden Studien erkennen Maggetti und Verhoest (2014: 244ff.) eine Reihe von noch offenen und unbeantworteten Fragen betreffend der De-facto-Autonomie von ausgegliederten Agenturen: Erstens sei unklar, ob es aufgabenspezifische Faktoren, nationale Pfadabhängigkeiten oder strukturelle Faktoren sind, die die De-facto-Autonomie am stärksten beeinflussen (van Thiel und Yesilkagit 2014; Bach 2014). Zweitens sei das Verhältnis zwischen Autonomie, Demokratie und Accountability weitgehend ungeklärt (Biela und Papadopolous 2014).

Die relationale Perspektive auf die Agenturen betont, dass Autonomie- und Steuerungsverhältnisse dynamischer Natur sind und sich im Zeitablauf verändern können (Jacobsen 2006; Wettenhall und Aulich 2009). Aus diesem Grund sprechen sich einige Autoren dafür aus, die Machtverhältnisse und informellen Netzwerke um die Agenturen herum in Zukunft wieder stärker in den Fokus der Debatte zu stellen (Yesilkagit und van Thiel 2008, 2011; Maggetti und Verhoest 2014; Rommel und Verhoest 2014).

2.2.2 De-facto-Autonomie von öffentlichen Unternehmen

Im folgenden Abschnitt sollen nun die wichtigsten, spezifischen Überlegungen zur De- facto-Autonomie von öffentlichen Unternehmen zusammengetragen werden. Im ersten Kapitel definierten wir öffentliche Unternehmen als *„enterprises where the state has significant control, through full, majority, or significant minority ownership"* (Gnan et al. 2010: 720). Bei der betroffenen Gebietskörperschaft kann es sich um eine Kommune, einen Kreis, ein Bundesland oder einen gesamten Staat handeln. Somit lassen sich auch kommunale Unternehmen als eine Ausprägung der öffentlichen Unternehmen begreifen.

Zu Anfang des Kapitels wurde erkannt, dass öffentliche Unternehmen im Gegensatz zu Agenturen in einem stärkeren Wettbewerb zu Privaten stehen. Öffentliche Unternehmen finanzieren sich größtenteils aus eigenen Einnahmen oder im Rahmen eines Querverbundes gemeinsam mit anderen öffentlichen Betrieben. Anders als Agenturen erledigen sie nur selten Regulierungsaufgaben oder nehmen Aufgaben in der Politikvorbereitung wahr. Primäres Aufgabengebiet von öffentlichen Unternehmen ist die direkte Leistungserbringung im Rahmen der Daseinsvorsorge. Dabei unterliegen sie den geltenden Regulierungen der Branche. Je nach Politikbereich erfüllen sie gleichermaßen finanz- wie gemeinwohlorientierte Aufgaben bei bestehender Sachzieldominanz und werden auf öffentlich-rechtlicher oder privatrechtlicher Grundlage mit einem gewissen Maß an Unabhängigkeit von der Kernverwaltung errichtet.

Nach Lasar et al. (2011: 226ff.) sollte der Grad der Managementautonomie mit zunehmender juristischer Selbstständigkeit anwachsen. Fabry (2011: 38ff.) unterscheidet gängige Rechtsformen von kommunalen Unternehmen in Deutschland folglich nach dem Grad der organisatorischen Verselbstständigung gegenüber dem kommunalen Träger. Hierfür bezieht sie sich auf die Merkmale unmittelbar und mittelbar. Zu den Rechtsformen der unmittelbaren Verwaltung, die man direkt zur Kernverwaltung rechnet, zählen: das Amt, der Regiebetrieb und die nichtrechtsfähige öffentlich-rechtliche Anstalt (Fabry 2011: 38).

Im Gegensatz zu ihnen stehen Organisationsformen der mittelbaren Verwaltung, denen eine größere organisatorische Selbstständigkeit zugestanden wird (Fabry 2011: 38). Diese sind vornehmlich: „der Eigenbetrieb, die rechtsfähige öffentlich-rechtliche Anstalt, die rechtsfähige Stiftung (öffentlich oder privaten Rechts), der rechtsfähige Verein, die Eigengesellschaft[9] oder die Beteiligungsgesellschaft[10]"

9 „Privatrechtliche Gesellschaft, an der die Trägerverwaltung 100% der Anteile hält" (Fabry 2011: 38).

10 „Privatrechtliche Gesellschaft, an der die Trägerverwaltung, neben anderen, einen Anteil hält" (Fabry 2011: 38).

(Fabry 2011: 38). Bis auf den Eigenbetrieb besitzen alle der mittelbaren Verwaltung zuzuordnenden Organisationsformen eine eigene Rechtsfähigkeit und sind damit als Rechtssubjekt Träger von Rechten und Pflichten bzw. juristische Personen des öffentlichen oder des Privatrechts (Fabry 2011: 38f.). Die folgende Abbildung verdeutlicht die zunehmende Verselbstständigung durch die Rechtsformwahl (beginnend von links oben nach rechts unten):

Abbildung 4. Rechtsformen kommunaler Unternehmen (Lasar et al. 2011: 226)

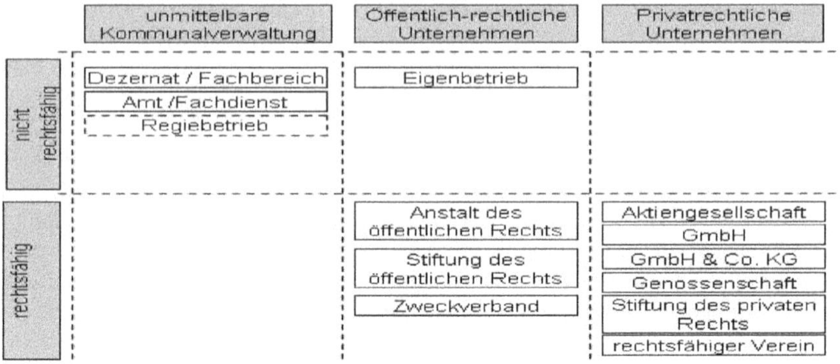

In Anlehnung an die obige Kategorisierung von Lasar et al. (2011: 226f.) und die internationale Kategorisierung der Agenturen von van Thiel (2012: 20ff.) lässt sich bei kommunalen Unternehmen in Deutschland von drei übergeordneten Typen der Verselbstständigung sprechen:

Typ 1 Unternehmen im linken, oberen Quadranten der Abbildung können wir der unmittelbaren Kernverwaltung zurechnen. Sie sind damit im engeren Sinne nicht als öffentliche Unternehmen zu betrachten, werden zumeist als Ämter, Fachbereiche oder Regiebetriebe geführt und besitzen keine eigene Rechtspersönlichkeit.

Typ 2 Unternehmen besitzen eine eigene Rechtsfähigkeit und eine Satzung, sie unterliegen allerdings den Regelungen des öffentlichen Rechts. Diese Rechtsformen befinden sich im mittleren Teil der Abbildung. Der Eigenbetrieb ist als Spezialform zu behandeln, da er keine eigene Rechtspersönlichkeit besitzt und immer noch als Teil der Kernverwaltung angesehen wird. Er stellt ein Sondervermögen dar, das im Kommunalhaushalt gesondert zu verwalten und auszuweisen ist (Fabry 2011: 40). Die laufenden Geschäfte führt die Werkleitung, Angelegenheiten die über die gängigen Geschäfte hinausgehen, werden vom Werkausschuss bearbeitet (Uechtritz und Reck 2012: 789). Beide Organe besitzen eigene Zuständigkeiten und handeln anstelle der Organe der Kommune (Fabry 2011: 40).

Nach dieser Überlegung fallen unter den strikten Begriff der Corporatisation lediglich Typ 3 Unternehmen[11], die privatrechtlich geführt werden und mittlerweile einen Großteil der öffentlichen Leistungserbringer stellen (Statistisches Bundesamt 2014: 267). Unter dem Dach der Corporatisation treffen wir vorwiegend Stiftungen, Vereine, Genossenschaften, Aktiengesellschaften und Gesellschaften mit beschränkter Haftung an.

Über die De-facto-Autonomie der deutschen, privatrechtlichen Unternehmen liegen keine gesicherten, empirischen Erkenntnisse vor. Mit der Vermutung, dass sich formaler und faktischer Autonomisierungsgrad deckungsgleich verhalten, beschränkte man sich bis dato auf die Erfassung der gegenwärtigen Rechtsformen, Schuldenstände oder Eigentumsverhältnisse (Bremeier et al. 2006; Richter et al. 2006; Dietrich 2011; Dietrich und Strohe 2011; Kuhlmann und Wollmann 2014).

Steuerungsfragen wurden vorerst konzeptionell behandelt. Deutsche Diskussionen zur Public Corporate Governance sprechen eher Empfehlungen als empirisch fundierte Erkenntnisse zum Zusammenspiel der Akteure in kommunalen Unternehmen aus (Lenk et al. 2009; Leixnering und Bramböck 2013). In Großstädten wurden zwar Aufbau und Inhalt der Kodizes sowie der Umsetzungsstand der empfohlenen Maßnahmen empirisch evaluiert (Papenfuß 2013a: 117ff.), es mangelt aber stark an empirisch basierten Antworten auf Kontroll- und Wirkungsfragen.

International verhält es sich ähnlich. Zwar gibt es immer wieder vergleichende, internationale Studien zur Leistungserstellung in Kommunen, jedoch befassen sich diese oft mit den Faktoren, die die politische Entscheidung für die Eigenerstellung, interkommunale Partnerschaften, Public-Private-Partnerships, ein Contracting Out oder eine vollständige Privatisierung begünstigen (Fitch 2007; Bel et al. 2007; Bel und Fageda 2007; Grossi und Reichard 2008; Bel und Fageda 2010; Bel und Fageda 2011; Bel et al. 2013; Garrone und Marzano 2014).

Im Gegensatz zur Agencification-Bewegung ist die Frage der Governance von öffentlichen Unternehmen vor allem deshalb noch nicht gut erforscht, weil Corporatisation lange stiefmütterlich als ein Übergangsprozess zwischen Eigenerstellung und vollständiger Privatisierung behandelt wurde (Aivazian et al. 2005: 795ff.; Andrés et al. 2013: 93ff.). Ein Großteil der erklärenden Forschung wurde entweder Anfang bis Mitte der 90er Jahre im Rahmen der großen, internationalen Privatisierungswellen eingestellt (Clifton et al. 2006: 736ff.; Cuervo-Cazurra et al. 2014: 920) oder das Hauptaugenmerk der Forschung konzentrierte sich fortan auf Fragen der Branchenregulierung (Baldwin et al. 2012). Dennoch ist speziell im europäischen Raum eine weite Verbreitung von öffentlichen Unternehmen zu verzeichnen (OECD 2014b). Diese werden mittlerweile vermeintlich nach ähnlichen Maßstäben geführt wie private Kontraktnehmer (Christensen 2015: 4).

---

11 Im engeren Sinne erfordert Corporatisation „a separate statutory authority, with a distinct legal identity, separate accounts and its own board of directors" (Vagliasindi 2008: 7) und „requires the enterprise to be incorporated under the same laws that govern private corporations" (Vagliasindi 2008: 7).

Aufgrund der bis dato nur spärlich vorhandenen Erkenntnisse zur De-facto-Autonomie der Unternehmen knüpft die vorliegende Untersuchung vor allem an die Erkenntnisse der Agenturforschung an, die im vorherigen Abschnitt zusammengefasst wurden. Ergänzend dazu sollen in diesem Abschnitt die frühen, internationalen Diskussionen und Erkenntnisse zur Steuerung öffenticher Unternehmen ausgeführt werden.

Bereits 1981 fordert Aharoni (1981) eine Theorie der sozialen Steuerung für öffentliche Unternehmen, weil er erkennt, dass nur wenige Theoretiker sich mit deren genauer Funktionsweise auseinandergesetzt hatten. Neben den traditionellen Problemen von großen Organisationen, müssen sich öffentliche Unternehmen mit einer Vielzahl von Zielen und Prinzipalen auseinandersetzen (Aharoni 1981: 1341ff.). Eine an realen Phänomenen orientierte Theorie sollte demnach besonderen Wert auf die Entscheidungsprozesse legen, die eingebettet in die institutionellen und legalen Erfordernisse stattfinden (Aharoni 1981: 1346).

Auch Seidman (1983) erkennt den Bedarf für eine explizite Theorie des öffentlichen Unternehmens. Öffentliche Unternehmen seien nach den Kriterien Organisationsstruktur (Unternehmen versus andere Organisationsform), Rechtsform (privatrechtlich versus öffentlich-rechtlich), Eigentum (öffentlich versus privat), organisatorische Ansiedlung (in oder außerhalb der Kernverwaltung), Angestelltenstatus (Beamte versus Angestellte), Führungsgremium (Vorstand oder einzelner Geschäftsführer), Accountability (Publizitätspflichten, Rechnungslegung, Budgetrecht und rechtliche Aufsicht) oder Branche klassifizierbar (Seidman 1983: 66f.). Jedoch sei keine dieser Klassifizierungen wirklich hilfreich, um die richtigen Steuerungsinstrumente zu wählen oder organisationale Beziehungen zu verdeutlichen (Seidman 1983: 67).

Da die Unternehmen in einem komplexen Netz von Beziehungen stehen, werden sie niemals vollständig unabhängig existieren (Seidman 1983: 68). Darüber hinaus stellen sie einen attraktiven Weg dar, Entscheidungen am Parlament vorbei zu lenken (Seidman 1983: 68). Es mangele an einer hilfreichen Theorie der Autonomie, die den Kontext der Unternehmen berücksichtige, um qualitativ wertvolle, politische Steuerungsentscheidungen fällen zu können (Seidman 1983: 71).

Sexty (1980) beleuchtet das Problem der Autonomisierung aus Perspektive der verantwortlichen Manager. Im Umfeld kanadischer Staatsunternehmen identifiziert er folgende Akteure, die auf die Autonomie einwirken können: Die öffentliche Meinung, Handelsorganisationen, andere Regierungen, regulierende Agenturen, Finanzmärkte, weitere öffentliche Unternehmen, Wettbewerber und Kunden (Sexty 1980: 373). Darüber hinaus besitzen diverse staatliche Akteure Bedeutung: Das Parlament, der verantwortliche Minister, andere Minister, die Opposition, Verwaltungsangestellte, der Leiter der Rechnungsprüfung, der Finanzrat und das Finanzdepartment (Sexty 1980: 373).

Um den Einfluss der Akteure zu begrenzen, können die Geschäftsführer der Unternehmen Autonomisierungsstrategien verfolgen (Sexty 1980: 377). Beispielsweise können sie versuchen, eine eigene Identität für das Unternehmen zu schaffen, die sich deutlich von derer der Kernverwaltung unterscheidet (Sexty 1980: 377f.).

Außerdem besteht die attraktive Möglichkeit, weitere finanzielle Unabhängigkeit über die Kapitalmärkte zu gewinnen (Sexty 1980: 378). Die Einbindung privaten Kapitals fördert die Unabhängigkeit gegenüber der Politik, weil die Aktionäre eine Mindestverzinsung auf ihr investiertes Kapital erwarten (Sexty 1980: 378). Ein ähnlicher Effekt stellt sich durch andere Formen der Fremdfinanzierung ein (Sexty 1980: 379). Jedoch können Finanzprobleme für die öffentliche Hand entstehen, wenn Unternehmen, die stark wachsen und sich extern finanzieren, Liquiditätsprobleme erleiden (Vernon 1984: 49).

Vollzieht die Organisation einen formalen Rechtsformwechsel, so kann dies ebenso Vorteile mit sich bringen, denn sie unterliegt dann der Regulierung durch eine externe Gerichtsbarkeit (Sexty 1980: 379f.). Als besonders kritischen Faktor für die Autonomisierung identifiziert Sexty (1980) die Besetzung von Vorstand und Aufsichtsrat (Sexty 1980: 380). Durch einen starken Vorstand mit ökonomischem Sachverstand und wenigen politischen Entscheidungsträgern können Rollenunklarheiten vermieden werden (Sexty 1980: 380f.). Für Manager kann es hilfreich sein, die Ratsmitglieder in die Strategie miteinzubinden und den politischen Entscheidungsträgern gemeinsame Vorschläge zu unterbreiten (Sexty 1980: 380).

Eine politische Orientierung dagegen erhöht laut Zif (1981) die Wahrscheinlichkeit, dass instabile, unklare und vage Ziele entstehen oder Umsätze statt Profitziele in den Vordergrund geraten (Zif 1981: 1331ff.). Erfolgsmaßstäbe werden oft nur irregulär evaluiert und es werden zu niedrige Preise in Relation zu den entstandenen Kosten festgelegt (Zif 1981: 1337).

Weil viele öffentliche Unternehmen in Monopolmärkten agieren, sollte aber ein besonderes Augenmerk auf deren Rechenschaftspflichten gelegt werden (Vernon 1984: 41f.). Durch Expertenwissen und ein losgelöstes Budget kommt es zu einer asymmetrischen Informationsverteilung (Vernon 1984: 47f.). Im Extremfall werden finanzielle Schwierigkeiten bis zum letztmöglichen Zeitpunkt verschleiert (Vernon 1984: 48). Nur eine regelmäßige Evaluation von Kennzahlen und eine qualitativ hochwertige, staatliche Steuerung können eine gute Alternative zur vollständigen Privatisierung darstellen (Jones 1991: 110ff.; Ramamurti 1991: 127ff.).

Anastassopoulos (1985: 521ff.) empfiehlt in seiner Analyse von französischen Staatsunternehmen drei Kategorien von Steuerungsinstrumenten: Zuerst müsse die Regierung entwicklungsförderliche, strategische Ziele setzen und es vermeiden, operative Eingriffe in das Unternehmensgeschäft vorzunehmen. Wenn ex ante Interventionen geplant seien, sollen diese mit einem gemeinsamen Ansprechpartner oder Berater ausgehandelt werden, der den strategischen Plan im Auge behält (Anastassopoulos 1985: 538). Aufgabe des Parlamentes sei es, die Zielerreichung zu überprüfen und gegebenenfalls Sanktionen vorzunehmen (Anastassopoulos 1985: 538). Konsequenterweise sollen politische Instrumente so selten wie möglich genutzt werden. Mögliche Konflikte werden im Idealfall verhandelt und in transparenten Verträgen geregelt (Anastassopoulos 1985: 538). Für politische Interventionen, die die Einhaltung des strategischen Plans gefährden, empfehlen sich Kompensationszahlungen (Anastassopoulos 1985: 539).

Darüber hinaus bestehe ein verschärftes Prinzipal-Agenten-Problem in öffentlichen Unternehmen, weil die Geschäftsführer nicht durch den Kapitalmarkt diszipliniert werden (Hirshhorn 1989: 259). Durch schwer quantifizierbare, multidimensionale Ziele entstehen zwangsläufig Konflikte, die einer Profitmaximierung entgegenstehen (Hirshhorn 1989: 259). Sollen öffentliche Unternehmen als ein Instrument genutzt werden, um politische Ziele zu verwirklichen, so müsse dieses Vorhaben durch ein spezielles Steuerungsumfeld unterstützt werden (Hirshhorn 1989: 259). Es sei effizienter, das Unternehmen in ein privates Rechtsumfeld zu stellen, um bestimmte Entscheidungen in den Einheiten autonomer treffen zu können (Hirshhorn 1989: 261ff.). Die Strategie sei aber nur dann erfolgreich, wenn ein gutes Controllingsystem für die Einheiten eingerichtet wurde und es dadurch möglich werde, Kompensationszahlungen für Verluste durch politische Zielsetzungen zu leisten (Hirshhorn 1989: 266).

Weil für sozialpolitische Ziele alternative Wege der Leistungserstellung bereitstehen, müsse ein öffentliches Unternehmen immer die bestmögliche Form der Erbringung darstellen (Hirshhorn 1989: 260). Dies sei der Fall, wenn ein Kontrakt mit Privaten nicht exakt genug spezifizierbar wäre oder man sich in eine sehr starke Abhängigkeit zu einem einzigen Investor begäbe (Hirshhorn 1989: 261f.). Bei Eigenerstellung bestehe auch in solchen Fällen genug Flexibilität, um politische Ziele zu verwirklichen und über die notwendige Informationsbasis zu verfügen (Hirshhorn 1989: 261).

Ring und Perry (1985) identifizieren neben der Unklarheit von politischen Zielen weitere Einflussfaktoren auf die De-facto-Autonomie öffentlicher Unternehmen im Verhältnis zum Träger. Beispielsweise heben sie die besondere Rolle der Medien hervor (Ring und Perry 1985: 279). Gerade in öffentlichen Organisationen komme es durch mediale Aufmerksamkeit zu einer besonderen Form der Accountability, die die Verantwortlichen einer stärkeren, öffentlichen Wahrnehmung und einem damit verbundenen, politischen Druck aussetzt (Ring und Perry 1985: 279; Luke 2010: 145). Mediale Aufmerksamkeit kann das weitere Agenda-Setting der politischen Akteure stark verändern und sich dadurch mittelbar auf die kommunale Steuerung der Unternehmen auswirken, selbst wenn bereits im Vorhinein klare Ziele formuliert wurden (Krause 2015).

Explorative Fallstudien zeigen, dass sich auch strategische Prioritäten von öffentlichen Unternehmen im Laufe der Zeit verändern können und vom Verhältnis zur jeweiligen Regierung abhängig sind (Hafsi et al. 1987; Hafsi und Koenig 1988). Hafsi et al. (1987) betonen im Besonderen, dass die Unternehmen in einem Zwischenfeld zwischen Staat und Markt agieren. Accountability und Performance seien daher nur schwer zu definieren und hängen vom jeweiligen Blickwinkel ab (Hafsi et al. 1987: 714).

In den Leitungspositionen begegnen sich zwei Akteursgruppen, die Koalitionen untereinander aushandeln: Kommissare und Technokraten (Hafsi et al. 1987: 716ff.). Kommissare fühlen sich dazu verpflichtet, verschiedene politische Interessengruppen zu bedienen (Hafsi et al. 1987: 716). Sie werden die Ressourcen der Gebietskörperschaft sichern und die Nachfrage nach politischen Zielen befriedigen

(Hafsi et al. 1987: 716f.). Technokraten dagegen konzentrieren sich auf die Marktbedingungen und den Wettbewerb (Hafsi et al. 1987: 716f.). Sie verfolgen vor allem die wirtschaftlichen und technischen Ziele des Unternehmens und legitimieren sich durch ökonomischen Erfolg (Hafsi et al. 1987: 716).

In Anlehnung an den Organisationslebenszyklus von Chandler (1962) wird das Verhältnis zwischen den Gruppen anfänglich als kooperativ beschrieben: Die Ziele des Unternehmens seien klar definiert und die Werte des Managers entsprächen denen der Eigner (Hafsi et al. 1987: 719ff.). Daher bekomme das Unternehmen Unterstützung und Ressourcen vom Parlament zugesprochen (Hafsi et al. 1987: 715).

In der zweiten Entwicklungsphase entstehe ein Spannungsverhältnis zwischen Kommissaren auf der ersten und Technokraten auf der zweiten Ebene dadurch, dass sich ein eigenständiger technischer Kern des Unternehmens entwickelt habe und die Wünsche der Regierung inkonsistenter werden (Hafsi et al. 1987: 719). Diese Entfremdung vom Träger werde umso größer, je mehr die ursprünglichen soziopolitischen Ziele durch das Unternehmen bereits erfüllt wurden (Hafsi et al. 1987: 715). Wenn es die Manager des Unternehmens durchsetzen können, setze eine letzte Phase der Entwicklung ein, die sogenannte Autonomiephase, in der das Unternehmen vollständige finanzielle Unabhängigkeit erreiche (Hafsi et al. 1987: 715).

Die Entwicklung eines technischen Kerns, die finanzielle Unabhängigkeit des Unternehmens, die Struktur der Überwachung durch das Parlament und die Übereinkunft über geltende Regeln zum Ausgleich der Akteure wirken als die Kontext- und Einflussfaktoren auf diese Entwicklung (Hafsi et al. 1987: 715). Mit zunehmender Komplexität der Struktur ändere sich in jeder Entwicklungsphase das Verhältnis zum Träger (Hafsi et al. 1987: 715; Hafsi und König 1988: 245ff.). Wo noch in der Entstehungsphase ein großer Wert auf Symbolik und geteilte Werte zwischen Verwaltungsführung und Unternehmen gelegt wurde, rücken mit der Spezialisierung und Technisierung des Unternehmens Konflikte zwischen monetären und nichtmonetären Zielen in den Vordergrund und der politische Einfluss auf das Top Management verliere langsam an Bedeutung (Hafsi et al. 1987: 724f.).

In dieser zweiten Phase verteile sich die Verantwortung auf Seiten des Trägers bereits auf mehrere Ämter oder Ministerien (Hafsi et al. 1987: 722f.). Mit zunehmender Expertise auf Seiten des Unternehmens werden differenziertere Kontrollen und Steuerungsinstrumente notwendig. Die Geschäftsführer erkennen sich bereits in einer Ausgleichsrolle zwischen politischer und marktbezogener Rationalität (Hafsi et al. 1987: 722f.). Mit zunehmender finanzieller Unabhängigkeit steige wiederum der politische Einfluss auf das Unternehmen, da es als wichtige Ressource wahrgenommen werde (Hafsi et al. 1987: 722). Effizienzkriterien rücken dann wieder zugunsten von politischen Programmen in den Hintergrund (Hafsi et al. 1987: 722).

Im Extremfall könne es zur strategischen Fragmentierung des Unternehmens kommen. Die Ministerien bleiben uneinig und richten verschiedenartige Anforderungen an das Unternehmen (Hafsi et al. 1987: 723). Gerade in dieser Phase fordern die Autoren ausgeklügelte, formelle Steuerungsmechanismen und spezifische Zielkontrolle, um die Interessen der Akteure auszugleichen und den Erfolg des Unternehmens nicht zu belasten (Hafsi et al. 1987: 727).

Erst in einer finalen Autonomiephase agiere das Unternehmen vor allem nach kommerziellen Motiven und das Top Management besitze lediglich noch Kontakt zu einem der Fachbereiche (Hafsi et al. 1987: 723). Die Berichterstattung gegenüber dem Parlament werde dann routiniert durchgeführt, Eingriffe in die Handlungsfreiheit des Unternehmens seien allenfalls auf ein Mindestmaß reduziert (Hafsi et al. 1987: 723f.).

Aufgrund der vorangehenden, theoretisch geprägten Diskussionen wählen Lioukas et al. (1993) erstmals ein hypothesentestendes Vorgehen, das sich explizit mit der politischen Einflussnahme auf öffentliche Unternehmen in Griechenland auseinandersetzt. In ihrer Querschnittsstudie von 110 nationalen und kommunalen Unternehmen versuchen sie einerseits, die verschiedenen Dimensionen der Einflussnahme zu identifizieren, daran anschließend, diese zu erklären und in einem letzten Schritt, die Erklärungsfaktoren in den Gesamtkontext der Ressourcen-Dependenz-Theorie (Pfeffer und Salancik 1978) zu stellen. Trifft man die Annahme, dass sich politische Einflussnahme und De-facto-Autonomie[12] von Ausgliederungen als zwei Seiten einer Medaille gegenüberstehen (Bach 2014), so lassen sich die Ergebnisse parallel zu den Erkenntnissen der Agenturforschung im vorigen Abschnitt verorten.

Mittels Faktorenanalyse entdecken Lioukas et al. (1993) auch für öffentliche Unternehmen fünf eigenständige Dimensionen der Managementautonomie (Abbildung 5): Operative Personalautonomie, Strategische Entscheidungsautonomie (bspw. Internationale Diversifikation, Große Investmentprojekte), Finanzautonomie, Preissetzungsautonomie sowie die strategische Einkaufs- und Personalautonomie (Lioukas et al. 1993: 651).

Anschließend separieren die Forscher vier Gruppen von Einflussfaktoren: Faktoren, die sich primär auf finanzielle Ressourcendependenzen beziehen, Faktoren der politischen Sichtbarkeit, Charakteristiken der einzelnen Unternehmen, sowie Charakteristiken der Umwelt (Lioukas et al. 1993: 648). Unberücksichtigt bleiben Charakteristiken des politisch-administrativen Systems des Landes, Persönlichkeitsvariablen und die Einbindung der verantwortlichen Geschäftsführer in soziale Netzwerke (Lioukas et al. 1993: 648).

Abbildung 5. Dimensionen von Managementautonomie (Lioukas et al. 1993: 651)

Dimension of State Control (Reversed Autonomy)	**Related Questions**
Total State Control	Index of all related Items
Control on Human Resources	Five-Point Likert-Type Variables: Recruitment Policy and Hiring of Specialists Decisions over Pay and Rewards Purchasing Policy and Award Contract Decisions

12 De-facto-Autonomie wird definiert als „the exemption of constraints on the actual use of decision-making competencies" (Nordlinger 1987: 361; Verhoest et al. 2004: 104).

Dimension of State Control (Reversed Autonomy)	Related Questions
Control on Strategic Issues	Decisions affecting the Scope of Business Activity Important Investments and Large Projects
Control on Output Decisions	Pricing Decisions
Control on Financial Ressources	Distribution of Profits Borrowing Decisions Decisions about the Use of Foreign Currency
Control on Purchasing and Appointments	Managerial Appointments EDP Decisions (Hardware, Software)

Das Gesamtmodell zeigt, dass die Variablen „Anzahl der Politiker im Aufsichtsrat" und „Größe des Unternehmens" eine stark negative Wirkung auf die Gesamtautonomie der Unternehmen entfalten (Lioukas et al. 1993: 656). Positive Gesamteffekte zeigen sich dagegen für die Variablen „Innovationskraft des Unternehmens" und „Internationalisierungsgrad" (Lioukas et al. 1993: 656). Für Minderheitsanteile von Privaten bestehen im Gesamtmodell keine signifikanten Effekte (Lioukas et al. 1993: 661).

Wie in der Agenturforschung lässt sich von einem multidimensionalen Konstrukt der De-facto-Autonomie sprechen, denn die einzelnen Dimensionen lassen sich unterschiedlich erklären:

Strategische Entscheidungsautonomie fällt signifikant höher aus, wenn ein Unternehmen innovativ arbeitet und die Nachfrage als schwer vorhersehbar eingeschätzt wird (Lioukas et al. 1993: 657). Gegenteilige Zusammenhänge finden sich bei einem hohen Verschuldungsgrad der Unternehmen (Lioukas et al. 1993: 657). Solche Unternehmen, die in einer größeren finanziellen Abhängigkeit zum Träger stehen, besitzen eine geringere strategische Autonomie.

Preisautonomie steht in einem negativen Zusammenhang zur Größe des Unternehmens (Lioukas et al. 1993: 657). Es bestehen positive Zusammenhänge zwischen höheren Gewinnen im Vorjahr, einer hohen Faktorproduktivität und einem hohen Internationalisierungsgrad (Lioukas et al. 1993: 657). Solche Unternehmen, die in der Vergangenheit gut wirtschafteten oder in einem stärker internationalen Wettbewerb agieren, können somit freier über ihre Preispolitik entscheiden.

Die Personalautonomie (die in diesem Fall auch Kontraktvergaben miteinschließt) ist höher ausgeprägt, wenn das Unternehmen in internationalen Märkten agiert (Lioukas et al. 1993: 658). Werden viele Aufsichtsräte direkt von der Politik bestimmt, erzielte das Unternehmen in den Vorperioden hohe Gewinne oder handelt es sich um ein besonders großes Unternehmen, so wirkt sich dies negativ auf die Personalautonomie aus (Lioukas et al. 1993: 658).

Die Finanzmanagement-Autonomie erhöht sich, wenn ein Unternehmen in der Vorperiode hohe Gewinne erzielte, eine große Innovationskraft besitzt und Nachfrageunsicherheiten im Umfeld bestehen (Lioukas et al. 1993: 658). Besonders solche Unternehmen, die in volatilen Umwelten agieren, scheinen freier über ihre finanziellen Ressourcen verfügen zu dürfen.

Bei Material- und Einkaufsentscheidungen trägt eine starke Internationalisierung der Märkte zu einer höheren Unabhängigkeit bei (Lioukas et al. 1993: 658). Für größere Unternehmen, solche Unternehmen mit vielen Politikern im Aufsichtsrat, höherer Vermögensrendite oder einer höheren Anzahl von Endkunden wird die Einkaufsautonomie im Mittel als signifikant geringer eingeschätzt (Lioukas et al. 1993: 658).

Die Studie zeigt, dass Ressourcendependenzen einen guten Erklärungsbeitrag für die De-facto-Managementautonomie der Unternehmen in Griechenland leisten konnten (Lioukas et al. 1993: 660ff.). Es ist aber zwischen Ressourcenabhängigkeiten auf der persönlichen Ebene und solchen auf Unternehmensebene zu unterscheiden (Lioukas et al. 1993: 661). Auf der persönlichen Ebene machen sich Ressourcenabhängigkeiten und informelle Abhängigkeiten im Top Management vor allem durch den signifikanten Effekt der politischen Aufsichtsräte bemerkbar (Lioukas et al. 1993: 661).

Dies führt Lioukas et al. (1993) wie Hafsi et al. (1987) zu der Annahme, dass eine Steuerung auf Augenhöhe bei öffentlichen Unternehmen nur dann gut funktioniere, wenn keine allzu große persönliche oder finanzielle Ressourcenabhängigkeit vom Träger existiere (Lioukas et al. 1993: 661ff.). Die unerwarteten, negativen Zusammenhänge mit den Vorjahresgewinnen der Organisationen begründen die Autoren damit, dass Manager von sehr erfolgreichen Unternehmen die rigiden Gehaltsvorgaben stärker wahrnehmen oder dass gerade diese Unternehmen in Phasen der Depression dazu gezwungen werden, Mitarbeiter einzustellen (Lioukas et al. 1993: 660).

Ressourcenabhängigkeiten in öffentlichen Unternehmen werden auch weiterhin stark diskutiert. Bel und Fageda (2010) sowie Garrone et al. (2013) finden einige Hinweise darauf, dass Private eine bessere Kontrolle der Geschäftstätigkeiten leisten können. Dieser Effekt kann durch den Kapitalmarkt verstärkt werden, wenn das Unternehmen an der Börse gehandelt wird (Eickhof 2000: 6; Whincop 2005: 78). Sind private Partner involviert, so kann es allerdings zu großen Zielkonflikten kommen (Grossi und Thomasson 2011; Da Cruz und Marques 2012; Calabrò et al. 2013). Die Kommune müsse sich folglich stark auf die Erfüllung des öffentlichen Zwecks konzentrieren und dessen Einhaltung kontrollieren (Calabrò und Torchia 2011: 456).

Essenziell für die Erklärung von Autonomisierungsprozessen erscheint der Faktor Wettbewerb. Lin und Germain (2003: 1144ff.) finden in 220 Chinesischen Staatsunternehmen einen höheren Grad an formeller Dezentralisierung bei Unternehmen, die in einem stärkeren internationalen Wettbewerb stehen. In einer nationenweiten Umfrage bei 1474 amerikanischen Kommunen mit mindestens 10.000 Einwohnern dominiert die Stärke des Wettbewerbs die Entscheidung gegen eine kommunale Eigenerstellung bei einer großen Anzahl von Dienstleistungen (Hefetz und Warner 2012: 295ff.).

Das Zusammenspiel verschiedener Steuerungsinstrumente im Umfeld der Organisationen wurde ebenfalls in den Blickpunkt genommen. Cristofoli et al. (2010: 367) weisen in einer Fallstudienuntersuchung zu lokalen Steuerungssystemen in den Branchen Abfallentsorgung, Transport und ambulante Altenpflege nach, dass sich der Einsatz von Steuerungsmechanismen in Italien vor allem durch die politische Wichtigkeit der Branche erklären lässt und dass Transaktionsspezifika eine allenfalls untergeordnete Rolle spielen (Cristofoli et al. 2010). Bei hoher politischer Sichtbarkeit scheint traditionelle, bürokratische Steuerung die dominante Strategie der Kommunen zu sein. Bürokratische Kontrollmechanismen werden immer dann angewandt, wenn eine größere Nähe zu einer hohen Anzahl von Endnutzern besteht (Cristofoli et al. 2010: 367).

Eine Umfrage bei 52 italienischen Kommunen in den Bereichen soziale Pflege und Abfallwirtschaft gelangt im Gegensatz zur Studie von Cristofoli et al. (2010) zur Erkenntnis, dass sich Zielsteuerung gut durch Charakteristika der Aufgabe wie Messbarkeit der Leistungen, Unsicherheiten in der Branche oder politische Sichtbarkeit erklären lässt (Ditillo et al. 2014: 12). Bei bürokratische Kontrollen besteht ein positiver Zusammenhang zur Messbarkeit der Leistung und ein negativer Zusammenhang zum Vorjahresverlust der Kommune (Ditillo et al. 2014: 13). Zusammenfassend stellen die Autoren fest, dass italienische Kommunen verschiedene Steuerungsmechanismen miteinander kombinieren und dass die vertrauensbasierte Steuerung in Italien weiter verbreitet ist als andere Mechanismen (Ditillo et al. 2014). Allerdings lässt sich vertrauensbasierte Steuerung nicht mit transaktionskostenbasierten Variablen erklären (Ditillo et al. 2014: 14). Dieser Befund deutet darauf hin, dass relationalen Faktoren in der Steuerung von öffentlichen Unternehmen eine große Bedeutung zukommt.

Wie bereits angedeutet scheint die politische Sichtbarkeit der Branche einen starken Einfluss auf die Managementautonomie auszuüben. Avellanda (2013: 631ff.) zeigt in einem Experiment an 120 Bürgermeistern in Lateinamerika, dass Finanz- und Budgetautonomie vor allem dann delegiert werden, wenn es sich um bildungspolitische und nicht um Infrastrukturmaßnahmen handelt. Aars und Ringkjøb (2011: 841) stellen in einer Analyse der Antworten von 201 Gemeinderatsmitgliedern und 170 Aufsichtsräten fest, dass sich der Steuerungseinfluss in norwegischen Unternehmen zwar im Allgemeinen auf ein Minimum beschränkt, allerdings stärker wird, wenn die politische Relevanz der Unternehmen für die Verwaltungsführung ansteigt. Besonders solche Kommunen, die stark auf Kapazitätsverbesserung achtgeben, gestatten ihren Unternehmen weniger Freiheiten (Aars und Ringkjøb 2011: 840ff.). Lindqvist (2013) kann anhand von Fallstudien in der schwedischen Abfallwirtschaft zeigen, dass in volatilen Umwelten mit häufigen, gesetzlichen Änderungen auf eine verstärkte Einflussnahme durch den Eigentümer gesetzt wird (Lindqvist 2013: 149ff.).

In einem sich verändernden, politischen Kontext können bestimmte Themen wie Sozial- oder Bildungspolitik auch über die Zeit hinweg politische Bedeutung dazu gewinnen oder verlieren (Jacobsen 2006: 315ff.). Jacobsen (2006: 317f.) entdeckt für 30 norwegische Kommunen, dass sich der Informationsaustausch zwischen Politik und Verwaltung über die Zeit hinweg verändert. Somit kommt es direkt nach einem Regierungswechsel oft zu einer chaotischen Phase bei größerer Autonomisierung der unteren Hierarchieebenen (Jacobsen 2006: 317). Sobald die politische Agenda abgeklärt wurde, werden routiniertere Vorgehensweisen adaptiert und die Interaktion zwischen den Sphären wird häufiger und formalisierter (Jacobsen 2006: 318f.).

Zusammenfassend lassen sich bisher folgende Faktoren mit besonderer Erklärungskraft herausstellen: Die Intensität des Wettbewerbs, die Tätigkeit auf internationalen Märkten, die Innovationskraft, die politische Besetzung der Aufsichtsräte, die Größe des Unternehmens, der Verschuldungsgrad, der Vorjahresgewinn, Unsicherheiten im der Nachfrage, politische Wechsel, politische Turbulenzen und die politische Sichtbarkeit der jeweiligen Branche. Offen bleiben die theoretischen Fragen nach der Persönlichkeit der Manager, dem Zusammenhang zwischen Autonomie und Steuerungsmechanismen und die Frage nach weiteren, informellen Aspekten im Umfeld der Organisationen (Lioukas et al. 1993: 662).

2.2.3 Fazit

In diesem Abschnitt sollen die Ergebnisse der Literaturrecherche zu Agenturen und öffentlichen Unternehmen noch einmal zusammenführend diskutiert werden. Im Anschluss daran wird die Forschungslücke für das spätere Analysemodell identifiziert.

Der vergleichende Blick auf die Literatur zeigt, dass es theoretisch möglich ist, viele der Erkenntnisse zur De-facto-Autonomie bei Agenturen auf öffentliche Unternehmen zu übertragen. Da kommunale Unternehmen ähnlich wie die Agenturen einem übergeordneten Fachbereich unterstehen und von lokalpolitischen Entscheidungen direkt betroffen sind, lässt sich ebenfalls von einem multidimensionalen Autonomiekonstrukt ausgehen (Lioukas et al. 1993; Verhoest et al. 2004). Spezifische Dimensionen für politische Autonomie wie Politikformulierung oder -implementierung sind auf kommerziell tätige, öffentliche Unternehmen nur bedingt anwendbar. Allerdings lassen sich weitere Managementdimensionen wie beispielsweise Preisentscheidungen, Einkaufsentscheidungen oder strategische Investmententscheidungen voneinander abgrenzen (Lioukas et al. 1993: 651).

Im Literaturüberblick zu den Determinanten zeigen sich einige interessante Parallelen der beiden Forschungsstränge zur De-facto-Autonomie: Branche und Rechtsform wurden in der Agentur- wie auch in der Unternehmensdebatte als wichtige Einflussfaktoren auf die Unabhängigkeit der Organisationen erkannt und bestätigt (Fabry 2011; Verhoest et al. 2014). Wie bei den Agenturen gibt es eine Vielzahl von unterschiedlichen Akteuren, die einen Einfluss auf die Tätigkeiten der Unternehmen ausüben können (Sexty 1980; van Thiel und Yesilkagit 2008; Luke 2010). Unter den externen Akteuren wird die Rolle der Medien immer wieder besonders hervorgehoben (Ring und Perry 1985; van Thiel und Yesilkagit 2008; Luke 2010).

Landeskultur und Rechtstradition spielen eine gleichermaßen wichtige Rolle für öffentliche Unternehmen wie für Agenturen (MacCarthaigh 2009; Verhoest et al. 2011; Verhoest et al. 2014). Auch die Größe der Organisationen, die Hierarchieebene und die Herkunft der Budgets scheinen eine besondere Bedeutung zu besitzen (Lioukas et al. 1993; Jacobsen 2006; Bach und Jann 2010; Fan et al. 2013; Bach 2014).

Ebenso sei die Besetzung und Errichtung von Aufsichtsgremien für die politische Autonomie der Organisationen sehr wichtig (Sexty 1980; Lioukas et al. 1993; Verhoest et al. 2010; Nelson und Nikolakis 2012). Zusammenhänge zwischen einigen Autonomiedimensionen und der Innovationskraft lassen sich für Agenturen und Unternehmen ausmachen (Lioukas et al. 1993; Lægreid et al. 2011).

Darüber hinaus bestehen einige Spezifika, die sich aus der Literatur zu öffentlichen Unternehmen ergeben: Zum einen spielt der Faktor Wettbewerb eine viel bedeutendere Rolle, da die Kommerzialisierung in den Unternehmen besonders stark voran geschritten ist (Lioukas et al. 1993; Lin und Germain 2003). Gleiches gilt für die Internationalisierung der Unternehmen (Lioukas et al. 1993; Lin und Germain 2003). Zusammenhänge zwischen finanziellen Erfolgsgrößen und Autonomie ließen sich für öffentliche Unternehmen bereits in den Dimensionen Preis, Finanz- und Personalautonomie nachweisen (Lioukas et al. 1993: 657f.). Sind die Unternehmen stark verschuldet, scheint dies ihre strategische Entscheidungsautonomie zu verringern (Lioukas et al. 1993: 657).

Auf Basis der vorangehenden Literatur lassen sich einige Forschungslücken identifizieren. Zum einen ist dem Autor bis dato keine großflächige Untersuchung bekannt, die sich bei der Analyse von Managementautonomie mit kommunalen Unternehmen auseinandergesetzt hat. Zweitens ist keine Studie bekannt, die gleichermaßen Rechtsform, Eigentum, Branche und Länderspezifika als Kontrollvariablen berücksichtigt. Drittens fehlt es an weiteren Untersuchungen zu den Aufsichtsräten und deren Wirkung auf die politische Einflussnahme in den Organisationen. Viertens wissen wir nicht, ob die Biographie der Geschäftsführer bei Autonomiebestrebungen eine Rolle spielt. Ebenfalls gibt es keine Erkenntnisse, wie genau verschiedene Steuerungsinstrumente der Kommunen auf die Dimensionen der Managementautonomie in öffentlichen Unternehmen einwirken. Letztlich bleibt bisher ungeklärt, welche informellen Variablen zwischen Träger und Unternehmensleitung eine besondere Bedeutung für die Managementautonomie besitzen und in welche Richtung sie wirken. An diesen Forschungslücken soll die vorliegende Arbeit anknüpfen.

2.3 Herleitung eines theoretischen Analysemodells

Im nun folgenden Abschnitt werden die Hypothesen der Arbeit aus der Theorie abgeleitet, um damit ein Modell für die empirische Analyse in Kapitel Drei bereitzustellen. Hierzu formuliert der Autor zuerst einige gängige Hypothesen auf Basis der Transaktionskostentheorie, denn diese Theorie wird im Accounting vorrangig herangezogen, um den Einsatz von Steuerungsmechanismen zu modellieren (Ouchi 1979; Williamson 1985; Van der Meer-Kooistra und Vosselman 2000; Langfield-Smith und Smith 2003).

Um an die spezielle Forschungslücke zu den informellen Variablen anzuknüpfen, werden anschließend zentrale Hypothesen der Arbeit aus der Social-Exchange-Theorie (Blau 1964, 1968; Homans 1958, 1961; Thibaut und Kelley 1959; Emerson 1976; Cook und Emerson 1978; Cook und Rice 2006) abgeleitet und auf öffentliche

Unternehmen übertragen. Das theoretische Modell liefert somit ein Grundraster für die empirische Analyse.

2.3.1 Die Transaktionskostentheorie

In der privatwirtschaftlichen Accounting Forschung und in der Erforschung von strategischen Allianzen hat man viele Überlegungen zur Anwendung von Steuerungsinstrumenten angestellt (Ouchi 1979; Eisenhardt 1985; Das und Teng 1998; Van der Meer-Kooistra und Vosselman 2000; Langfield-Smith und Smith 2003; van den Abeele 2006; Caglio und Ditillo 2008). Ein beachtlich großer Forschungsbereich stützt sich auf die Ideen von Williamson (1985) und Ouchi (1979), die man gemeinhin der Neuen Institutionenökonomik zurechnet. Caglio und Ditillo (2008) differenzieren in einem Literaturüberblick zur Accounting-Forschung drei Analysetiefen: Spezifische Kosten- und Accounting Instrumente, Governance Archetypen und Steuerungsmechanismen (Caglio und Ditillo 2008: 866ff.):

Abbildung 6. Verschiedene Analysetiefen in Bezug auf die Steuerung (Caglio und Ditillo 2008: 866)

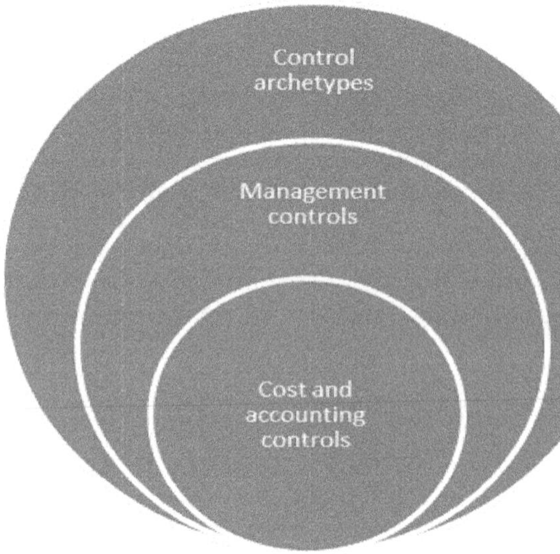

Auf der Ebene der Governance Archetypen unterscheiden wir institutionelle Arrangements wie Markt, Hierarchie und Hybride (David und Han 2004: 39). Während Markt und Hierarchie die dominanten Koordinationsformen in einer Gesellschaft darstellen, können wir öffentlichen Unternehmen eine Art Hybridorientierung zwischen den Idealtypen Markt und Hierarchie und den damit verbundenen Rationalitäten zuschreiben (Thomasson 2009; Karré 2011).

Viele Hybridformen sind interorganisationale Beziehungen, die auf Basis von langfristigen Verträgen oder sozialen Bindungen Stabilität erhalten (Williamson 1991: 271ff.). Trotz beidseitiger Abhängigkeit besteht keine klare Hierarchie zwischen den einzelnen Organisationseinheiten, denn ihnen wird eine gewisse Form der Selbstständigkeit zugebilligt (Williamson 1991: 271). Dennoch sind über die Zeit hinweg Anpassungen wie stärkere Kooperation oder Autonomisierung möglich (Williamson 1991: 281). Williamson (1985) hält Hybridformen wie Netzwerke oder Clans allerdings für langfristig instabile Formen der Koordination (Williamson 1985: 83).

Auf der Ebene der Mechanismen wurde vielfach untersucht, ob sich Subsysteme in der Steuerung von ausgegliederten Einheiten ausmachen lassen (Caglio und Ditillo 2008: 866). Man geht davon aus, dass verschiedene Subsysteme nebeneinander existieren können (Caglio und Ditillo 2008: 866). Beispielhaft unterscheidet Ouchi (1979: 843ff.) Prozesskontrollen und Zielsteuerung. Bei ersteren geht es darum, Prozessschritte im Vorhinein zu definieren und zu überprüfen, ob das tatsächliche Verhalten diesen Prozessschritten gerecht wird (Dekker und van den Abeele 2010: 1235). Bei Anwendung von Zielsteuerung werden lediglich die Zielgrößen definiert, die Schritte zur Zielerreichung bleiben allerdings dem Kontrollierten überlassen[13] (Dekker und van den Abeele 2010: 1235).

Die Determinanten verschiedener Steuerungsmechanismen leiten die Accounting Forscher aus der Transaktionskostentheorie ab (Williamson 1981, 1983, 1985). Das wichtigste Analyseobjekt der Theorie ist die Transaktion (Williamson 1985: 41). Ein Markt ist dadurch charakterisiert, dass sich ein Austausch der Verfügungsrechte an Gütern oder Dienstleistungen vollzieht (Williamson 1985: 41ff.). Entstehen bei einer solchen Transaktion Reibungsverluste oder Ineffizienzen, so lässt sich von Transaktionskosten sprechen (Coase 1937: 390ff.; Williamson 1981: 552; Williamson 1985: 20ff.). Diese können durch das institutionelle Arrangement beeinflusst werden, in dem die jeweilige Transaktion stattfindet (Kieser 2002: 225). Wenn wir von Risikoneutralität der Marktteilnehmer ausgehen, so ist das Effizienzkriterium die Summe aus den jeweils anfallenden Produktions- und Transaktionskosten (Williamson 1985: 22).

Williamson (1985: 32ff.), ein wichtiger Vertreter der Theorie, glaubt, dass sich menschliches Verhalten auf zwei grundsätzliche Annahmen zurückführen lässt: Zum einen die Annahme der begrenzten Rationalität (Simon 1959: 80ff.). Danach sind Individuen nur begrenzt in der Lage, rational zu handeln. Die Gründe dafür sind ihr limitiertes Wissen und ihre begrenzten Informationsverarbeitungskapazitäten (Williamson 1981: 553; Williamson 1985: 32). Die zweite Annahme, die Williamson trifft, ist die Annahme des Opportunismus (Williamson 1975: 26; Williamson 1985: 32). Das Individuum strebt in bestimmten Situationen danach, mit List seinen Eigennutz zu maximieren (Williamson 1985: 32f.).

---

13 Hood (1991: 11ff.) charakterisiert den Wandel von der Prozess- und Inputsteuerung hin zur Steuerung über Outputs als eines der konstituierenden Merkmale des New Public Managements.

Auf Basis der Eigennutzüberlegungen können Zielkonflikte zwischen den Vertragspartnern entstehen (Eisenhardt 1989: 63). Hier berücksichtigt Williamson die Möglichkeit von Informationsasymmetrien (Williamson 1985: 57ff.). Besitzt eine der Vertragsparteien einen starken Informationsvorteil, so kann dieser durch Betrug, Verfremdung oder Zurückhaltung von Informationen ausgenutzt werden (Williamson 1985: 57ff.). Werden individuelle Handlungen und deren Konsequenzen an einen Marktmechanismus gekoppelt, so optimieren sich die Produktionskosten (Williamson 1991: 279). Bestehen allerdings große Anreize für Opportunismus, so wirkt der Konkurrenzmechanismus nicht wie angenommen und es kommt zu Ineffizienzen (Williamson 1991: 273). Um Opportunismus zu vermeiden, schließen sich Marktteilnehmer in größeren Firmen zusammen und geben ihre strukturelle Autonomie auf (Coase 1937: 390ff.).

Hier unterscheidet Williamson ex ante- und ex post-Transaktionskosten (Williamson 1985: 20ff.). Ex ante-Transaktionskosten sind Vertrags-, Verhandlungs- und Informationskosten, die bis zum Abschluss eines Vertrages entstehen können (Kieser 2002: 225f.). Ex post-Transaktionskosten sind die Kosten, die für die Überwachung und Absicherung der Vereinbarungen, die Lösung von Konflikten und die Nachverhandlungen bei unvorhergesehenen Umständen entstehen (Kieser 2002: 225f.). Wir nehmen an:

P1: *De-facto-Managementautonomie in öffentlichen Unternehmen wird durch die anfallenden Transaktionskosten beeinflusst*

Leider sind Transaktionskosten bei der Übergabe von Verfügungsrechten meist nur indirekt ermittelbar. Williamson charakterisiert die wichtigsten Treiber der Transaktionskosten als Faktorspezifität, Unsicherheit und Frequenz (Williamson 1985: 52ff.). Unter Faktorspezifität versteht Williamson die Spezifität der Investition, die für ein Tauschgeschäft getätigt wird. „Unter Faktorspezifität fallen die Eigenschaften der Standortspezifität (z.B. Bau einer Fertigungsanlage in Abnehmernähe), Anlagespezifität (z.B. Kauf einer speziellen Maschine zur Fertigung eines Produktes), Humankapitalspezifität (spezielles Know-How der Arbeitnehmer), abnehmerspezifische Investitionen (z.B. spezielle Kapazitätsänderungen), Investition in Reputation (z.B. Markenspezifische Investitionen) und terminspezifische Investitionen (z.B. bei Saisonware)“ (Kieser 2002: 228; Williamson 1991: 281). Bei hoher Faktorspezifizität kann es dazu kommen, dass Tauschpartner in eine größere Abhängigkeit voneinander geraten. Woods (2007) glaubt, dass die Gefahr von Faktorspezifizität bei der Kontraktvergabe im öffentlichen Bereich allgemeinhin größer ist, weil es aufgrund der Gewährleistungsverpflichtung der Kommunen an einer Exit-Option fehlt (Woods 2007: 16f.).

Eine gute Möglichkeit, die Faktorspezifizität bei kommunalen Dienstleistern zu beurteilen, ist es, nach der Anzahl potenzieller Wettbewerber in der Region zu fragen (ter Bogt 2003: 157). Eine andere ist, die Faktorspezifizität einer Branche als Ganzes bewerten zu lassen (Hefetz und Warner 2012: 309ff.). Hefetz und Warner (2012) befragten in 2007 die Manager von Landkreisen und Städten hinsichtlich der Faktorspezifität und Messbarkeit verschiedener öffentlicher Leistungen. Sehr hohe Werte von wahrgenommener Faktorspezifität zeigten sich in den Branchen Abwasserentsorgung, Wasserversorgung, für Krankenhäuser, in der allgemeinen Krankenversorgung und der Versorgung mit Elektrizität und Gas (Hefetz und Warner 2012: 309f.). Niedrigere Werte ließen sich für die Abfallentsorgung, den Kulturbereich und die Straßenreinigung feststellen (Hefetz und Warner 2012: 21ff.).

Ter Bogt (2003: 156ff.) vermutet darüber hinaus spezifisch politische Transaktionskosten, die sich auf das institutionelle Umfeld kommunaler Unternehmen zurückführen lassen. Während Williamsons Argumentation (1985: 95f.) sich vor allem auf die physischen Eigenschaften von Anlagegütern, Standorten oder Personalwissen stützt, kann sich die Faktorspezifizität im öffentlichen Sektor im Besonderen auf Produkte und Aktivitäten konzentrieren, bei denen Gerechtigkeits- und Gleichstellungsgrundsätze gewahrt werden sollen (Wilson 1989: 326f.; ter Bogt 2003: 157). Mit großer Wahrscheinlichkeit werden Politiker versuchen, ihren besonderen Einfluss zu bewahren, wenn bestimmte Dienstleistungen politische Wichtigkeit für die Wiederwahl oder das politische Fortkommen besitzen (Wilson 1989: 236f.). In solch einem Fall würde sich die Autonomisierung der Dienstleistung abschwächen (Hostede 1981: 197f.). Ein solcher Effekt könnte sich auch auf Ebene einer einzelnen Unternehmung bemerkbar machen, wenn beispielsweise politische Turbulenzen entstehen oder das Unternehmen verstärkter medialer Kritik ausgesetzt wird (Luke 2010; Krause 2015). Der Autor stellt folgende Hypothesen auf:

H1.1a Die Anzahl an potenziellen Wettbewerbern in der Branche erhöht die Managementautonomie des Unternehmens

H1.1b Große politische Relevanz des Einzelunternehmens senkt die Management-autonomie des Unternehmens

Neben der Faktorspezifität spielt die Unsicherheit, der eine Transaktion ausgesetzt sein kann, eine große Rolle. Von Unsicherheit lässt sich immer dann sprechen, „wenn die zu Grunde liegenden Bedingungen sehr hohen Schwankungen unterliegen" (Rowe 1994: 743). Williamson (1985) differenziert zwischen parametrischer Unsicherheit, die sich aus der Unvorhersehbarkeit zukünftiger Entwicklungen in der Branche ergibt (Williamson 1985: 57ff.) und Verhaltensunsicherheit, die sich aus der Möglichkeit opportunistischen Verhaltens des Transaktionspartners ableitet (Jensen und Meckling 1976; Fama und Jensen 1983; Eisenhardt 1989). Nur bei Vorliegen von parametrischer Unsicherheit stellt die Verhaltensunsicherheit ein relevantes Kriterium dar (Williamson 1985: 57ff.).

Die Konsequenzen von Verhaltensunsicherheiten kommen besonders dann zum Tragen, wenn es sich um eine äußerst komplexe Form der Leistungserstellung handelt, bei der Expertenwissen notwendig ist, um die Effektivität und Effizienz der Produktion beurteilen zu können (Ouchi 1979: 843). Da spezielles Know-How meist nur beim Kontraktnehmer selbst vorhanden ist, ist es für die Steuernden in der Kernverwaltung äußerst schwierig, solche Evaluationen vorzunehmen (Ouchi 1979: 843ff.). Die Literatur zu unvollständigen Verträgen lehrt uns, dass in

Hochtechnologie Unternehmen größere Informationsasymmetrien zwischen den Managern und den Anteilseignern vorliegen (Vagliasindi 2008: 6). Wenn die Entscheidungsgewalt bei der Partei liegen soll, die die besten Informationen besitzt, dann wird diesen Managern eine größere Autonomie zu Teil (Vagliasindi 2008: 6).

Eine populäre Typologie zum Begriff der Unsicherheit differenziert neben struktureller Unsicherheit bei starker Komplexität des zu Grunde liegenden Problems auch zeitliche Unsicherheit als Unvorhersehbarkeit über einen Zustand in der Zukunft oder der Vergangenheit, translationale Unsicherheit bei Problemen in der Kommunikation von Individuen und metrische Unsicherheit, wenn grundlegende Probleme der Messbarkeit vorliegen (Rowe 1994: 743ff.).

Wilson (2000: 158ff.) überträgt die Überlegungen zur Messbarkeit auf die Regulierung von Agenturen. Er unterscheidet Agenturen, bei denen die Leistungen und Wirkungen leicht messbar sind, von Agenturen, deren Leistungen und Wirkungen weniger leicht erfasst werden können. Unter Leistung (Output) versteht Wilson (1989, 2000) das Ergebnis der Arbeit von Agenturen, beispielsweise die Anzahl erfolgreich bearbeiteter Anträge (Wilson 2000: 158). Wenn Leistungen ein mittelbares Ergebnis bei den Zielgruppen entfalten, bezeichnet man sie als Wirkungen[14] (Schedler und Proeller 2011: 74). Ein Beispiel hierfür wäre die erfolgreiche Arbeitsvermittlung durch eine Arbeitsagentur.

Diese Herangehensweise verdeutlicht einige Probleme: Leistungen wie die Diagnose eines Arztes oder ein Fortschritt in der Theorieentwicklung in der Physik sind manchmal für Außenstehende nur sehr schwer zu beobachten (Wilson 2000: 159). Das Verhalten in konkreten Situationen wie der Schlichtung eines Streites oder die Beratung eines Problemfalles könnte nicht beobachtet worden sein und entzieht sich daher der Bewertung (Wilson 2000: 159). Ähnlich verhält es sich mit den Wirkungen. Bestehen keine nachvollziehbaren Verknüpfungen zwischen Leistungen und gesamtgesellschaftlichen Wirkungen oder bleibt das Ziel einer Organisation unklar und vage, so macht es wenig Sinn, diese Wirkungen als Erfolge der Agentur zu verbuchen, denn diese können möglicherweise auf andere Faktoren zurückzuführen sein oder dem intendierten Ziel der Organisation widersprechen (Wilson 2000: 159).

Sind Leistungen und Wirkungen gut messbar, so spricht Wilson (2000: 158ff.) von einer Produktionsorganisation wie beispielsweise der Steuerverwaltung. Hier sind zwar spezialisierte Fähigkeiten gefragt, aber die Aufgaben wiederholen sich. Die Steuereinnahmen wie auch die notwendigen Prozesse und deren Geschwindigkeit sind leicht beobachtbar und förderlich, um ein effizientes Compliance System zu etablieren (Wilson 2000: 160). Bei hoher Messbarkeit der Ziele werden somit keine zusätzlichen, zeitraubenden Prozess- oder Budgetkontrollen benötigt. Sind bereits Steuerungssysteme eingerichtet, so sollte die Messbarkeit die Managementautonomie im Ganzen eher steigern als senken.

14 Daneben bezeichnet Wilson (2000) die gesamtgesellschaftlichen Folgen dieser Leistungen als deren finale Wirkungen (2000: 158f.).

In der Verwaltungswissenschaft haben sich darüber hinaus Überlegungen zur politischen Inselbildung etabliert (Moe 1990; Epstein und O'Halloran 1994; Huber und Shipan 2002). Wenn politische Unsicherheit darüber besteht, ob die Machtstellung erhalten bleibt, wird die Verwaltungsführung bestimmte Partikularinteressen vor weiteren Einflüssen schützen wollen (Moe 2005: 135ff.). Bei großen Konflikten zwischen Gemeinderat und Führungsebene werden die Kosten der politischen Entscheidungsfindung die Kosten der Entscheidungsdelegation übersteigen und es kommt zur Autonomisierung (Epstein und O'Halloran 1994: 75ff.; Epstein und O´Halloran 1999: 8; Huber und Shipan 2000: 35ff). Mit Blick auf öffentliche Unternehmen lässt sich vermuten:

H1.2a Die Komplexität der Leistungserstellung erhöht die Managementautonomie des Unternehmens

H1.2b Die Messbarkeit der Ziele erhöht die Managementautonomie des Unternehmens im Ganzen, weil keine zusätzlichen Prozess- und Inputkontrollen notwendig werden

H1.2c Politischer Konflikt zwischen Gemeinderat und Verwaltungsführung erhöht die Managementautonomie des Unternehmens

Knight (1921) weist auf die wichtige Unterscheidung zwischen dem Begriff des Risikos und dem Begriff der Unsicherheit hin. „The practical difference between the two categories, risk and uncertainty, is that in the former the distribution of the outcome in a group of instances is known (either through calculation a priori or from statistics of past experience), while in the case of uncertainty this is not true (...) because the situation dealt with is in a high degree unique" (Knight 1921: 146).

Um Verhaltensunsicherheiten zu verringern, können spezielle Mess- und Informationssysteme eingerichtet werden. Ouchi (1979) vermutet, dass die Programmierbarkeit der Aktivitäten und die Messbarkeit des Outputs einen direkten Effekt auf die gewählten Steuerungsmechanismen ausüben. Je nach Messbarkeit der Ziele und Kenntnis des Transformationsprozesses empfiehlt Ouchi (1979: 843ff.) vier dominante Strategien der Steuerung:

Abbildung 7. Steuerungsmechanismen auf Basis der Messbarkeit (Ouchi 1979: 843)

Fähigkeit, den Output zu messen\Kenntnis über den Transformationsprozess	**Perfekte Kenntnis über Prozesse**	**Imperfekte Kenntnis über Prozesse**
Hohe Messbarkeit der Ziele	Prozesskontrollen und Zielsteuerung	Zielsteuerung
Schwache Messbarkeit der Ziele	Prozesskontrollen	Clansteuerung

Zielsteuerung misst und evaluiert vorher definierte Kennzahlen und Leistungsgrößen. Steuerungssysteme wie Performance Measurement setzen positive Anreize und basieren auf einer Marktlogik (Williamson 1991: 279ff.). Die Gesteuerten erhalten eine größere Autonomie in Art und Form der Leistungserstellung, werden aber in ihren strategischen Entscheidungen eingeschränkt. Prozesskontrollen dagegen sollen das Verhalten der Gesteuerten vorher gesetzten Produktionsstandards und Qualitätsbestimmungen unterziehen (Ouchi 1979: 843ff.). Bei niedriger Messbarkeit der Ziele und hoher Kenntnis über die Unternehmensprozesse wird die Anwendung von Prozesskontrollen vorgeschlagen, um opportunes Verhalten zu umgehen (Das und Teng 2001: 260ff.). Eine verstärkte Anwendung von Prozesskontrollen kann allerdings zur Übersteuerung und weiteren ungenutzten Ressourcen führen (Hood 1991: 11ff.).

Um die Transaktionskosten zu minimieren, sind Steuerungsinstrumente so einzusetzen, dass die „Steuerungsverluste geringer sind, als die Kosten, mehr Steuerungsmechanismen einzuführen" (Merchant und van der Stede 2011: 10). Sind die Ziele leicht messbar und Prozesse nur schwer zu erfassen, plädieren Ouchi (1979: 843) und Das und Teng (2001: 260ff.) für eine Evaluation der Leistungen anhand der Ziele. Dies hat den Vorteil, dass dem Unternehmen operative Handlungsfreiheiten zugestanden werden können. Wir vermuten auf Basis instrumenteller Überlegungen:

H1.3a Die Anwendung von Zielsteuerung mindert die generelle Managementautonomie des öffentlichen Unternehmens

H1.3b Die Anwendung von Prozesskontrollen mindert (zusätzlich) die operative Managementautonomie des öffentlichen Unternehmens

Hafsi et al. (1987) vermuten, dass eine höhere Expertise im Aufsichtsrat ebenfalls dafür sorgen könnte, dass weniger politisches Eingriffe in das operative Geschäft vorgenommen werden (Hafsi et al. 1987: 727). In der Forschung zu teilautonomen Agenturen wird argumentiert, dass die Zwischenschaltung eines zusätzlichen Kontrollgremiums an sich bereits zu einer stärkeren Entkopplung von der Kernverwaltung führt (Verhoest et al. 2010: 278f.). Eine stärkere Expertise im Kontrollgremium sensibilisiert den Aufsichtsrat für wirtschaftlich motivierte Entscheidungen. Aufsichtsräte mit großem Branchenwissen können die Belange der Geschäftsführung besser einschätzen und erkennen deren Fehler und Strategien. Dadurch können zusätzliche Transaktionskosten durch Informationsasymmetrien vermieden werden und es sind weniger Kontrollmechanismen notwendig (Eisenhardt 1989; Cornforth und Chambers 2010).

Häufig wird eine fehlende Fachkenntnis auf die starke Politisierung der Aufsichtsräte zurückgeführt (Citroni et al. 2013). Lioukas et al. (1993) beweisen, dass sich eine Politisierung der Räte negativ auf die Managementautonomie gegenüber dem Träger auswirkt. In einigen Studien konnten signifikant schlechtere Umsatz- und Kapitalrenditen für Unternehmen mit einer höheren Politisierung der Aufsichtsräte nachgewiesen werden (Fan et al. 2007; Menozzi et al. 2011). Die Hypothesen lauten:

H1.4a Hohe Expertise im Aufsichtsrat stärkt die Managementautonomie des Unternehmens (gegenüber der Trägerkommune)

H1.4b Eine große Anzahl von Politikern im Aufsichtsrat verringert die Managementautonomie des Unternehmens (gegenüber der Trägerkommune)

Ein weiteres Charakteristikum, das die Transaktionskosten maßgeblich beeinflussen kann, ist die Häufigkeit oder Frequenz einer Transaktion (Williamson 1985: 60f.). Im Fall vieler öffentlicher Unternehmen handelt es sich um widerkehrende Transaktionen. Je häufiger identische Transaktionen zwischen Partnern vorgenommen werden, desto eher lassen sich Fixkostendegressions-, Skalen- und Synergieeffekte erzielen (ter Bogt 2003: 157). Dadurch, so postuliert Williamson, sinken mit steigender Häufigkeit die Produktionskosten des einzelnen Tauschvorgangs und es kommt zu effizienteren Arrangements (Kieser 2002: 230f.). Für häufig wiederkehrende Transaktionen empfiehlt Williamson einen Organisationszusammenschluss (Williamson 1985: 79).

Williamson (1979: 247) glaubt, dass der Begriff der Transaktionsfrequenz eng mit der Nachfrageaktivität in der Branche verknüpft ist. Wiederkehrende Transaktionen sind vor allem dadurch gekennzeichnet, dass sich der Käufer über längere Zeit auf die Angebote des Verkäufers einlässt (Williamson 1979: 250). Allerdings, so gibt Williamson (1996) zu, ist im politischen Umfeld davon auszugehen, dass den besonderen institutionellen Rahmenbedingungen eine größere Bedeutung zukommt (Moe 1990: 126; Williamson 1996: 198f., 335). Die folgende Tabelle fasst der Vollständigkeit halber weitere Erklärungsfaktoren der Transaktionskostentheorie zusammen, die nicht alle im Rahmen dieser Arbeit getestet werden können:

Abbildung 8. Kontingenzfaktoren der Transaktionskostentheorie (van der Meer-Kooistra und Vosselman 2000: 61)

Transaktionsspezifika	**Charakteristika des Umfeldes**	**Parteienspezifika**
Grad und Art der Spezifizität	Unsicherheit	Informationsasymmetrien
Frequenz	Grad der Marktrisiken	Reputation
Länge der Transaktionsperiode	Institutionelles Umfeld	Erfahrung mit Netzwerken
Messbarkeit der Aktivitäten		Risikoeinstellung
Messbarkeit des Ziele		Verhandlungsmacht

Williamsons Ansatz ist trotz seiner großen Popularität immer wieder herber Kritik ausgesetzt worden. Vor allem kritisieren Volkswirtschaftler, dass die Transaktionskosten selbst nur sehr allgemein definiert seien und eine Operationalisierung und Abgrenzung von anderen Kostenarten dadurch fast zur Unmöglichkeit werde (Jones 1997: 10). Die Annahme der begrenzten Rationalität werde bei Williamson (1975,

1985) inkonsistent verwendet, weil er die Kosteneffizienz bei der Wahl des Steuerungsarrangements als maßgebliches Kriterium heranziehe (Slater und Spencer 2000: 68ff.). Auch die Annahme des Opportunismus wird kritisiert, denn diese könne sich gleichermaßen auf eine Handlung als auch auf eine Einstellung beziehen (Goshal und Moran 1996: 12). Darüber hinaus fehle es an einer langfristigen Betrachtung von Transaktionen, denn diese seien in ein großes, soziales Netzwerk von Beziehungen eingebettet, welche sich über die Zeit hinweg verändern können (Granovetter 1985: 490; Provan 1993: 842; Zajac und Olsen 1993: 131).

2.3.2 Die Social-Exchange-Theorie

In der Literatur zu Quangos wird oft auf die große Bedeutung von informellen Beziehungen zwischen Verwaltungsakteuren und Stakeholdern hingewiesen (Sexty 1980; Aharoni 1981; Jacobsen 2008; Romzek et al. 2014; Carpenter und Krause 2014). Nach Granovetter (1985: 481ff.) und Uzzi (1996: 674) ist jegliches ökonomische Handeln auch in soziale Netzwerke eingebunden. Ein interessanter Ansatz zur Modellierung solcher netzwerkartigen Beziehungen ist die Social-Exchange-Theorie (Homans 1958, 1961; Thibaut und Kelley 1959; Blau 1964; Emerson 1962, 1976; Cropanzano und Mitchell 2005; Cook und Rice 2006).

Bereits seit den 50er Jahren setzen sich Soziologen, Anthropologen, Wirtschaftswissenschaftler und Psychologen auf unterschiedlichste Weise mit den Formen des sozialen Austauschs auseinander (Cook und Rice 2001: 699). Allen Ansätzen gemein ist das von Homans (1961, 1974) begründete Prinzip der Reziprozität. Viele Überlegungen, die unter dem Begriff der Social-Exchange-Theorie eingeordnet werden, unterscheiden sich jedoch in Bezug auf Annahmen und Untersuchungsfokus (Emerson 1976: 335ff.). Daher lässt sich nicht von einer einheitlichen Theorie sprechen (Emerson 1976: 335f.).

Homans (1961), der als Vater der Theorie gilt, versuchte ursprünglich mit seiner Verhaltenstheorie, die fundamentalen Prozesse des sozialen Verhaltens auf wenige Komponenten zu reduzieren. Dafür definierte er sozialen Austausch als „Austausch von fassbaren oder nicht fassbaren Aktivitäten zwischen mindestens zwei Personen, die sich als mehr oder weniger ergiebig oder kostenintensiv herausstellen können" (Homans 1961: 13). Homans (1961) unterstellt somit ein Nutzenkalkül hinter sozialen Beziehungen und glaubt, dass sich Aktivitäten im Rahmen der Beziehungen als förderlich bzw. hinderlich erweisen. Die Kosten von förderlichen Aktivitäten sind dann Opportunitätskosten gegenüber alternativen Aktivitäten (Cook und Rice 2006: 54).

Laut Cook und Rice (2006: 54f.) wird soziale Interaktion somit zur ökonomischen Funktion der Auszahlungen nach Grundsätzen der operanten Konditionierung (Skinner 1958). Der Austausch selbst kann sich auf tangible und intangible Aktivitäten beziehen (Homans 1961: 12f.). Aus diesen Grundüberlegungen leitet Homans (1974: 16ff.) die vier fundamentalen Annahmen seiner Verhaltenstheorie ab:

1. Die Erfolgsproposition: „Je häufiger ein besonderes Verhalten einer Person belohnt wird, desto eher wird die betreffende Person das Verhalten an den Tag legen" (Homans 1974: 16)
2. Die Stimulusproposition: „Falls in der Vergangenheit ein bestimmter Stimulus oder ein Set von Stimuli als Anlass genutzt wurde, um ein Verhalten zu belohnen, dann wird, je ähnlicher sich der aktuelle Stimulus zu den vorherigen Stimuli verhält, die betreffende Person jetzt das Verhalten oder ein ähnliches Verhalten zeigen" (Homans 1974: 22f.)
3. Die Wertproposition: „Je wertvoller eine Person das Ergebnis seiner Handlung einschätzt, desto eher wird die betreffende Person ihr Verhalten wiederholen" (Homans 1974: 25)
4. Die Entbehrungs-Sättigungs-Proposition: „Je häufiger eine Person in der näheren Vergangenheit eine bestimmte Belohnung erhalten hat, desto weniger wertvoll wird jede weitere Einheit dieser Belohnung für die betreffende Person" (Homans 1974: 29)

Die Annahmen bilden die Grundlage für das Prinzip der Reziprozität (Emerson 1976: 339). Einfach ausgedrückt bringen es Cropanzano und Mitchell (2005) auf den Punkt: „Wenn eine Person eine Belohnung ausgibt, sollte die andere Person in ähnlicher Weise antworten" (Cropanzano und Mitchell 2005: 876). Weil sich genau dieses Prinzip von Leistung und Gegenleistung in allen Austauschbeziehungen wiederfinden lässt, begreift Emerson (1976) die Social-Exchange-Theorie als eine Art Referenzrahmen, in dem wir weitere Theorien ansiedeln und vergleichen können (Emerson 1976: 336).

Der speziellere Wert der Theorie liegt darin, nicht nur ökonomisches Verhalten als einen Austausch zu begreifen, sondern ebenso soziales Verhalten, wie beispielsweise den informellen Austausch von Freundlichkeiten und Emotionen oder gemeinsame Treffen und Freizeitaktivitäten. Eine Belohnung können wir in diesem Fall als eine positive Erwiderung auffassen (Emerson 1976: 347). Lädt beispielsweise ein Vorgesetzter seine Assistenten zu einem Abendessen ein, so erhält er zwar keinen direkten Gegenwert für seine Geste, die Assistenten können ihn aber indirekt durch ein verbessertes Teamverhalten oder eine engagiertere Mitarbeit belohnen. Der eigentliche Wert eines Stimulus zeigt sich also erst im tatsächlichen Ausmaß der hervorgerufenen Reziprozität des Gegenübers (Emerson 1976: 348). Dieser Austausch kann rational, durch Gewohnheit oder emotional motiviert sein (Emerson 1976: 341).

Beziehungen werden in diesem Referenzrahmen als langfristige, interpersonelle Bindungen begriffen (Emerson 1976: 341). Sie sind das Resultat einer Vielzahl von unabhängigen Begegnungen des sozialen oder ökonomischen Austauschs (Cropanzano und Mitchell 2005: 886). Ressourcen sind Fähigkeiten und Besitztümer, die einem Akteur die Kapazitäten geben, einen anderen Akteur zu belohnen (Emerson 1976: 347). Foa und Foa (1980: 77ff.) nennen sechs verschiedene Ressourcen des Austauschs: Liebe, Status, Geld, Information, Güter und Dienstleistungen. Der Wert einer Ressource zeigt sich nur im Zusammenspiel, wenn beispielsweise andere Personen dieser Ressource Wertschätzung entgegenbringen (Emerson 1976: 347).

Blau (1964) führt auch die Bildung von sozialen Strukturen auf psychologische Prozesse der Anerkennung, Anziehung und Reziprozität zurück (Cook und Rice 2001: 702). In den Mittelpunkt seiner Überlegungen stellt er die Attribute Vertrauen, Commitment und Macht (Blau 1964: 98ff.). Auch er nimmt an, dass Nutzenmaximierung eine wichtige Triebfeder des Handelns darstellt und definiert sozialen Austausch als „voluntary actions of individuals that are motivated by the returns they are expected to bring and typically do in fact bring from others“ (Blau 1964: 91).

Im Unterschied zu Homans (1961, 1974) trennt er scharf zwischen ökonomischen und sozialen Transaktionen. Soziale Transaktionen können keine vertragliche Sicherheit gewähren, denn die Verpflichtung des Gegenübers und die erwartete Gegenleistung selbst seien diffus und unspezifisch (Blau 1986: 93f.). Die Unsicherheit in sozialen Beziehungen führe dazu, dass sich schon mit dem Eingang einer solchen, risikoreicheren Beziehung ein Mindestmaß an Vertrauen und Commitment herausbilden (Blau 1964: 92).

Soll die Beziehung langfristig erhalten bleiben und den Nutzen beider Partner maximieren, so seien beide Partner verpflichtet, den Umgang nicht durch vertrauensschädigenden Opportunismus zu hintergehen (Blau 1964: 93f.). Die Einhaltung der Werte und Normen solcher Beziehungen spiegeln sich in intrinsischen und extrinsischen Verhaltensweisen wie Lob, Anerkennung, Akzeptanz, Bestätigung oder gegenseitiger Hilfe und Unterstützung wider, die wir als Kosten bezeichnen (Blau 1964: 100). Darüber hinaus können Macht und Status eines Akteurs bestätigt oder verstärkt werden (Blau 1964: 100). Anders als in der ökonomischen Theorie seien die Akteure nicht immer gewillt, bereits erfolgreiche Partnerschaften aufzugeben, um nach profitableren Alternativen zu suchen (Blau 1964: 101). Mit der Zeit bilden sich gemeinsame Regeln und Identitäten heraus und es entsteht ein Commitment gegenüber dem Tauschpartner (Blau 1964: 98ff.).

Neben Vertrauen und Commitment nennt Blau (1964) einen weiteren wichtigen Aspekt sozialer Beziehungen: Den Machtaspekt (Blau 1964: 115ff.). Blau (1964) glaubt, dass Macht keine bloße Frage von Sanktionen sei, die das Gegenüber dazu bringen können, den eigenen Willen umzusetzen (Blau 1964: 116). Auch durch wiederkehrende Belohnungen könne eine Art Abhängigkeitsbeziehung entstehen, denn der Nichterhalt zukünftiger Belohnungen werde als Bedrohung empfunden (Blau 1964: 116). Aus diesem Grund stehen viele Angestellte in einem Abhängigkeitsverhältnis zu ihren Arbeitgebern (Blau 1964: 116f.). Wirkliche Machtbeziehungen seien durch eine Art von Bedrohung gekennzeichnet (Blau 1964: 117). Macht definiere sich somit als „ability of persons or groups to impose their will on others despite resistance through deterrence either in the forms of withholding regularly supplied rewards or in the form of punishment“ (Blau 1964: 117). Die Fähigkeit zur Beeinflussung sei dadurch wiederkehrend und beschränke sich nicht lediglich auf eine einzelne Entscheidung (Blau 1964: 117). Sie sei zwingend bis zu dem Grad, wie die Bedrohung als eine tatsächliche empfunden werde (Blau 1964: 117). Sie sei asymmetrisch, denn es gehe um die einseitige Fähigkeit zur Bestrafung (Blau 1964: 117).

Die Versorgung anderer mit nutzenstiftenden Gütern oder Handlungen stelle eine wichtige Machtquelle dar (Blau 1964: 118). Die nutzenstiftenden Ressourcen erlangen besonders dann Bedeutung, wenn keine Alternativen bereitstehen, um diese Ressourcen zu erlangen (Blau 1964: 118f.). Blau (1964: 119) nennt in diesem Zusammenhang das Beispiel von Arbeitgeber und Angestellten. Besitzt ein Angestellter keine weitere Jobalternative, so steht er in einer starken Abhängigkeit zu seinem Arbeitgeber (Blau 1964: 119). Stehen ihm mehrere, lukrative Jobalternativen zur Verfügung, so wird er eine Gehaltserhöhung fordern und eine mögliche Kündigung in Kauf nehmen (Blau 1964: 119). Anders ausgedrückt: „Die Abhängigkeit von einem Angebot ist eine Funktion der Differenz des beigemessenen Wertes des Angebotes und des Wertes der zweitbesten Alternative" (Blau 1964: 120).

Benötigen Einzelne eine bestimmte Dienstleistung, so stehen ihnen folgende Alternativen zur Verfügung: Entweder können Sie einen reziproken Austausch im Gegenzug für eine andere Art von Dienstleistung eingehen oder sie können die benötigte Dienstleistung von einem anderen erwerben (Blau 1964: 118). Sie können aber auch gänzlich auf die Dienstleistung verzichten oder das Gegenüber gewaltsam dazu bringen, die Dienstleistung bereitzustellen (Blau 1964: 118).

Emerson (1962: 31ff.) glaubt, dass diese gegenseitige Abhängigkeit der Grund für jede Machtverteilung in sozialen Beziehungen sei. Je nach Sachverhalt könne eine Partei drei verschiedene Haltungen gegenüber einer anderen Partei einnehmen: Abhängigkeit, Unabhängigkeit und gegenseitige Abhängigkeit (Emerson 1962: 31ff.; Emerson 1969: 387ff.). Besitzt ein Akteur A eine wichtige Ressource und ein anderer Akteur B misst dieser Ressource einen besonderen Wert aufgrund fehlender Alternativen bei, so steht der zweite Akteur B in einer starken Abhängigkeit zu Akteur A (Emerson 1962: 32).

Nehmen wir an, dass eine größere Unabhängigkeit eines Unternehmens als das Ergebnis von Belohnungen und Sanktionen in einem sozialen Austausch beschrieben werden kann, so können wir grundlegend vermuten, dass die Attribute einer Beziehung, nämlich Vertrauen, Commitment und Machtstellung, die De-facto-Managementautonomie beeinflussen:

P2: De-facto-Managementautonomie in öffentlichen Unternehmen wird durch die Attribute der sozialen Beziehungen zwischen den Kontraktpartnern beeinflusst

Bisherige Forschung zur Social-Exchange-Theorie identifizierte bereits spezifische Ressourcen in sozialen Beziehungen. Der Wert der ausgetauschten Ressourcen (bspw. Geld, Liebe, Information oder Status) hängt vom wahrgenommenen Wert des vollzogenen Austauschs ab: dem Ausmaß, in dem ein Ereignis als beobachtbar, gemocht, relevant und kontrolliert von den bereitstellenden Individuen erachtet wird (March und Olsen 1975: 165). Eine Ressource entsteht daher erst in Interaktion mit anderen Individuen (Emerson 1976: 348).

Attribute von Beziehungen dagegen wie beispielsweise der Grad an gegenseitigem Vertrauen haben sich über lange Zeitperioden hinweg entwickelt und sind somit als eine Ergebniswirkung des Austauschs zu begreifen (Cropanzano und Mitchell

2005: 886). Eins der wichtigsten Attribute im sozialen Austausch ist das gegenseitige Vertrauen, dass zwischen den beiden Partnern herrscht (Blau 1964: 91ff.). Blau (1964: 94ff.) glaubt, dass sich Vertrauen über die Zeit hinweg langsam herausbildet. Zu Beginn einer Austauschbeziehung werden nur geringe Risiken eingegangen und kleinere Gefälligkeiten ausgetauscht (Blau 1964: 94). Werden diese Gesten positiv erwidert, so erweist sich ein Tauschpartner als vertrauenswürdig (Blau 1964: 94). Die Inkaufnahme von Risiken nimmt graduell zu und wird durch Pflichtbewusstsein und Dankbarkeit des Gegenübers verstärkt (Blau 1964: 94).

Viele Studien haben das Konzept des interpersonellen Vertrauens zwischen Parteien bereits auf interorganisationale Beziehungen angewandt (Zaheer et al. 1998; van Thiel und Yesilkagit 2011). Dennoch bleibt der kausale Zusammenhang zwischen Vertrauen und Autonomie relativ unklar, insbesondere weil sich ein Vertrauensverhältnis im Laufe der Zeit und in verschiedenen Kontexten stark verändern kann (van Slyke 2006; Six 2013).

Einige Forscher gehen von einem positiven Einfluss auf die Managementautonomie aus und behaupten, dass die gegenseitig zugestandene Vertrauenswürdigkeit gegen eine direkte Einflussnahme der Stakeholder substituiert werden kann (Gulati 1995; Zaheer et al. 1998). Andere Forscher sind gegenteiliger Meinung und vermuten, dass eine größere Einflussnahme das gegenseitige Vertrauen beschädige (Davis et al. 1997; Six 2013). Man könnte ebenso annehmen, dass interorganisationales Vertrauen nicht als Substitut, sondern als ein Komplementär zur politischen Einflussnahme fungiere (Bijlsma-Frankema und Costa 2005; Leimeister et al. 2010). In diesem Fall würden wir keinen Zusammenhang zwischen den beiden Konstrukten finden, weil sie unabhängig voneinander etabliert werden.

Für Public-Private-Partnerschaften wurde bereits festgestellt, dass häufiger Kontakt zwischen den Partnern wichtig ist, um Public Value zu kreieren und ebenso zum finanziellen Erfolg der Partnerschaften beizutragen (Zhang et al. 2009; Waring et al. 2013). Bei langfristigen Partnern kann aber auch vermutet werden, dass ein kontinuierlicher Informationsaustausch dazu führt, dass die Steuerungsintensität über die Zeit hinweg abnimmt und Informationsasymmetrien abgebaut werden (van der Meer-Kooistra und Vosselman 2000; Tomkins 2001; van den Abeele 2006).

Tomkins (2001), Dekker (2004), Dekker und van den Abeele (2010) sowie Carpenter und Krause (2014) vermuten beispielsweise, dass organisationales Lernen, gegenseitige Erfahrung und kontinuierlicher Informationsaustausch über einen längeren Zeitraum hinweg dazu führen, dass die Reputation des Partners steigt und sich die Transaktionskosten der betroffenen Parteien verringern (Gulati 1995; Gulati und Singh 1998). Ein weiter andauernder, intensiver Informationsaustausch würde in diesem Fall eher als kontrollierend empfunden. Die ersten Hypothesen zur Social-Exchange-Theorie lauten daher:

H2.1a Die Vertrauenswürdigkeit des Kontraktpartners steht in einem positiven Zusammenhang zur Managementautonomie des kommunalen Unternehmens

H2.1b Häufiger Informationsaustausch zwischen den Geschäftsführern und der Kernverwaltung wird als Einschränkung der Managementautonomie wahrgenommen

Ein zweites wichtiges Attribut, das wir in unsere Betrachtung einbeziehen wollen, ist das Commitment der Geschäftsführer. Blau (1964: 101ff.) nimmt an, dass durch den Eingang einer sozialen Beziehung Kosten entstehen und unterscheidet Investitionskosten, direkte Kosten und Opportunitätskosten des sozialen Austauschs. Als Investitionskosten begreift er die Zeit und den Einsatz, um bestimmte Dienstleistungen zu erbringen und sich damit den Respekt eines Gegenübers oder die soziale Akzeptanz in einer Gruppe zu erarbeiten (Blau 1964: 101). Unterordnung, Pflichtbefolgung, Treue und Respekterweisung begreift Blau (1964: 101) als direkte Kosten des Austauschs, um Prestige und Machtstellung des Gegenübers zu erwidern. Die Zeit, die in all diese Aktivitäten investiert wird, kann als Opportunitätskosten zu anderen Aktivitäten begriffen werden (Blau 1964: 101).

Hat man sich über einen langen Zeitraum hinweg für einen Austauschpartner oder eine Gruppe entschieden und begreift diesen/diese als die beste Alternative, so entsteht ein Commitment (Blau 1964: 101). Auch bessere Alternativen zum Partner werden nun abgelehnt (Blau 1964: 101). Auf lange Sicht bildet sich eine gemeinsame Identität heraus, die die eigene soziale Rolle oder die Rolle einer Gruppe von anderen abgrenzt (Blau 1964: 104; Sathe 1983: 6ff.).

Hafsi und König (1988) unterscheiden für öffentliche Unternehmen zwei Gruppen von Akteuren, die intern und im Umfeld der Organisationen zusammenarbeiten müssen: Technokraten und Kommissare (Hafsi und König 1988: 243ff.). Nach dieser Charakterisierung versuchen Kommissare, die politischen Interessengruppen zufrieden zu stellen, während Technokraten ihre Handlungen auf Wettbewerb und Marktlegitimität ausrichten. Wenn beide Gruppen eng miteinander kooperieren, wird der politische Einfluss auf die Organisationen auch in der täglichen Arbeit erkennbar. Wir nehmen an, dass sich gegenseitiges Commitment in einer größeren, kulturellen Ähnlichkeit zwischen Verwaltung und Ausgliederung manifestiert.

Tuen sich dagegen Konflikte zwischen den beiden Gruppen auf oder unterscheiden sich die Gruppen in ihren Einstellungen stark voneinander, so kann dies zu Konflikten, Autonomisierungstendenzen und Verwerfungen führen (Hafsi et al. 1987). Nach Zif (1981: 1331ff.) sind öffentliche Unternehmen dadurch gekennzeichnet, dass deren politische Orientierung unklare oder vage Ziele provoziert. Es kann dazu kommen, dass Umsätze höher gewertet werden als Profite, dass die Effektivität und Effizienz des Unternehmens nur selten gemessen wird und kleinere Preismargen entstehen (Zif 1981: 1331ff.).

In diesem Fall entstehen große Ziel- und Rollenkonflikte zwischen Technokraten und Kommisaren (Aharoni 1981; Rainey und Jung 2014). Auch Blau (1964: 288f.) glaubt, dass Segmentierung, Spezialisierung und Aufgabendelegation in der Verwaltung dazu führen, dass Konflikte zwischen den professionalisierten Bereichen oder zwischen Bereichen und der Zentralregierung entstehen. Eine größere funktionale Autonomisierung organisierter Sozialsysteme provoziert Wertekonflikte zwischen den Subgruppen, die aber insgesamt den Wandel einer Organisation vorantreiben können (Blau 1964: 288).

Die strukturelle Komplexität der Beteiligungen führt oftmals dazu, dass weniger Werte mit der Kernverwaltung geteilt werden (Hafsi et al., 1988; Edeling et al. 2004).

Sind die Unternehmen noch nicht finanziell unabhängig, so müssen die Verantwortlichen die Kosten und den Nutzen des politischen Einflusses gegeneinander abwägen. Sie geraten dadurch in einen Politik-Professions-Konflikt und ihr Commitment sinkt (Tummers et al. 2012). Gleichermaßen fühlen sich die Manager in ihrem Handeln blockiert, weil sie die politischen Ziele nicht mehr teilen oder diese zu vage kommuniziert wurden. Wir nehmen daher an:

H2.2a Größere kulturelle Ähnlichkeit zwischen den Einstellungen der Geschäftsführer und der Kernverwaltung steht in einem negativen Zusammenhang zur Managementautonomie der Unternehmen

H2.2b Ein Politik-Professions-Konflikt des Geschäftsführers steht in einem negativen Zusammenhang zur Managementautonomie der Unternehmen

H2.2c Rollenambivalenz des Geschäftsführers steht in einem negativen Zusammenhang zur Managementautonomie der Unternehmen

Das dritte Attribut ist die Machtposition eines Unternehmens. Wenn Macht legitimiert ist und willentlich angenommen wird, spricht man von Autorität (Blau 1964: 200). Carpenter und Krause (2014: 5ff.) entwickeln für Ausgliederungen das Prinzip der transaktionalen Autorität. Hierunter verstehen sie „a form of relational authority, one whose terms are defined by both the principal and agent through the exercise of both formal and informal mechanisms, and often shaped by third parties or external audiences" (Carpenter und Krause 2014: 8).

Jede Form der Autorität bedarf somit einer zusätzlichen Legitimation, die über die rein formale Position hinausgeht (Presthus 1960: 86ff.). Um Respekt und Legitimität zu gewinnen, müssen Geschäftsführer die notwendige Expertise in ihrem Aufgabenfeld besitzen (Carpenter und Krause 2014: 8). Gleichermaßen müssen verantwortliche Politiker in der Lage sein, Aufgaben, die sie aufgrund einer geringeren Expertise nicht überschauen können, an die Managementebene abzugeben (Carpenter und Krause 2014: 9). Ein wichtiger Teil von Autorität beruht damit auf aktiven Handlungen und der dadurch entstandenen Reputation der Agenten (Carpenter und Krause 2014: 9).

Eine wichtige Rolle spielt auch die Führungserfahrung im öffentlichen Sektor. Sexty (1980: 373) und Luke (2010) haben den Einfluss verschiedener Stakeholder wie Finanzmärkte, regulierende Instanzen, die öffentliche Meinung, Wettbewerber, den Rat, die Regierungsverantwortlichen, die Kämmerei und die verantwortlichen Fachbereiche betont. Koppell (2006) entdeckte, dass viele durch öffentliche Gelder finanzierte Unternehmen Vorteile aus dieser Vernetzung in die ökonomische und politische Sphäre ziehen. Die Manager konnten sich gleichzeitig stark mit den Entscheidungsträgern in der Politik und in den Märkten verbrüdern, um sich eine bessere Marktstellung zu erarbeiten (Koppell 2006: 120f.). Diese Beobachtung ist aus der theoretischen Perspektive heraus leicht erklärbar. Erfahrene Manager von öffentlichen Unternehmen wissen, wie sie ihre Ziele in verschiedenen Arenen verwirklichen können und sind begabt darin, die Wünsche unterschiedlicher Stakeholder zufrieden zu stellen.

Auch die strukturelle Position eines Unternehmens ist von Bedeutung für die Machtverhältnisse. Nach Emerson (1962) tendieren Abhängigkeitsverhältnisse über die Zeit hinweg dazu, dass die Dominanz eines Partners ausgeglichen wird (Emerson 1962: 34). Dazu stehen dem schwächeren Interaktionspartner vier Strategien zur Verfügung: Er kann die Beziehung beenden, er kann neue Beziehungen zu anderen Transaktionspartnern eingehen, er kann seine Position durch Koalitionen mit anderen Partnern im Netzwerk stärken und er kann versuchen, durch das bestehende Austauschverhältnis einen Statusgewinn zu erzielen, der ihm eine bessere Position bei anderen Partnern im Netzwerk verschafft (Emerson 1962: 35ff.).

Im Rahmen der Arbeit sollen die Anzahl der sozialen Bindungen, die ein Geschäftsführer in der politischen Sphäre unterhält, untersucht werden. Wenn ein CEO mit sehr vielen Politikern vernetzt ist, kann er auf weitere Ressourcen vertrauen, die vor politischen Interventionen schützen sollen (Emerson 1962; Pfeffer und Salancik 1978). Soziale Bindungen wurden bereits als wertvolle Voraussetzungen identifiziert, um Ressourcenabhängigkeiten im Kontext von Privatunternehmen besser zu managen (Westphal und Milton 2000; Westphal und Bednar 2008; Westphal et al. 2012). Netzwerken kann Vorteile bei Journalisten (Westphal und Deephouse 2011) und Analysten bringen (Westphal und Clement 2008) oder dabei helfen, weitere monetäre Ressourcen von anderen Unternehmen zu erlangen (Westphal et al. 2006).

Für öffentliche Unternehmen bestehen Hinweise darauf, dass Kredite eher gewährt werden oder die öffentliche Hand Garantien im Falle eines Bankrotts schneller ausspricht, wenn starke politische Bindungen vorhanden sind (Boubakri et al. 2012). Allerdings kann sich eine größere Anzahl an politischen Bindungen auch gegenteilig auswirken und zu einer schwächeren Performanz der Unternehmen führen (Faccio 2010). Der Autor formuliert daher folgende Hypothesen:

H2.3a Die politische Reputation des Unternehmens erhöht die Managementautonomie des Unternehmens

H2.3b Geschäftsführungserfahrung im öffentlichen Sektor erhöht die Managementautonomie des Unternehmens

H2.3c Eine große Anzahl an politischen Kontakten des Geschäftsführers erhöht die Managementautonomie des Unternehmens

Bei der Beurteilung von Compliance-Aspekten wird in letzter Zeit häufiger auf die Rolle hingewiesen, die Aufsichtsräte in ihrer Arbeit ausfüllen (KPMG 2013). Für den Unternehmenserfolg von Nonprofit-Unternehmen scheint die tatsächliche Rolle des Aufsichtsrates wichtiger zu sein als strukturelle Eigenschaften (Cornforth und Chambers 2010: 110). Aus juristischer Sicht ist es notwendig, dass der Aufsichtsrat seinen Aufgaben als Kontroll- und Aufsichtsgremium nachkommt (KPMG 2013: 8). Es gilt insbesondere, die Unternehmensvorhaben auf die Kriterien der

Rechtmäßigkeit, Ordnungsmäßigkeit, Zweckmäßigkeit und Wirtschaftlichkeit zu überprüfen (KPMG 2013: 8).

Darüber hinaus kommt dem Aufsichtsrat in wichtigen Sachverhalten eine Pflicht zur Beratung der Geschäftsführung zu (KPMG 2013: 8f.). Aus dieser partnerschaftlichen Perspektive heraus nehmen die Aufsichtsräte eine proaktivere Rolle zur Unternehmensstrategie ein (Cornforth und Chambers 2010: 110ff.). In Emersons (1962) Social- Exchange-Ansatz können wir den Aufsichtsrat als eine Art Koalitionspartner im Netzwerk begreifen, der die Machtposition der Unternehmensführung gegenüber dem Träger stärken oder abschwächen kann (Emerson 1962: 35ff.).

In diesem Zusammenhang kann der Aufsichtsrat verschiedene, relationale Rollen einnehmen (Cornforth und Chambers 2010; Tricker 2012). In der vorliegenden Untersuchung werden wir uns vor allem auf Aktivitäten im Bereich Strategie, Analyse, Politik und Bildung konzentrieren, da man diese als besonders wichtig für den Erfolg von öffentlichen Unternehmen erachten kann. Diese Rollendimensionen wurden schon häufiger genutzt, um die Effektivität von Räten in gemeinwohlorientierten Organisationen zu bewerten[15] (Jackson und Holland 1998; Ugboro und Obeng 2009) und mit der Gesamtperformanz der Organisationen in Relation zu setzen (Brown 2005; McDonagh et al. 2006; Ugboro und Obeng 2009).

Unter einer strategischen Rolle werden alle Aktivitäten des Aufsichtsrates verstanden, die ihn in die Lage versetzen, die zukünftigen Prioritäten des Unternehmens in Betracht zu ziehen (Ugboro und Obeng 2009: 240). Strategisch agierende Aufsichtsräte behalten die langfristige Perspektive im Blick und versuchen, an der Einhaltung von wichtigen Zielsetzungen festzuhalten (Cornforth und Chambers 2010: 100ff.).

Analytische Aktivitäten des Aufsichtsrates testen die Vorbereitung auf komplexe Inhalte und die Suche nach wichtigen Informationen im Unternehmensgeschehen (Ugboro und Obeng 2009: 240). Besonders analytische Aufsichtsräte suchen stark und aktiv nach Informationen und hinterfragen erfolgskritische Sachverhalte (Cornforth und Chambers 2010: 100ff.).

Bildende Aktivitäten haben zum Ziel, den Aufsichtsrat selbst einer regelmäßigen Evaluation seiner Stärken und Schwächen zu unterziehen, um ihn im Sinne des Unternehmens weiterzuentwickeln (Ugboro und Obeng 2009: 240). Damit ist nicht nur der Besuch von Schulungen durch die Mandatsträger gemeint, sondern ebenso die

---

15 Jackson und Holland (1998) haben das wahrscheinlich meistzitierte Tool entwickelt, um die Rolle von Nonprofit-Boards messbar zu machen. Der Board-Self-Assessment-Questionnaire (BSAQ) wurde bereits in vielen Untersuchungen zu Public- und Nonprofit-Boards verwendet, um die Effektivität der Räte zu messen. Der BSAQ-Index unterscheidet interpersonelle, analytische, politische, strategische, kontextuelle und sich bildende Aktivitäten von Boards (Ugboro und Obeng 2009: 242). Da sich der Index auf Boards im Allgemeinen bezieht und diese Aufgaben der Unternehmensführung übernehmen, sind nicht alle Dimensionen direkt auf deutsche Aufsichtsräte übertragbar.

Evaluation von gemeinsamen Entscheidungen und die Suche nach Verbesserungsmöglichkeiten in der Zusammenarbeit.

Politische Aktivitäten sollen sicherstellen, dass der Aufsichtsrat Kontakte zu den wichtigsten Unterstützern und Stakeholdern des Unternehmens unterhält und deren Perspektive in Betracht zieht (Ugboro und Obeng 2009: 240). Politisch agierende Aufsichtsräte versuchen, die politischen Stakeholder zufrieden zu stellen und gleichermaßen die Interessen des Unternehmens zu vertreten. Wenn der Aufsichtsrat wichtige Kontakte zur Politik und Verwaltungsführung pflegt und weitere Stakeholder in Betracht zieht, stärkt er die Rolle der Geschäftsführung. Die Hypothese lautet:

H2.4a Politisch-strategische Aktivitäten des Aufsichtsrates stärken die Managementautonomie des Unternehmens (gegenüber der Trägerkommune)

Sucht der Aufsichtsrat aktiv nach Informationen zum Unternehmensgeschehen, so sollte dies dazu führen, dass das Gremium seiner Aufsichtsfunktion besser nachkommen kann. Auch eine ständige Selbstevaluation ist hierfür wichtig. Erkennt der Aufsichtsrat zusätzlich eine beratende Rolle in seiner Tätigkeit, so wird man versuchen, die Belange und Ziele des Unternehmens verstehen zu lernen und Strategien gemeinsam mit der Geschäftsführung zu erarbeiten. Eine solche, intensive Zusammenarbeit mit der Geschäftsführung sollte eine ähnliche Wirkung entfalten, wie eine bessere Expertise des Aufsichtsrates:

H2.4b Strategische Aktivitäten des Aufsichtsrates stärken die Managementautonomie des Unternehmens (gegenüber der Trägerkommune)

Der Social-Exchange-Ansatz hat bei der Konzeption eines Analyserahmens weitergeholfen und es konnten wichtige, relationale Variablen im Umfeld der Organisationen identifiziert werden. Die Grundüberlegungen der Social-Exchange-Theorie von Homans (1961; 1974), die sich aus Utilitarismus und Verhaltenstheorie speisen, wurden bis dato allerdings mehrfach argumentativ angezweifelt (Emerson 1976; Cook und Rice 2001; Zafirovski 2005; Cropanzano und Mitchell 2005).

Ein wichtiger Kritikpunkt betrifft die Überprüfbarkeit der Aussagen (Cropanzano und Mitchell 2005: 875). Kernideen seien nicht gut genug integriert und kommuniziert worden (Cropanzano und Mitchell 2005: 875). Einige wichtige Konstrukte seien nicht spezifiziert worden und viele Formulierungen seien sehr schwammig (Cropanzano und Mitchell 2005: 875). Allein der Begriff der Reziprozität könne auf die unterschiedlichsten Arten interpretiert werden, beispielsweise als interdependenter Austausch (Homans 1961; Blau 1964), als Volksglaube (Gouldner 1960) oder als eine individuelle Norm mit Soll-Charakter, die sich von Kultur zu Kultur und von Individuum zu Individuum unterscheidet (Mauss 1990; Rousseau und Schalk 2000).

Darüber hinaus bleiben Begriff und Wirkungsweise verschiedener Ressourcen relativ unspezifisch (Cropanzano und Mitchell 2005: 881). Es ist gut möglich, dass sich die Exchange Regeln unterscheiden, je nachdem welche Ressource (Geld, Güter, Dienstleistungen, Liebe, Status oder Information) ausgetauscht wird (Cropanzano und Mitchell 2005: 881). Möglicherweise bestehen andere soziale Austauschnormen wie Altruismus, Wettbewerb oder Gruppenerfolg (Meeker 1971).

Problematisch sei auch der Begriff der Beziehung. So könne man Beziehungen einerseits als eine Serie von unabhängigen Tauschs begreifen, andererseits aber auch als interpersonelle Anziehung, die durch den Austausch erst entstanden sei (Cropanzano und Mitchell 2005: 886). Ebenso bestehe Unklarheit darüber, ob es einen begrifflichen Unterschied zwischen der Form des Austauschs und der Beziehung der Akteure zueinander gibt (Cropanzano und Mitchell 2005: 888). Man könne beispielsweise ökonomische Transaktionen im Rahmen einer sozialen Austauschbeziehung von sozialen Transaktionen im Rahmen eines ökonomischen Handels unterscheiden (Cropanzano und Mitchell 2005: 887).

Ein besonders essenzieller Vorwurf lautet, dass Homans (1961) ursprüngliche Argumente und Verhaltensannahmen hochgradig tautologisch seien (Emerson 1976: 342ff.). Keine der Annahmen könne falsifiziert oder bewiesen werden (Emerson 1976: 342). Emerson (1976: 342) nennt in diesem Zusammenhang ein Experiment, bei dem Studierende ein Notebook erhalten, wenn sie kooperieren. Er behauptet, dass kein solches Experiment je die Erfolgsproposition und die Wertproposition bestätigen oder falsifizieren könne, denn das einzige Ergebnis einer solchen Studie sei, dass Individuen den Wert des Notebooks in dieser Situation als höher einschätzten als den Wert der Nichtkooperation (Emerson 1976: 342f.). Somit können wir nicht von empirisch bewiesenen Verhaltensannahmen sprechen, sondern von Tautologien, die uns hilfreiche Hinweise zur Analyse von Situationen geben (Emerson 1976: 343).

Ebenfalls wird kritisiert, dass nicht jegliches soziale Handeln auf der Basis von Nutzenkalkülen vollzogen werde (Emerson 1976: 340f.). Diese Kritik sei verständlich, denn viele Menschen richten ihr Handeln eher an der Gewohnheit oder ihrer Gefühlslage aus (Emerson 1976: 341). Der springende Punkt sei aber, dass jegliches Handeln eine reziproke Konsequenz des Gegenübers hervorrufe (Emerson 1976: 341). Selbst wenn wir die Annahme einer Nutzenkalkulation fallen lassen, bestehe dennoch operantes soziales Verhalten, denn soziale Aktivitäten werden höchstwahrscheinlich über die Zeit hinweg erwidert und belohnt (Emerson 1976: 341).

2.4 Fazit

Im vorangehenden Kapitel wurde eine Definition von Managementautonomie erörtert, die spezifische Forschungslücke identifiziert und ein Analysemodell aus der Theorie zu interorganisationalen Steuerungsbeziehungen abgeleitet. Auf Basis bisheriger Untersuchungen wurde vermutet, dass erklärende Variablen aus der Transaktionskostentheorie nicht ausreichen, um die kommunale Einflussnahme empirisch erklären zu können. Daher wurden diese Variablen um weitere Faktoren aus der Social-Exchange-Theorie ergänzt. Insgesamt konnten neun Hypothesen aus der Transaktionskostentheorie und zehn Hypothesen aus der Social-Exchange-Theorie abgeleitet werden. Im zweiten Teil der Arbeit werden diese Hypothesen einer kritischen Überprüfung durch die Empirie unterzogen. Es folgen je ein Abschnitt zu Methodik und Datenanalyse.

Teil II
Empirie

3. Datenerhebung und Methodische Vorgehensweise

In diesem Kapitel wird beschrieben, wie die empirische Datenerhebung durchgeführt wurde. Es wird ausführlich diskutiert, wie der Autor bei der statistischen Studie vorgegangen ist, welche Konstrukte in der Erhebung verwendet wurden und wie die Repräsentativität der Studie insgesamt einzuschätzen ist. Es wird vor allem auf das methodische Instrument, die Fallauswahl, die Identifikation der Grundgesamtheit, den Prozess der Erhebung und die Beschaffenheit der Stichprobe sowie Fragebogendesign und Pretest Bezug genommen. Letztlich werden auch die statistischen Verfahren und Analysemethoden diskutiert, die vom Autor angewandt wurden, um zu den Ergebnissen zu gelangen.

3.1 Methodisches Instrument

In der vorliegenden Untersuchung greifen wir auf eine Methodik zurück, die für verselbstständigte Behörden auf Bundesebene angewandt wurde. Das COBRA Forschungsnetzwerk (Comparative Public Organization Data Base for Research and Analysis) entwickelte einen gemeinsamen Fragenkatalog und untersuchte seit Mitte der 2000er Jahre die De-facto-Autonomie von strukturell verselbstständigten Behörden im Ländervergleich (Verhoest et al. 2010: 45f.). Die grundlegende Idee war, dass sich tatsächliche und formale Autonomie dieser Agenturen stark voneinander unterscheiden können (Bach 2014: 57). Daher wurden die Behördenleiter betreffend der Handlungsspielräume ihrer Behörden befragt. Mit dieser Methode, so hoffte man, könne man die De-facto-Handlungsspielräume der Agenturen besser abbilden, als mit einer Analyse von strukturellen Faktoren.

Es handelt sich bei der COBRA Studie um einen sogenannten „Elite Survey“, da pro Behörde nur eine Person auf der Führungsebene befragt wurde (Walker und Enticott 2004: 420f.). Diesen Personen wird aufgrund ihrer Position eine höhere Reliabilität in den Aussagen und ein besseres Wissen über die Gesamtzusammenhänge um die Organisationen zugeschrieben (Hammerschmid et al. 2013: 15). Elite Surveys besitzen im Public-Administration-Bereich eine lange Tradition und werden häufig eingesetzt (Putnam 1976; Aberbach et al. 1981; Trondal 2010).

Die Erhebungsmethode bringt allerdings einige Probleme mit sich und wird oftmals kritisiert (Moyser und Wagstaffe 1987; Walker und Enticott 2004). Da die Führungskräfte nicht nur zu persönlichen Einstellungen oder Verhaltensweisen, sondern auch und vor allem zur Gesamtorganisation befragt werden, kann es zu einem Key Informant-Bias kommen (Hurrle und Kieser 2005: 585). Die Reliabilität und Validität von Daten zu objektiven Sachverhalten wird durch systematische Verzerrungen eingeschränkt (Anderson 1985; Bagozzi et al. 1991; Kumar et al. 1993). Subjektive Verzerrungen spielen vor allem dann eine Rolle, wenn bei organisationsübergreifenden Einschätzungen das Verhalten anderer beurteilt werden soll (Schwarz und Wellens 1997). Aber auch bei vergleichsweise einfachen Auskünften über objektive Tatbestände kommt es häufig zu Fehlerquoten (Bommer et al. 1995).

Besonders Leistungsdaten und Daten zum Unternehmenserfolg unterliegen einer höheren Fehlerquote als andere Auskünfte (Comer et al. 1999; Wall et al. 2004). Ein wichtiger Kritikpunkt ist, dass Führungspersonen geneigt sein könnten, ihre Organisationen in einem besonders positiven Licht darzustellen (Walker und Enticott 2004: 420). Meier und O'Toole (2013: 2ff.) weisen auf eine Reihe von Studien hin, in denen sich wahrgenommene und tatsächliche Werte von organisationaler Performanz stark voneinander unterscheiden. Man spricht von Impression-Management und Self-Serving-Attributions, die den Probanden und seine Aktivitäten gut aussehen lassen (Hurrle und Kieser 2005: 589f.). Ein solcher Social-Desirability-Effekt in den Antworten könnte ebenfalls eintreten, wenn es sich um die eigene Bewertung des Führungsstils oder des Problemlösungsverhaltens handelt (Meier und O'Toole 2013: 18). Deshalb sei es vorzuziehen, mehrere Informanten einer Organisation bezüglich des gleichen Themas zu befragen (Viswesvaran et al., 1993: 551ff.; Wright et al., 2001: 875ff.; Walker und Enticott 2004: 420f.).

Drei Argumente entkräften diese Position für unsere Fragestellung ein wenig: Zum einen ist es fast unmöglich, Informanten mit gleichem Einblick zu den gewählten Themenbereichen auf unteren Hierarchieebenen auszumachen (Bach 2014: 100f.). Deren Aussagen zur Autonomie der jeweiligen Organisation würden sich allein deshalb schon erheblich unterscheiden. Zum anderen könnte eine Befragung mehrerer Personen in den Organisationen dazu führen, dass die betreffenden Personen ihre Fragebögen aufeinander abstimmen (Bach 2014: 101). Zuletzt ist eine Befragung zur persönlichen Interpretation und Wahrnehmung der kommunalen Steuerungseingriffe und Akteure entschuldbar, da es sich um Führungskräfte handelt, deren Identitätsverständnis und Entscheidungen die Organisation als Ganzes entscheidend mitprägen (Weick 1995: 76ff.).

Zur Reduktion des Key-Informant Bias wird dazu geraten, einen ausführlichen Pretest durchzuführen, die Hierarchieebene der Informanten beizubehalten, subjektive Fragen nach der Performanz zu vermeiden und die Datenbasis durch weitere, objektive Sekundärquellen zu untermauern (Hurrle und Kieser 2005: 593ff.). Fragen sollten möglichst spezifisch formuliert werden, die Erhebung sollte sich auf beobachtbare Daten beschränken und mögliche Fehlerquellen sind als Kontrollvariablen in das Modell aufzunehmen (Hurrle und Kieser 2005: 598). Vollständig vermieden werden kann ein Key-Informant Bias allerdings nicht und stellt daher eine wichtige Limitation der vorliegenden Studie dar.

Des Weiteren sind typische Probleme von Survey Designs anzuführen. Beispielsweise bilden Survey Studien immer nur einen gewissen Zeitpunkt ab. Dadurch ist es nicht möglich, historische Muster über die Zeit hinweg zu erfassen, denn hierfür wären Panel Studien notwendig.

Favero und Bullock (2015: 285ff.) führen an, dass die meisten Survey Studien unter einem Common-Method Bias leiden. Das bedeutet, dass Zusammenhänge zwischen Variablen durch Messfehler verzerrt werden, weil eine gemeinsame Methode, bspw. ein gemeinsamer Fragebogen, genutzt wurde, um die Variablen abzufragen (Favero und Bullock 2015: 285). Der Common-Method Bias tritt vor allem dann auf, wenn unabhängige und abhängige Variablen einer Studie aus dem gleichen Fragebogen stammen (Favero und Bullock 2015: 285). Um einem inflationären Anstieg von Zusammenhängen vorzubeugen, wurden bereits einige methodischen Kniffe entwickelt (Podsakoff et al. 2012). Dennoch wird eher empfohlen, weitere externe Datenquellen heranzuziehen (Favero und Bullock 2015: 304).

Die vorliegende Studie zur wahrgenommenen Autonomie stützt sich trotz dieser Fallstricke vorwiegend auf eine schriftliche und online gestützte Befragung der Eliten, allerdings wurde versucht, weitere externe Datenquellen hinzuzuziehen, um Verzerrungen vorzubeugen. Die kaufmännischen Geschäftsführer von kommunalen Unternehmen stehen im Mittelpunkt der Untersuchung, denn sie besetzen die Schlüsselpositionen in den Organisationen und stehen mit den wichtigsten Steuerungsakteuren in mehr oder weniger häufigem Kontakt. Sie besitzen darüber hinaus, anders als die Steuernden in der Kernverwaltung, kein besonderes Interesse, die Steuerungsmaßnahmen der Kommune in einem besonders positiven Licht darzustellen. Dadurch fällt ein Impression-Management Effekt für die abhängige Variable „De-facto-Managementautonomie" geringer aus als bei eigenen Einschätzungen zum Unternehmenserfolg. Die direkte und anonymisierte Befragung der Verantwortlichen ist das einzige Hilfsmittel, das nicht nur formelle sondern auch informelle Elemente der Steuerung abbilden kann und gleichzeitig Aussagen zum Handlungsspielraum der Organisationen über eine größere Grundgesamtheit hinweg zulässt. Als wesentlicher Vorteil gegenüber der vergleichenden Fallstudie ist zu nennen, dass sich Zusammenhänge zwischen den Variablen auf Basis von statistischen Methoden aufdecken lassen. Darüber hinaus ließe sich aufgrund der Standardisierung des Fragebogens potenziell eine Vergleichbarkeit mit weiteren Länderstudien herstellen.

3.2 Fallauswahl

Im Mittelpunkt dieses Abschnittes steht die Identifikation der Analyseobjekte für die Studie. Die Auswahl stützt sich primär auf die Definition öffentlicher Unternehmen als *„enterprises where the state has significant control, through full, majority, or significant minority ownership"* (Gnan et al. 2010: 720). Damit unterstehen kommunale Unternehmen dem direkten Einflussbereich der Kommune. Wie im ersten Kapitel beschrieben, fallen unter diesen Begriff sowohl privatrechtliche als auch öffentlich-rechtliche Organisationsformen, die (mit Ausnahme des Regiebetriebs) separat von den Kernhaushalten geführt werden (Statistisches Bundesamt 2013b: 108). Als wichtigste Rechtsformen in Deutschland unterscheiden wir Regiebetriebe, Eigenbetriebe, Anstalten, Stiftungen, Aktiengesellschaften, GmbHs und Vereine (Lasar et al. 2011: 226). Dezernate, Ämter und Fachbereiche wurden aufgrund der obigen Definition aus der Untersuchung ausgeschlossen.

Im Fokus der Untersuchung stehen die Beteiligungen der größten deutschen Städte. Deutschlandweit ist anzunehmen, dass große Städte und Metropolen über ein weitaus differenzierteres Instrumentarium verfügen, um auf Beteiligungen Einfluss zu nehmen. Bei einer großen Stadt können bessere Steuerungskapazitäten und ein höherer Reifegrad der Messinstrumente angenommen werden als bei kleineren und mittelgroßen Städten (Papenfuß und Aufenacker 2011: 26). Auch die Einführung von Modernisierungsmaßnahmen wie Konzernabschluss und Corporate Governance Kodex ist bei Großstädten bereits weiter vorangeschritten als bei kleineren Städten (Jantz et al. 2009: 13ff.; KPMG 2014: 11).

Daher wurden auf Basis des Gemeindeverzeichnis-Informationssystems des statistischen Bundesamtes in einem ersten Schritt alle deutschen Städte mit mindestens 200.000 Einwohnern identifiziert (Statistische Ämter des Bundes und der Länder 2013). Wir kommen damit auf eine Stichprobe in 39 Städten: Aachen, Augsburg, Berlin, Bielefeld, Bochum, Bonn, Braunschweig, Bremen, Chemnitz, Dortmund, Dresden, Düsseldorf, Duisburg, Erfurt, Essen, Frankfurt am Main, Freiburg, Gelsenkirchen, Halle (Saale), Hamburg, Hannover, Karlsruhe, Kiel, Köln, Krefeld, Leipzig, Lübeck, Magdeburg, Mainz, Mannheim, Mönchengladbach, München, Münster, Nürnberg, Oberhausen, Rostock, Stuttgart, Wiesbaden und Wuppertal. Einige dieser Städte sind gleichzeitig Kreisstädte oder Bundesländer. Die Studie sollte vor allem die jeweils stadteigenen Beteiligungen fokussieren, eine nähere Analyse der Beteiligungen der Kreise und Länder wurde nicht vorgenommen.

Bei der Identifikation der Grundgesamtheit der Studie stellte sich allerdings ein besonderes, deutschlandtypisches Problem: Alle befragten Städte haben ihre Beteiligungen in Form von Konzernen strukturiert (Linhos 2006: 10ff.). Es ist daher besonders schwierig, die verschiedensten Kapitalverflechtungen auf den unteren Stufen der Konzernpyramiden zu durchdringen. Da uns die zentralen Beteiligungen der Städte interessieren sollen, wurden lediglich solche Unternehmen in die Grundgesamtheit einbezogen, die sich auf der ersten und zweiten Stufe der gesamtstädtischen Konzernstruktur befanden. Durch dieses Auswahlverfahren wurde die Grundgesamtheit auf ein überschaubares Maß verkleinert.

Zur Identifikation der Grundgesamtheit wurden die Beteiligungsberichte der Städte ausgewertet. Zielgruppe der Befragung sollten der Einfachheit halber alle Beteiligungen sein, in denen die Kommune direkt oder indirekt über mehr als 50% der Verfügungsrechte besaß. Als Gradmesser für die Verfügungsrechte wurde der Kapitalanteil der Kommune gewählt. Zwar verteilen sich Stimmrechte und Kapitalanteil nicht immer deckungsgleich, jedoch ist dies ein praktikabler und zeitsparender Ansatz, wenn man Kosten und Nutzen alternativer Vorgehen gegeneinander abwägt. Die Spannweite der betrachteten Branchen auf erster und zweiter Konzernebene reicht von traditionellen Versorgungs- und Verkehrsbetrieben über Dienstleister in der Krankenversorgung bis hin zu Kunst-, Theater und IT-Betrieben. Bank- und Finanzdienstleister wurden aufgrund der besonderen Rahmenbedingungen in diesen Wirtschaftsfeldern ausgeschlossen.

Unter den ausgewählten Unternehmen befinden sich auch einige Mehrheitsbeteiligungen, die zwar auf der obersten Ebene angesiedelt waren, aber gemeinhin eher als „unwichtig“ bezeichnet werden könnten. Um Vergleichbarkeit mit etwaigen anderen Studien zu gewährleisten und Willkür in der Fallauswahl vorzubeugen, wurden diese Organisationen nicht aus dem Sample entfernt. Es bleibt anzumerken, dass sich der örtliche Standort und die Eigentümerkommune der Unternehmen in einigen Fällen unterscheiden. So sind auch einige Beteiligungen aus kleineren Kommunen in die Stichprobe eingegangen, die sich zum Eigentum der identifizierten Großstädte zählen lassen. Es wurden beispielsweise auch Unternehmen in den Städten Bergisch Gladbach, Adenau und Pullach in die Grundgesamtheit mit einbezogen.

3.3 Identifikation der Grundgesamtheit

Die Grundgesamtheit für die Studie wurde auf Basis der verfügbaren kommunalen Beteiligungsberichte[16] im Zeitraum September 2012 bis Juni 2013 von zwei Mitarbeiterinnen des Lehrstuhls und dem Autor selbst recherchiert. Städte sind aufgrund der Gemeindeordnungen der Bundesländer dazu verpflichtet, einen Beteiligungsbericht öffentlich zugänglich bereitzustellen (Papenfuß und Schaefer 2011: 380). Zumindest alle Mehrheitsbeteiligungen sollen in den Beteiligungsberichten aufgeführt sein (Papenfuß und Schäfer 2011: 380). Im Bestfall werden die Beteiligungsberichte jährlich zur Verfügung gestellt und sind online über die Homepage der jeweiligen Kommune für jeden interessierten Bürger abrufbar (Papenfuß und Schaefer 2011: 380ff.).

Aufgrund des Vorgehens stellte sich ein weiterführendes Problem: Einige Beteiligungsberichte (bspw. für Berlin, Rostock oder Düsseldorf) befanden sich zum Zeitpunkt der Untersuchung nicht mehr auf dem neuesten Stand und selbst bei den aktuelleren Beteiligungsberichten der anderen Städte handelte es sich um die Berichte für das Vorjahr 2012. Kapitalbewegungen im Folgejahr 2013 konnten daher in der Recherche nicht berücksichtigt werden. Sobald aktuellere Berichte vorlagen, wurden die neuen Informationen noch bis Juni 2013 in das Sample eingeflochten.

Für das weitere Vorgehen war es notwendig, die Kontaktdaten der kaufmännischen Geschäftsführer zu identifizieren. Da viele der Mailadressen für die geplante Online Umfrage nicht frei verfügbar waren, wurden auch postalische Adressdaten der Unternehmen in die Datenbank aufgenommen. Auf Basis der ersten Recherche ergaben sich 176 nicht verfügbare oder falsche Mailadressen, die durch postalische Anschreiben ersetzt werden mussten. Anfangs wurden zusätzlich 358 Doppelzählungen zugelassen, sodass pro Unternehmen bis zu vier Ansprechpartner und Kontaktadressen recherchiert wurden, wenn das Unternehmen beispielsweise durch Doppel- oder Dreifachspitze geführt wurde. Diese Doppelzählungen wurden im späteren Verlauf der Studie wieder entfernt und herausgerechnet, da sich die

16 „Der kommunale Beteiligungsbericht bietet die einzige Möglichkeit, sich einen umfassenden Überblick über die Beteiligungsstruktur einer Stadt zu verschaffen“ (Papenfuß und Schaefer 2011: 381). Darüber hinaus bietet ein Beteiligungsbericht weitere Informationen über die Geschäftslage der Unternehmen, deren Größe und Kapitalstruktur (Papenfuß und Schäfer 2011: 380f.).

einzelnen, teilnehmenden Unternehmen auf einen Ansprechpartner (in allen Fällen den kaufmännischen Geschäftsführer) einigten, der auch den Bogen ausfüllte. Das Herausrechnen der Doppelzählungen war leicht möglich, da in der Vorbereitung jedem Fragebogen ein gesonderter Code zugeteilt wurde.

Letztendlich wurden alle Doppelzählungen aus der Grundgesamtheit entfernt. Jede Einheit in der 1079 Fälle umfassenden Grundgesamtheit stellt nun eine gesonderte Organisation dar, Mehrfachbesetzungen des Geschäftsführerpostens wurden herausgerechnet. Die Vorabrecherche mit 39 Beteiligungsberichten aus den Jahren 2009 bis 2012 konnte folgendes Sample als Grundgesamtheit der Studie identifizieren:

Tabelle 1. Zusammensetzung der Grundgesamtheit nach Primärbranche (Eigene Darstellung auf Basis der Recherche)

Verteilung in der Grundgesamtheit	**Branchen**
40 (3,71%)	Stadtwerke Holding
31 (2,87%)	Wasserversorgung und Abwasser
65 (6,02%)	Abfallentsorgung und Stadtreinigung
84 (7,78%)	Öffentlicher Personennahverkehr
77 (7,14%)	Transportwirtschaft (Flughäfen, Häfen)
101 (9,36%)	Kulturbetriebe und Sportstätten
122 (11,3%)	Elektrizität- und Gasversorger
69 (6,4%)	Medizinische Versorgung und Krankenhäuser
167 (15,5%)	Wirtschaftliche Beratung und Stadtentwicklung
113 (10,47%)	Wohnungsbau
51 (4,73%)	IT-Branche
27 (8,78%)	Soziale Pflege und Sozialunternehmen
132 (12,23%)	Andere Branchen (Zoos, Qualifizierungsmaßnahmen, Bildung, Allgemeine Verwaltung, Wissenschaft, Tourismus, Bäderbetriebe, Friedhöfe, ...)
1079	Summe (N)

Eine Liste der verwendeten Unternehmen in der Grundgesamtheit kann auf Nachfrage beim Autor eingeholt werden. Laut Beteiligungsbericht handelt es sich bei allen identifizierten Unternehmen um sogenannte Mehrheitsbeteiligungen, in der die jeweilige Stadt einen Eigenkapitalanteil von mehr als 50% am Unternehmen besaß. In der Nachrecherche zur späteren Stichprobe zeigte sich allerdings, dass aufgrund von Änderungen der Beteiligungsportfolios auch einige Minderheitsbeteiligungen in die Studie miteinbezogen wurden. Diese Änderungen waren aus den

Beteiligungsberichten ursprünglich nicht ersichtlich und wurden in der späteren Auswertung der Fragebögen berücksichtigt.

Ein wichtiger Angriffspunkt der Studie war es, ein möglichst großes Spektrum an verschiedenen Rechtsformen und Branchen abzudecken. Dieses Vorgehen ermöglicht es, verallgemeinernde Aussagen treffen zu können, die über die rein juristische Perspektive und die Branchenperspektive hinausgehen. Nach Angaben des statistischen Bundesamtes waren Ende des Jahres 2011 von den 15127 öffentlichen Unternehmen auf Bundes-, Länder und Kommunalebene insgesamt 1842 im Wohnungs- und Bauwesen und 1451 im Energiebereich tätig (Statistisches Bundesamt 2014: 265ff.). Die identifizierte Grundgesamtheit spiegelt damit die deutschlandweite Verteilung in den Bereichen Wohnungsbau und Energieversorgung anteilig relativ gut wider. Die Branchen Unternehmensberatung, Abfallentsorgung und Transport dagegen sind in der Grundgesamtheit leicht überrepräsentiert. Beispielsweise finden wir deutschlandweit nur 1045 Unternehmen in der Unternehmensverwaltung und -beratung, 834 Dienstleister im Gesundheitswesen, 560 in der Abfallentsorgung und lediglich 502 Beteiligungen im Bereich Landverkehr und Transport (Statistisches Bundesamt 2014: 265f.). Die deutschlandweit starken Branchen Wasserversorgung (11,8%) und Abwasser (9,2%) dagegen werden von der identifizierten Grundgesamtheit nur wenig abgebildet (Statistisches Bundesamt 2014: 265). Dies liegt wahrscheinlich daran, dass diese Branchen verstärkt auf interkommunale Kooperationen und Partnerschaften zwischen verschiedenen Städten setzen und wir daher nur selten Mehrheitsbeteiligungen einzelner Städte finden (Lieberherr et al. 2014: 12f.).

In Bezug auf die Rechtsformen finden sich ebenfalls Diskrepanzen zwischen der identifizierten Grundgesamtheit und der deutschlandweiten Verteilung. Es wurden im Vorhinein keine Rechtsformen ausgeschlossen, sodass alle möglichen privatrechtlichen und öffentlich-rechtlichen Organisationsformen in der Grundgesamtheit auftauchen können. Deutschlandweit findet man lediglich 64,7% privatrechtliche und 35,3% öffentlich- rechtliche Gesellschaftsformen (Statistisches Bundesamt 2014: 267), in der Grundgesamtheit machen privatrechtliche Gesellschaftsformen allerdings bereits 87,2% aller Unternehmen aus. Der Autor führt diesen Tatbestand darauf zurück, dass es sich um größere Städte handelt, bei denen ein höherer Anteil an privatrechtlichen Gesellschaftsformen zu vermuten ist als bei mittelgroßen und kleineren Kommunen (Trapp 2006: 85ff.). Trapp und Bolay (2003: 26) beispielsweise entdeckten in 2003 einen Anteil von 91,9% privatrechtlich organisierten Beteiligungen in 30 Großstädten. Papenfuß (2010: 105) findet auf Basis von Beteiligungsberichten für unmittelbare Beteiligungen einen Anteil von 86% für Städte mit über 400.000 Einwohnern und 74% für unmittelbare Beteiligungen von Städten mit 200.000 bis 400.000 Einwohnern.

92,7% der privatrechtlichen Gesellschaften in der ermittelten Grundgesamtheit werden in der Form einer Gesellschaft mit beschränkter Haftung (GmbH, gGmbH oder GmbH & Co KG) geführt. Dies kommt dem gesamtdeutschen Prozentsatz von 90% relativ nahe. Unterteilen wir die ermittelte Grundgesamtheit nach Rechtsformen, so erhalten wir folgende Zusammensetzung:

Tabelle 2. Zusammensetzung der ermittelten Grundgesamtheit nach Rechtsformen (Eigene Darstellung auf Basis der Recherche)

Verteilung in der Grundgesamtheit	Rechtsformen
869	Gesellschaft mit beschränkter Haftung, GmbH und Co KG, Gemeinnützige GmbH (gGmbH)
62	Aktiengesellschaft
106	Eigenbetrieb oder Eigenbetriebsähnliche Einrichtungen
2	Regiebetrieb/Sonderrechnung
21	Anstalt des öffentlichen Rechts (AöR)
2	Zweckverband
2	Eingetragener Verein (e.V.)
4	Stiftung des öffentlichen Rechts
6	Körperschaft des öffentlichen Rechts
4	Andere privatrechtliche Rechtsformen (OHG, GbR, S.R.O.)
1	Andere öffentlich-rechtliche Rechtsformen (Kommunalunternehmen)
1079	Summe (N)

3.4 Vorgehen und Beschaffenheit der Stichprobe

Die eigentliche Stichprobe wurde im Zeitraum von August 2013 bis Dezember 2013 ermittelt. In einem ersten Durchgang sollten die identifizierten Geschäftsführer namentlich per Mail kontaktiert und auf die Umfrage aufmerksam gemacht werden. Jede Mail enthielt ein kurzes Anschreiben und einen weiterführenden Link zur Online Umfrage, die über das System UP Survey der Universität Potsdam bereitgestellt wurde. Für die Durchführung der Umfrage erhielt der Autor prominente Unterstützung durch die Kommunale Gemeinschaftsstelle für Verwaltungsmanagement (KGSt), die Allianz der öffentlichen Wasserwirtschaft e.V. und den Bundesverband Öffentliche Dienstleistungen – Deutsche Sektion des CEEP e.V. In jeder E-Mail fanden sich im Anhang ein ausführlicheres Anschreiben des Autors und ein unterschriebenes Unterstützungsschreiben der Kommunalen Gemeinschaftsstelle für Verwaltungsmanagement (KGSt). Außerdem wurden die Teilnehmer vom Autor gebeten, einen beigefügten vierstelligen Code anzugeben, um im Anschluss über den weiteren Fortlauf und die Auswertung der Umfrage zu informieren. Mit Hilfe der Codes konnten im Anschluss an die Umfrage weitere Sekundärvariablen recherchiert werden, sodass der Fragebogen auf eine geringe Anzahl von Fragen reduziert blieb. Der Originaltext des Anschreibens und der Originalfragebogen wurden dieser Arbeit im Anhang beigefügt (Anhang 1–5).

Bei der Durchführung der Umfrage stellte sich das Problem, dass viele der kaufmännischen Geschäftsführer sogenannte Doppelfunktionen wahrnehmen. Ein großer Teil der Geschäftsführer hatte Positionen in mehr als einem Unternehmen inne und musste deshalb mehrfach angeschrieben werden. Daher wurden neben den E-Mails in einem ersten Durchgang auch gesondert Briefe mit einem leicht veränderten Anschreiben verschickt, um die Ansprechpersonen nicht mit Spam zu überhäufen und somit zu einer mehrfachen Teilnahme zu motivieren.

Anfang September wurde die Online Umfrage erstmals gestartet. Über einen Zeitraum von zwei Wochen wurden durch den Mailserver der Universität Potsdam 998 Mails versendet. Dieser erste Durchlauf ergab 161 falsche oder fehlerhaft recherchierte Email Adressen, die nachrecherchiert werden mussten. Der erste Durchlauf fand einen Rücklauf von 69 Teilnehmern. 20 Unternehmen hatten einen neuen Geschäftsführer und mussten neu angeschrieben werden. Sieben Unternehmen verweigerten ohne Angabe von Gründen offiziell die Teilnahme an der Umfrage. Vier Unternehmen schieden aus der Grundgesamtheit aus, da es sich durch Zusammenschluss oder Privatisierung mittlerweile nicht mehr um Mehrheitsbeteiligungen handelte.

Nach Abschluss der Nachrecherche wurde am 24.09.2013 ein erstes Nachfassen der Online Umfrage gestartet. Hierfür wurden 790 Personen in einem Zeitraum von zwei Wochen angeschrieben und die Namen der neuen Geschäftsführer verwendet. In diesem Durchgang kamen 46 der versendeten Mails nicht mehr bei den Empfängern an, weil sie als Spam deklariert wurden. Sechs Angeschriebene verweigerten die Teilnahme. Zwei der neu recherchierten Mailadressen waren trotz Nachrecherche fehlerhaft und konnten nicht richtig ermittelt werden. 19 Teilnehmer befanden sich zum Zeitpunkt des Versands im Urlaub. Sieben Geschäftsführer hatten gewechselt und mussten unter anderem Namen neu angeschrieben werden.

Der Rücklauf beider Online Befragungen in den Monaten September und Oktober fiel mit 86 Antworten insgesamt nur sehr gering aus. Parallel wurden die 161 fehlerhaft recherchierten Mailadressen und die doppelt vertreten Geschäftsführer postalisch angeschrieben. Aus diesen 443 ersten postalischen Anschreiben vom 24.09.2013 ergaben sich weitere 40 vollständige Antworten. Acht der ermittelten Postadressen waren fehlerhaft. Drei Unternehmen hatten einen neuen Geschäftsführer und mussten neu angeschrieben werden. Fünf Unternehmen verweigerten die Teilnahme ohne Angabe von Gründen.

Nach Durchführung der ersten, relativ erfolglosen Phase der Umfrage wurde die Strategie geändert. In einer zweiten Phase sollten die Geschäftsführer nun vollständig postalisch angeschrieben werden. Die Fragebögen und ein beigefügtes Anschreiben wurden vom Autor unterschrieben und Anfang November 2013 an 592 Geschäftsführer gesendet. In den Monaten November und Dezember konnte die Rücklaufquote durch die zusätzlichen, persönlichen Anschreiben signifikant gesteigert werden. Es konnten weitere 117 Antworten akquiriert werden. Am 17. Januar 2014 endete der Umfragezeitraum.

Die Zusammensetzung der Stichprobe insgesamt richtet sich nach der Anzahl derer, die den Fragebogen bis zum Ende ausfüllten, die also auch die Branche des Unternehmens angaben. Hier zählen wir insgesamt 243 ausgefüllte und abgesendete Fragebögen. Die Rücklaufquote im Vergleich zur Grundgesamtheit liegt damit bei 22,5%. Allerdings verweigerten einige der Antwortenden einzelne Fragen aus den Bereichen Aufsichtsrat oder Managementautonomie, sodass die Stichprobe in den einzelnen Auswertungen geringer ausfällt. Darüber hinaus lagen 33 nicht vollständig ausgefüllte Online-Fragebögen vor, die in die Auswertung mit aufgenommen wurden. Der gesamte Datensatz umfasst nach Bereinigung daher 276 Fälle. Da den Teilnehmenden vollständige Anonymität zugesichert wurde, können diese Unternehmen namentlich hier nicht aufgeführt werden, eine solche Liste findet sich aus Datenschutzgründen auch nicht im Anhang der Arbeit.

Die Rücklaufquote der Befragung ist mit 22,5% insgesamt eher als gering einzuschätzen. Wir müssen jedoch berücksichtigen, dass es sich um eine Befragung der obersten Führungskräfte in den Organisationen handelt und eine Rücklaufquote von 22,5% hier durchaus noch als akzeptabel zu betrachten ist (Cycota und Harrison 2006: 133ff.). Eine Meta-Analyse von über 230 Studien bei Top-Level Führungskräften ergab eine mittlere Antwortrate von 28 bis 32% (Cycota und Harrison 2006: 145). Nicht zu vernachlässigen ist die Tatsache, dass Rücklaufquoten von Führungskräftebefragungen mit 17% eine sehr hohe Standardabweichung aufweisen (Cycota und Harrison 2006: 143).

Eine zweite Begründung liegt in der Anzahl der angeschriebenen Organisationen. Im Gegensatz zu den COBRA Studien, die für Agenturen auf Bundesebene im Durchschnitt Rücklaufquoten von 55% erzielen konnten (Bach 2014: 102), handelt es sich um eine Befragung auf Kommunalebene mit einer weitaus größeren Grundgesamtheit von 1079 Einheiten. Auf Basis von Praktikabilitäts- und Kostenüberlegungen war es nicht möglich, eine vorherige, telefonische Kontaktaufnahme mit allen Geschäftsführern des Samples durchzuführen, um eine soziale Bindung zu den Probanden herzustellen (Gupta et al. 2000: 326; Cycota und Harrison 2006: 147). Zwar hätte die Rücklauquote durch ein vorheriges Screening der Grundgesamtheit signifikant gesteigert werden können, Cook und Campbell (1976) argumentieren allerdings, dass eine solche Vorauswahl unter vorheriger Kontaktaufnahme einer Verzerrung durch den Forscher unterliegt und somit die externe Validität[17] der Studie beschneidet. Für eine Analyse der Datenqualität einer Umfrage ist es notwendig, neben der gesamten Rücklauquote auch die Rücklaufquote in verschiedenen Bereichen gesondert zu betrachten (Bach 2014: 101ff.). Insgesamt zeigten sich deutliche Unterschiede im Rücklauf nach Branchenzugehörigkeit:

---

17 „Eine Untersuchung ist extern valide, wenn ihr Ergebnis über die besonderen Bedingungen der Untersuchungssituation und über die untersuchten Personen hinausgehend generalisierbar ist“ (Bortz 2005: 8).

Tabelle 3. Zusammensetzung der Stichprobe im Vergleich zur Grundgesamtheit (Eigene Darstellung)

Verteilung der Antworten nach Primärbranche	**Branche**	**Branchenrücklauf im Vergleich zur Grundgesamtheit**
16	Stadtwerke Holding	40%
4 (+10) 11 (+6)	Wasserversorgung Abwasserentsorgung	48,39%
11 (+4)	Abfallwirtschaft	16,92%
19 (+6)	ÖPNV	22,62%
14 (+2)	Transportwirtschaft	18,18%
11 (+10) 14 (+1)	Kultur- und Sportstätten Theater	24,75%
7 (+14)	Energie- und Gasversorgung	5,74%
16	Krankenversorgung	23,19%
23 (+7) 18 (+14)	Wirtschaftsförderung Stadtentwicklung	24,55%
21 (+7)	Wohnungsbau	18,58%
9 (+2)	IT Dienstleistungen	17,65%
7 (+3)	Sozial- und Pflegeeinrichtungen	25,92%
42	Sonstige (Zoos, Bildung, Bäderbetriebe, Friedhöfe, ..)	31,81%
243	Summe (n)	22,52%

Wenn Unternehmen in mehreren Branchen tätig waren, wurden diese einem Primärbereich zugeordnet. Die Doppelzählungen für weitere Branchen, in denen die Unternehmen laut Angabe zusätzlich tätig waren, wurden in Tabelle 3 in den Klammern aufgeführt.

Während Stadtwerke (40%) und Abwasserver- und -entsorger (48,39%) im Vergleich zur Grundgesamtheit noch relativ gut vertreten sind, können wir in der Energiebranche nur einen sehr geringen Rücklauf von 5,74% verzeichnen. Auch die Bereiche Abfallwirtschaft, IT Dienstleistungen, Wohnungsbau und Transportwirtschaft sind mit Rücklaufquoten unterhalb der 20% Marke nicht repräsentativ abgebildet. Aus diesem und anderen Gründen wird der Autor im folgenden Abschnitt nicht von einer repräsentativen Stichprobe sondern eher von einer Teilerhebung sprechen (Lioukas et al. 1993: 654).

Die Verteilung der Erhebung bildet die Gesamtverteilung über die Branchen hinweg leider nur mäßig ab. Stadtwerke (6,58%) und Wasserwerke (6,17%) sind überrepräsentiert, Kulturbetriebe (10,28%), Transportwirtschaft (5,76%) und öffentlicher

Personennahverkehr (7,82%) bewegen sich nah an der Verteilung in der Grundgesamtheit. Ebenso sind Wirtschaftsentwicklung, Stadtentwicklung (16,87%), Krankenhaussektor (6,58%), IT-Branche (3,7%), Abfallwirtschaft (4,53%) und Wohnungswirtschaft (8,64%) distributiv noch relativ gut abgebildet. Am schlechtesten repräsentiert sind der Pflegebereich (2,88%) und die Energieversorgung (2,88%).

Für die Verteilung der kategorialen Variablen Rechtsform und Branchenzugehörigkeit der Beteiligungen wurden darüber hinaus χ^2 Goodness-of-fit Tests durchgeführt, um zu testen ob sich die Verteilung der erwarteten und tatsächlichen Merkmalsausprägungen signifikant voneinander unterscheiden (Garson 2012). Die Nullhypothese, dass sich Stichprobe und Grundgesamtheit bezüglich der Branchenzugehörigkeit signifikant voneinander unterscheiden konnte leider nicht abgelehnt werden (χ^2=38,507; p<0.0001; df=12). Sehr große Unterschiede zur Verteilung in der Grundgesamtheit bestehen für die Bereiche Energie- und Gasversorgung, die sich in der Stichprobe (abgesehen von den Stadtwerke Holdinggesellschaften) nur wenig bis gar nicht abbilden lassen. Größere Abweichungen bestehen auch für die Branchen Stadtwerke sowie Wasserver- und -entsorgung. Sie sind in der Stichprobe stark überrepräsentiert.

Tabelle 4. Distributive Verteilung der Stichprobe nach Branchen (Eigene Darstellung)

Verteilung der Antworten	Branche	Prozentsatz der Antwortenden
16	Stadtwerke Holding	6,58%
4 (+10) 11 (+6)	Wasserversorgung Abwasserentsorgung	6,17%
11 (+4)	Abfallwirtschaft	4,53%
19 (+6)	ÖPNV	7,82%
14 (+2)	Transportwirtschaft	5,76%
11 (+10) 14 (+1)	Kultur und Sportstätten Theater	10,29%
7 (+14)	Energie- und Gasversorgung	2,88%
16	Krankenversorgung	6,58%
23 (+7) 18 (+14)	Wirtschaftsförderung Stadtentwicklung	16,87%
21 (+7)	Wohnungsbau	8,64%
9 (+2)	IT Dienstleistungen	3,70%
7 (+3)	Sozial- und Pflegeeinrichtungen	2,88%
42	Sonstige (Zoos, Bildung, Bäderbetriebe, Friedhöfe, ..)	17,28%
243	Summe (n)	99,98%

Betrachtet man die vertretenen Rechtsformen in der Erhebung, so erzielen wir leider ebenfalls keine besonders repräsentative Stichprobe. Ein Großteil der antwortenden Unternehmen ist wie in der Grundgesamtheit in der Rechtsform der GmbH notiert. Auch angrenzende Rechtsformen wie GmbH & Co KG und gGmbH sind stark vertreten. Insgesamt machen GmbH und angrenzende Rechtsformen mit 71,2% der Stichprobe im Vergleich zu 80,5% in der Grundgesamtheit aber einen geringeren Anteil aus. Eigenbetriebe (13,2%), Aktiengesellschaften (7,8%) und Anstalten des öffentlichen Rechtes (4,9%) sind dagegen überaus häufig vertreten.

Tabelle 5. Zusammensetzung der Stichprobe nach Rechtsformen (Eigene Darstellung)

Verteilung in der Stichprobe	**Rechtsformen**
140 (57,6%)	Gesellschaft mit beschränkter Haftung
7 (2,9%)	GmbH und Co KG
26 (10,7%)	Gemeinnützige GmbH
32 (13,2%)	Eigenbetrieb
19 (7,8%)	Aktiengesellschaft
12 (4,9%)	Anstalt des öffentlichen Rechts
2 (0,8%)	Andere öffentlich-rechtliche
5 (2,1%)	Keine Angabe
243 (100%)	Summe (n)

Für die Rechtsformzugehörigkeit ergab sich im χ^2 Goodness-of-fit Test ein signifikanter Wert (χ^2=19.5; p<0.001; df=5). Auch hier kann die Nullhypothese, dass sich Grundgesamtheit und Stichprobe signifikant voneinander unterscheiden, leider nicht abgelehnt werden. Dies liegt vor allem daran, dass sich die Rechtsformen Anstalt des öffentlichen Rechtes und Eigenbetrieb unverhältnismäßig oft in der Stichprobe wiederfinden lassen. GmbHs und angrenzende Rechtsformen sind dagegen leicht unterrepräsentiert. Dies bietet allerdings auch den Vorteil, dass vergleichende Analysen von öffentlich-rechtlichen und privatrechtlichen Rechtsformen leichter durchgeführt werden können. Man muss folglich davon ausgehen, dass sich die Verteilung der Merkmale Branchenzugehörigkeit und Rechtsform in der Stichprobe signifikant von der Verteilung der identifizierten Grundgesamtheit mit 1079 Einheiten unterscheidet. Dies schränkt die Aussagekraft der vorliegenden Studie stark ein. Wir müssen mit der Interpretation der Ergebnisse sehr vorsichtig sein, denn wir können diese nicht auf die vorher identifizierte Grundgesamtheit übertragen. Trotzdem sind die Ergebnisse nicht unbedeutend, denn es handelt sich um die erste Befragung zur Managementautonomie in kommunalen Unternehmen, die über eine große Stichprobe hinweg und unter Berücksichtigung verschiedenster Merkmale wie Branche, Größenklasse und Rechtsform durchgeführt wurde.

Im Anschluss an die Untersuchung wurden von Januar bis Mai 2014 Sekundärvariablen für solche Beteiligungen recherchiert, die den beigefügten Unternehmenscode angegeben hatten. So konnten im Nachhinein Verschuldungsgrade, Eigentumsverhältnisse und Größenklassen abgeglichen und als Variablen berücksichtigt werden, was zur externen Validität der Studie beiträgt (Favero und Bullock 2015: 304). Wenn wir uns die Zusammensetzung der Stichprobe nach Eigentumsverhältnissen anschauen, erkennen wir, dass in der Stichprobe viele 100% Beteiligungen vertreten sind. Dies ist größtenteils dem Untersuchungsdesign der Studie geschuldet. Gerade auf den obersten Konzernebenen findet man besonders häufig diese Form der Eigentumsverteilung. Andere Formen wie öffentlich-öffentliche Partnerschaften, Public-Private-Partnerschaften (PPPs) und Kooperationen auf Bund-Länder Ebene wurden für die spätere Analyse besonders gekennzeichnet und jeweils mit einer speziellen Variable versehen. Die wenigen NPO-Partnerschaften im Sample wurden als Organisations-PPPs codiert.

Wie bereits eingangs in Abschnitt 3.3 erwähnt, sind einige Minderheitsbeteiligungen in der Stichprobe vertreten, in denen die öffentliche Hand indirekt oder direkt weniger als 50% der Anteile hält. Die Geschäftsführer dieser Beteiligungen riefen den Lehrstuhl an, hinterließen Kommentare auf dem Fragebogen oder klärten anderweitig über den Sachverhalt auf. Die Aufnahme in die Grundgesamtheit ist der Tatsache geschuldet, dass sich Eigentumsverhältnisse über die Zeit hinweg verändern können und sich somit die Beteiligungsberichte des Vorjahres nicht immer auf dem neuesten Stand befanden. Die sechs Minderheitsbeteiligungen wurden nicht aus der Stichprobe entfernt, sondern als Minderheitsbeteiligungen besonders gekennzeichnet und in die Analyse mitaufgenommen. Die folgende Tabelle verdeutlicht die ermittelten Eigentumsverhältnisse in der Stichprobe:

Tabelle 6. Zusammensetzung der Stichprobe nach Eigentumsverhältnissen (Eigene Darstellung)

Verteilung in der Stichprobe	**Eigentumsverhältnisse**
179	100% Beteiligungen (direkt und indirekt)
11	Public-Private-Partnerschaften
27	Öffentlich-Öffentliche Partnerschaft (z.B. Kooperation mit dem Land oder anderen Kommunen)
4	NPO Partnerschaft
5	Öffentlich-öffentlich private Partnerschaft
1	Partnerschaft mit NPO und Privaten
3	Öffentlich Öffentliche-NPO Partnerschaft
1	Öffentlich-Öffentliche-Private-NPO Partnerschaft
3	Minderheitsbeteiligung mit öffentlichem Eigentümer

Verteilung in der Stichprobe	**Eigentumsverhältnisse**
1	Minderheitsbeteiligung mit privatem Eigentümer
1	Minderheitsbeteiligung mit NPOs und Öffentlichen Partnern
1	Minderheitsbeteiligung mit öffentlichem und privatem Partner
6	Recherche nicht möglich/Keine Angabe
243	Summe (n)

Für Corporate-Governance-Aspekte ist über die Rechtsform hinaus die Größe des jeweiligen Unternehmens ein entscheidender Einflussfaktor (KPMG 2013: 7ff.; Ganske 2005: 185f.). Bei Aktiengesellschaften ist die Einrichtung eines Aufsichtsrates ohnehin Pflicht (§30 AktG). Bei einer Mindestgröße von 500 Mitarbeitern verlangt das deutsche Mitbestimmungsrecht auch für Gesellschaften mit beschränkter Haftung zwingend die Einrichtung eines Aufsichtsrates (§1.1.3 DrittelbG; §1.1 MitbestG). Ab einer Größe von 500 Mitarbeitern muss dieser zu einem Drittel mit Arbeitnehmervertretern besetzt werden, ab 2000 Mitarbeitern ist sogar eine paritätische Besetzung vorgesehen (§ 84, 85 AktG; § 31.1 MitbestG). Auch die Maximalgrößen der Aufsichtsräte sind gesetzlich vorgeschrieben. Beim fakultativen Aufsichtsrat richtet sich diese nach dem Gesamtkapital des Unternehmens (§ 95 AktG). Für den obligatorischen Aufsichtsrat wird die Größe des Aufsichtsrates ab 2000 Mitarbeitern sogar exakt vorgegeben (§ 7 MitBestG).

Über 75% der befragten Unternehmen in der Stichprobe liegen knapp oder deutlich unterhalb der Grenze von 500 Mitarbeitern. Die hierunter fallenden GmbHs besitzen, wenn vorhanden, einen fakultativen Aufsichtstrat und sind nicht an die genannten Mitbestimmungsgesetze gebunden. Der Vorteil einer solchen Stichprobe liegt darin, dass die Besetzung von fakultativen Aufsichtsräten einem starken Einfluss der Kommunalpolitik unterliegt. Insgesamt verfügen 202 der befragten Unternehmen über einen Aufsichtsrat oder ein ähnliches Aufsichtsgremium. Die Größenklassen der Organisationen verteilen sich wie folgt:

Tabelle 7. Zusammensetzung der Stichprobe nach Mitarbeiteranzahl (Eigene Darstellung)

Verteilung in der Stichprobe	**Größenklassen (Anzahl Mitarbeiter)**
32	Unter 10 Mitarbeiter
61	10 bis 49 Mitarbeiter
57	50 bis 249 Mitarbeiter
34	250 bis 499 Mitarbeiter
21	500 bis 999 Mitarbeiter
34	1000 und mehr Mitarbeiter
4	Keine Angabe
243	Summe (n)

Die Stichprobe berücksichtigt damit vor allem mittelgroße Unternehmen, auch wenn alle denkbaren Größenklassen vertreten sind. Dies zeigt sich auch in der Verteilung der Umsatzerlöse:

Tabelle 8. Zusammensetzung der Stichprobe nach Umsatzklassen (Eigene Darstellung)

Verteilung in der Stichprobe	Größenklassen (Höhe der Umsatzerlöse)
35	Unter 2 Millionen Euro
30	2 bis 5 Millionen Euro
35	5 bis 10 Millionen Euro
31	10 bis 20 Millionen Euro
49	20 bis 100 Millionen Euro
51	100 bis 1000 Millionen Euro
6	Mehr als 1000 Millionen Euro
6	Keine Angabe
243	Summe (n)

Letztendlich sollte auch die Verteilung nach Bundesländern von Interesse sein. Den größten Rücklauf konnte der Autor für Städte aus den Bundesländern Nordrhein-Westfalen, Bayern, Baden-Württemberg und Sachsen verzeichnen. Diese Bundesländer stellen auch insgesamt die meisten Großstädte mit über 200.000 Einwohnern. Aufgrund ihrer wenigen, großen Städte schieden die Bundesländer Saarland und Brandenburg schon in der Vorauswahl der 39 Städte aus der Befragung aus. Der χ^2 Goodness-of-fit Test über alle Bundesländer ergab eine nicht signifikante Abweichung der Stichprobe von der Grundgesamtheit (χ^2=22.3; p=0.1; df=15). Damit konnte die Verteilung der Bundesländer in der Grundgesamtheit annähernd repliziert werden. Die folgende Tabelle verdeutlicht die Verteilung der Stichprobe nach Bundesländern:

Tabelle 9. Zusammensetzung der Stichprobe nach Bundesländern (Eigene Darstellung)

Verteilung in der Stichprobe	Bundesland (Städte im Sample)
15	Berlin (1)
23	Baden-Württemberg (4)
58	Nordrhein-Westfalen (15)
25	Bayern (3)
18	Sachsen-Anhalt (2)
7	Rheinland-Pfalz (1)
12	Hessen (2)

Verteilung in der Stichprobe	Bundesland (Städte im Sample)
18	Hamburg (1)
6	Schleswig-Holstein (2)
10	Niedersachsen (2)
22	Sachsen (3)
5	Thüringen (1)
5	Bremen (1)
8	Mecklenburg-Vorpommern (1)
0	Brandenburg (0)
0	Saarland (0)
11	Keine Angabe
243	Summe (n)

3.5 Fragebogen und Pretest

Der Fragebogen für die Untersuchung wurde vom Autor selbst entwickelt und baut auf gängigen, internationalen Konstrukten der Public-Management-Forschung auf. Eine vollständige Version des verwendeten Fragebogens mit Deckblatt findet sich im Anhang dieser Arbeit (Anhang 4 und 5). Die verwendeten Items im Fragebogen wurden, wenn nicht anders vermerkt, mit einer fünfstufigen Likert-Skala gemessen, in der die fünf Kategorien mit 1 „stimme überhaupt nicht zu", 2 „stimme eher nicht zu", 3 „teils/teils", 4 „stimme eher zu" und 5 „stimme stark zu" codiert wurden (Schnell et al. 2013: 176ff.). Ähnliche Operationalisierungen lassen sich in vielen, gängigen internationalen Fachartikeln finden (Moynihan und Pandey 2004; Moynihan und Pandey 2006). Die Likert-Skala stellt die verbreitetste Skalierungsmethode der Sozialwissenschaften dar (Schnell et al. 2013: 180).

Zu Beginn des Fragebogens wurden die Teilnehmer aufgefordert, einen vorher zugewiesenen vierstelligen Code aus Buchstaben und Zahlen einzutragen, der es ermöglichte, nur eine Antwort pro Unternehmen zuzulassen. Mit Ausnahme dieser ersten Frage umfasst der Fragebogen insgesamt 33 Fragen, die sich in vier Teile aufteilen: Drei Fragen zur Person, drei Fragen zur Steuerung und Autonomie der Organisation, 22 Fragen zum politischen und kommerziellen Umfeld der Organisation und vier Fragen zur Organisation im Allgemeinen. In der letzten, offenen Frage erhielten die Teilnehmenden noch einmal die Möglichkeit, Anmerkungen und Verbesserungsvorschläge zur Umfrage kundzutun. Diese Frage wurde als String-Variable codiert.

Vor der Fertigstellung des Online Fragebogens wurde dieser im Rahmen eines Pretests an zehn Testprobanden aus größeren Städten gesendet, die als Beteiligungsmanager, als Rechnungsprüfer, Wissenschaftler oder als Geschäftsführer mit dem Thema Beteiligungssteuerung vertraut waren. Diese Testprobanden sollten den

Fragebogen im Hinblick auf Verständlichkeit, Bearbeitungszeit und Vollständigkeit überprüfen. Alle Testprobanden kommentierten den Fragebogen mit ihren freien Assoziationen und Anmerkungen. Der Autor erhielt dadurch hilfreiche Verbesserungsvorschläge, die in die finale Version des Fragebogens Eingang fanden. Beispielsweise wurden einige Fragen entfernt, weil die insgesamt lange Bearbeitungsdauer kritisiert wurde. Bei der Frage zum gegenseitigen Vertrauen wurde eine stärkere Präzisierung des Partners als „Auftraggeber" gefordert. Das Wort „unparteiisch" wurde auf Anmerkung der Testprobanden durch das Wort „sachlich" ersetzt. Eine Frage zu häufigem und weniger häufigem Kontakt in den letzten Monaten wurde wegen Verständnisproblemen und ungenauer Präzisierung gestrichen. Die Frage zu den Akteuren wurde durch den Einbezug weiterer Akteure präzisiert. Eine Frage zur persönlichen Entscheidungsfindung wurde wegen Interpretationsproblemen entfernt. Fragen zur Expertise und Informationsbelastung des Aufsichtsrats wurden ebenfalls leicht abgeändert oder präzisiert, um höhere Verständlichkeit zu erreichen. Darüber hinaus wurde der Fragebogen einer Expertenprüfung durch eine Fragebogenexpertin der Universität Potsdam unterzogen. Wiederum konnten wertvolle Verbesserungsvorschläge zur Fertigstellung genutzt werden, die hauptsächlich die formalen Aspekte des Fragebogens sowie die elektronische Handhabe betrafen.

Zur Operationalisierung der in Kapitel zwei aufgeworfenen Konstrukte wurden verschiedenste Studien aus der Managementforschung herangezogen. Die zentrale, abhängige Variable der Studie stellt die Managementautonomie dar, die in Frage sechs des Fragebogens abgefragt wurde (Anhang 6). Hier greift der Autor größtenteils auf einen Fragenkatalog zurück, der bereits von Lioukas et al. (1993: 651) für griechische Staatsunternehmen entworfen wurde und verschiedenste Teilaspekte von Managementautonomie berücksichtigt (Lioukas et al. 1993: 653). Mittels explorativen Fallstudien konnten die drei Forscher die wichtigsten Aspekte der Steuerung in öffentlichen Unternehmen identifizieren: Strategische Steuerung (Investmententscheidungen, Einkaufspolitik, Marketing), Leistungsbezogene Steuerungsentscheidungen (Preise, Angebot an Leistungen) sowie Steuerung von Ressourcen (Personal, Finanzen, Material) und deren Mobilisierung (Lioukas et al. 1993: 653). Der Fragenkatalog bezieht sich daher vorwiegend auf diese Teilbereiche (Lioukas et al. 1993: 651). Für die Bereiche Personal und Finanzen wurden die Items des COBRA Fragenkataloges aus dem Jahr 2010 verwendet (Verhoest 2010: 23ff.).

Die eigentliche Frage zur Autonomie orientiert sich an den Überlegungen von Verhoest (2010) im Rahmen der COBRA Studie. Sie lautet: „Die folgende Frage bezieht sich auf Ihren persönlichen Eindruck: Besitzt Ihre Organisation im Hinblick auf die folgenden allgemeinen Managementangelegenheiten generelle Entscheidungs- und Regelungskompetenzen, ohne dass die Zustimmung oder Beteiligung einer übergeordneten Stelle bzw. eines Gremiums der Trägerkommune erforderlich ist?" (Anhang 6).

Anders als in der COBRA Studie reicht die Antwortskala von 1 „immer Zustimmung erforderlich" bis 5 „nie Zustimmung erforderlich". Die mittleren Kategorien 2 bis 4 bleiben bewusst ohne Bezeichnung. Eine solche Skala wird auch als endpunktbenannte Skala bezeichnet (Porst 2008: 77f.). Dadurch, dass keine verbalisierte Skala besteht, entsteht nicht das Problem, dass der mittlere Skalenpunkt formuliert werden muss (Porst 2008: 79). Endpunktbenannte Skalen gelten deshalb durchgängig als intervallskaliert (Porst 2008: 80). Als Nachteil der endpunktbenannten Skalen ist zu nennen, dass ein großer Interpretationsspielraum besteht, weil jede Person für sich entscheidet, wie sie die Skalen benennen möchte (Porst 2008: 80).

Die endpunktbenannte Skala mit fünf Antwortkategorien bringt mehrere Vorteile im Vergleich zur COBRA Studie, die auf drei bis vier formalisierte Antwortkategorien zurückgreift: Zum einen wird den Teilnehmern durch die Art der Fragestellung und die bewusste Nichtkennzeichnung der mittleren Kategorien ein Ermessensspielraum im Antwortverhalten gewährt, der sich zwar innerhalb der Gesetzesgrenzen bewegt, es aber dennoch ermöglicht, den persönlichen Eindruck der Probanden widerzuspiegeln. Zum anderen wird die Varianz im Antwortverhalten durch die fünf Antwortkategorien deutlich erhöht, was spätere statistische Analysen wie Faktorenanalyse und lineare Regressionen stark vereinfacht.

Nur wenn alle Fragen zur Autonomie vollständig beantwortet wurden, konnten diese für eine spätere Faktorenanalyse verwendet werden (n=168). Die folgende deskriptive Statistik zeigt die Mittelwerte und Standardabweichungen für die Autonomiefrage in der Stichprobe:

Tabelle 10. Summarische Statistik zur Managementautonomie (Eigene Darstellung); n=168

Variable	Mittelwert	Standard-abweichung	Min	Max
Generelles Management				
Vertrieb	3,994	1,216	1	5
Produktion	3,863	1,266	1	5
Forschung und Entwicklung	4,131	1,024	1	5
Einkaufspolitik und Beschaffung	3,881	1,198	1	5
Diversifikationsentscheidungen	2,542	1,434	1	5
Wichtige Investmententscheidungen	1,601	1,073	1	5
Marketingentscheidungen	4,125	1,033	1	5
Finanzmanagement				
Aufnahme von Krediten	1,750	1,217	1	5
Festlegung von Gebühren und Abgaben	2,750	1,554	1	5
Festlegung von Preisen	3,274	1,495	1	5
Beteiligung an juristischen Personen des Privatrechts	1,440	1,019	1	5
Finanzmitteleinsatz für Personal- und Sachmittel	3,208	1,401	1	5

Variable	Mittelwert	Standard-abweichung	Min	Max
Personalmanagement				
Auswahl und Anzahl von Mitarbeiter/innen	3,905	1,209	1	5
Höhe der Entlohnung des Personals	3,613	1,353	1	5
Bedingungen für Beförderungen	4,095	1,239	1	5
Mitarbeiterauswahl im Einzelfall	4,357	1,062	1	5
Beurteilungskriterien für Mitarbeiter/innen	4,536	0,990	1	5
Kündigung des Arbeitsverhältnisses im Einzelfall	4,363	1,124	1	5
Beförderung von Mitarbeiter/innen im Einzelfall	4,274	1,146	1	5

Während die Managementautonomie im Bereich Personalmanagement von allen Unternehmensleitern als relativ hoch eingeschätzt wird, zeigen sich einige Unterschiede im Hinblick auf Finanzmanagement und Generelles Management. Vor allem in den Bereichen Preissetzung, Aufnahme von Krediten, Diversifikation, Beteiligung an weiteren juristischen Personen und bei wichtigen Investmententscheidungen fühlen sich die Geschäftsführer in ihren Entscheidungen stark eingeschränkt.

Die weiteren, zentralen Konstrukte im Fragebogen wurden wie folgt gemessen: Um die Branchenzugehörigkeit abzufragen wurden Nominalskalen verwendet. Weil viele der Unternehmen in mehreren Branchen tätig sind, bekam jeder Geschäftsführer die Möglichkeit, sein Unternehmen nicht nur einer Branche, sondern gleich mehreren Branchen zuzuordnen. Ein Grundkatalog der wichtigsten betroffenen Branchen konnte aus der identifizierten Grundgesamtheit abgeleitet werden. Frage 29 stellte daher eine Liste von 17 verschiedenen Branchen bereit. Die Befragten wurden über die Möglichkeit von Mehrfachantworten aufgeklärt (Anhang 4–5). Solche Unternehmen, die sich keiner der 17 ausgewählten Branchen zuordnen ließen, konnten ihre Branche unter „Sonstiges" nennen.

Zusammensetzung und Größe des Aufsichtsrats wurden jeweils mit einer eigenen, metrischen Skala gemessen. Zur Operationalisierung der wahrgenommenen Rolle des Aufsichtsrates als strategisch oder strategisch-politisch wurde eine abgespeckte Version des Board Self Assessment Questionnaire (BSAQ) genutzt (Jackson und Holland 1998). Zugehörige Items finden sich bei Chait et al. (1993), Emslie (2007: 14) sowie bei Ugboro und Obeng (2009: 253ff.). Weil lediglich die Geschäftsführer über ihre Aufsichtsräte befragt wurden, besteht die Gefahr einer systematischen Verzerrung durch diese Personengruppe (Hurrle und Kieser 2005). Auf die Möglichkeit, weitere Aufsichtsräte direkt zu befragen, musste wegen ihrer strikten Verschwiegenheitspflichten nach §§ 116 und 93 AktG und dem hohen, zusätzlichen

Erhebungsaufwand dennoch verzichtet werden. Die erklärenden Variablen Wettbewerbsintensität, Komplexität der Leistungen und Informationsaustausch mit der Kernverwaltung basieren auf der Arbeit von van den Abeele (2006: 84ff.). Um gegenseitige Vertrauenswürdigkeit zwischen Kernverwaltung und Unternehmen abzubilden wurden Items von Zaheer et al. (1998: 147ff.) und Mayer und Davis (1999: 136) umformuliert. Die Fragen zur Zielsteuerung und zur Prozesskontrolle stammen von Dekker und van den Abeele (2010). Kulturelle Ähnlichkeit wurde mit einem Konstrukt von Lin und Germain (1998: 195) gemessen. Zur Operationalisierung von Politik-Professions-Konflikten bzw. Rollenkonflikten wurden Items von Tummers et al. (2012: 10) genutzt. Rollenambivalenzen wurden mit Konstrukten von Rizzo et al. (1970: 156) und Wright und Millesen (2008: 335f.) gemessen. Die Skalen zur Erfahrung in der Branche und der Kommunalpolitik orientieren sich an einem Artikel von Jacobsen (2006). Die Items zur Messbarkeit der Ziele finden wir bei Kirsch (1996: 18). Als Kontrollvariablen wurden die Größe des Unternehmens, die Fremdkapitalquote des Vorjahres (durch eine Sekundärrecherche des Autors) und die jeweilige Rechtsform der Unternehmen berücksichtigt. Einen Überblick über die zum Hypothesentest verwendeten Konstrukte und deren Konstruktvalidität findet sich im Anhang zur vorliegenden Arbeit (Anhang 6).

Alle weiteren verwendeten Variablen basieren auf konventionellen Messungen. Ein Großteil der verwendeten Konstrukte spiegelt die subjektive Wahrnehmung der Befragten wieder. Dies ist als eine Einschränkung der Glaubwürdigkeit der Studie anzusehen. Um einem Common-Method-Bias bei strukturellen Variablen entgegenzuwirken, wurden die bereitgestellten Informationen zu Rechtsformen und Branchen der Organisationen einer Überprüfung durch den Autor unterzogen. Die Sekundärrecherche auf Basis der vergebenen Codes ergab eine Übereinstimmung von 100% mit den Antworten der Geschäftsführer.

3.6 Statistische Verfahren

Die Auswertung der Studie erfolgte durch den Autor mit Hilfe des Statistikprogramms STATA Version 12.1 von StataCorp. Zur Überprüfung der Hypothesen wurden vorwiegend zwei statistische Methoden angewandt. Zum einen wurde die explorative Faktorenanalyse verwendet, um die Anzahl der Dimensionen von Managementautonomie zu bestimmen. Die Faktorenanalyse ist ein Verfahren, mit dem sich korrelative Beziehungen zwischen verschiedenen Variablen in voneinander unabhängige Gruppen klassifizieren lassen (Bortz 2005: 512). Die dadurch entstehenden Faktorladungen können Auskunft darüber geben, wie gut sich eine Variable einer Variablengruppe zuordnen lässt (Bortz 2005: 512). Die zugrundeliegende Vermutung der Faktorenanalyse lautet, dass eine Drittvariable die Informationen, die durch verschiedene Variablen im Fragebogen abgebildet werden, beeinflusst (Bortz 2005: 512). Diese theoretische Drittvariable bezeichnen wir als Faktor (Bortz 2005: 512). Eine explorative Faktorenanalyse führt damit zu einer Reduktion der Zusammenhänge und ermöglicht es, viele, miteinander korrelierende Variablen durch wenige unabhängige Faktoren zu ersetzen (Bortz 2005: 513).

Sind die zu Grunde liegenden Faktoren noch weitgehend unbekannt, können wir mit der Hauptkomponentenanalyse (Principal-Component-Analyse) feststellen, mit wie vielen Faktoren sich die Merkmalskorrelationen darstellen lassen (Bortz 2005: 523). Zusammenhänge zwischen den Variablen und den zu Grunde liegenden Faktoren werden dazu in Matrixschreibweise dargestellt (Bortz 2005: 516ff.). Aus den unendlich vielen Lösungen einer solchen Gleichung werden durch orthogonale Rotation entlang der Achsen eines Koordinatensystems solche Faktoren abgeleitet, die wechselseitig voneinander unabhängig sind (eine Korrelation von Null besitzen) und sukzessiv maximale Varianz erklären (Bortz 2005: 518).

Durch Anwendung einer Hauptkomponentenanalyse können wir Faktorwerte, Faktorladungen und Eigenwerte der Faktoren identifizieren. „Der Faktorenwert kennzeichnet die Position auf dem Faktor" (Bortz 2005: 519) während die Faktorladung der „Korrelation zwischen einer Variablen und einem Faktor entspricht" (Bortz 2005: 519). Letztendlich sind noch die Eigenwerte der Faktoren von Bedeutung. „Der Eigenwert eines Faktors gibt an, wie viel von der Gesamtvarianz durch diesen Faktor erfasst wird. Der Eigenwert des Faktors, der am meisten Varianz erklärt, ist umso größer, je höher die Variablen miteinander korrelieren. Liegt der Eigenwert eines Faktors kleiner als 1 (d.h. kleiner als die Varianz einer einzelnen Variablen), so wird dieser Faktor allgemein für unbedeutend gehalten" (Bortz 2005: 520). Die Interpretation der sich ergebenden Faktoren als latent zu Grunde liegende Konstrukte lässt sich lediglich theoretisch begründen (Bortz 2005: 517f.).

Weil in der abhängigen Variable Managementautonomie durch die Faktorenanalyse eine große Anzahl von Fällen verloren ging, wurde mit dem „egen" Befehl von STATA zusätzlich ein Index zur Managementautonomie gebildet, der als zusätzliche, abhängige Variable „Gesamtautonomie" fungierte und dadurch einen Test über eine größere Anzahl von Beobachtungen ermöglichte (Lioukas et al. 1993: 656). Dies entspricht allerdings nicht der Tradition der COBRA-Forscher, die von einem strikt multidimensionalen Konstrukt der Autonomie ausgehen (Verhoest et al. 2004: 110ff.).

In einem zweiten Schritt wurden Regressionsanalysen durchgeführt, um Zusammenhänge zwischen den erklärenden Variablen und den identifizierten Faktoren aufzudecken (Bortz 2005: 448). Als Schätzmethode wurde die Kleinste Quadrate-Methode (Ordinary Least Squares) angewandt. Bei dieser Methode wird versucht, die Summe der quadratischen Abweichungen von der zu Grunde liegenden Funktion zu minimieren (Bortz 2005: 98f.). Die Methode ist insbesondere für lineare Regressionsmodelle geeignet. Wenn mehrere Prädiktorvariablen genutzt werden, um eine Kriteriumsvariable vorherzusagen, spricht man von einer multiplen Regressionsanalyse (Bortz 2005: 448ff.). Das Skalenniveau der Kriteriumsvariable ist in der Regel eine Intervallskala, Prädiktorvariablen können dichotom oder intervallskaliert sein (Bortz 2005: 448).

4. Datenanalyse und Ergebnisse

Im folgenden Kapitel sollen die in Kapitel zwei aufgestellten Hypothesen einer empirischen Überprüfung unterzogen werden. Darüber hinaus sollen einige interessante Zusammenhänge zwischen den Variablen verdeutlicht werden, die nicht durch die bereits aufgestellten Hypothesen abgedeckt wurden. Das Kapitel beginnt mit dem Test der wichtigsten Hypothesen an einem Mittelwertindex der Managementautonomie. Zuerst wird eine Korrelationstabelle zwischen Index und allen Theorievariablen errechnet. Danach werden transaktionsbasierte Erklärungsfaktoren und Social-Exchange-Faktoren (jeweils ohne Aufsichtsratsvariablen) in vier Modellen gegenübergestellt. Es wurde für Branche, Rechtsform, Größe, Privatkapital, Subventionen der Kommune und Bundeslandcluster kontrolliert. In einem Gesamtmodell werden dann noch einmal die relevantesten Variablen gemeinsam getestet.

Es folgt die Identifikation der wesentlichen Dimensionen von Managementautonomie im Sample mittels explorativer Faktorenanalyse. Danach wird die Branche als spezifischer Einflussfaktor berücksichtigt und interpretiert. Es soll außerdem analysiert werden, welche Akteure in der Kommune die Dimensionen der Managementautonomie maßgeblich beeinflussen, wie häufig diese in Kontakt zu den Unternehmen stehen und inwiefern dieser häufigere Kontakt die Autonomie der Unternehmen zusätzlich einschränkt. Daran anschließend wird festgestellt, welche Managementinstrumente in den Kommunen genutzt werden, um die Autonomie der Geschäftsführer effektiv einzuschränken. Ebenso sollen ermittelte Aufsichtsratsvariablen im Hinblick auf die Autonomiedimensionen untersucht werden.

Um diese Sachverhalte zu überprüfen, werden bivariate Zusammenhänge mittels Korrelationsanalyse nach Pearson identifiziert. Mittelwertunterschiede werden mit zweiseitigen t-Tests für unabhängige Stichproben auf Signifikanz überprüft. Unterscheiden sich die Parameter der zu Grunde liegenden Stichproben signifikant voneinander, so kann die Nullhypothese verworfen werden (Bortz 2005: 140f.).

Im zweiten Teil der Analyse werden dann die theoriegeleiteten Hypothesen der Studie nochmals überprüft. Hierfür werden die Dimensionen von Managementautonomie gesondert betrachtet. Alle erklärenden Variablen einer Theorie werden anfangs in einer Korrelationstabelle bezüglich ihres Erklärungswertes überprüft und auf Ausreißer kontrolliert. Die weitere Untersuchung erfolgt dann in einem zweistufigen Verfahren. Der Erklärungsbeitrag einer Theorie wird in einem Theoriemodell getestet, dann wird für wichtige Kontrollvariablen (Branche, Private Rechtsform, Größe, Beteiligtes Privatkapital und Vorjahresgewinn) kontrolliert. Weitere, schrittweise Analysen können uns Aufschluss darüber geben, welche der einzelnen Variablen den höchsten Erklärungsbeitrag für die Varianz der abhängigen Variablen liefern und inwiefern die jeweilige Theorie zu einer Verbesserung der Erklärung der Gesamtvarianz beitragen kann.

Für jede gesonderte Theorie erhalten wir bei vier Autonomiedimensionen je acht bis zehn multiple Regressionsmodelle (ein reines Theoriemodell und ein Modell mit

Kontrollvariablen) und eine Korrelationstabelle mit den erklärenden Variablen. Es ist zu beachten, dass sich die Fallzahlen der verschiedenen Modelle unterscheiden können. Für die jeweiligen Regressionsmodelle werden die statistischen Voraussetzungen und Gütekriterien diskutiert und überprüft. Auf eine umfassende Interpretation der wichtigsten Ergebnisse wird vorerst verzichtet, diese erfolgt im fünften Kapitel der vorliegenden Arbeit.

4.1 Managementautonomie als Index: Gesamtmodell

Um alle ausgefüllten Fragebögen adäquat verwerten zu können, wurde im Vorhinein ein Gesamtindex für Managementautonomie generiert[18], der nicht zwischen verschiedenen Dimensionen unterscheidet. Der Gesamtindex konnte für 241 Fälle generiert werden.

Zunächst soll getestet werden, wie sich die bivariaten Korrelationen zum Index verhalten. In der Korrelationstabelle erkennen wir vorerst, dass die Variablen Anzahl der Wettbewerber, Politische Konflikte im Gemeinderat, Messbarkeit der Leistung, Prozesskontrolle, Zielsteuerung, Rollenkonflikte und Rollenambivalenzen der Manager hoch signifikante Zusammenhänge zur Managementautonomie aufweisen.

*Tabelle 11. Paarweise Pearson-Korrelationen zwischen den Theorievariablen und dem Autonomieindex; n=168–239; *** p<0.01 ** p<0.05 *p<0.1; ° 5% Signifikanzniveau bei robuster Regression nach Li (1985)*

VARIABLEN	**Index Autonomie**	VARIABLEN	**Index Autonomie**
Wettbewerber	0.30*** °	Gegens. Vertrauen	0.04
(n=220)	(0.00)	(n=232)	(0.59)
Pol. Relevanz	-0.05	Informationsaustausch	-0.13* °
(n=229)	(0.47)	(n=229)	(0.05)
Komplexität	0.02	Kulturelle Ähnlichkeit	0.02
(n=223)	(0.78)	(n=230)	(0.73)
Messbarkeit der Ziele	0.17** °	Pol.-Prof.-	-0.35*** °
(n=229)	(0.01)	Konflikt (n=226)	(0.00)

18 Hierfür wurden mit dem „egen“ und dem „rowmean“ Befehl von STATA zuerst Mittelwerte für die zusammenzufassenden Dimensionen gebildet. Diese wurden dann wiederum mit dem „gen“ Befehl zu einem additiven Mittelwertindex für alle Dimensionen zusammengefasst. Somit können wir eine unterschiedliche Gewichtung für Dimensionen, die durch weniger Items abgebildet wurden, verhindern.

VARIABLEN	**Index Autonomie**	VARIABLEN	**Index Autonomie**
Pol. Konflikt	0.14** °	Rollen-	-0.16** °
(n=223)	(0.04)	ambivalenz (n=226)	(0.01)
Prozesskontrolle	-0.35*** °	Reputation	0.10
(n=227)	(0.00)	(n=230)	(0.13)
Zielsteuerung	-0.31*** °	Erfahrung als CEO	0.00
(n=227)	(0.00)	(n=236)	(0.99)
Expertise im Aufsichtsrat	0.07	Viele pol. Kontakte	-0.09
(n=192)	(0.31)	(n=240)	(0.18)
Politiker	-0.13*	Politisch-	0.13*
im Aufsichtsrat (in %)	(0.08)	Strategisches Board	(0.09)
(n=171)		(n=168)	
		Strategischer	0.02
		Aufsichtsrat	(0.84)
		(n=168)	

Für die Variable Informationsaustausch besteht ein signifikanter Zusammenhang knapp über dem 5% Niveau. Die Hypothesen H1.1a, H1.2b, H1.2c, H1.3a, H1.3b, H2.1b, H2.2b und H2.2c lassen sich somit vorerst bestätigen. In den betreffenden Variablen treten die Zusammenhänge in den vorher postulierten Richtungen auf. Um die Verzerrung durch Ausreißer zu überprüfen, wurden die Zusammenhänge mit robuster Regression nach Li[19] (1985: 281ff.) nachgerechnet.

Eine erste, multivariate Analyse soll nun mittels Gesamtindex untersuchen, welche der erklärenden Variablen aus der Theorie bei Berücksichtigung von Kontrollvariablen einen Erklärungsbeitrag leisten. Untersucht wurden ein Transaktionskostenmodell und ein Social-Exchange-Modell unter Kontrolle der Rechtsform, der Branche und unter Berücksichtigung der Standardfehler für die Bundesländer. Als weitere Kontrollvariablen wurden Größe, Beteiligung von Privatkapital und Subventionierung durch die Kommune berücksichtigt. Der Shapiro-Wilk Test auf Normalverteilung der Residuen zeigt in beiden Modellen keine signifikanten Abweichungen von der Normalverteilung an. Die Varianz-Inflationsfaktoren (VIF) der Variablen bewegen sich in den zulässigen Grenzen.

19 Besonders bei sehr kleinen Stichproben können Ausreißer signifikante Verzerrungen der Ergebnisse provozieren. Mit einer robusten Regression werden Ausreißer schwächer gewichtet und es kann eine konsistentere Schätzung erzielt werden (Li 1985).

*Tabelle 12. Gesamtmodelle zur Managementautonomie: OLS-Regression zu Transaktionskosten und Social-Exchange (Eigene Darstellung); Es wurde für Standardfehler der Bundesländer korrigiert; Robuste Standardfehler in Klammern; n=171 bzw. 179; *** p<0.01 ** p<0.05 *p<0.1*

VARIABLEN	Index Autonomie	Index Autonomie	VARIABLEN	Index Autonomie	Index Autonomie
Wettbewerber	0.430**		Gegenseitiges	-0.194	
	(0.190)		Vertrauen	(0.226)	
Politische Relevanz	0.0307		Informationsaus-tausch	-0.287	-0.459***
	(0.13)			(0.243)	(0.183)
Komplexität	0.110		Kulturelle Ähnlichkeit	-0.08	
	(0.118)			(0.202)	
Messbarkeit der	0.267	0.435**	Politik-Professions-	-1.183***	
Ziele	(0.186)	(0.179)	Konflikt	(0.329)	
			Rollenambivalenz	-0.645*	
Politischer Konflikt	0.235			(0.334)	
	(0.227)				
Prozesskontrolle	-1.124***		Reputation	-0.107	
	(0.187)			(0.293)	
(Sehr hohe			Erfahrung als Public	-0.00276	
Korrelation mit			CEO	(0.155)	
Zielsteuerung)					
			Viele politische	-0.241	
			Kontakte	(0.181)	
Wasserversorgung	1.929*	2.316**	Wasserversorgung	1.772**	2.036**
	(0.953)	(1.067)		(0.810)	(0.896)
Abwasser	-1.761**	-1.769**	Abwasser	-1.361	-1.920**
	(0.609)	(0.839)		(1.110)	(0.873)
Wohnungsbau	0.109	-0.346	Wohnungsbau	-0.241	-0.456
	(0.822)	(0.924)		(0.745)	(0.781)
Stadtentwicklung	-0.679	-0.965	Stadtentwicklung	-0.883	-0.870
	(0.632)	(0.614)		(0.606)	(0.525)
ÖPNV	-1.564*	-2.181**	ÖPNV	-1.634*	-1.972**
	(0.776)	(0.886)		(0.880)	(0.894)
Energie	-0.392	-0.0474	Energie	0.0194	0.189
	(0.869)	(1.124)		(1.104)	(0.947)

VARIABLEN	Index Autonomie	Index Autonomie	VARIABLEN	Index Autonomie	Index Autonomie
Wirtsch. Entwicklung	0.026	-0.461	Wirtsch. Entwicklung	-0.397	-0.510
	(0.645)	(0.529)		(0.563)	(0.617)
Krankenver-sorgung	-0.771	-1.179	Krankenversorgung	-0.843	-1.184
	(0.764)	(0.843)		(0.693)	(0.887)
Theater	-0.037	0.111	Theater	-0.224	0.0970
	(0.683)	(0.556)		(0.486)	(0.470)
Kultur	-0.347	0.478	Kultur	0.518	-0.0359
	(0.384)	(0.531)		(0.410)	(0.439)
Abfallentsorgung	-0.470	-1.157	Abfallentsorgung	-0.792	-0.929
	(1.222)	(1.031)		(1.065)	(1.030)
Soziale Pflege	1.327	1.031	Soziale Pflege	1.274	0.843
	(0.980)	(0.988)		(0.864)	(0.826)
Transportwirt-schaft	0.173	-0.201	Transportwirtschaft	-0.378	-0.246
	(0.787)	(0.506)		(0.566)	(0.591)
IT-Branche	1.417*	2.712***	IT-Branche	1.769**	2.437***
	(0.690)	(0.619)		(0.719)	(0.646)
Private Rechtsform	1.679***	2.463***	Private Rechtsform	2.593***	2.526***
	(0.489)	(0.488)		(0.621)	(0.416)
Großes Unternehmen	0.643	0.822	Großes Unternehmen	0.554	0.582
	(0.709)	(0.708)		(0.715)	(0.751)
Privater Anteilseigner	-0.755	-0.226	Privater Anteilseigner	-0.706	-0.341
	(0.621)	(0.595)		(0.733)	(0.682)
Komm. Subventionen	-0.144	-0.200**	Komm. Subventionen	-0.124	-0.247**
	(0.126)	(0.0832)		(0.0917)	(0.0864)
Konstante	10.79***	11.08***	Konstante	11.81***	11.24***
	(0.568)	(0.547)		(1.046)	(0.621)
Beobachtungen	171	198	Beobachtungen	179	191
R-Quadrat	0.399	0.293	R-Quadrat	0.396	0.299

Um Heteroskedastizität zu vermeiden, wurde mit robusten Standardfehlern für Bundes-landcluster gerechnet.

Alle Modelle erzielen hohe R-Quadrat-Werte. Es können jeweils zwischen 30% und 39% der Gesamtvarianz der abhängigen Variable Managementautonomie erklärt werden.

Da für die private Rechtsform wie für den wahrgenommenen Wettbewerb ein signifikanter Zusammenhang mit Managementautonomie nachgewiesen wurde, wird Corporatisation Prozessen ein faktischer Autonomisierungseffekt zugeschrieben. In den weiteren Kontrollvariablen spielen vor allem Quersubventionierung und Brancheneffekte eine Rolle. Die Variable für private Anteilseigner und die Größenvariable bleiben insignifikant. Der nicht signifikante Effekt überrascht, denn vorherige Studien hatten Zusammenhänge mit Größenvariablen aufdecken können (Lioukas et al. 1993; MacCarthaigh 2009). Auch für private Anteilseigner hätte man auf Basis der Literaturrecherche eine stärkere Autonomisierung erwarten können (Sexty 1980).

Besondere Signifikanz im Transaktionskostenmodell erzielen die Variablen Anzahl der Wettbewerber (H1.1a), Zielsteuerung (H1.3a) und Prozesskontrolle (H1.3b). Da Prozesskontrolle und Zielsteuerung hoch miteinander korrelieren, wurde Zielsteuerung entfernt, um Multikollinearität im Modell zu vermeiden und die Ergebnisse nicht weiter zu verfälschen. Anders als in einigen Studien zur Agencification (Roness et al. 2008) kann im Modell ein negativer Zusammenhang zwischen Steuerungsmechanismen und Autonomie nachgewiesen werden.

Messbarkeit der Ziele (H1.2b) erlangt ebenfalls positive Signifikanz im Modell, so lange auf weitere Transaktionskostenvariablen verzichtet wird. Die Variablen für politische Konflikte und politische Relevanz des Unternehmens bleiben insignifikant.

Brancheneffekte bestehen vor allem für Unternehmen in den Bereichen Abwasser, Wasserversorgung, öffentlicher Personennahverkehr und Informationstechnologie. Dabei lässt sich annehmen, dass Unternehmen im Personennahverkehr und in der Abwasserentsorgung aufgrund der hohen Bürgernähe und der politischen Sichtbarkeit weniger Freiräume eingeräumt werden (Pollitt et al. 2004). Der Bereich Wasserversorgung ist durchaus lukrativ und die betreffenden Unternehmen stehen zunehmend in einem internationalen Wettbewerb zu Privaten. Dies könnte zusätzliche Flexibilisierungstendenzen verursachen (Lioukas et al. 1993; Lin und Germain 2003). Für den Bereich IT entsteht womöglich ein Steuerungsvakuum, denn die Leistung ist komplex und die Nähe zum Bürger ist geringer einzuschätzen als bei Versorungsleistungen (Verschuere 2007).

Auf den ersten Blick scheinen die Social-Exchange-Variablen nicht besonders hilfreich zu sein, um Varianzunterschiede zu erklären. Von den acht angenommenen Einflussfaktoren konnten lediglich zwei Signifikanz erlangen. Die Auswirkungen sind allerdings durchaus beachtlich. Im Gesamtmodell kann bis zu 39.6% der Varianz erklärt werden. Politik-Professions-Konflikte (H2.2b) ebenso wie kontinuierlicher Informationsaustausch (H2.1b) spielen somit eine entscheidende Rolle in kommunalen Unternehmen und stehen in negativer Relation zur Managementautonomie.

Die Effekte der Kontrollvariablen bleiben auch im Social-Exchange-Modell größtenteils erhalten. Vertrauen, Ähnlichkeit der Kultur und Geschäftsführererfahrung erlangen für sich genommen keine Signifikanz im Gesamtmodell. Für Informationsaustausch konnte dagegen ein signifikant negativer Einzeleffekt nachgewiesen werden, wenn auf andere Social-Exchange-Variablen verzichtet wurde. Dies bestätigt die Annahme, dass ein kontinuierlicher Informationsaustausch in langfristigen Beziehungen eher als kontrollierend wahrgenommen wird (van den Abeele 2006).

Bei zusätzlicher Berücksichtigung der Aufsichtsratsvariablen reduziert sich die Fallzahl der jeweiligen Modelle. Dadurch können andere Ergebnisse auftreten als in den vorherigen Modellen. Ein signifikanter Effekt im Gesamtmodell mit Kontrollvariablen für Branche und Rechtsform konnte für keine der Aufsichtsratsvariablen nachgewiesen werden. Die zugehörigen OLS-Regressionsmodelle können beim Autor eingeholt werden und wurden aus Platzgründen entfernt.

Im nächsten Schritt sollen relevante Variablen in einem Gesamtmodell als „Best Modell" getestet werden. Mit diesem Modell in 185 Fällen lassen sich immerhin 47.9% der Gesamtvarianz im Autonomieindex erklären. Wiederum wurde mit Bundeslandclustern gerechtet. Alle Varianz-Inflations-Faktoren (VIF) liegen in den zulässigen Grenzen. Auf Basis des Shapiro-Wilk Test können wir von einer Normalverteilung der Residuen ausgehen. Zahl der Wettbewerber, Prozesskontrolle und Politik-Professions-Konflikte behalten ihren signifikanten Einfluss.

*Tabelle 13. Finales Modell Managementautonomie: OLS-Regression (Eigene Darstellung); Es wurde für Bundeslandcluster korrigiert; Robuste Standardfehler in Klammern; n=201; *** p<0.01 ** p<0.05 *p<0.1*

VARIABLEN	**Index Autonomie**
Wettbewerber	0.451**
	(0.197)
Politik-Professions-Konflikte	-0.997***
	(0.254)
Prozesskontrollen	-1.068***
	(0.193)
Wasserversorgung	1.658*
	(0.786)
Abwasser	-1.478*
	(0.751)
Wohnungsbau	0.0386
	(0.746)
Stadtentwicklung	-0.720
	(0.617)
ÖPNV	-1.456*
	(0.763)

VARIABLEN	**Index Autonomie**
Energie	-0.102
	(1.012)
Ökonomische Entwicklung	-0.588
	(0.532)
Medizinische Versorgung	-0.673
	(0.682)
Theater	-0.0435
	(0.581)
Kultur	0.0361
	(0.489)
Abfall	-0.877
	(1.187)
Soziale Pflege	0.615
	(0.877)
Transportwirtschaft	-0.215
	(0.428)
IT-Branche	1.242
	(0.730)
Private Rechtsform	2.092***
	(0.398)
Sehr großes Unternehmen	0.668
	(0.643)
Private Anteilseigner	-0.624
	(0.795)
Kommunale Subventionen	-0.146
	(0.0851)
Konstante	11.32***
	(0.401)
Beobachtungen	185
R-Quadrat	0.479

In den Kontrollvariablen ist es vor allem die private Rechtsform, die wir als signifikant ausmachen. Das Ergebnis zeigt, dass sich Corporatisation Prozesse direkt auf die Gesamtautonomie der Unternehmen auswirken. Weitere signifikante

Zusammenhänge bestehen vor allem mit den Variablen Anzahl der Wettbewerber, Prozesskonstrolle und Rollenkonflikte.

Die Analyse deutet darauf hin, dass Politik-Professions-Konflikte, wenn sie in der Vergangenheit nicht vollständig aufgelöst werden konnten, als eine signifikante Einschränkung der unternehmerischen Unabhängigkeit interpretiert werden. Der Zusammenhang betont das Problem der multiplen Ziele in öffentlichen Unternehmen (Ring und Perry 1985; Hirshhorn 1989; Whincop 2005). Können die Konflikte nicht zufriedenstellend aufgelöst werden, so kann es zur strategischen Blockierung der Unternehmensführung kommen und der Corporatisation Effekt wird abgeschwächt. Eine Flexibilisierung wirkt in diesem Fall schwächer als angenommen. Im Extremfall kommt es zu Ineffizienzen in der Unternehmensführung (Zif 1981; Hirshhorn 1989).

4.2 Dimensionen von Managementautonomie

Im folgenden Abschnitt sollen, der Tradition der COBRA-Forscher folgend, die verschiedenen Dimensionen der Managementautonomie identifiziert werden. Als Erstes wurde eine Hauptkomponentenanalyse für die Variablen der Managementautonomie durchgeführt. Um die Diskriminanzvalidität zu steigern, wurde die varianzmaximierende Rotationsmethode (VARIMAX) angewendet. Diese lässt keine Korrelationen zwischen den Faktoren zu. Die varianzmaximierende Rotationsmethode ergab vier voneinander unabhängige Faktoren, die wir im Folgenden als Personalautonomie, Generelle Managementautonomie, Preisautonomie und Strategische Entscheidungsautonomie bezeichnen wollen. Vier der fünf von Lioukas et al. (1993) identifizierten Faktoren liegen somit relativ deckungsgleich vor. Nach der Rotation zeigen die Faktorladungen ein klares Muster: Zusammen können die Faktoren 61.1% der zu Grunde liegenden Varianz in der Managementautonomie abbilden. Leider mussten 75 Fälle aus der Analyse entfernt werden, denn es wurden nicht alle Items zur Autonomie vollständig ausgefüllt.

Es lässt sich erkennen, dass die Items unterschiedliche latente Konstrukte messen. Alle Fragen zum Personal laden auf ein gemeinsames Konstrukt, wir müssen daher nicht zwischen strategischen und operativen Personalfragen unterscheiden.

Fragen zu Preisen und Gebühren laden ebenfalls auf ein gemeinsames, latentes Konstrukt Preisautonomie.

Die Items „Wichtige Investmententscheidungen", „Aufnahme von Krediten" und „Beteiligung an juristischen Personen des Privatrechts" bilden ein gemeinsames, latentes Konstrukt ab, das strategische Unternehmensentscheidungen in den Bereichen Investition und Finanzierung zusammenfasst.

Die restlichen Items „Absatz", „Produktion", „Forschung und Entwicklung", „Einkauf", „Diversifikation", „Marketing" und „Finanzmitteleinsatz für Personal- und Sachmittel" laden jeweils mehr oder weniger gut auf ein gemeinsames Konstrukt und wurden vom Autor unter dem Oberbegriff Generelle Managementautonomie zusammengefasst.

Jeder Faktor besitzt einen zufriedenstellenden Eigenwert größer als 1 und leistet damit einen guten Beitrag zur Erklärung der Gesamtvarianz im Modell (Bortz 2005:

520). Die Kaiser-Meyer-Olkin Maße der Sampling Adequacy (MSA), die Aufschluss darüber geben, ob die Indikatoren in eine Faktoranalyse einfließen sollten, liegen zwischen 0.67 und 0.91. Somit sind die Indikatoren gut für eine Faktorenanalyse geeignet. Die quadrierten, multiplen Korrelationen zwischen jeder Variable und dem Rest zeigen einen akzeptablen Grad an Kommunalität (>0.45) mit Ausnahme der Variablen „Diversifikationsentscheidungen“ (smc= 0.2475), „Verkauf“ (smc = 0.3445), „Wichtige Investmententscheidungen“ (smc= 0.375) und „Beteiligung an juristischen Personen des Privatrechts“ (smc= 0.1532)[20]. Am besten funktioniert die explorative Faktorenanalyse für die Variablen „Beförderung von Mitarbeiter/innen im Einzelfall“ (smc= 0.892) und „Kündigung des Arbeitsverhältnisses im Einzelfall“ (smc= 0.7556). Einige Variablen besitzen sogenannte „Crossloadings“ auf mehrere Faktoren. Beispielsweise die Variablen „Einkauf“ oder „Marketing“, die ebenfalls hoch auf die Faktoren Personal und Preise laden. Die Abbildung zeigt die Ergebnisse der explorativen Hauptkomponentenanalyse:

Tabelle 14. Explorative Faktorenanalyse (PCF-Methode) für Managementautonomie (Eigene Darstellung); n=168

VARIABLEN	**Faktor 1 Personal**	**Factor 2 Generell Man.**	**Factor 3 Preise**	**Factor 4 Strategie**
Generelles Management				
Absatz	0,2013	**0,5198**	0,3604	-0,0507
Produktion	0,1107	**0,7454**	0,2664	0,0998
Forschung und Entwicklung (FuE)	0,3129	**0,6245**	0,1263	0,0751
Einkauf	0,4530	**0,4834**	0,3014	-0,0775
Diversifikation	-0,0452	**0,6672**	-0,0878	0,2307
Wichtige Investmententscheidungen	0,0125	0,1895	0,1986	**0,7200**
Marketing	0,3957	**0,5390**	0,3150	-0,0762
Finanzmanagement				
Aufnahme von Krediten	0,1974	0,0593	0,0777	**0,8040**
Festlegung von Gebühren und Abgaben	0,1446	0,1142	**0,8363**	0,1535
Festlegung von Preisen	0,2201	0,1341	**0,8481**	0,0982

20 „Die Kommunalität einer Variablen gibt an, in welchem Ausmaß die Varianz dieser Variablen durch die Faktoren erfasst wird“ (Bortz 2005: 520).

VARIABLEN	**Faktor 1 Personal**	**Factor 2 Generell Man.**	**Factor 3 Preise**	**Factor 4 Strategie**
Beteiligung an juristischen Personen des Privatrechts	-0,0744	-0,0245	0,1362	**0,6213**
Finanzmitteleinsatz für Personal- und Sachmittel	0,2872	**0,5406**	0,0797	0,2089
Personal				
Auswahl und Anzahl von Mitarbeiter/innen	**0,6014**	0,3289	-0,0340	0,2076
Höhe der Entlohnung des Personals	**0,6071**	0,3028	-0,0598	0,2925
Bedingungen für Beförderungen	**0,8646**	0,0413	0,1508	0,1269
Mitarbeiterauswahl im Einzelfall	**0,7561**	0,2325	0,1317	-0,0474
Beurteilungskriterien für Mitarbeiter/innen	**0,7843**	0,0333	0,1629	-0,0686
Kündigung des Arbeitsverhältnisses im Einzelfall	**0,8547**	0,1049	0,1529	0,0340
Beförderung von Mitarbeiter/innen im Einzelfall	**0,8985**	0,1104	0,1219	0,0616
Eigenwerte	4,914	2,822	2,013	1,867

Bei genauerem Blick werden einige Unterschiede zu den Ergebnissen von Lioukas et al. (1993) deutlich. Relativ deckungsgleich wurde ein spezieller Faktor für Preise und Gebühren identifiziert, der im bisherigen COBRA Konstrukt keine Rolle spielt. Ebenfalls relativ deckungsgleich erhalten wir einen Faktor zu strategischen Finanzentscheidungen. Wie bei Lioukas et al. (1993) sind wichtige Investmententscheidungen und Diversifikationsentscheidungen enthalten. Zusätzlich ist auch die Aufnahme von Krediten in dieser Dimension zu verorten.

Anders als bei den Agenturen laden Personalentscheidungen auf ein gemeinsames Konstrukt, unabhängig davon ob es sich um strategische oder operative Entscheidungen handelt. Wiederum erhalten wir einen relativ deckungsgleichen Faktor wie Lioukas et al. (1993). Letztlich laden alle weiteren Managemententscheidungen im Faktor Generelles. Dieser Faktor vereint die bei Lioukas et al. (1993) noch separaten Dimensionen Finanzressourcen und Einkauf. Da speziellere Unternehmensentscheidungen wie Marketing oder Forschung und Entwicklung (FuE) ebenfalls Berücksichtigung finden, ist kein gleichwertiger Faktor in der Agenturforschung identifizierbar. Der Autor vermutet, dass es sich um vier speziell auf öffentliche Unternehmen zugeschnittene Dimensionen von Managementautonomie handelt, die in verschiedenen Kulturkreisen und Rechtssystemen unterschiedlich ausgeprägt sein werden.

4.3 Brancheneffekte

Im folgenden Abschnitt sollen die Brancheneffekte einer genaueren Analyse unterzogen werden.

Bei der Branchenzugehörigkeit handelt es sich statistisch gesehen um mehrere, nominalskalierte Variablen. Wir analysieren eine punktbiseriale Korrelation zwischen den Variablen (Clauß und Ebner 1971: 267f.; Bortz 2005: 224ff.). Im vorliegenden Fall sind die dichotomen Variablen mit 0 (nicht der Branche zugehörig) und 1 (der Branche zugehörig) codiert worden. Weil es sich um paarweise Korrelationen mit nominalen Variablen handelt, sind die jeweiligen Werte immer im Hinblick auf eine Referenzkategorie („nicht der entsprechenden Branche zugehörig") zu interpretieren. Annäherungsweise kann der Pearson Korrelationskoeffizient als bivariates Zusammenhangsmaß verwendet werden (Bortz 2005: 206ff.).

Einige Unternehmen sind laut Aussage der Befragten in mehreren Branchen tätig. Weil wir diese Branchen nicht eindeutig zuordnen können, werden Mehrfachcodierungen zugelassen (van Thiel und Yesilkagit 2014: 17). Für die bivariaten Zusammenhänge, die mittels Korrelationsanalyse ermittelt werden sollen, stellt dieses Vorgehen kein größeres Problem dar. Unternehmen in der Abfallentsorgung sind oftmals auch in der Abwasserentsorgung tätig. Wasser- und Energieversorgung werden häufig unter einem Dach bereitgestellt. Stadtwerke decken eine Vielzahl verschiedener Branchen zugleich ab.

Wir erhalten folgende Zusammenhänge mit den vier Faktoren:

*Tabelle 15. Paarweise Korrelationen zwischen Autonomiefaktoren und Branchen (Eigene Darstellung); *** p<0.01 ** p<0.05 *p<0.1; n= 164–168; Signifikanzlevel in Klammern; ° Zusätzliche Absicherung durch robuste Regression: Signifikanz auf 5% Niveau*

VARIABLEN	**Faktor 1 Personal**	**Faktor 2 Generelles**	**Faktor 3 Preise**	**Faktor 4 Strategie**
Wasserversorgung	0.19** °	0.10	-0.09	0.18** °
	(0.02)	(0.20)	(0.23)	(0.02)
Abwasserentsorgung	-0.18** °	0.10	-0.33** °	-0.00
	(0.02)	(0.21)	(0.00)	(0.96)
Energie- und Gasversorgung	0.07	0.01	0.02	0.20** °
	(0.40)	(0.86)	(0.78)	(0.01)
Wohnungsbau	-0.09	-0.15*	0.02	0.16** °
	(0.25)	(0.06)	(0.75)	(0.04)
Stadtentwicklung	-0.22**	-0.11	0.06	0.04
	(0.00)	(0.15)	(0.46)	(0.63)
ÖPNV	0.20** °	-0.29** °	-0.16** °	0.01

VARIABLEN	Faktor 1 Personal	Faktor 2 Generelles	Faktor 3 Preise	Faktor 4 Strategie
	(0.01)	(0.00)	(0.04)	(0.86)
Wirtsch. Entwicklung	-0.13	-0.02	0.16**	-0.24*** °
	(0.11)	(0.84)	(0.04)	(0.00)
Medizinische Versorgung	-0.02	-0.14*	0.20** °	-0.03
	(0.82)	(0.08)	(0.01)	(0.69)
Theater	0.049	0.18** °	-0.26*** °	-0.08
	(0.52)	(0.02)	(0.00)	(0.30)
Kultur und Sport	0.08	-0.02	-0.03	-0.06
	(0.29)	(0.84)	(0.69)	(0.46)
Abfall	0.07	-0.00	-0.10	0.07
	(0.37)	(1.00)	(0.20)	(0.41)
Soziale Pflege	-0.06	-0.05	0.28*** °	0.01
	(0.41)	(0.55)	(0.00)	(0.92)
Stadtwerke Mutter	0.16**	0.001	0.02	0.17** °
	(0.04)	(0.98)	(0.80)	(0.02)
Transportwirtschaft	0.03	-0.06	0.09	0.06
	(0.69)	(0.43)	(0.26)	(0.41)
IT Branche	0.01	0.10	0.07	0.13* °
	(0.92)	(0.19)	(0.39)	(0.09)

Um die paarweisen Korrelationen zusätzlich gegen Ausreißer abzusichern wurden robuste Regressionen mit den signifikanten Einzelvariablen durchgeführt (Li 1985; Verardi und Croux 2009). In den robusten Regressionen nach Li (1985) verlor die Variable Stadtentwicklung knapp an Signifikanz für Personalautonomie[21], die Variable Stadtwerke Muttergesellschaft verlor knapp an Signifikanz für Personalautonomie[22]. Für die Variable IT führte eine schwächere Gewichtung von Ausreißern zu einer stärker signifikanten Schätzung für strategische Autonomie[23]. Weitere Korrekturen mussten nicht vorgenommen werden.

Die Ergebnisse können nun vorsichtig interpretiert werden: Wenig überraschend wird den Stadtwerke Muttergesellschaften im Sample eine größere strategische Managementautonomie eingeräumt. Meist handelt es sich um sehr große Unternehmen, die eine Vielzahl an verschiedenen Aufgabengebieten abdecken und in Form

21 p=0.09 bei robuster Schätzung.
22 P=0.078 bei robuster Schätzung.
23 p=0.024 bei robuster Schätzung.

einer Holding strukturiert sind. Daher sind strategische Entscheidungen notwendig, die das gesamte Leistungsportfolio einer Kommune betreffen können. Ähnlich wie regulativ tätigen Agenturen wird den Stadtwerken ein mehr an strategischer Autonomie zugestanden, um ihre komplexen Aufgaben eigenständig wahrnehmen zu können (Verhoest et al. 2014).

Dagegen scheint der Bereich Abwasserentsorgung stark kommunal reglementiert zu sein. Hier sind es vor allem Preise und Personalentscheidungen, die von den Kommunen im Sample stark beeinflusst werden. Da es sich um eine kommunale Pflichtaufgabe handelt, greifen die Regelungen des Gebührenrechtes (Ronellenfitsch 2012: 33ff.). Viele Betriebe sind in der Form eines Eigenbetriebes notiert und unterliegen einer starken Inputsteuerung. Anders verhält es sich in den Bereichen Wasser- und Energieversorgung. Weil es sich um freiwillige Aufgaben handelt, besitzen Kommunen größere Gestaltungsspielräume in der Form und Art der Leistungserstellung. Die starke Spezialisierung der Branchen sowie der internationale Wettbewerb treibt Autonomisierungsprozesse voran (Lioukas et al. 1993).

Weitere Gründe sind sicherlich in den politischen Rahmenbedingungen zu erkennen. Die Entflechtung im liberalisierten Energiemarkt hat dazu geführt, dass Energievertrieb, Energieproduktion und Netzbetrieb als gesonderte Sparten zu behandeln sind (EnWG 2005). Die Netzbereitstellung wird staatlich durch die Bundesnetzagentur reguliert (§ 54.2a EnWG). Seit der Liberalisierung des Marktes besteht ein Kontrahierungszwang (§36 EnWG), sowie ein Netzanschluss- (§18.1 EnWG), und ein Netzzugangsanspruch (§20.1 EnWG) für Endverbraucher. Für Lieferanten fallen anreizregulierte Netznutzungsentgelte nach der Anreizregulierungsverordnung (ARegV) an. Die Strompreise für Endverbraucher setzen sich im Wesentlichen aus den Erzeugungs- und Vertriebskosten, den Kosten für Übertragung und Verteilung, der Erneuerbaren Energien Umlage (EEG), Kosten durch Kraft-Wärme Kopplung, Stromsteuern, Mehrwertsteuer und Konzessionsabgaben zusammen (Growitsch und Müsgens 2005: 384). Der Großhandelspreis für Strom bildet sich an den Strombörsen. Durch den großen Wettbewerbsdruck ist es sehr wahrscheinlich, dass viele Kommunen auf Einflussnahme verzichten, um die Unternehmen wettbewerbsfähig zu halten.

Eine starke Regulierung durch die Kommunalebene findet der Analyse zu Folge im öffentlichen Personennahverkehr (ÖPNV) statt. Auch wenn größtenteils eine hohe Personalautonomie besteht, werden Preise und generelle Managemententscheidungen von den Kommunen im Sample überdurchschnittlich stark eingeschränkt. Die Gründe dafür könnten zum Teil darin liegen, dass der Bereich hohe öffentliche Aufmerksamkeit erregt und die Preise im öffentlichen Personennahverkehr heftige Debatten in der Bevölkerung auslösen können (Lioukas et al. 1993; Luke 2010). Zum anderen handelt es sich um einen äußerst unrentablen Bereich, der oft durch Quersubventionierung aufgefangen werden muss. Dadurch entsteht eine größere Abhängigkeit zu den kommunalen Entscheidern und deren politischen Weichenstellungen.

Unternehmen in der Wirtschaftsförderung werden in ihren Investitions- und Wachstumsentscheidungen stärker beeinflusst als andere Branchen, genießen aber eine höhere Preisautonomie. Da die Wirtschaftspolitik der Kommune eine der strategisch wichtigen Aufgaben darstellt und zu einer nachhaltigen Entwicklung der Gemeinde beiträgt, werden sicherlich viele angrenzende Entscheidungen direkt beim Bürgermeister getroffen oder im Gemeinderat entschieden. Hier spielt die politische Relevanz der Branche sicherlich eine außerordentlich wichtige Rolle.

Im Bereich Stadtentwicklung dagegen genießt man geringere personelle Freiheiten[24]. Möglicherweise lässt sich das Argument anführen, dass es sich um eine interne Art der Leistungserbringung für die Verwaltung handelt und diese Branche dadurch eine größere Nähe zur Kernverwaltung verspürt als andere Branchen. Vermutlich sind sogar einige ehemals als Fachbereich geführte Betriebe in Förderungsbetriebe umgewandelt worden.

Theater scheinen in Bezug auf ihre generellen Managementtätigkeiten relativ unabhängig handeln zu können. In der Theaterbranche werden Verluste einkalkuliert, um die Kultur der Städte zu fördern und den Theatereintritt erschwinglich zu halten. Die Preise unterliegen dadurch einer starken Regulierung durch die Kommune.

Dagegen nehmen die betreffenden Kommunen nur wenig Einfluss auf Preisentscheidungen in Pflegeeinrichtungen, der Krankenversorgung und in Unternehmen der Wirtschaftsförderung. Im Krankenhausbereich werden die wichtigsten Regulierungen für Entgelte und Finanzierung bundesweit geregelt. Durch das Krankenhausfinanzierungsgesetz (KHG), die Fallpauschalenvereinbarung (FPV 2014) und das Krankenhausentgeltgesetz (KHEntgG) bestehen auf Bundesebene klare Vorgaben für Entgelte in Krankenhäusern. Im Pflegebereich richten sich die Pflegesätze nach den Vereinbarungen, die zwischen den Trägern des Pflegeheimes und den Pflegekassen bzw. Sozialhilfeträgern vereinbart werden. Die Zusammensetzung der Pflegesätze orientiert sich an den bundesweit geltenden Pflegesätzen der Pflegeversicherung und sind in SGB XI geregelt (§ 84, § 85, § 86 SGB XI).

Insgesamt hängt der Einfluss der Branche wohl stark von der Regulierung auf Länder- und auf Bundesebene ab. In einem letzten Schritt soll eine multivariate Analyse durchgeführt werden, um die Effekte der Branche unter der Kontrolle anderer Branchen, der Wettbewerbsintensität, der Größe und der Rechtsform des betreffenden Unternehmens zu identifizieren. Dafür wurden die Standardfehler nach den Bundesländern geclustert. Die multivariate Analyse in Tabelle 16 zeigt für die Kontrollvariablen, dass die Rechtsformänderung für verschiedene Branchen vor allem auf zwei Dimensionen der Managementautonomie Einfluss nimmt: Preise und Personal. Somit wirkt sich Corporatisation hier stärker positiv aus als in den Bereichen Generelles und Strategisches. Auch der zunehmende Wettbewerb schlägt sich vornehmlich in autonomeren Personalentscheidungen der Organisationen nieder. Dies ist eine wichtige Erkenntnis, die sicherlich vergleichender Analysen

24 Es ist anzumerken, dass die Berücksichtigung von Ausreißern in einer robusten Regression nach Li (1985) dazu führt, dass das Signifikanzniveau der Variable auf $p=0.09$ absinkt.

in anderen Kulturkreisen bedarf. Für die verschiedenen Branchen ergaben sich folgende Signifikanzen[25]:

*Tabelle 16. OLS-Regressionen zwischen Autonomiefaktoren, Rechtsform, Wettbewerb, Größe und Branchen (Eigene Darstellung); es wurde für Bundesland-Cluster kontrolliert; Robuste Standardfehler in Klammern; *** p<0.01 ** p<0.05 *p<0.1; n= 149*

VARIABLEN	**Faktor 1 Personal**	**Faktor 2 Generelles**	**Faktor 3 Preise**	**Faktor 4 Strategisches**
Wasserversorgung	0.763**	0.768	-0.0234	0.149
	(0.318)	(0.546)	(0.171)	(0.258)
Abwasserentsorgung	-0.444*	-0.205	-0.688***	-0.0825
	(0.244)	(0.345)	(0.170)	(0.315)
Energie und Gas	-0.509	-0.259	0.106	0.599*
	(0.404)	(0.413)	(0.375)	(0.290)
Wohnungsbau	-0.0574	-0.394	-0.0534	0.682**
	(0.285)	(0.338)	(0.230)	(0.265)
Stadtentwicklung	-0.723	-0.119	0.116	0.174
	(0.429)	(0.233)	(0.350)	(0.219)
ÖPNV	0.334	-0.945***	-0.615***	-0.351
	(0.243)	(0.202)	(0.202)	(0.338)
Wirtschaftliche Entw.	-0.300	-0.0306	0.481	-0.790**
	(0.372)	(0.230)	(0.283)	(0.293)
Medizinische Versorgung	-0.322	-0.597*	0.340	-0.343
	(0.297)	(0.318)	(0.380)	(0.341)
Kultur und Sport	0.185	0.0665	-0.100	-0.583***
	(0.168)	(0.296)	(0.137)	(0.176)
Abfallentsorgung	-0.185	-0.369	-0.0584	-0.0480
	(0.272)	(0.283)	(0.143)	(0.352)
Pflege	-0.569**	-0.418	1.275***	0.145
	(0.208)	(0.283)	(0.377)	(0.606)
Transport	-0.345**	-0.387	0.259	0.141
	(0.154)	(0.431)	(0.349)	(0.292)

25 Stadtwerke Muttergesellschaften wurden aufgrund der Multikollinearität mit Branchenvariablen entfernt.

VARIABLEN	**Faktor 1 Personal**	**Faktor 2 Generelles**	**Faktor 3 Preise**	**Faktor 4 Strategisches**
IT Branche	-0.0712	0.166	0.825**	0.741*
	(0.308)	(0.472)	(0.293)	(0.404)
Wettbewerber	0.228**	0.0832	-0.0246	0.0627
	(0.0771)	(0.0780)	(0.0787)	(0.0730)
Private Rechtsform	0.691**	-0.431	0.646**	0.201
	(0.277)	(0.286)	(0.255)	(0.299)
Großes Unternehmen	0.0659	-0.0309	0.214*	0.379
	(0.188)	(0.245)	(0.107)	(0.324)
Konstante	-0.464**	0.630**	-0.630**	-0.254
	(0.181)	(0.232)	(0.234)	(0.236)
Beobachtungen	149	149	149	149
R-Quadrat	0.310	0.199	0.286	0.224

In den vier Regressionen der Tabelle besteht kein Problem der Multikollinearität. Die Varianzinflationsfaktoren (VIF) liegen im akzeptablen Bereich zwischen 1.07 und 1.85. Weil mit robusten Standardfehlern für Bundeslandcluster gearbeitet wurde, ist der Test auf Heteroskedastizität nicht notwendig (White 1980: 817ff.). Der Shapiro-Wilk Test der Residuen ergab p-Werte kleiner als 0.05. Die Hypothese, dass die Fehlerterme im ersten und vierten Modell normalverteilt sind, muss daher leider abgelehnt werden. In beiden Dimensionen müssen wir von einer schiefen Verteilung und nicht normalverteilten Residuen ausgehen. Der Autor vermutet, dass einige Effekte dieser Verzerrung unterliegen. Daher können die Ergebnisse für Personal- und strategische Autonomie nur mit äußerster Vorsicht begutachtet werden. Insbesondere wenn es sich um solche Effekte handelt, die in den paarweisen Korrelationen aus der vorherigen Tabelle nicht auftreten (beispielsweise im Hinblick auf Kultur-, Transport- und Pflegebetriebe). Darüber hinaus ist die betrachtete Fallzahl gesunken.

Aus diesem Grund wurde das Bootstrapping-Verfahren eingesetzt, um die Ergebnisse mit 10.000 Replikationen der Verteilung zu testen (Efron 1979). Das Bootstrapping Verfahren ist eine nicht-parametrische Methode des Resampling und wird genutzt, wenn die Stichprobe zu klein ist oder statistische Tests aufgrund der Verletzung von Verteilungsannahmen nicht durchgeführt werden können (Mooney und Duval 1993; Efron und Tibshirani 1994). Aufgrund der komplexen Methode musste auf eine Korrektur für Bundeslandcluster verzichtet werden. Wie erwartet ließen sich multivariate Effekte mittels Bootstrapping-Methode nur bestätigen, wenn bereits bivariate Pearson-Korrelationen vorlagen. Nicht verifizieren ließen sich alle Signifikanzen für Transportwirtschaft. Die Pflegebranche erhielt ihre Signifikanz lediglich für die Dimension Preisautonomie.

Zwei der Kontrollvariablen haben auch nach Anwendung des Bootstrapping-Verfahrens einen hoch signifikanten Einfluss auf die Ergebnisse: Bei Privater Rechtsform erhöhen sich Personal- und Preisautonomie im Vergleich zu nichtprivaten Rechtsformen. Es besteht ein Zusammenhang zwischen der Anzahl der Wettbewerber und einer erhöhten Personalautonomie.

Die multivariate Analyse zeigt, dass einige der bivariaten Zusammenhänge zwischen Branche und Autonomiefaktor auch unter Berücksichtigung von Kontrollvariablen wie Größe und Rechtsform bestehen bleiben. Leider lassen sich alle als Dummy codierten Variablen nur im Hinblick auf eine neue Referenzkategorie interpretieren (Bortz 2005: 484). In Fall der Branche handelt es sich bei der neuen Referenzkategorie nun um alle Branchen, die nicht unter den hier aufgeführten vertreten sind (bspw. Friedhöfe, Zoos, Theater und andere).

Vergleicht man mit den bivariaten Zusammenhängen aus der vorhergehenden Tabelle, so stellt man fest, dass Signifikanzen für die Branchen Öffentlicher Personennahverkehr (ÖPNV), Wohnungsbau und Wirtschaftsförderung erhalten bleiben. Wir können also auch im Vergleich zur Referenzkategorie „Sonstige Branchen“ und unter der Kontrolle anderer Variablen wie Rechtsform oder Größe davon ausgehen, dass Unternehmen im Personennahverkehr den Steuerungsmaßnahmen der Kommunen stärker unterliegen. Dieser Effekt für Preise und generelle Managemententscheidungen lässt sich mögli-cherweise auf die hohe politische Sichtbarkeit der Branche zurückführen (Pollitt et al. 2004; Verhoest et al. 2010).

Für den Bereich Wohnungsbau gilt eine größere strategische Investitionsautonomie als in anderen Bereichen. Der gleiche Zusammenhang zeigt sich bei Anwendung des Bootstrapping-Verfahrens. Da gerade der Bereich Wohnungsbau mit einer Reihe von Investitionsentscheidungen verbunden ist und große Projekte an der Tagesordnung stehen, ist es durchaus denkbar, dass strategische Aufgaben an die Unternehmensleitung übertragen werden. Vermutlich gelingt es Wohnungbaugesellschaften auch eher, auf externe Finanzierungsquellen zurückzugreifen, um damit die Abhängigkeit zur Kernverwaltung zusätzlich zu reduzieren (Lioukas et al. 1993).

Im Bereich wirtschaftliche Entwicklung ist ein gegenteiliger Effekt zu beobachten. Wiederum bleibt der Zusammenhang auch bei Anwendung des Bootstrapping-Verfahrens erhalten. Es lässt sich argumentieren, dass Gesellschaften im Bereich wirtschaftliche Entwicklung vorwiegend regional tätig sind und politische Programme dem direkten Einfluss der Kernverwaltung unterliegen. Dadurch ist der Internationalisierungsgrad im Bereich sehr gering (Lioukas et al. 1993). Aufgrund der vorwiegend politischen Zielsetzungen entsteht für die wirtschaftsfördernden Betriebe selbst kein besonderer Wettbewerbsdruck, der diese Abhängigkeitsverhältnisse auflösen könnte.

Für Unternehmen, die in der Abwasserentsorgung tätig sind, werden Preisentscheidungen und Tarifbestimmungen stärker eingeschränkt als in der Referenzkategorie. Für die Energieversorgung und den medizinischen Bereich gehen alle signifikanten Brancheneffekte im Vergleich zur neuen Referenzkategorie verloren, wenn für Bundeslandcluster kontrolliert wird. Eine signifikant höhere

Personalautonomie als in der Referenzkategorie scheint für den Bereich Wasserversorgung vorzuliegen.

Kultur- und Sportbetriebe unterliegen einer starken Einflussnahme auf strategische Finanzentscheidungen. Dies ist sicherlich darauf zurückzuführen, dass gerade im Kulturbereich besondere finanzielle Abhängigkeiten bestehen und viele Kulturbetriebe gewissermaßen am Tropf der Kommune hängen. Es ist zu berücksichtigen, dass Theater nicht gesondert aufgeführt wurden, um Multikollinearität mit den Kulturbetrieben zu vermeiden. Weitere Analysen zu Theatern zeigen, dass alle vorherigen Signifikanzen gegenüber einer neuen Referenzkategorie „Sonstige Unternehmen" auch im multivariaten Modell vorliegen. Somit bleiben Theater relativ frei in ihren generellen Managemententscheidungen, die Preise unterliegen allerdings einer starken kommunalen Regulierung. Die zusätzlichen Regressionen zur Theaterbranche können auf Anfrage vom Autor eingeholt werden.

4.4 Steuerungsakteure

Es lässt sich vermuten, dass einzelne Autonomiebereiche von unterschiedlichen Akteuren unterschiedlich beeinflusst werden. Bei generellen Managemententscheidungen üben der Fachbereich oder die Verwaltungsspitze eventuell einen gewichtigeren Einfluss aus. Preisentscheidungen hängen zum Teil von der lokalen, politischen Linie ab. Da es aber an empirischen Erkenntnissen mangelt, versuchen wir im Folgenden, die Akteure und deren Einfluss aus Sicht der Geschäftsführer aufzudecken.

Für den Einfluss verschiedener Akteure spielt sicherlich auch die Rechtsform der Beteiligungen eine Rolle. Wichtige strategische Entscheidungen in privatrechtlichen Beteiligungen müssen in jedem Fall vom Aufsichtsrat (wenn vorhanden) und in einigen Fällen zusätzlich von der Gesellschafterversammlung abgesegnet werden. Je nach Rechtsform bestehen zusätzliche Gremien auch für öffentlich-rechtliche Gesellschaften, wie beispielsweise ein fakultativer Betriebsausschuss beim Eigenbetrieb oder ein Verwaltungsrat bei der Anstalt des öffentlichen Rechts (Fabry 2011: 39ff.).

Aufgrund der Vielzahl verschiedener Rechtsformen und damit verbundener Organe und um zusätzliche Verwirrung zu vermeiden, beschränkt sich die Analyse auf die maßgeblichen kommunalen Akteure für privatrechtlich geführte Beteiligungen, die den Kern der Untersuchung ausmachen.

Um den Einfluss verschiedener Akteure genauer zu untersuchen und somit einen tieferen Einblick zu gewinnen, wurde in einem ersten Schritt nach den maßgeblichen Steuerungsakteuren gefragt. In einem zweiten Schritt sollte dann die Häufigkeit der Kontakte mit verschiedenen Akteuren eingeschätzt werden.

Paarweise Korrelationen wurden aufgrund der niedrigen Fallzahl zusätzlich mit robusten Regressionen nach Li (1985) validiert, um Verzerrungen durch Ausreißer zu relativieren. Dadurch ergaben sich stärkere Signifikanzen zwischen Kundeneinfluss und Personalautonomie[26] und zwischen Beratereinfluss und Preisautonomie[27]. Ein signifikanter Zusammenhang zwischen Einfluss des Gemeinderates und strategischer Autonomie musste leider abgelehnt werden[28].

Die Zahl der privaten Partner liegt für das Sample ungewöhnlich hoch. Eine Sekundäranalyse ergab, dass die Geschäftsführer Anteilseigner aus privatrechtliche Beteiligungen in öffentlichem Eigentum ebenfalls als Private deklarierten. Nichtsdestotrotz finden sich in den Partialkorrelationen starke Hinweise darauf, dass parlamentarische Akteure eine zentrale Stellung in der Steuerung einnehmen, während externe Stakeholder, die nicht aus Politik oder Verwaltung stammen, als weniger wichtig wahrgenommen werden (Yesilkagit und van Thiel 2008: 149).

*Tabelle 17. Bivariate Korrelationen zum Einfluss der Steuerungsakteure (Eigene Darstellung); **p<0.05 *p<0.1; n=107–168; ° Zusätzliche Absicherung durch robuste Regression: Signifikanz auf 5% Niveau*

VARIABLE	**Faktor 1 Personal**	**Faktor 2 Generelles**	**Faktor 3 Preise**	**Faktor 4 Strategie**
Oberbürgermeister	-0.13*	-0.21** °	-0.35	-0.10
(n=167)	(0.09)	(0.01)	(0.00)	(0.22)
Beteiligungsmanagement	-0.18** °	-0.24** °	-0.13* °	-0.15*
(n=166)	(0.02)	(0.00)	(0.09)	(0.06)
Fachbereich	-0.02	-0.16**	-0.09	-0.12
(n=165)	(0.81)	(0.04)	(0.25)	(0.14)
Gemeinderat	-0.16** °	-0.21** °	-0.33** °	-0.16**
(n=166)	(0.04)	(0.01)	(0.00)	(0.04)
Aufsichtsrat	0.02	-0.21** °	-0.05	0.14* °
(n=166)	(0.80)	(0.01)	(0.55)	(0.08)
Gesellschafterversammlung	-0.02	-0.19** °	0.06	0.04
(n=159)	(0.77)	(0.02)	(0.48)	(0.58)
Personalrat	-0.02	-0.03	-0.23** °	0.03
(n=165)	(0.81)	(0.66)	(0.00)	(0.74)
Medien	-0.10	-0.10	-0.12	-0.11
(n=167)	(0.21)	(0.20)	(0.12)	(0.15)

26 p=0.047
27 p=0.047
28 p=0.6

VARIABLE	**Faktor 1 Personal**	**Faktor 2 Generelles**	**Faktor 3 Preise**	**Faktor 4 Strategie**
Bürger	0.03	-0.10	-0.13*	-0.07
(n=167)	(0.68)	(0.18)	(0.09)	(0.34)
Kunden	0.15* °	-0.02	0.19** °	-0.05
(n=167)	(0.05)	(0.84)	(0.02)	(0.53)
Private Partner	-0.07	0.01	0.11	-0.16
(n=107)	(0.48)	(0.93)	(0.27)	(0.11)
Berater	-0.06	-0.12	-0.15* °	-0.01
(n=163)	(0.46)	(0.13)	(0.05)	(0.93)

Die Pearson-Korrelationen zeigen, dass je nach Autonomiedimension unterschiedliche Akteure Bedeutung erlangen. Im Bereich Personalautonomie sind es vor allem das Beteiligungsmanagement und der Gemeinderat, die einen Steuerungseinfluss ausüben. Erstaunlicherweise scheinen Presonalräte und Aufsichtsratsvertreter nach Wahrnehmung der Geschäftsführer in den betrachteten Organisationen keinen signifikanten Einfluss auf die Kommunen auszuüben oder dieser wird von den Geschäftsführern nur marginal wahrgenommen.

Ein differenzierteres Bild ergibt sich für die generelle Managementautonomie in den Bereichen Vertrieb, Produktion, Einkauf, Absatz, Diversifikation, Marketing, Finanzmitteleinsatz und Forschung. Hier sind es sehr viele verschiedene Akteure, die ihren Einfluss auf die Unternehmen geltend machen. Neben dem Beteiligungsmanager und dem Gemeinderat wirken der jeweilige Fachbereich, der Aufsichtsrat, die Gesellschafterversammlung (wenn vorhanden) sowie die Bürgermeister signifikant auf Unternehmensentscheidungen ein. Für den Bereich Preise und Entgelte sind es die Personalräte und der Gemeinderat, die in den Augen der Geschäftsführer eine gewichtige Rolle spielen.

Wir können davon ausgehen, dass in diesem hochsensiblen Bereich eine starke Politisierung der Entscheidungen vorliegt. Dementgegen steht die Macht der Verbraucher und Endkunden, die Druck auf die politischen Entscheidungsträger aufbauen können. Die Empirie stärkt damit die Argumentation Sextys (1980), der davon ausgeht, dass Marktmechanismen Autonomisierungsprozesse in Gang setzen können (Sexty 1980: 373). Es finden sich auch Hinweise darauf, dass starke Aufsichtsräte gewichtige, strategische Entscheidungen der Manager vor der Politik verteidigen (Sexty 1980: 380). Allerdings besteht ein negativer Zusammenhang im Faktor Generelle Managemententscheidungen. Mittels t-Tests wurde untersucht, inwiefern sich der Einfluss und die Häufigkeit der Kontakte bei öffentlich-rechtlichen von privatrechtlichen Organisationen unterscheiden:

*Tabelle 18. Mittelwertvergleiche zum Einfluss der Steuerungsakteure für Öffentlich-rechtliche versus Private Rechtsform; Standardabweichung und Fallzahl in Klammern (Eigene Darstellung); **p<0.05 *p<0.1; n=181–236; Skala: 1=überhaupt nicht 2=eher wenig Einfluss 3=teils/teils 4=eher großer Einfluss 5=sehr großer Einfluss*

<table>
<tr><th>VARIABLE</th><th>Öffentlich-rechtlich</th><th>Private Rechtsform</th><th>Signifikanz t-Test</th></tr>
<tr><td>Oberbürgermeister</td><td>3.3</td><td>3.01</td><td>0.1259</td></tr>
<tr><td></td><td>(1.11; n=46)</td><td>(1.15; n=186)</td><td>Pr(|T|>|t|)</td></tr>
<tr><td>Beteiligungsmanagement</td><td>2.76</td><td>3.2</td><td>0.0067**</td></tr>
<tr><td></td><td>(0.79; n=46)</td><td>(1.02; n=189)</td><td>Pr(|T|>|t|)</td></tr>
<tr><td>Fachbereich</td><td>2.72</td><td>2.73</td><td>0.972</td></tr>
<tr><td></td><td>(1.06; n=44)</td><td>(1.1; n=184)</td><td>Pr(|T|>|t|)</td></tr>
<tr><td>Gemeinderat o.ä.</td><td>3.18</td><td>2.62</td><td>0.003**</td></tr>
<tr><td></td><td>(1.21; n=45)</td><td>(1.11; n=183)</td><td>Pr(|T|>|t|)</td></tr>
<tr><td>Aufsichtsrat o.ä.</td><td>3.6</td><td>3.97</td><td>0.028**</td></tr>
<tr><td></td><td>(1.12; n=43)</td><td>(0.97; n=186)</td><td>Pr(|T|>|t|)</td></tr>
<tr><td>Gesellschafterversammlung o.ä.</td><td>2.93</td><td>3.82</td><td>0.0002**</td></tr>
<tr><td></td><td>(1.46; n=30)</td><td>(1.13; n=188)</td><td>Pr(|T|>|t|)</td></tr>
<tr><td>Personalrat</td><td>2.93</td><td>2.36</td><td>0.001**</td></tr>
<tr><td></td><td>(0.75; n=45)</td><td>(1.08; n=181)</td><td>Pr(|T|>|t|)</td></tr>
<tr><td>Medien</td><td>2.43</td><td>2.32</td><td>0.445</td></tr>
<tr><td></td><td>(1.05; n=46)</td><td>(0.92; n=190)</td><td>Pr(|T|>|t|)</td></tr>
<tr><td>Bürger</td><td>2.54</td><td>2.27</td><td>0.1057</td></tr>
<tr><td></td><td>(0.89; n=46)</td><td>(1.04; n=190)</td><td>Pr(|T|>|t|)</td></tr>
<tr><td>Kunden</td><td>3.24</td><td>3.58</td><td>0.038**</td></tr>
<tr><td></td><td>(0.82; n=46)</td><td>(1.03; n=188)</td><td>Pr(|T|>|t|)</td></tr>
<tr><td>Private Partner</td><td>1.68</td><td>2.15</td><td>0.126</td></tr>
<tr><td></td><td>(0.20; n=19)</td><td>(0.12; n=110)</td><td>Pr(|T|>|t|)</td></tr>
<tr><td>Berater</td><td>1.88</td><td>2.10</td><td>0.126</td></tr>
<tr><td></td><td>(0.79; n=43)</td><td>(0.84; n=178)</td><td>Pr(|T|>|t|)</td></tr>
</table>

Zweistichproben-t-Tests zur Ungleichheit der Mittelwerte ergaben signifikante Unterschiede zwischen privatrechtlichen und öffentlich-rechtlichen Gesellschaften. Gemeinderat und Personalrat üben einen signifikant stärkeren Einfluss auf öffentlich-rechtliche Gesellschaften aus. Bei den Privatrechtlichen nehmen der

Aufsichtsrat, die Gesellschafterversammlung, das Beteiligungsmanagement und die Kunden eine zentrale Position ein.

Neben den offensichtlichen, rechtlichen Gegebenheiten ist hervorzuheben, dass die Rolle der Personalräte und des Parlaments aus Sicht der Geschäftsführer in den privatrechtlichen Gesellschaften gegenüber den traditionell öffentlich-rechtlichen an Bedeutung verliert. Dagegen rückt eine stärkere Kundenperspektive in den Vordergrund. Überraschend ist auch, dass das Beteiligungsmanagement für privatrechtliche Gesellschaften eine zentralere Rolle als Steuerungsgremium einnimmt als für öffentlich-rechtliche Organisationen. Die folgende Tabelle verdeutlicht anhand von bivariaten Pearson-Korrelationen, wie sich häufiger Kontakt zu einigen Gremien in der Autonomie der Unternehmen niederschlägt:

*Tabelle 19. Paarweise Korrelationen zwischen Gremienkontakt und Autonomiedimensionen (Eigene Darstellung); **p<0.05 *p<0.1; n=154–159; ° Zusätzliche Absicherung durch robuste Regression: Signifikanz auf 5% Niveau*

	Faktor 1 Personal	**Faktor 2 Generelles**	**Faktor 3 Preise**	**Faktor 4 Strategisches**
Kontakt zum Oberbürgermeister	0.00	0.06	-0.09	-0.06
	(0.99)	(0.48)	(0.25)	(0.46)
Kontakt zur Kämmerei	0.02	-0.05	-0.15*	-0.07
	(0.82)	(0.52)	(0.07)	(0.37)
Kontakt zum Beteiligungsmanagement	0.03	-0.21** °	-0.12	-0.12
	(0.69)	(0.01)	(0.15)	(0.13)
Kontakt zu einem Fachbereich	-0.05	-0.19** °	-0.05	-0.13
	(0.50)	(0.02)	(0.53)	(0.11)
Kontakt zum Gemeinderat	-0.01	-0.05	-0.22** °	-0.13
	(0.95)	(0.54)	(0.01)	(0.10)
Kontakt zum Aufsichtsrats-	0.21**	-0.05	0.03	0.10
Vorsitzenden	(0.01)	(0.54)	(0.74)	(0.21)
Kontakt zu einem politischen	-0.16* °	-0.09	-0.25** °	-0.06
Ausschuss	(0.05)	(0.27)	(0.00)	(0.48)

Gemeinderat und politische Ausschüsse scheinen sich bei Kontakten hauptsächlich mit der Preispolitik der Unternehmen auseinanderzusetzen. Häufige Kontakte zu einem Fachbereich oder zum Beteiligungsmanagement wirken sich eher negativ auf die generelle Managementautonomie aus. Bestehen häufige Kontakte mit dem Aufsichtsratsvorsitzenden, so schützt dies insbesondere vor personalpolitischen

Eingriffen. Allerdings entfällt der Zusammenhang vollständig, wenn Ausreißer in einer robusten Regression unterschiedlich gewichtet werden.

In der Häufigkeit der Kontakte zu kommunalen Steuerungsgremien unterscheiden sich privatrechtliche stark von öffentlich-rechtlichen Gesellschaften. Es fällt auf, dass vor allem bei den öffentlich-rechtlichen Gesellschaften quartalsweise Kontakte zur Kämmerei und zu politischen Ausschüssen bestehen. In den privatrechtlichen Gesellschaften finden diese Kontakte im Mittel lediglich jährlich statt und damit signifikant weniger häufig. Die folgende Tabelle verdeutlicht die Ergebnisse der Mittelwertvergleiche anhand von t-Tests:

*Tabelle 20. Mittelwertvergleiche zur Häufigkeit der Kontakte für Öffentlich-rechtliche versus Private Rechtsform; Standardabweichung und Fallzahl in Klammern (Eigene Darstellung); **$p<0.05$ *$p<0.1$; n=213–228; Skala: 1=nie 2=jährlich 3=quartalsweise 4=monatlich 5=wöchentlich 6=täglich*

	Öffentlich-rechtlich	**Private Rechtsform**	**Signifikanz t-Test**
Kontakt zum Oberbürgermeister	2.44	2.28	0.432
	(1.24; n=45)	(1.22; n=183)	$Pr(\lvert T\rvert>\lvert t\rvert)$
Kontakt zur Kämmerei	2.64	2.25	0.0278**
	(1.05; n=45)	(1.06; n=181)	$Pr(\lvert T\rvert>\lvert t\rvert)$
Kontakt zum Beteiligungsman.	2.74	2.86	0.471
	(0.91; n=42)	(1.03; n=182)	$Pr(\lvert T\rvert>\lvert t\rvert)$
Kontakt zum Fachbereich	3.56	3.2	0.084*
	(1.02; n=39)	(1.22; n=175)	$Pr(\lvert T\rvert>\lvert t\rvert)$
Kontakt zum Gemeinderat	2.68	2.14	0.011**
	(1.23; n=41)	(1.22; n=172)	$Pr(\lvert T\rvert>\lvert t\rvert)$
Kontakt zum Aufsichtsrats-	3.13	3.49	0.048**
Vorsitzenden	(0.99; n=40)	(1.07; n=174)	$Pr(\lvert T\rvert>\lvert t\rvert)$
Kontakt zu politischem	2.57	1.72	0.000**
Ausschuss	(1.07; n=44)	(0.97; n=170)	$Pr(\lvert T\rvert>\lvert t\rvert)$

Insgesamt bestätigt sich der Eindruck, dass die politische Ebene einen stärkeren Druck auf die Unternehmensentscheidungen der öffentlich-rechtlichen Gesellschaften ausübt. Dies sollte sich auf Basis der vorgenommenen Analyse vor allem in der Preispolitik, aber auch zu einem gewissen Grad in der Personalpolitik der Unternehmen niederschlagen. Die Einrichtung eines Aufsichtsrats, wie es in vielen privatrechtlichen Unternehmen der Fall ist, kann dagegen eine Art Pufferfunktion gegenüber politischen Entscheidern bewirken. Vor allem Finanzierungs- und Wachstumsentscheidungen können so vor äußeren, politischen Eingriffen abgeschirmt werden.

4.5 Steuerungsinstrumente

In der deutschen Diskussion um kommunale Unternehmen wird oftmals darauf hingewiesen, dass in den Kommunen noch erhebliche Defizite im Beteiligungscontrolling auftreten (Günther und Niepel 2006: 331ff.; Littkemann et al. 2014: 392ff.). Ein großes Problem besteht darin, Zielgrößen für die Beteiligungen zu definieren und zu evaluieren (Littkemann et al. 2014: 395ff.). Von zentraler Bedeutung ist es, ein organisationsübergreifendes Steuerungsinstrumentarium zu entwickeln und einzurichten. Man spricht im Fachjargon von sogenannten „Management Control Systems" (Merchant und van der Stede 2012: xii).

Auf Basis privatwirtschaftlicher Forschung können Instrumente des Controllings nach verschiedenen Kriterien kategorisiert werden (Ouchi 1979; Hood 1991; Simons 1995; Merchant und van der Stede 2012). Eine relativ weitläufige Definition unterteilt Input-, Prozess- und Wirkungssteuerung. Hood (1991) beispielsweise beschreibt einen Wandel von der Input- zur Output-Orientierung, der mit der New Public Management-Bewegung einherging und mittlerweile auch in vielen deutschen Kommunen mehr oder weniger stark Einzug gehalten hat (Hood 1991: 11ff.; Reichard 2003: 350ff.).

Input Controls repräsentieren dabei die klassische Budgetkontrolle in der Verwaltung (Wildavsky 1964). Die Steuerung durch Inputs bedeutet, dass die Allokation von Ressourcen zweckgebunden erfolgt und es vorher festgelegte Vorgaben für deren Verwendung gibt, die eingehalten werden müssen (Wirth 1986: 605). Prozesskontrollen messen lediglich Throughputs und geben klar vor, wie ein Prozess strukturiert und definiert wird (Wirth 1986: 603). Auch Outputs und Wirkungen werden auf Basis der angebotenen Produkte und Dienstleistungen ermittelt, die Fach- und Ressourcenverantwortung liegt im Idealfall aber beim jeweiligen Fachverantwortlichen (Schedler und Proeller 2011: 78f.). Die Kategorisierung nach Ouchi (1979: 843) unterscheidet zusätzlich vertrauensbasierte Steuerung. Hier sind vor allem die schwer beobachtbaren informellen Aspekte der Steuerung gemeint, über die nur die Gesteuerten selbst Auskunft geben können (Ditillo et al. 2014: 14). Weiterführende Typologien der Mechanismen finden sich bei Simons (1995) oder Merchant und van der Stede (2012).

Ergänzend zur Management Control System-Perspektive kann auch eine Corporate- Governance-Perspektive eingenommen werden, die sich vor allem mit dem Verhalten der Manager und der Rolle der Aufsichtsräte auseinandersetzt (Merchant und van der Stede 2012: 553ff.). „Die Idee eines Governance Kodex ist es, kommunenübergreifende Grundsätze der verantwortungsvollen Steuerung und Leitung öffentlicher Unternehmen zusammenzustellen, die sich bereits nach wissenschaftlichen Kriterien bewährt haben" (Papenfuß 2013b: 304). Ein kommunales Unternehmen verpflichtet sich, eine jährliche Entsprechenserklärung zum Kodex nach dem „comply or explain" Prinzip (§161 AktG) abzugeben und diese öffentlich zugänglich zu machen (Papenfuß 2013b: 304). In einer solchen Erklärung soll sich auch eine Abweichungsbegründung wiederfinden (Papenfuß 2013a: 124).

Der Begriff der Beteiligungsrichtlinie wird oftmals synonym verwendet (Burth und Gnädinger 2013). Beteiligungsrichtlinien adressieren jedoch vor allem die Organisationseinheit Beteiligungsmanagement in der Kernverwaltung und sehen kein „comply or explain" Prinzip für die Unternehmen vor (Papenfuß 2013a: 109). Beide Instrumente werden inhaltlich genutzt, um Grundsätze für die Steuerung und die Zusammenarbeit der Steuerungsakteure zu formulieren (Burth und Gnädinger 2013).

Die Steuerungswirkung und Nützlichkeit der bisherigen Public-Corporate-Governance- Kodizes für Kommunen wurde gleichermaßen in Abrede gestellt (Leixnering und Bramböck 2013: 170ff.), wie auch als positiv hervorgehoben (Papenfuß 2013b: 302ff.). Befürworter betonen die Transparenz- und Steuerungswirkung der Kodizes (Papenfuß 2013b: 302ff.), Kritiker glauben, dass sie lediglich symbolischen Charakter besitzen und keine tatsächliche Verhaltenswirkung entfalten (Leixnering und Bramböck 2013: 170ff.). Gefragt wurde daher, wie stark der kommunale Träger über die folgenden Instrumente steuert. Die summarische Statistik zeigt die Mittelwerte und Standardabweichungen für die häufigsten Steuerungsinstrumente der Kommunen:

Tabelle 21. Summarische Statistik zu den eingesetzten Steuerungsinstrumenten (Eigene Darstellung); n=245–250; Skala: 1=überhaupt nicht 2=eher wenig 3=teils/teils 4=eher stark 5=sehr stark

Steuerungsinstrument	Mittelwert	Standardabw.	Min	Max	Fälle
Besetzung von Schlüsselpositionen (Geschäftsführung, Aufsichtsrat) im Unternehmen	4.1	1.213	1	5	250
Inputsteuerung über das Budget oder einen Stellenplan	2.853	1.206	1	5	245
Regelmäßige Sitzungen zwischen Kommunalvertretern und der Unternehmensführung	3.08	1.182	1	5	249
Intensiver Telefonkontakt bzw. Informelle Treffen zwischen Kommunalvertretern und der Unternehmensführung	2.876	1.167	1	5	250
Anwendung eines Corporate Governance Kodex oder einer Beteiligungsrichtlinie	3.458	1.282	1	5	249

Steuerungsinstrument	Mittelwert	Standardabw.	Min	Max	Fälle
Regelmäßige Qualitätsüberprüfungen	2.812	1.203	1	5	250
Anreizpläne und variable Vergütungselemente für das Top-Management	2.81	1.406	1	5	248
Unterjähriges Berichtswesen über nichtfinanzielle Kennzahlen	3.177	1.184	1	5	248

114 der 168 Geschäftsführer, die in Kommunen mit einem formal eingerichteten Corporate-Governance-Kodex oder einer Beteiligungsrichtlinie tätig waren, nannten diese als wichtige Instrumente, die von den Kommunen stark angewendet werden. Noch wichtiger erscheint den Befragten lediglich die Besetzung von Schlüsselpositionen im Unternehmen durch Kommunalvertreter. Mittelwertvergleiche mittels t-Tests verdeutlichen darüber hinaus die Bedeutung der Rechtsform für die angewandten Steuerungsinstrumente:

*Tabelle 22. Mittelwertvergleiche zum Einsatz der Steuerungsinstrumente für Öffentlich-rechtliche versus Private Rechtsform; Standardabweichung und Fallzahl in Klammern (Eigene Darstellung); **p<0.05 *p<0.1; n=232–237; Skala: 1=überhaupt nicht 2=wenig 3=teils/teils 4=eher stark 5=sehr stark*

Steuerungsinstrument	Öffentlich-rechtlich	Private Rechtsform	t-Test Signifikanz
Besetzung von Schlüsselpositionen (Geschäftsführung, Aufsichtsrat) im Unternehmen	3.93 (1.37; n=46)	4.19 (1.12; n=191)	0.17 Pr(|T|>|t|)
Inputsteuerung über das Budget oder einen Stellenplan	3.29 (1.12; n=45)	2.78 (1.21; n=187)	0.01** Pr(|T|>|t|)
Regelmäßige Sitzungen zwischen Kommunalvertretern und der Unternehmensführung	3.3 (0.16; n=46)	3.04 (0.09; n=191)	0.1744 Pr(|T|>|t|)
Intensiver Telefonkontakt bzw. Informelle Treffen zwischen Kommunalvertretern und der Unternehmensführung	2.98 (0.13; n=46)	2.87 (0.09; n=191)	0.588 Pr(|T|>|t|)

Steuerungsinstrument	Öffentlich-rechtlich	Private Rechtsform	t-Test Signifikanz
Anwendung eines Corporate Governance Kodex oder einer Beteiligungsrichtlinie	3.33 (0.18; n=46)	3.54 (0.09; n=190)	0.3 Pr(|T|>|t|)
Regelmäßige Qualitätsüberprüfungen	2.91 (0.14; n=46)	2.82 (0.09; n=191)	0.62 Pr(|T|>|t|)
Anreizpläne und variable Vergütungselemente für das Top-Management	2.15 (0.21; n=46)	2.97 (0.098; n=190)	0.0004** Pr(|T|>|t|)
Unterjähriges Berichtswesen über nichtfinanzielle Kennzahlen	3.13 (0.17; n=46)	3.22 (0.09; n=190)	0.659 Pr(|T|>|t|)

Ein wesentlicher Unterschied offenbart sich in der stärkeren Inputsteuerung der öffentlich-rechtlichen Betriebe. Aufgrund der formellen Privatisierung und Ausgliederung vieler Organisationen scheinen immer weniger Unternehmen über das Budget oder einen Stellenplan gesteuert zu werden. Bei privatrechtlich geführten Unternehmen wird stärker auf variable Vergütungselemente und Top-Management Anreize gesetzt. Auf den ersten Blick scheint sich in der unterjährigen Arbeit mit Kennzahlen nur sehr wenig getan zu haben. Werden diese erhoben, so finden sie nur teilweise Niederschlag in unterjährigen Steuerungsmaßnahmen der Kommune. Weiterführende Fragen zur Zielsteuerung spiegeln allerdings ein deutlich differenzierteres Bild wieder:

Tabelle 23. Summarische Statistik zu den eingesetzten Mechanismen Prozesskontrolle und Zielsteuerung (Eigene Darstellung); n=249–250; Skala: 1=stimme überhaupt nicht zu 2=stimme eher nicht zu 3=teils/teils 4=stimme eher zu 5=stimme stark zu

Steuerungsinstrument	Mittelwert	Standardabw.	Min	Max	Fälle
Es bestehen klare Leistungs- und/oder Wirkungsziele von Seiten des kommunalen Trägers	3.4	1.12	1	5	250
Der kommunale Träger überprüft die Erfüllung der Leistungs- und/oder Wirkungsziele	3.426	1.109	1	5	249

Steuerungsinstrument	Mittelwert	Standardabw.	Min	Max	Fälle
Wenn wir die Leistungsvorgaben des kommunalen Trägers nicht erfüllen können, werden wir gebeten, dies zu erklären	3.606	1.1097	1	5	249
Die Prozesse, die vom Unternehmen angewandt werden, um eine Aufgabe zu erfüllen, werden vom kommunalen Träger überprüft	2.436	1.118	1	5	250
Der kommunale Träger versucht, nicht funktionierende Prozesse im Unternehmen zu modifizieren	2.136	1.078	1	5	250

So stimmten mehr als die Hälfte der befragten Organisationen der Aussage zu, dass der Träger Leistungs- und/oder Wirkungsziele definiere und eine Überprüfung der Leistungs- und/oder Wirkungsziele vornehme. 147 Unternehmensvertreter erklärten, dass sie bei schwachen Leistungen um eine Stellungnahme gebeten werden. Auch von einer Übersteuerung der Prozesse kann in der vorliegenden Empirie nicht gesprochen werden. Die klassische Budgetsteuerung tritt damit tendenziell für den Großteil der privatrechtlichen Beteiligungen zu Gunsten einer Output-Perspektive in den Hintergrund. Was genau die befragten Manager unter Leistungs- und Wirkungszielen verstehen, lässt allerdings einen gewissen Interpretationsspielraum zu und bedarf weiterführender Studien.

Untersucht man die Anwendung der Instrumente im Hinblick auf die Dimensionen der Managementautonomie, so zeigt sich deutlich, dass unterschiedliche Instrumente genutzt werden, um auf die verschiedenen Autonomiebereiche einzuwirken. Die folgende Tabelle illustriert die Partialkorrelationen für die verschiedenen Steuerungsinstrumente:

*Tabelle 24. Paarweise Korrelationen zwischen Autonomiefaktoren und Steuerungsinstrumenten (Eigene Darstellung); ** p<0.05 *p<0.1; n=167–168; ° Zusätzliche Absicherung durch robuste Regression: Signifikanz auf 5% Niveau*

VARIABLEN	Faktor 1 Personal	Faktor 2 Generelles	Faktor 3 Preise	Faktor 4 Strategie
Besetzung von Schlüsselpositionen (Aufsichtsrat; Geschäftsführung)	0.04 (0.63)	-0.18** ° (0.02)	-0.01 (0.93)	-0.03 (0.69)
Inputsteuerung über das Budget oder einen Stellenplan	-0.24** ° (0.00)	-0.20** ° (0.01)	-0.17** ° (0.03)	-0.23** ° (0.00)

VARIABLEN	Faktor 1 Personal	Faktor 2 Generelles	Faktor 3 Preise	Faktor 4 Strategie
Regelmäßige Sitzungen zwischen Kommunalvertretern und der Unternehmensführung	-0.19** ° (0.01)	-0.12 (0.12)	-0.08 (0.32)	-0.10 (0.19)
Telefonkontakt bzw. Informelle Treffen zwischen Kommunalvertretern und der Unternehmensführung	-0.19** ° (0.01)	-0.18** ° (0.02)	-0.07 (0.36)	-0.01 (0.86)
Corporate Governance Code oder Beteiligungsrichtlinie	0.00 (0.95)	-0.04 (0.58)	0.18** ° (0.02)	0.13 (0.11)
Regelmäßige Qualitätsüberprüfungen	-0.13* ° (0.09)	-0.13* ° (0.08)	-0.09 (0.23)	0.05 (0.48)
Anreizpläne oder variable Vergütung für das Top Management	0.14* (0.07)	-0.24** ° (0.00)	-0.02 (0.76)	0.19** (0.01)
Unterjähriges Berichtswesen nicht fin. Ziele	-0.06 (0.46)	-0.13* ° (0.08)	-0.10 (0.18)	0.01 (0.90)
Kommunaler Konzernabschluss (Dummy aus Sekundärrecherche)	-0.063 (0.42)	0.0516 (0.52)	-0.005 (0.95)	0.195** (0.013)

Während für die traditionelle Inputsteuerung wie angenommen ein durchweg negativer Zusammenhang mit allen Autonomiebereichen besteht, scheint die externe Besetzung der Schlüsselpositionen vor allem auf generelle Managemententscheidungen einzuwirken. Dies steht im Einklang mit den gewonnenen Erkenntnissen zu den wichtigsten Steuerungsakteuren aus dem vorherigen Abschnitt.

Auch die Effekte von Qualitätsüberprüfungen durch die Kommune sind nachvollziehbar, denn diese scheinen einen negativen Effekt auf die Autonomie bei generellen Managementpraktiken ausüben. Ebenso verhält es sich mit der Überprüfung nichtfinanzieller Zielgrößen, die zwar keinen Effekt auf Personal- oder Preisentscheidungen ausüben, sich jedoch in der generellen Managementautonomie der Organisation niederschlägt. Rechnet man mit robusten Regressionsgleichungen nach Li (1985), um den Einfluss von Ausreißern zu begrenzen, so verstärken sich diese Zusammenhänge und zeigen Signifikanz auf 5% Niveau. Bei Anwendung robuster Regressionsgleichungen entfallen darüber hinaus alle positiven Signifikanzen für die variable Vergütung. Erhalten bleibt lediglich der signifikante, negative Zusammenhang zur generellen Managementautonomie.

Die Einführung des kommunalen Konzernabschlusses bei den Kommunen wurde im Rahmen einer Sekundärrecherche als Dummy-Variable hinzugefügt. Wir stellen fest, dass ein signifikant positiver Zusammenhang zur strategischen Autonomie der Unternehmen besteht. Es lässt sich spekulieren, dass der Konzernabschluss die Kommunen davon abhält, unnötige Finanzierungsgeschäfte über die Unternehmen abzuwickeln. Es handelt sich allerdings um eine voreilige Schlussfolgerung. Rechnen wir mit einer robusten Regressionsgleichung nach Li (1985), so entfällt der signifikante Effekt vollständig, weil vier Ausreißer in den Beobachtungen die Ergebnisse stark verzerren.

Die informelle Steuerung, die in Studien zur Accountability als ein zentraler Steuerungsmechanismus im öffentlichen Sektor identifiziert wurde (Romzek et al. 2014: 813ff.), steht in einem signifikanten Zusammenhang mit Personalentscheidungen. Informelle Mechanismen wie Treffen oder Telefongespräche werden von der Kommunalverwaltung auch genutzt, um generelle Managemententscheidungen zu lenken. Letztendlich ist die Steuerungswirkung der Governance Kodizes zu untersuchen. Nach Meinung der OECD sollen Governance Kodizes dazu beitragen, dass den einzelnen Unternehmen mehr operative Freiheiten zugestanden werden (OECD 2014a: 15). Interessanterweise scheinen sich diese Freiheiten in den Kommunen der Stichprobe vor allem in der Preissetzung der Unternehmen niederzuschlagen. Stärker operative Managementbereiche wie Personal, Vertrieb oder Produktion sind von der Einführung eines Kodex oder einer Beteiligungsstrategie nicht direkt betroffen.

In Anbetracht der zurückliegenden Diskussionen um die tatsächliche Steuerungswirkung der Kodizes überrascht diese erste Erkenntnis stark (Leixnering und Bramböck 2013: 170ff.; Papenfuß 2013b: 302ff.). Um das Ergebnis stärker zu validieren, wurde die Variable „Governance Kodex oder Beteiligungsstrategie“ zusammen mit Branchenvariablen und Kontrollvariablen zu Rechtsform, Eigentum und Größe in einer OLS-Regression auf Preisautonomie getestet. Für eine bessere Übersichtlichkeit wurden Brancheneffekte aus der Tabelle entfernt, diese können allerdings vom Autor eingefordert werden. Der signifikante Effekt bleibt erhalten, selbst wenn für Standardfehler korrigiert wird, die durch die Abweichungen aus den Bundesländern entstehen. Eine vollständige Regression mit allen Kontrollvariablen lässt sich vom Autor einfordern, der Übersicht halber werden hier nur die wichtigsten Variablen aufgeführt:

*Tabelle 25. OLS-Regression Corporate-Governance-Kodex (Eigene Darstellung); *** p<0.01 ** p< 0.05 *p<0.1; Robuste Standardfehler in Klammern; Hinweis: Es wurde für die Brancheneffekte, Größe, Rechtsform, Privatkapital und Subventionen kontrolliert; Es wurde für die Standardfehler der Bundesländer korrigiert*

VARIABLEN	**Preisautonomie**
Public-Corporate-Governance-Kodex	0.178**
	(0.0596)
Private Rechtsform	0.334**
	(0.145)
Großes Unternehmen	-0.0193
	(0.0512)
Private Anteilseigner	-0.390
	(0.281)
Kommunale Subventionen	-0.0265
	(0.0294)
Konstante	-0.712**
	(0.321)
Beobachtungen	141
R-Quadrat	0.412

Es lässt sich auch unter Hinzuziehung der Kontrollvariablen ein Zusammenhang zwischen Preisautonomie und Einsatz der Governance Kodizes ausmachen. Ersetzt man die subjektive Einschätzung der Befragten zum Instrument Kodex durch die Dummy Variable „Kodex", die aus einer Sekundärrecherche für alle Kommunen mit verabschiedetem Kodex gewonnen werden konnte, stellt man in der Replikation einen ähnlich starken, signifikanten Effekt in die gleiche Richtung fest ($p<0.05$). Ein potenzieller Common-Method-Bias kann dadurch relativ gut ausgeschlossen werden.

Wie aber lässt sich dieser unerwartete Zusammenhang erklären? Der Governance Kodex ist streng genommen kein Controlling-Instrument. Vielmehr besitzt er das Potenzial, alle politischen Akteure der Kommune miteinzubeziehen und deren Handlungen zu ordnen (Papenfuß 2013b: 304ff.). Ein Kodex trägt von seiner Konzeption her dazu bei, Kompetenz und Expertise der Aufsichtsräte zu verbessern und Interessenkonflikte zwischen Steuerungsgremien zu vermeiden (OECD 2014a). Dadurch kann er vertrauensbildend wirken. Sekundäranalysen zeigen darüber hinaus, dass sich der durchschnittliche, prozentuale Anteil an Politikern im Aufsichtsrat mit Verabschiedung eines Governance Kodex signifikant reduziert:

*Tabelle 26. Bivariater Zusammenhang zwischen Vorhandensein eines Corporate-Governance-Kodex und durchschnittlicher Anzahl der Politiker im Aufsichtsrat; n=167 (Eigene Darstellung); ** $p<0.05$*

VARIABLEN	**Politiker im Aufsichtsrat (in %)**
Kommune mit Governance Kodex	-0.1725**
(n=167)	(0.0258)

Eine erste, plausible Interpretationsmöglichkeit für den Analysebefund zur Preisautonomie wäre, dass mit Verabschiedung eines Corporate-Governance-Kodex der Einfluss des Gemeinderates faktisch vermindert wird. Möglicherweise stärkt die intensive Anwendung der Kodizes zusätzlich die Planungssicherheit der Geschäftsführer. Dies fördert dann wiederum die Unabhängigkeit der Unternehmen für Preisentscheidungen und mündet in einer vertrauensvolleren Zusammenarbeit. Eventuell wirkt die größere Unabhängigkeit und Expertise der Aufsichtsratsmitglieder auch als zusätzlicher Puffer gegenüber unwirtschaftlichen Regulierungsentscheidungen. Weitere Analysen beweisen, dass eine verstärkte Anwendung von Kodizes die Einschätzung der Fachexpertise für die Aufsichtsräte erhöht und die von den Geschäftsführern empfundene Informationsüberlastung der Aufsichtsräte vermindert:

*Tabelle 27. Bivariater Zusammenhang zwischen Anwendung der Kodizes, Expertise und Informationsüberlastung im Aufsichtsrat; n=192–197 (Eigene Darstellung); *** $p<0.01$ ** $p< 0.05$*

VARIABLEN	**Anwendung Kodex**	**Fachexpertise im AR**	**Informationsüberlastung im AR**
Fachexpertise des AR	0.25***	1.00	
	(0.0005)		
Informationsüberlastung des AR	-0.17**	-0.46***	1.00
	(0.02)	(0.000)	

Beide Interpretationen sind lediglich Vermutungen und bedürfen weiterführender Analysen. Festzuhalten bleibt, dass das Instrument Corporate-Governance-Kodex in der Stichprobe Steuerungswirkungen entfaltet und das Potenzial besitzt, die Expertise der Aufsichtsräte zu steigern oder deren Informationsüberlastung zu vermindern. Durch die gezieltere Vermeidung von Interessenkonflikten zwischen den Gremien stellen sich also einige positive Effekte ein. Die Anwendung eines Kodex kann dazu führen, dass die Preisautonomie der Unternehmen im Verhältnis zur Kommune steigt. Preise ergeben sich dann weniger durch lokale, politische Prioritäten und richten sich eher nach der Gesetzeslage in der jeweiligen Branche.

4.6 Aufsichtsratsvariablen

Nach den Steuerungsinstrumenten sollen in diesem Analyseabschnitt nun insbesondere die Public-Corporate-Governance-Variablen betrachtet werden, die das Verhältnis zum Aufsichtsrat der Organisationen beschreiben. Besonders die Zusammensetzung des Aufsichtsrates, Dynamiken im Aufsichtstrat und die Rolle, die ein Aufsichtsrat effektiv wahrnimmt, gelten als wichtig für Unternehmenserfolg und Konformität (Cornforth und Chambers 2010: 99ff.).

Die Analyse soll den Schwerpunkt daher auf die von den Geschäftsführern empfundene Rolle der Aufsichtsräte legen. Ebenso wurden metrische Variablen zur Zusammensetzung der Aufsichtsräte abgefragt. Insbesondere die Besetzung des Gremiums mit Politikern wird immer wieder kritisch aufgegriffen (Whincop 2005: 78ff.). Prozesse und Dynamiken im Aufsichtsrat konnten aufgrund des begrenzten Fragebogenumfangs nicht mitabgefragt werden.

In den strukturellen Variablen sind auf den ersten Blick drei interessante Zusammenhänge zu erkennen. Zunächst scheint es so, als verfügen solche Unternehmen, die viele Personalvertreter in ihrem Aufsichtsrat haben, über eine signifikant höhere Personalautonomie. Dieser Zusammenhang ist in umgekehrter Richtung durchaus plausibel, denn gerade bei sehr großen, privatrechtlichen Unternehmen mit höherer Personalautonomie ist der Anteil Arbeitnehmervertreter in den Aufsichtsräten verpflichtend vorgeschrieben (§1.1.3 DrittelbG; §1.1 MitBestG).

*Tabelle 28. Korrelationstabelle zur Struktur der Aufsichtsräte (Eigene Darstellung); *** $p<0.01$ ** $p<0.05$ *$p<0.1$; n= 69–125; Signifikanzlevel in Klammern: Skalenniveau: metrisch; ; ° Zusätzliche Absicherung durch robuste Regression nach Li (1985): Signifikanz auf 5% Niveau*

	Faktor 1 Personal	**Faktor 2 Generelles**	**Faktor 3 Preise**	**Faktor 4 Strategie**
Anzahl Verwaltungsmitarbeiter im Aufsichtsgremium (n=113)	0.02 (0.85)	0.07 (0.46)	-0.06 (0.54)	-0.01 (0.94)
Größe des Aufsichtsrates (n=147)	0.11 (0.19)	0.07 (0.39)	-0.19** ° (0.02)	0.03 (0.73)
Anzahl Politiker im Aufsichtsgremium (n=125)	-0.08 (0.36)	0.09 (0.32)	-0.16* (0.07)	-0.19** (0.04)

	Faktor 1 Personal	Faktor 2 Generelles	Faktor 3 Preise	Faktor 4 Strategie
Anzahl Personalvertreter im Aufsichtsgremium (n=84)	0.28** ° (0.01)	-0.05 (0.67)	0.00 (0.97)	-0.01 (0.94)
Anzahl Externe im Aufsichtsgremium (n=69)	-0.15 (0.21)	0.08 (0.51)	-0.13 (0.27)	0.07 (0.55)
Anzahl der Frauen im Aufsichtsgremium (n=121)	0.03 (0.78)	0.16* ° (0.07)	-0.13 (0.15)	0.01 (0.88)

Zum anderen stellen wir fest, dass bei Aufsichtsräten mit sehr vielen Politikern ein signifikanter, negativer Zusammenhang zur strategischen Autonomie des Unternehmens besteht. Die Interessekonflikte bei Politikern könnten dazu führen, dass sie ihre Rolle anders als vom politischen Erfolg unabhängige Aufsichtsratsmitglieder interpretieren (Papenfuß 2013: 78f.). In der robusten Regression unter Berücksichtigung von Ausreißern konnte dieser Zusammenhang allerdings nicht validiert werden[29]. Drittens wirkt sich die Größe der Aufsichtsräte negativ auf die Preisautonomie der Unternehmen aus. Der Verfasser vermutet, dass sehr große Aufsichtsräte eine heterogenere Struktur aufweisen, was den Prozess der Entscheidungsfindung schwieriger und langwieriger macht (Papenfuß 2013a: 226). Dadurch könnte sich die Machtposition bei großen, strategisch wichtigen Unternehmen in Richtung des Gemeinderates verschieben. Politische Preisentscheidungen wären leichter durchzusetzen.

In einem zweiten Schritt sollen die strukturellen Variablen mit der fachlichen Einschätzung der Geschäftsführer verknüpft werden. In der Debatte um effektivere Aufsichtsräte wird oft auf eine mangelnde, fachliche Eignung der entsendeten Politiker hingewiesen (Papenfuß 2013a: 73). Vielfach bestehen keine oder nur schwache Vorkenntnisse im betriebswirtschaftlich-technischen Bereich. Ein weiterer, populärer Kritikpunkt betrifft die zeitliche Überbelastung der Mitglieder (Papenfuß 2013a: 71ff.). Die Annahmen lassen sich vorerst mit folgender Korrelationstabelle zur empfundenen Expertise und Informationsüberlastung der Aufsichtsräte überprüfen:

29 p=0.697 bei Anwendung der robusten Regression, die Ausreißer in den Beobachtungen schwächer gewichtet.

*Tabelle 29. Korrelationstabelle zu Struktur und wahrgenommener Fachlichkeit der Aufsichtsräte (Eigene Darstellung); *** p<0.01 ** p<0.05 *p<0.1; Signifikanzlevel in Klammern; ° Zusätzliche Absicherung durch robuste Regression nach Li (1985): Signifikanz auf 5% Niveau*

VARIABLEN	**Durchschn. Fachkenntnis**	**Durchschn. Informationsüberlastung**
Informationsüberlastung	-0.46*** °	1.00
(n=193)	(0.00)	(0.00)
Dauer der Amtszeit	0.13*	0.05
(n=197)	(0.067)	(0.51)
Mehrfachpositionen	0.07	0.20** °
(n=193)	(0.34)	(0.0046)
Größe des AR	-0.27*** °	0.25*** °
(n=198)	(0.0002)	(0.0005)
Anzahl Verwaltungsmitarbeiter	-0.06	0.03
(n=155)	(0.49)	(0.337)
Politiker im AR (in %)	-0.30*** °	0.23*** °
(n=169)	(0.0001)	(0.0031)
Personalvertreter im AR (in %)	-0.09	-0.23** °
(n=107)	(0.33)	(0.0166)

Nach Ansicht der Geschäftsführer scheinen Aufsichtsräte mit sehr hohem Politikeranteil tatsächlich unter einem fachlichen Defizit zu leiden. Außerdem glauben die Geschäftsführer, dass stark politisch besetzte Aufsichtsräte mit der Menge der Informationen überfordert sind. Da viele Ratsmitglieder lediglich ehrenamtlich tätig sind, haben sie ein niedrigeres Zeitkontingent und können ihren Aufgaben nur in geringerem Maße gerecht werden als Hauptamtliche (Papenfuß 2013a: 81f.). Dies ist ebenfalls der Fall, wenn es sich um ein größeres Aufsichtsgremium handelt oder die Mitglieder in der Wahrnehmung der Geschäftsführer besonders viele Mehrfachpositionen innehaben.

Wie aber verhalten sich diese fachlichen Variablen zur Managementautonomie? Entgegen der Erwartungen nimmt die wahrgenommene Expertise des Aufsichtsrates in unserem Sample keinen signifikanten Einfluss auf die Managementautonomie. Möglicherweise schlägt sich die Fachkenntnis der Aufsichtsräte aber stark in den Entscheidungen der Unternehmen und im letztendlichen Unternehmenserfolg nieder. Hier bedarf es sicherlich weiterführender, empirischer Forschung.

*Tabelle 30. Korrelationstabelle zu Rolle und Belastung der Aufsichtsräte (Eigene Darstellung); *** p<0.01 ** p<0.05 *p<0.1; n= 137–140; Signifikanzlevel in Klammern; ° 5% Signifikanzniveau bei robuster Regression nach Li (1985)*

	Faktor 1 Personal	**Faktor 2 Generelles**	**Faktor 3 Preise**	**Faktor 4 Strategie**
Fachkenntnis des Aufsichtsrates (n=140)	0.07	-0.15*	0.10	0.04
	(0.43)	(0.07)	(0.22)	(0.63)
Durchschnittliche Amtszeit des Aufsichtsrates (n=140)	0.13	-0.07	0.07	0.12
	(0.14)	(0.41)	(0.43)	(0.16)
Viele Mehrfachpositionen der Mitglieder (n=137)	-0.10	0.10	-0.13	0.11
	(0.24)	(0.24)	(0.13)	(0.20)
Informationsüberlastung der Aufsichtsräte (n=139)	-0.16*	0.18**	-0.19** °	-0.02
	(0.06)	(0.03)	(0.03)	(0.81)
Rolle als Kontrollgremium (n=140)	-0.15*	-0.18** °	-0.08	0.17** °
	(0.08)	(0.03)	(0.37)	(0.04)
Rolle als Partner und Berater (n=139)	0.02	-0.08	0.07	0.07
	(0.78)	(0.36)	(0.40)	(0.38)
Rolle als Ressource (n=140)	-0.18**	-0.16*	0.03	0.12
	(0.03)	(0.05)	(0.74)	(0.15)
Rolle als Strategischer Impulsgeber (n=140)	0.02	-0.15*	0.21** °	0.13
	(0.80)	(0.08)	(0.01)	(0.13)

Besteht eine hohe Informationsüberlastung im Aufsichtsrat, so nehmen die Geschäftsführer eine signifikant größere, generelle Entscheidungsfreiheit für ihr Unternehmen wahr. Der Grund liegt vermutlich darin, dass sich auch politisch motivierte Aufsichtsräte nicht intensiv genug mit den Unternehmensberichten beschäftigen können. Die Informationsüberlastung steht gleichzeitig in einem negativen Zusammenhang zur jeweiligen Preisautonomie. Wir können vermuten, dass überlastete Aufsichtsräte politische Preiseingriffe aufgrund der begrenzten Informationsverarbeitung stärker tolerieren.

Die weitere Analyse betrifft die Interpretation der Rolle des Aufsichtsrates. Nach dem Gesetz ist der Aufsichtsrat als ein Kontroll- und Aufsichtsgremium anzusehen. Die Aufgaben erstrecken sich auf die Überwachung der Geschäftsführung und die Absegnung von zustimmungspflichtigen Geschäften (Ganske 2005: 52ff.). Darüber hinaus soll das Gremium eine Beratungsfunktion übernehmen (KPMG 2013: 8).

Interpretiert das Gremium seine Rolle stark gesetzeskonform und kommt seinen Aufsichtspflichten nach, so wirkt sich dies negativ auf die generelle

Managementautonomie des Unternehmens aus, denn mit der Kommune vereinbarte Ziele des Unternehmens werden evaluiert und hinterfragt. Eine strategische Interpretation der Rolle des Aufsichtsrates bringt dagegen wichtige Freiheiten für die Unternehmen mit sich. Wenn die Aufsichtsratsmitglieder aktiv Impulse geben und Prioritäten für die Unternehmensführung mittragen oder betonen, kann dies eine positive Auswirkung auf die Preisautonomie der Unternehmen entfalten und den Einflussbereich des Gemeinderates begrenzen. Nur in Unternehmen mit geringer Personalautonomie begreifen Geschäftsführer den Aufsichtsrat als eine wichtige Ressource (Pfeffer und Salancik 1978). Die Partner- und Beraterrolle (Donaldson und Davis 1991) bringt keine zusätzlichen Flexibilisierungen der Unternehmen mit sich.

Weiterführend zur Rolle des Aufsichtsrats lässt sich der Board Self Assessement Questionnaire (BSAQ) betrachten, der oftmals zitiert wird, wenn es um die Beurteilung der Effektivität von Steuerungsgremien geht (Chait et al. 1993; Emslie 2007; Ugboro und Obeng 2009). Erzielen die Aufsichtsräte hohe Werte in allen Dimensionen, so gelten sie als relativ kompetent und effektiv. Fragebogen Items wurden in den Dimensionen Strategie, Politik, Reflexion und Analyse abgefragt, weil diese Aufgaben denen eines deutschen Aufsichtsrates noch am nächsten stehen. Die ersten drei Fragen beziehen sich auf die strategische Funktion von Aufsichtsräten, danach folgen zwei Fragen zur politischen Funktion, zwei zur Reflexion und zwei Fragen zur analytischen Perspektive. Alle Fragen wurden von den verantwortlichen Geschäftsführern in Bezug auf ihren Aufsichtsrat beantwortet und unterliegen damit einem Key-Informant-Bias, wir müssen die Interpretation daher mit äußerster Vorsicht betrachten:

*Tabelle 31. Korrelationstabelle zur Effektivität der Aufsichtsräte (Eigene Darstellung); *** p<0.01 ** p<0.05 *p<0.1; n= 134–140 für Autonomie; n=181–196 für Fachkenntnis; Signifikanzlevel in Klammern*

Der Aufsichtsrat...	**Faktor 1 Personal**	**Faktor 2 Generelles**	**Faktor 3 Preise**	**Faktor 4 Strategie**	**Fach-Kenntnis**
...konzentriert sich auf Prozesse, die die organisationalen Prioritäten schärfen	-0.09 (0.28)	-0.22** (0.01)	-0.05 (0.52)	0.29*** (0.00)	0.398*** (0.00)
...lenkt die Aufmerksamkeit auf Prioritäten und Entscheidungen von strategischer Bedeutung	-0.00 (1.00)	-0.13 (0.13)	0.12 (0.17)	0.11 (0.19)	0.439*** (0.000)
...antizipiert potenzielle Probleme, bevor es dringlich wird	-0.02 (0.85)	-0.17* (0.05)	0.01 (0.93)	0.11 (0.18)	0.48*** (0.00)

Der Aufsichtsrat...	Faktor 1 Personal	Faktor 2 Generelles	Faktor 3 Preise	Faktor 4 Strategie	Fach-Kenntnis
...respektiert die legitimen Rollen und Verantwortlichkeiten der Stakeholder	0.03 (0.74)	-0.11 (0.20)	0.01 (0.94)	0.29*** (0.00)	0.376*** (0.00)
...berät sich oft mit wichtigen Stakeholdern	0.09 (0.32)	-0.16* (0.06)	0.12 (0.16)	0.14 (0.10)	0.41*** (0.00)
...sucht regelmäßig nach Informationen und Feedback zur eigenen Effektivität	0.02 (0.80)	-0.27*** (0.00)	-0.09 (0.29)	0.10 (0.24)	0.44*** (0.00)
... nimmt sich Zeit zur Selbstreflexion und zur Einschätzung der eigenen Stärken, Fehler und Schwächen	-0.02 (0.85)	-0.17** (0.04)	0.02 (0.83)	0.04 (0.66)	0.43*** (0.00)
...sucht stark und aktiv nach konkreten Informationen	0.03 (0.70)	-0.27*** (0.00)	0.07 (0.42)	0.00 (0.99)	0.45*** (0.00)
...erkennt, dass komplexe Probleme selten perfekte Lösungen aufweisen	0.13 (0.14)	-0.08 (0.35)	-0.06 (0.51)	0.05 (0.58)	0.43*** (0.00)

Alle Items stehen, wie angenommen, in positivem Zusammenhang zur wahrgenommenen Expertise im Aufsichtsrat. Der BSAQ-Index ist für die vier verwendeten Dimensionen relativ gut geeignet, die Performance der Aufsichtsräte abzufragen. Weitere Analysen zeigen, dass alle Variablen gleichzeitig in einem signifikant negativen Zusammenhang zur Informationsüberlastung der Räte stehen. Dies ermöglicht es uns, einige Aussagen zur Managementautonomie zu treffen.

Die Ergebnisse legen nahe, dass ein effektiver Aufsichtsrat, der sich stark mit der Zielbildung auseinandersetzt die enpfundene, generelle Managementunabhängigkeit der Organisationen begrenzt. Im Hinblick auf strategische Entscheidungen kann eine Schärfung der Prioritäten durch den Aufsichtsrat mit einer größeren Unabhängigkeit der Unternehmensentscheidungen einhergehen. Agiert das Gremium so, dass die Wünsche verschiedener, wichtiger Stakeholder berücksichtigt werden, so wird dem Unternehmen aber eine größere strategische Autonomie zugestanden. Dies bestätigt die Annahmen von Thomasson (2009), die auf Basis von Fallstudien annimmt, dass es gerade bei öffentlichen Unternehmen eine wichtige Aufgabe der

Gremien darstellt, eine Mediatorrolle zwischen verschiedenen Stakeholdern einzunehmen, um die Handlungsfähigkeit der Organisation sicherzustellen (Thomasson 2009: 149ff.). Ist ein Aufsichtsrat darüber hinaus sehr kritisch gegenüber seinem eigenen Verhalten, versucht es zu verbessern und neigt zur Selbstreflexion, so wirkt sich dies signifikant negativ auf die generelle Entscheidungsfreiheit der Geschäftsführer aus. Ein ähnliches Bild zeigt sich, wenn der Aufsichtsrat aktiv nach konkreten Informationen sucht. Wir können vermuten, dass insbesondere kritisch-analytische Aufsichtsräte die zur Verfügung stehenden Daten stark hinterfragen, die Geschäftsführer damit konfrontieren und die Zielerreichung, anders als angenommen, auch im Hinblick auf Gemeinwohl und Kommune beurteilen.

Nun werden die signifikanten Zusammenhänge mit den strukturellen Aufsichtsratsvariablen Anzahl Politiker (in %) und Größe des Aufsichtsrates in einem gemeinsamen OLS-Regressionsmodell untersucht, um deren Erklärungsbeitrag zu überprüfen. Hierfür wurde die Anzahl der Politiker im Aufsichtsrat zur Größe ins Verhältnis gesetzt. Als Kontrollvariablen fungieren Branche, Rechtsform, Größe, Beteiligtes Privatkapital, Vorjahresgewinn und Verschuldungsgrad. Darüber hinaus wurde für Standardfehler durch die Bundesländerunterschiede kontrolliert. Weitere Modelle für die Variablen Personalvertreter und Verwaltungsmitarbeiter ergaben keine signifikanten Zusammenhänge.

*Tabelle 32. OLS-Regression Aufsichtsrat (Eigene Darstellung); *** $p<0.01$ ** $p<0.05$ *$p<0.1$; Robuste Standardfehler in Klammern; Es wurde für die Brancheneffekte, Größe, Rechtsform, Privatkapital, Vorjahresgewinn und Verschuldungsgrade kontrolliert; Es wurde für die Standardfehler der Bundesländer korrigiert*

VARIABLEN	**Faktor 1 Personal**	**Faktor 2 Generelles**	**Faktor 3 Preise**	**Faktor 4 Strategie**
Anzahl Politiker im AR	0.454	0.256	-0.343	-1.012**
(in %)	(0.418)	(0.665)	(0.398)	(0.466)
Größe AR	0.0381	0.0378	0.000935	-0.0374**
	(0.0371)	(0.0285)	(0.0298)	(0.0172)
Private Rechtsform	0.462	0.116	0.600	-0.153
	(0.396)	(0.339)	(0.373)	(0.476)
Großes Unternehmen	-0.00172	0.142	0.406*	0.632
	(0.224)	(0.299)	(0.195)	(0.388)
Gewinn in 2012	-2.12e-09	-9.01e-10	1.20e-09	4.23e-09**
	(1.57e-09)	(3.19e-09)	(3.39e-09)	(1.43e-09)
Verschuldungsgrad	-0.000928	0.000758	-0.000534*	0.000586
	(0.000745)	(0.000556)	(0.000297)	(0.00122)

VARIABLEN	**Faktor 1 Personal**	**Faktor 2 Generelles**	**Faktor 3 Preise**	**Faktor 4 Strategie**
Privates Eigentum	0.259	-0.641	-0.757	0.0413
	(0.476)	(0.721)	(0.457)	(0.237)
Konstante	-0.929	-0.471	-0.468	0.962*
	(0.525)	(0.551)	(0.343)	(0.485)
Beobachtungen	90	90	90	90
R-Quadrat	0.383	0.246	0.391	0.425

Die Modelle mit Brancheneffekten sind auf Anfrage beim Autor erhältlich, aus Illustrationsgründen wurde auf eine vollständige Präsentation verzichtet. Aufgrund der geringen Fallzahl von lediglich 90 Beobachtungen sollte man keine voreiligen Schlüsse aus den Ergebnissen ziehen. Weil mittels Drittvariablen für Größenunterschiede und den wirtschaftlichen Erfolg der Unternehmen kontrolliert wurde, lässt sich zumindest ein Common-Method-Bias ausschließen (Favero und Bullock 2015). Der Erklärungsgehalt der verschiedenen Modelle liegt relativ hoch und alle Modelle zeigen signifikante F-Tests. Die Varianz-Inflations-Faktoren (VIF) liegen in den zulässigen Grenzen. Im Besonderen ist darauf hinzuweisen, dass die Annahme normalverteilter Residuen in Modell vier laut Shapiro-Wilk Test verletzt wurde. Um die Ergebnisse abzusichern, wurde die Bootstrapping-Methode angewandt. 10.000 Replikationen mit der Bootstrapping-Methode ergaben ebenfalls einen signifikanten Wert für den Anteil der Politiker im Aufsichtsrat. Das Signifikanzniveau für die Größenvariable konnte nicht validiert werden.

Unter Kontrolle von Drittvariablen zeigt sich, dass die durchschnittliche Anzahl der Politiker im Aufsichtsrat eine signifikant negative Wirkung auf die strategische Managementautonomie der Unternehmen ausübt. Andere Zusammenhänge lassen sich nicht validieren. Durch die Kontrolle für Aufsichtsratsvariablen verlieren die Effekte der privaten Rechtsform an Signifikanz. Weiterführende Brancheneffekte treten in den angenommenen Richtungen auf. In einem letzten Modell sollen die Zusammenhänge mit Aufsichtsratsvariablen getestet werden, die auf Basis der verwendeten Theorien aufgestellt wurden. Dabei werden vor allem die Items des BSAQ berücksichtigt (Ugboro und Obeng 2009: 247). Items zur Reflexionsfähigkeit wurden mittels Konfirmatorischer Faktorenanalyse (CFA) zu einem gemeinsamen Faktor „Reflektierendes Board“ zusammengefasst, solche zur Strategiefähigkeit zum Faktor „Strategisches Board“, Fragen zur Berücksichtigung der Stakeholder als „Politisch-strategisches Board“ und solche zur Analysefähigkeit als „Analytisches Board“:

*Abbildung 9. CFA-Faktorladungen zur Effektivität der Aufsichtsräte nach BSAQ; *** p<0.01; n=173*

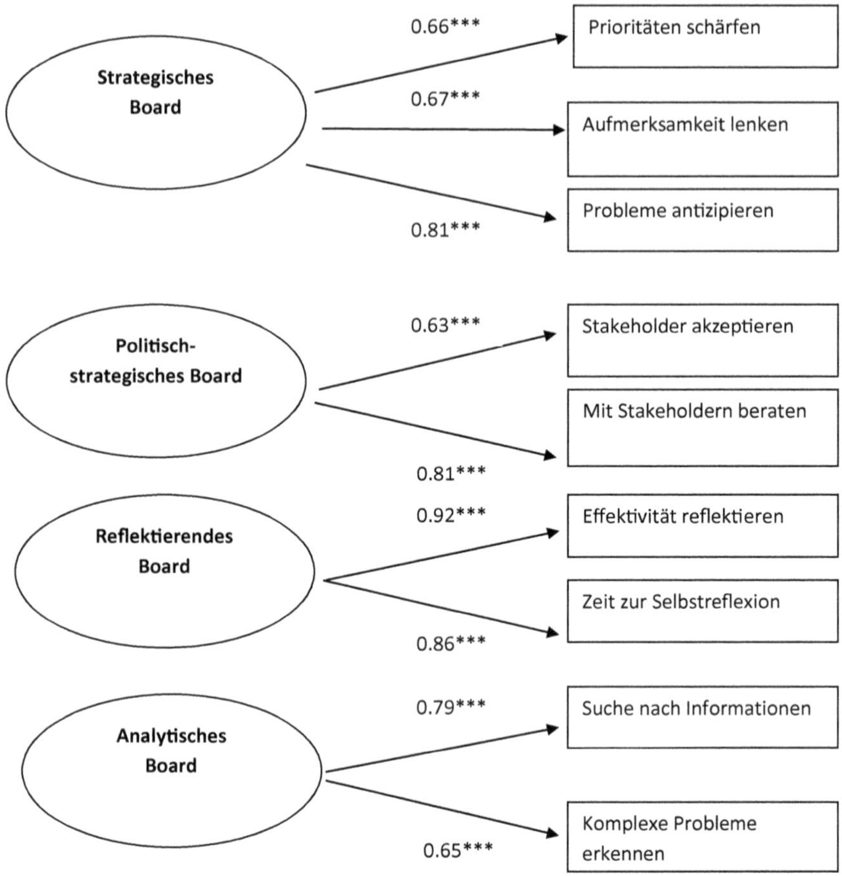

„Das Grundprinzip der CFA beruht auf der Maximum-Likelihood-Methode" (Bortz 2005: 560). Dieser Ansatz sucht nach gemeinsamen Varianzparametern im Sample und spezifischen Varianzparametern von Variablen, die ein Zustandekommen der postulierten Korrelationsmatrix maximieren (Bortz 2005: 560). Bei der konfirmatorischen Analyse werden im Vorhinein Hypothesen bezüglich der Anzahl der Faktoren aufgestellt (Bortz 2005: 561). Mit besonderen Anpassungstests kann dann überprüft werden, inwiefern eine signifikante Abweichung der empirisch ermittelten Matrix von den postulierten Hypothesen vorliegt (Bortz 2005: 561). "Mittels Fit-Indizes wird überprüft, ob die Abweichung der empirisch ermittelten Ladungsmatrix von der hypothetisch angenommenen Ladungsmatrix zufällig oder statistisch bedeutsam ist“ (Bortz 2005: 561). Alle Faktoren erzielen relativ gute Faktorladungen in den angenommenen Richtungen. Die Goodness of Fit-Indizes für das Modell liegen wie folgt vor:

Tabelle 33. Goodness of Fit-Indizes für das CFA-Modell zu BSAQ-Variablen

FIT STATISTIK	**Wert**
Likelihood Ratio	
Chi-Quadrat Statistik (ms21)	31.176
p>Chi-Quadrat	0.071
Chi-Quadrat Statistik (bs36)	676.95
p>Chi-Quadrat	0.000
Population Error	
RMSEA (Approximationsdiskrepanzwurzel)	0.053
90% CI, lower bound	0.000
upper bound	0.09
Pclose	0.415
Baseline Comparison	
Comparative Fit Index	0.984
Tucker-Lewis Index	0.973

Indizes wie der CFI geben an, ob die Güte eines Modells näher an einem Unabhängigkeitsmodell liegt, in welchem alle manifesten Variablen als unkorreliert angenommen wurden oder ob sie sich einem saturierten Modell annähert, welches einen perfekten Fit von 1 aufweist (Backhaus et al. 2006: 381). Der Comparative Fit Index (CFI) berücksichtigt zusätzlich die Zahl der Freiheitsgrade (Backhaus et al. 2006: 381). Der Tucker-Lewis-Index (TLI) erweist sich als relativ robust gegen Größenveränderungen des Samples (Marsh et al. 1988: 391). Zusätzlich kann man die Approximationsdiskrepanzwurzel (RMSEA) eines Modells ermitteln. „Mit dem RMSEA wird geprüft, ob das Modell die Realität hinreichend gut approximiert“ (Backhaus et al. 2006: 381). Bei Werten unterhalb von 0.08 spricht man von einem akzeptablen Modellfit (Backhaus et al. 2006: 382).

Eine Evaluation anhand der Fit-Indizes zeigt, dass das Modell zwar insgesamt noch verbesserungswürdig ist, allerdings bereits sehr gute Fit-Indizes erzielt. Zwar ist die Chi-Quadrat-Statistik knapp im 10%-Niveau signifikant, McDonald und Marsh (1990: 247) bezweifeln aber die Güte dieses Tests, denn ab einer bestimmten Samplegröße kann kein restriktives Modell mehr die Population vollständig abbilden. Das Modell erzielt gute Upper Bound-Werte für den RMSEA-Wert (Marsh et al. 1988; Brown und Cudeck 1992), und sehr gute Werte für den CFI und den TLI

(Marsh et al. 1988; McDonald und Marsh 1990; Bentler 1990). Insgesamt können wir von einem durchaus zufriedenstellenden Modellfit ausgehen.

Um die Social-Exchange-Hypothesen in Bezug auf den Aufsichtsrat zu überprüfen, soll in der letzten Analyse dieses Abschnittes getestet werden, wie sich die CFA-basierten Aufsichtsratsfaktoren zur Managementautonomie verhalten. Die folgende Tabelle zeigt das Ergebnis der bivariaten Korrelationsanalysen:

*Tabelle 34. Korrelationstabelle zum CFA-Modell Aufsichtsrat (Eigene Darstellung); *** p<0.01 ** p<0.05 *p<0.1; n= 131; ° Zusätzliche Absicherung durch robuste Regression: Signifikanz auf 5% Niveau*

FAKTOREN	**Faktor 1 Personal**	**Faktor2 Generelles**	**Faktor 3 Preise**	**Faktor 4 Strategie**
Strategisches Board	-0.02	-0.26*** °	0.01	0.18**
	(0.84)	(0.00)	(0.94)	(0.04)
Politisch-	0.06	-0.23** °	0.08	0.19**
Strategisches Board	(0.47)	(0.01)	(0.35)	(0.03)
Reflektierendes Board	0.01	-0.25*** °	-0.02	0.10 °
	(0.89)	(0.00)	(0.86)	(0.24)
Analytisches Board	0.06	-0.26*** °	0.06	0.12
	(0.53)	(0.00)	(0.50)	(0.18)

In den Ergebnissen verdeutlicht sich der negative Einfluss der Faktoren auf generelle Managementautonomie. Auf Basis der bisherigen Analysen führt der Autor den Effekt auf die bessere Expertise der Aufsichtsräte und die damit einhergehende, größere Aufmerksamkeit für Unternehmensspezifika zurück. Politisch-strategisch agierende Aufsichtsräte scheinen positiv auf die strategische Autonomie der Unternehmen einzuwirken, bei Berücksichtigung von Ausreißern allerdings nur auf 10%-Signifikanzniveau.

In einem letzten Schritt werden OLS-Regressionen wie zuvor unter Berücksichtigung der Kontrollvariablen Branche, Rechtsform, Größe, Beteiligtes Privatkapital und Vorjahresgewinn ermittelt. Weil die Faktoren stark miteinander korrelieren wurden separate Regressionsmodelle mit den Autonomiefaktoren errechnet. In den Modellen zur generellen Managementautonomie ergaben sich folgende signifikante Zusammenhänge:

*Tabelle 35. OLS-Regression BSAQ (Eigene Darstellung); *** p<0.01 ** p< 0.05 *p<0.1; Robuste Standardfehler in Klammern; Hinweis: es wurde für die Brancheneffekte, Größe, Rechtsform, Privatkapital und Vorjahresgewinn kontrolliert; es wurde für die Standardfehler der Bundesländer korrigiert*

VARIABLEN	**Faktor 2 Generelles**	**Faktor 2 Generelles**	**Faktor 2 Generelles**	**Faktor 2 Generelles**
Strategisches Board	-0.416*			
(CFA-Faktor)	(0.227)			
Politisch-Strategisches		-0.376**		
Board (CFA-Faktor)		(0.162)		
Reflektierendes			-0.323**	
Board (CFA-Faktor)			(0.132)	
Analytisches				-0.330*
Board (CFA-Faktor)				(0.172)
Private Rechtsform	-0.307	-0.322	-0.298	-0.369
	(0.276)	(0.276)	(0.266)	(0.263)
Großes Unternehmen	0.292	0.278	0.302	0.278
	(0.237)	(0.250)	(0.241)	(0.240)
Privater Anteilseigner	-0.295	-0.504	-0.322	-0.467
	(0.429)	(0.405)	(0.411)	(0.395)
Gewinn in 2012	-1.47e-09	-1.21e-09	-4.52e-10	-1.13e-09
	(2.34e-09)	(2.44e-09)	(2.23e-09)	(2.57e-09)
Konstante	0.438	0.473	0.419	0.487
	(0.305)	(0.330)	(0.301)	(0.311)
Beobachtungen	105	105	105	105
R-Quadrat	0.288	0.263	0.293	0.273

Damit lässt sich bestätigen, dass die generelle Managementautonomie in öffentlichen Unternehmen stark von der Arbeitsweise des Aufsichtsrates beeinflusst wird. Der Autor vermutet auf Basis der Datenlage, dass die höhere Effektivität der Aufsichtsräte dazu führt, dass diese aufmerksamer bleiben, besser miteinander kooperieren und unter geringerer Informationsüberlastung leiden. Ein starker und effektiver Aufsichtsrat provoziert möglicherweise politische Eingriffe in das Unternehmensgeschehen, weil Machtverhältnisse ausgeglichen werden müssen. Die zweite, wohl plausiblere Möglichkeit, wäre, dass die Aufsichtsräte selbst bereits gemeinwohlorientierte Ziele in ihren Überlegungen berücksichtigen und somit auch die Strategien der Eigner antizipieren. Dies gilt insbesondere für reflektierende und politisch-strategische Aufsichtsräte, die die Interessen verschiedener Stakeholder in ihre Überlegungen miteinbeziehen.

4.7 Die Transaktionskosten-Perspektive

Im nun folgenden Abschnitt sollen die Hypothesen zur Transaktionskostentheorie aus dem vorigen Kapitel untersucht werden. Die Faktorwerte für Prozesskontrollen und Zielsteuerung wurden mit der konfirmatorischen Faktorenanalyse ermittelt, weil sich zwei zu Grunde liegende, latente Konstrukte erwarten lassen (van den Abeele 2006: 84ff.). Die Fit-Indizes CFI, TLI und RMSEA liegen im zufriedenstellenden Bereich[30] (Marsh et al. 1988; Bentler 1990). Politische Relevanz der Einzelunternehmen und Politischer Konflikt sind Single-Item Maße. Die Items zur Messbarkeit der Ziele, zur Komplexität und zur Anzahl der Wettbewerber wurden jeweils mittels Hauptkomponentenanalyse zu Faktoren zusammengefasst. Alle zugehörigen Faktorladungen finden sich im Anhang (Anhang 6). Die zu betrachtenden Variablen wurden vorerst auf bivariate Zusammenhänge mit den Autonomiefaktoren getestet. Die Korrelationsmatrix verdeutlicht die Zusammenhänge:

*Tabelle 36. Paarweise Korrelationen zwischen Autonomiefaktoren und Transaktionskosten Variablen (Eigene Darstellung); *** $p<0.01$ ** $p<0.05$ *$p<0.1$; n= 158–163; Signifikanzlevel in Klammern*

VARIABLEN	**Faktor 1 Personal**	**Faktor 2 Generelles**	**Faktor 3 Preise**	**Faktor 4 Strategisches**
Politische Relevanz (n=161)	-0.06	-0.09	-0.03	-0.01
	(0.46)	(0.27)	(0.69)	(0.94)
Prozesskontrollen (n=163)	-0.27***	-0.32***	-0.17**	-0.05
	(0.00)	(0.00)	(0.03)	(0.51)
Zielsteuerung (n=163)	-0.16**	-0.29***	-0.15*	-0.09
	(0.04)	(0.00)	(0.06)	(0.28)

30 CFI=0.988; TLI=0.969; RMSEA=0.089.

VARIABLEN	Faktor 1 Personal	Faktor 2 Generelles	Faktor 3 Preise	Faktor 4 Strategisches
Messbarkeit der Ziele (n=160)	0.13* (0.09)	0.08 (0.32)	0.05 (0.56)	0.11 (0.15)
Komplexität (n=158)	-0.04 (0.61)	0.10 (0.21)	-0.06 (0.46)	0.13 (0.10)
Politischer Konflikt (n=158)	0.19** (0.01)	-0.02 (0.76)	0.02 (0.84)	0.05 (0.52)
Wettbewerber (n=160)	0.28*** (0.00)	0.05 (0.55)	0.17** (0.03)	0.13* (0.09)

Ein Zusammenhang mit Personalautonomie besteht für die Variablen Prozesskontrollen, Zielsteuerung, Politischer Konflikt und Wettbewerber. Bivariate Zusammenhänge mit genereller Managementautonomie finden sich wiederum für Prozesskontrollen und Zielsteuerung. Prozesskontrollen wirken darüber hinaus negativ auf die Preisautonomie ein. Die Hypothesen H1.1a, H1.2c, H1.3a und H1.3b lassen sich somit vorerst bestätigen. Allerdings deutet der Zusammenhang zwischen Zielsteuerung und Personalautonomie darauf hin, dass mit Hilfe der Zielsteuerung auch Eingriffe in das operative Unternehmensgeschehen gerechtfertigt werden. Es bestehen keine bivariaten Zusammenhänge für die Hypothesen H1.1b, H1.2a und H1.2b zur Komplexität der Aufgabe, zur politischen Relevanz der Einzelunternehmen und zur Messbarkeit der Ziele.

Alle signifikanten Variablen wirken in einer vorher angenommenen Richtung. Politische Konflikte im Gemeinderat stärken die Personalautonomie. Prozesskontrollen scheinen sich im Besonderen auf Personal-, Preis- und generelle Managementautonomie auszuwirken. Die Anwendung von Zielsteuerung nimmt der Unternehmensleitung Personalautonomie und schränkt (wie angenommen) die generellen Managemententscheidungen ein. Wichtigster Flexibilisierungstreiber aus Sicht der Geschäftsführer ist die Anzahl der Wettbewerber, die sich in der Personal- und Preisautonomie der Unternehmen niederschlägt. In einer Regressionsanalyse soll nun der Erklärungsbeitrag der transaktionskostenbasierten Variablen insgesamt erfasst werden.

*Tabelle 37. OLS-Regression zu den Hypothesen H1.1a-H1.3b (Eigene Darstellung); Robuste Standardfehler in Klammern; *** p<0.01 ** p<0.05 *p<0.1; n= 149; ° Zusätzliche Absicherung durch robuste Regression: Signifikanz auf 5% Niveau*

VARIABLEN	**Faktor 1 Personal**	**Faktor 2 Generelles**	**Faktor 3 Preise**	**Faktor 4 Strategisches**
Wettbewerber	0.271*** °	-0.0392	0.154*	0.0992
	(0.0778)	(0.0916)	(0.0898)	(0.0858)
Politische Relevanz	0.00171	-0.0443	-0.0115	0.0250 °
	(0.0636)	(0.0712)	(0.0757)	(0.0825)
Komplexität	-0.0744	0.0990	-0.0491	0.121
	(0.0807)	(0.0744)	(0.0774)	(0.0870)
Messbarkeit der Ziele	0.0814	0.0670	0.00219	0.0923
	(0.0754)	(0.0753)	(0.0753)	(0.0840)
Politischer Konflikt	0.191**	-0.0810	-0.0456	0.0871
	(0.0734)	(0.0891)	(0.102)	(0.0976)
Prozesskontrolle	-0.295*** °	-0.393*** °	-0.197* °	-0.0321
	(0.0936)	(0.102)	(0.111)	(0.105)
Konstante	-0.512	0.363	0.134	-0.323
	(0.332)	(0.391)	(0.421)	(0.417)
Beobachtungen	149	149	149	149
R-Quadrat	0.199	0.130	0.055	0.045

Weil Zielsteuerung und Prozesskontrollen sehr hoch miteinander korrelieren, wurde nur die Variable Prozesskontrolle berücksichtigt, um Multikollinearität zu vermeiden. Für keines der vier Modelle besteht die Gefahr der Multikollinearität, denn die Varianz-Inflations-Faktoren liegen innerhalb der zugelassenen Grenzen. Die F-Tests für die ersten beiden Modelle liegen über dem kritischen Wert, damit können wir ein Bestimmtheitsmaß von Null ablehnen (Bortz 2005: 148ff., 450f.). Die Modelle besitzen somit Gesamtsignifikanz und Erklärungsgehalt (Bortz 2005: 450). Im vierten Modell liegt die Signifikanz des F-Tests lediglich auf 30% Niveau, im dritten Modell lediglich bei 25%. Die Nullhypothese, dass die erklärenden Variablen zusammengenommen keinen signifikanten Erklärungsgehalt besitzen, kann für die Modelle drei und vier daher nicht abgelehnt werden.

Der Erklärungsbeitrag der unabhängigen Variablen ist besonders hoch für die Faktoren Personal- und generelle Managementautonomie. Hier können mit den sechs Variablen bereits 19.9% bzw. 13% der Gesamtvarianz erklärt werden. Für Preisautonomie und Strategische Investitionsentscheidungen fällt der Erklärungsgehalt mit 5.5% und 4.5% deutlich geringer aus. Mit Ausnahme der Preisautonomie bleiben die signifikanten Zusammenhänge erhalten. Ersetzt man den Faktor Prozesskontrolle durch Zielsteuerung, so geht der Zusammenhang zur Personalautonomie verloren. Die Anwendung von Zielsteuerung wirkt sich somit vor allem auf die generelle Managementautonomie aus. Dieser Zusammenhang lässt folgende Schlussfolgerung zu: Ersetzt man Prozess- und Input- durch Outputsteuerung, so sollte dies im Idealfall zu Flexibilisierungen in den Bereichen Personal, Preise und Strategisches führen. Hohe Korrelationen zwischen verschiedenen Steuerungsmechanismen deuten allerdings darauf hin, dass Steuerungsmechanismen wie Prozesskontrolle, Input- und Outputsteuerung meist nebeneinander existieren und nicht eine dominante Form der Steuerung alle anderen Formen vollständig substituiert.

Es ist anzumerken, dass für die Variable Politischer Konflikt kein signifikanter Zusammenhang mit Personalautonomie gefunden wurde, wenn mit einer robusten Regression nach Li (1985) gerechnet wird. Der Shapiro-Wilk Test auf Normalverteilung der Residuen ergab signifikante z-Werte für die Modelle Personalautonomie und Strategische Entscheidungen. Wir können in diesen beiden Modellen nicht von einer Normalverteilung der Residuen ausgehen und müssen daher sehr vorsichtig mit den Ergebnissen umgehen. Die beiden kritischen Modelle wurden zusätzlich mit der Bootstrapping-Methode auf Robustheit überprüft. 10.000 Replikationen der Regressionsmodelle ergaben ähnliche Signifikanzen für die unabhängigen Variablen.

Als Kontrollvariablen verwendet der Autor in einem zweiten Schritt Rechtsform, Branche, Vorjahresgewinn, beteiligtes Privatkapital und die Größe der Unternehmen. Darüber hinaus wird für Bundeslandcluster kontrolliert. Dadurch sinkt die Fallzahl von erst 149 auf nur noch 117 Unternehmen, für die der Autor alle Variablen recherchieren konnte. Die Gewinne aus dem Vorjahr 2012 konnten in einer Sekundärrecherche mit Hilfe der Jahresabschlüsse der Unternehmen recherchiert werden. Brancheneffekte wurden der Übersicht halber aus der Tabelle entfernt und können bei besonderem Interesse vom Autor angefordert werden. Die Regressionsanalyse ergab folgende Zusammenhänge:

*Tabelle 38. OLS-Regression zu den Hypothesen H1.1a-H1.3b mit Kontrollvariablen (Eigene Darstellung); Standardfehler in Klammern; Es wurde für Bundeslandcluster und Brancheneffekte kontrolliert; *** p<0.01 ** p<0.05 *p<0.1; n=106; Zusätzliche Absicherung durch robuste Regression: Signifikanz auf 5% Niveau*

VARIABLEN	**Faktor 1 Personal**	**Faktor 2 Generelles**	**Faktor 3 Preise**	**Faktor 4 Strategisches**
Wettbewerber	0.239** °	-0.0768	-0.101	-0.0467
	(0.109)	(0.107)	(0.0851)	(0.123)
Politische Relevanz	-0.0308	0.000532	0.0108	-0.0404
	(0.0499)	(0.0938)	(0.0600)	(0.103)
Komplexität	-0.125	0.0663	0.0940	0.185
	(0.0953)	(0.0742)	(0.0765)	(0.107)
Messbarkeit der Ziele	0.151 °	0.139*	0.0160	0.135
	(0.0964)	(0.0761)	(0.0633)	(0.0884)
Politischer Konflikt	0.180*	0.0344	-0.0747	0.0307
	(0.0957)	(0.0916)	(0.149)	(0.0978)
Prozesskontrolle	-0.277***	-0.423*** °	-0.0963	0.0227
	(0.0768)	(0.0635)	(0.108)	(0.136)
Private Rechtsform	0.396	-0.190	0.831*** °	0.273
	(0.321)	(0.347)	(0.245)	(0.432)
Großes Unternehmen	-0.146	0.0346	0.418**	0.396
	(0.198)	(0.218)	(0.182)	(0.447)
Private Anteilseigner	-0.301	-1.152*** °	-1.030***	-0.515
	(0.457)	(0.340)	(0.308)	(0.295)
Vorjahresgewinn	4.28e-10	6.39e-10	7.32e-10	7.97e-09** °
	(2.14e-09)	(1.98e-09)	(3.01e-09)	(3.11e-09)
Konstante	-0.530	0.336	-0.628	-0.207
	(0.366)	(0.608)	(0.523)	(0.380)
Beobachtungen	117	117	117	117
R-Quadrat	0.428	0.365	0.412	0.333

Zuallererst ist anzumerken, dass die Fallzahl mit nur noch 117 Beobachtungen relativ niedrig liegt und somit keine direkte Vergleichbarkeit zur vorherigen Tabelle vorliegt. Die Ergebnisse sind daher vorsichtig zu interpretieren. Bei nicht signifikanter Konstante und einem sehr hohen R-Quadrat von 42.8% konnte mit der ersten Regressionsgleichung ein großer Teil der Varianz der abhängigen Variable Personalautonomie erklärt werden. Der positive Effekt des Faktors Wettbewerb auf die Personalautonomie bleibt erhalten, wenn für Rechtsform, Bundesland und Branche kontrolliert wird. Prozesskontrollen stehen weiterhin in einem stark negativen Zusammenhang. Ersetzt man die Variable Prozesskontrolle durch Zielsteuerung, so bleibt nur der signifikant, negative Effekt auf die generelle Managementautonomie erhalten. Das betreffende Modell kann bei Interesse vom Autor eingeholt werden. Allerdings verliert die Variable Politischer Konflikt in beiden Varianten ihren signifikanten Einfluss auf Personalautonomie.

Im Faktor allgemeine Managementautonomie konnte wiederum ein guter Erklärungsgehalt von 36.5% erklärter Varianz erzielt werden. Der Faktor Prozesskontrolle behält weiterhin Signifikanz. Sind private Anteilseigner an den Unternehmen beteiligt, so wird den Organisationen deutlich weniger generelle Managementautonomie zugestanden. Dies spricht für einen geringeren Vertrauensvorschuss der Kommunen gegenüber privaten Anteilseignern.

Im Faktor Preisautonomie entdecken wir einen deutlichen, positiven Zusammenhang zur privaten Rechtsform und Größe der Unternehmen und einen deutlich negativen Zusammenhang mit der Beteiligung von Privatkapital. Womöglich werden die Preise von Seiten der Kommunen stärker reguliert, wenn Private am Unternehmen beteiligt sind. Für die transaktionskostenbasierten Variablen liegen wie in den vorigen Modellen keine signifikanten Zusammenhänge vor.

Für den Faktor Strategische Entscheidungen lässt sich feststellen, dass die erklärte Varianz mit 33.3% geringer als für die anderen Faktoren ausfällt. Man erkennt, dass der Vorjahresgewinn im Modell einen positiven Einfluss ausübt. Der positive Effekt des Vorjahresgewinns leuchtet intuitiv ein: Hat ein Unternehmen sehr gute Gewinne erzielt, so werden aufgrund der positiven Erfahrungen weitere, strategische Freiheiten von politischer Seite gewährt (Lioukas et al. 1993).

Ziehen wir ein kurzes Fazit: Im zweiten Kapitel wurde angenommen, dass die Steuerung von kommunalen Unternehmen im Wesentlichen durch die anfallenden Transaktionskosten beeinflusst wird (Ouchi 1979; Williamson 1985; Van der Meer-Kooistra und Vosselman 2000; Langfield-Smith und Smith 2003). In diesem Zusammenhang wurden in den letzten beiden Abschnitten neun unterschiedliche Hypothesen getestet. Bestätigen ließen sich mindestens bivariate Zusammenhänge in den Hypothesen H1.1a, H1.2c, H1.3a und H1.3b:

Tabelle 39. Ergebnisse der Hypothesentests zur Transaktionskosten-Perspektive in Bezug auf verschiedene Dimensionen der Managementautonomie (eigene Darstellung); + positiv signifikant; – negativ signifikant; x kein Zusammenhang

Hypothese	Personal	Generelles	Preise	Strategisches	Gesamt
H1.1a Anzahl der (potenziellen) Wettbewerber	++ Bestätigt	x	+ Bivariat Bestätigt	x	++ Bestätigt
H1.1b Politische Relevanz der Einzelunternehmen	x	x	x	x	x
H1.2a Komplexität der Leistungserstellung	x	x	x	x	x
H1.2b Hohe Messbarkeit der Ziele	x	x	x	x	++ Bestätigt
H1.2c Politischer Konflikt im Gemeinderat	+ Bivariat bestätigt	x	x	x	+ Bivariat bestätigt
H1.3a Zielsteuerung	- Nur bivariater Zusammenhang	-- Bestätigt	x	x	-- Bestätigt
H1.3b Prozesssteuerung	-- Bestätigt	-- Bestätigt	- Bivariat Bestätigt	x	-- Bestätigt
H1.4a Expertise im Aufsichtsrat	x	x	x	x	x
H1.4b Anzahl Politiker im Aufsichtsrat (in %)	x	x	x	-- Bestätigt	x

In den latenten Variablen Prozesss- und Zielsteuerung offenbaren sich die vermuteten Zusammenhänge zur generellen Managementautonomie. Zusätzlich wirkt Prozesssteuerung auch in der multivariaten Analyse auf operative Personalautonomie. Ähnlich verhält es sich mit dem Faktor Wettbewerb. Je intensiver der Wettbewerbsdruck in der Branche eingeschätzt wird, desto eher wird den betreffenden

Unternehmen auch größere Autonomie in Personalentscheidungen gewährt. Darüber hinaus besteht ein bivariater Zusammenhang zum politischen Konflikt im Gemeinderat. Im Sample eignen sich Hypothesen zur Beschaffenheit der Transaktionen besonders dazu, Autonomie in Bezug auf Personal- und generelle Managemententscheidungen zu erklären. Der Erklärungsgehalt der Theorie ist für die identifizierten Variablen als eher mäßig einzuschätzen.

4.8 Die Social-Exchange-Perspektive

Im folgenden Abschnitt sollen solche Hypothesen an den kommunalen Unternehmen im Sample getestet werden, die sich aus der Social-Exchange-Theorie ableiten liessen (Homans 1958, 1961; Blau 1964, 1968; Emerson 1976). Da der Analyse eine Querschnittsstudie zu Grunde liegt und sich dadurch keine Veränderungen über die Zeit hinweg abbilden lassen, werden lediglich die Attribute der Austauschbeziehungen als Variablen betrachtet (Emerson, 1976: 348). Hierunter zählen wir Kontakte, gegenseitiges Vertrauen, geteilte Werte und gemeinsame Ziele sowie Erfahrungen im Austausch von Informationen (Leana und Pil 2006: 353ff.). Die Grundannahme lautet:

P2 De-facto-*Managementautonomie in öffentlichen Unternehmen wird durch die Attribute der sozialen Beziehungen zwischen den Kontraktpartnern beeinflusst*

Das wichtigste betrachtete Attribut stellt die Vertrauenswürdigkeit des Kontraktpartners dar. Nach Mayer und Davis (1999: 136) lässt sich die Vertrauenswürdigkeit eines Kontraktpartners unterteilen als Vertrauen in die Fähigkeiten, die Integrität und das Wohlwollen des Gegenübers. In der zu Grunde liegenden Umfrage wurden die wahrgenommenen Kompetenzen und die Integrität der Kontaktperson, die den Auftraggeber vertritt, beurteilt und als „Kompetenzvertrauen" bzw. „Kooperatives Vertrauen" bezeichnet. Die zugehörigen Items wurden mittels konfirmatorischer Faktorenanalyse zu Faktoren verdichtet[31]. Alle Faktorladungen sind signifikant und liegen >0.8. Der CF-Index zeigt einen zufriedenstellenden Wert oberhalb der 0.95-Schwelle. Der Modell-Fit mittels RMSEA und TLI kann aber lediglich als schwach interpretiert werden (Browne und Cudeck 1993: 136ff.; Backhaus et al. 2006: 379ff.). Das Faktorenmodell bildet die zu Grunde liegende Datenstruktur daher nicht besonders gut ab. Der Autor verzichtete daher auf die Faktorwerte der CFA und führte eine zusätzliche, explorative Faktorenanalyse durch, in der alle Items gut auf einen einzigen Faktor laden. Dieser wurde zum gemeinsamen Faktor „Vertrauenswürdigkeit" zusammengefasst. Faktorladungen und Mittelwerte finden sich im Anhang der Studie (Anhang 6–7).

Rollenkonflikte und Rollenambivalenz stellen ebenfalls zentrale, latente Konstrukte dar, die sich mittels konfirmatorischer Faktorenanalyse abbilden lassen.

31 CFI=0.97; TLI=0.819; RMSEA=0.281 (upper bound= 0.395; lower bound=0.182; pclose=0.000).

Das Strukturgleichungsmodell weist für die fünf zu Grunde liegenden Items Faktorladungen von 0.66 bis 0.86 auf (Anhang 6). Alle Fit-Indizes deuten auf einen sehr guten Modellfit hin[32] (Marsh et al. 1988; Brown und Cudeck 1993; Backhaus et al. 2006: 379ff.). Die weiteren Variablen Kulturelle Ähnlichkeit, Informationsaustausch und Reputation wurden mittels Hauptkomponentenanalyse zusammengefasst (Anhang 6). Erfahrung und Kontakte der CEOs wurden jeweils mit einem Single-Item gemessen.

*Tabelle 40. Paarweise Korrelationen zwischen Autonomiefaktoren und Social-Exchange-Ressourcen (Eigene Darstellung); *** p<0.01 ** p<0.05 *p<0.1; n = 160–167; Signifikanzlevel in Klammern; ° Zusätzliche Absicherung durch robuste Regression: Signifikanz auf 5% Niveau*

	Faktor 1 Personal	**Faktor 2 Generelles**	**Faktor 3 Preise**	**Faktor 4 Strategie**
Gegenseitiges Vertrauen	-0.043	-0.13*	0.239*** °	-0.12
(n=164)	(0.588)	(0.088)	(0.002)	(0.12)
Erfahrung als Public CEO	0.01	-0.09	-0.00	0.19** °
(n=165)	(0.85)	(0.24)	(0.99)	(0.02)
Sehr viele Kontakte in der	-0.07	-0.09	-0.06	-0.07
Politik (n=167)	(0.35)	(0.23)	(0.45)	(0.38)
Kulturelle Ähnlichkeit	-0.09	-0.02	0.15*	0.00
(n=164)	(0.23)	(0.84)	(0.06)	(1.00)
Informationsaustausch	0.03	-0.19** °	0.03	-0.096
(n=164)	(0.69)	(0.02)	(0.69)	(0.22)
CFA-Faktor Politik-Professions-	-0.05	-0.14* °	-0.27*** °	-0.15*
Konflikt (n=160)	(0.51)	(0.07)	(0.0005)	(0.0542)
CFA-Faktor Rollenambivalenz	-0.08	-0.01	0.02	-0.17** °
(n=160)	(0.27)	(0.86)	(0.81)	(0.039)
Reputation	0.03	0.10	0.06	0.05
(n=163)	(0.72)	(0.19)	(0.47)	(0.54)

In der Korrelationsanalyse zeigen sich folgende Zusammenhänge: Gegenseitiges Vertrauen zwischen kommunalen Auftraggebern und Unternehmen scheint sich vor allem positiv auf die Preisautonomie auszuwirken. Möglicherweise führt die gegenseitige Akzeptanz dazu, dass den Geschäftsführern weitere Unabhängigkeiten

32 CFI=0.99; TLI=0.982; RMSEA=0.054 (upper bound=0.103; lower bound=0.000; pclose=0.394).

in der Preissetzung gewährt werden und von zusätzlichen Regulierungsmaßnahmen abgesehen wird. Wenn sich die Geschäftsführer ihrer Rolle aber nicht bewusst sind, weil die Vorgaben der Politik den ökonomischen Anforderungen an die Leitung des Unternehmens entgegenstehen, so fällt dies mit einer Einschränkung der Preisautonomie zusammen.

Eine Rollenambivalenz steht in einem negativen Zusammenhang zur De-facto-Autonomie bei strategischen Entscheidungen. Der Autor vermutet, dass vage Ziele dazu führen, dass die strategische Priorisierung leidet und die Geschäftsführer ihre Rolle im Gesamtzusammenhang nicht mehr klar definieren können (Whincop 2005).

Langjährige Erfahrung als Geschäftsführer eines oder mehrerer öffentlicher Unternehmen wirkt sich dagegen positiv auf die strategische Autonomie der Unternehmen aus. Möglicherweise hat sich bereits eine gemeinsame Form der Zusammenarbeit herausgebildet oder diese Manager sind aufgrund ihrer Erfahrung schneller in der Lage, die Wünsche und Anforderungen der Stakeholder zu antizipieren und für sich zu nutzen.

Ähnlich verhält es sich mit der kulturellen Ähnlichkeit, die nur knapp unterhalb der Signifikanzgrenze für Preisautonomie liegt. Bei großer kultureller Ähnlichkeit zwischen Kernverwaltung und der Ausgliederung manifestieren sich ähnliche Werte und Normen, die dazu führen können, dass den Unternehmen größere Handlungsfreiheiten zugestanden werden. Eine mögliche Begründung wäre, dass zukünftige Handlungen dadurch vorhersehbarer und berechenbarer werden (Allaire und Firsirotu 1984: 198). Können sich diese Normen allerdings nicht herausbilden oder stehen sich diametral entgegen, so kommt es zu einer gegenseitigen Abgrenzung (Blau 1964: 104ff.).

Der kontinuierliche formelle und informelle Informationsaustausch zwischen Kernverwaltung und Unternehmen wirkt sich vertrauensförderlich aus, obwohl damit wesentliche Einschränkungen der Managementautonomie verbunden sind (van Thiel und Yesilkagit 2011). Der Austausch wirkt sogar vertrauensförderlich und nicht kontrollierend, dennoch bestätigt sich Hypothese H2.1b.

Auf Basis der bisherigen, bivariaten Analyse können wir die Hypothesen H2.3a und H2.3c ablehnen. Für die Hypothese H2.2a zur kulturellen Ähnlichkeit findet sich nur ein schwacher Zusammenhang. Alle anderen Hypothesen wurden in den bisher durchgeführten, bivariaten Zusammenhängen bestätigt. In einem zweiten Schritt soll der gemeinsame Erklärungsbeitrag der betrachteten Social-Exchange-Variablen untersucht werden. Die Regressionsanalyse ohne Drittvariablen verdeutlicht folgende Zusammenhänge:

*Tabelle 41. OLS-Regressionen zur Social-Exchange-Theorie; es wurde mit robusten Standardfehlern gerechnet (Eigene Darstellung); *** p<0.01 ** p<0.05 *p<0.1; n= 151; Standardfehler in Klammern; ° Zusätzliche Absicherung durch robuste Regression: Signifikanz auf 5% Niveau*

VARIABLEN	**Faktor 1 Personal**	**Faktor 2 Generelles**	**Faktor 3 Preise**	**Faktor 4 Strategisches**
Gegenseitiges Vertrauen	-0.0587	-0.176**	0.162	-0.197**
	(0.100)	(0.0834)	(0.102)	(0.0904)
Informationsaustausch	0.120	-0.200**	-0.0287	0.00533
	(0.0917)	(0.0968)	(0.102)	(0.0906)
Kulturelle Ähnlichkeit	-0.199*	0.000444	-0.0415	0.0324
	(0.101)	(0.0969)	(0.0964)	(0.0973)
CFA-Faktor Politik-Professions-	-0.195*	-0.256** °	-0.334*** °	-0.249**
Konflikt	(0.106)	(0.105)	(0.111)	(0.125)
CFA-Faktor Rollenambivalenz	-0.136	0.135	0.0796	-0.258**
	(0.139)	(0.143)	(0.122)	(0.106)
Reputation	-0.0422	0.0411	-0.0807	-0.0582
	(0.0808)	(0.0740)	(0.0776)	(0.0915)
Erfahrung als Public CEO	0.0111	-0.0777	0.0614	0.210*** °
	(0.0646)	(0.0770)	(0.0695)	(0.0682)
Sehr viele Kontakte in	-0.111	0.0101	-0.0612	-0.190**
der Politik	(0.0694)	(0.0700)	(0.0779)	(0.0858)
Konstante	0.342	0.319	-0.00237	-0.122
	(0.255)	(0.388)	(0.327)	(0.278)
Beobachtungen	151	151	151	151
R-Quadrat	0.057	0.131	0.112	0.152

Nur für die Modelle zwei, drei und vier liegen die F-Tests im signifikanten Bereich. Ein signifikanter Erklärungsbeitrag der betrachteten Social-Exchange-Variablen zeigt sich somit allein in Bezug auf Generelles Management, Preisautonomie und Strategische Entscheidungen. Die erklärte Varianz der drei nicht verworfenen Modelle liegt jeweils bei über 11%. Im letzten Modell können 15.2% der zu Grunde liegenden Varianz allein mit den Social-Exchange-Variablen erklärt werden.

Der Shapiro-Wilk Test der Residuen ergab, dass für das vierte Regressionsmodell keine Normalverteilung vorliegt und es daher zu Verzerrungen kommen kann. Die Signifikanzen wurden mit 10.000 Replikationen nach der Bootstrapping-Methode zusätzlich auf Robustheit überprüft. In den Ergebnissen der Regressionsmodelle zeigten sich keinerlei Unterschiede. Dennoch sollten die Analysen zur strategischen Managementautonomie mit äußerster Vorsicht beurteilt werden.

Wie lassen sich die Ergebnisse nun interpretieren?

Im Modell zur generellen Managementautonomie zeigen sich erstmals gleichermaßen signifikante, negative Zusammenhänge mit Vertrauenswürdigkeit, Informationsaustausch und Rollenkonflikten. Vor allem der Austausch von Informationen auf informellem und formellem Weg scheint eine Einschränkung der generellen Managementautonomie zu bedingen oder diese zu befördern. Dieses komplementäre Verhältnis zwischen Vertrauen und Informationsaustausch wurde bereits von van Thiel und Yesilkagit (2011) im Umfeld niederländischer Agenturen entdeckt. Intensiver Informationsaustausch gibt den Steuernden die Möglichkeit, Sachverhalte zu überprüfen und weitere Schritte gemeinsam mit den Gesteuerten abzustimmen. Dadurch verringern sich die Transaktionskosten und Informationsasymmetrien können reduziert werden (van den Abeele 2006). Somit stehen sich Steuerung und Vertrauen in diesem Fall sehr nahe und es lässt sich eher von Proximität als von Kontrolle sprechen (van Thiel und Yesilkagit 2011).

Ähnlich der vorhergehenden Erkenntnis ist auch der negative Zusammenhang zwischen Vertrauen und Strategischer Autonomie als Proximität zur Kernverwaltung zu interpretieren (van Thiel und Yesilkagit 2011). Nur im Faktor Preisautonomie entsteht durch gegenseitiges Vertrauen eine größere Unabhängigkeit der Gesteuerten.

Kommt es zur kommunalen Einflussnahme auf Preise oder strategische Entscheidungen, so erhöhen sich laut der vorliegenden Analyse die Politik-Professions-Konflikte. Durch den Einbezug der Variable Politik-Professions-Konflikte mindert sich die Signifikanz der Variable Vertrauenswürdigkeit. Der beidseitige Vertrauensverlust kann zur Abspaltung und Isolation von der Kultur der Kernverwaltung führen (Hafsi und Koenig 1988; Schein 2004). Eingriffe der Steuernden werden dann als stärker kontrollierend empfunden und die vorherige Proximität der Vertragspartner wird zum Distanzverhältnis.

Die folgende Korrelationstabelle verdeutlicht diese Zusammenhänge:

*Tabelle 42. Paarweise Korrelationen zwischen den Variablen Reputation, Rollenkonflikt, Rollenambivalenz, Kulturelle Ähnlichkeit und Vertrauen (Eigene Darstellung); n = 228–238; *** p<0.01 ** p<0.05 *p<0.1*

VARIABLEN	**Politik-Professions-Konflikt**	**Rollenambivalenz**	**Kulturelle Ähnlichkeit**	**Vertrauen**
Politik-Professions-Konflikt	1.00			
Rollenambivalenz	-0.00 (1.00)	1.00		
Kulturelle Ähnlichkeit	-0.27*** (0.00)	0.00 (0.95)	1.00	
Vertrauen	-0.27*** (0.00)	0.03 (0.67)	0.45*** (0.00)	1.00

In einem letzten Schritt sollen Private Rechtsform, Gewinn im Vorjahr, Branche, Privatkapital und Größe der Unternehmen als Kontrollvariablen miteinbezogen werden, um die Validität der Ergebnisse zu überprüfen:

*Tabelle 43. OLS-Regressionen zur Social-Exchange-Theorie inkl. Kontrollvariablen Rechtsform, Größe, Vorjahresgewinn und Branche (Eigene Darstellung); *** p<0.01 ** p<0.05 *p<0.1; n = 120; Standardfehler in Klammern; ° Zusätzliche Absicherung durch robuste Regression: Signifikanz auf 5% Niveau*

VARIABLEN	**Faktor 1 Personal**	**Faktor 2 Generelles**	**Faktor 3 Preise**	**Faktor 4 Strategisches**
Gegenseitiges Vertrauen	0.0886	0.0294	0.198*** °	-0.159
	(0.0744)	(0.0763)	(0.0606)	(0.106)
Informationsaustausch	0.0807*	-0.219** °	-0.0345	0.0857
	(0.0446)	(0.0921)	(0.0652)	(0.0860)
Reputation	0.0868	-0.0353	0.119**	0.0498 °
	(0.114)	(0.0876)	(0.0550)	(0.0493)
Erfahrung als Public CEO	-0.00553	-0.124*	-0.0239	0.155** °
	(0.0984)	(0.0607)	(0.0295)	(0.0578)

VARIABLEN	Faktor 1 Personal	Faktor 2 Generelles	Faktor 3 Preise	Faktor 4 Strategisches
Sehr viele Kontakte	-0.140	0.0825	-0.112* °	-0.135* °
in der Politik	(0.116)	(0.102)	(0.0618)	(0.0699)
Private Rechtsform	0.842** °	0.138	0.839** °	0.150
	(0.378)	(0.243)	(0.301)	(0.308)
Sehr großes Unternehmen	0.133	0.208	0.408***	0.454 °
	(0.101)	(0.235)	(0.112)	(0.309)
Vorjahresgewinn	-3.09e-09	-1.58e-09	-1.33e-09	7.68e-09* °
	(2.01e-09)	(1.81e-09)	(4.27e-09)	(4.06e-09)
Privates Kapital	-0.220	-0.604	-1.118*** °	-0.307
	(0.399)	(0.517)	(0.208)	(0.305)
Konstante	0.0651	0.401	-0.232	-0.243
	(0.712)	(0.535)	(0.344)	(0.581)
Beobachtungen	120	120	120	120
R-Quadrat	0.285	0.334	0.504	0.334

Brancheneffekte wurden aus Illustrationsgründen entfernt, können aber auf Anfrage vom Autor eingeholt werden. Da insbesondere der Effekt der Variable Vertrauen interessieren soll, wurde auf den Einbezug weiterer Variablen vorerst verzichtet, denn es besteht die Gefahr der Multikollinearität. Die erklärte Varianz der Modelle drei und vier liegt auf relativ hohem Niveau. Im Faktor Preisautonomie konnten 50.4% der Varianz durch die verwendeten Variablen erklärt werden, in Modell Strategische Autonomie 33.4%. In den Kontrollvariablen sind es zum einen die private Rechtsform und zum anderen die Größe und die Beteiligung von Privatkapital, die besondere Bedeutung erlangen. Bei privaten Rechtsformen liegt im Sample eine größere Personal- und Preisautonomie vor. Sehr großen Unternehmen wird höhere Preisautonomie gestattet, so lange keine privaten Anteilseigener beteiligt sind.

Bei den originären Social-Exchange-Variablen lassen sich folgende Effekte ausmachen: Ein starker, gegenseitiger Informationsaustausch verringert signifikant die wahrgenommene generelle Managementautonomie, wenn für Rechtsform, Vorjahresgewinn und Branche kontrolliert wird. Im Analyserahmen wurde angenommen, dass zunehmender Informationsaustausch in langfristigen Beziehungen eher als kontrollierend empfunden wird. Jedoch kann eine hohe Korrelation zwischen gegenseitigem Vertrauen und Informationsaustausch festgestellt werden. Es ist durchaus denkbar, dass sich Kommunaleinfluss und gegenseitiges Vertrauen in diesem speziellen Fall komplementär und ergänzend gegenüberstehen (van Thiel und Yesilkagit 2011; Carpenter und Krause 2014).

Geschäftsführererfahrung in anderen öffentlichen Unternehmen zahlt sich als höhere strategische Entscheidungsautonomie aus. Einerseits besitzen erfahrene Manager aufgrund ihrer Biographie das notwendige Wissen, um im Umgang mit kommunalen Akteuren zu bestehen. Andererseits haben sie sich auf Basis vorangehender Führungserfahrungen bereits eine gewisse Reputation im Steuerungsumfeld erarbeitet.

Der positive Einfluss von gegenseitiger Vertrauenswürdigkeit offenbart sich vor allem im Modell der Preisautonomie. Ebenso wirkt sich eine gute Reputation des Unternehmens positiv auf die Preisautonomie aus, sobald für Rechtsform und Branche kontrolliert wird. Weitere Regressionsanalysen zeigen, dass ein Politik-Professions-Konflikt für sich genommen Signifikanz für Preisautonomie erzielt, auch wenn alle Kontrollvariablen (inklusive Vorjahresgewinn) in die Analyse miteinbezogen werden. Wird zusätzlich für Vertrauenswürdigkeit kontrolliert, so heben sich die Signifikanzen gegenseitig auf.

Die Variable Rollenambivalenz kann für sich genommen die strategische Managementautonomie vermindern, erlangt aber lediglich ein 10%-Signifikanzniveau unter Kontrolle von Branche, Vorjahresgewinn und Privatkapital. Für die Variable Kulturelle Ähnlichkeit bestehen keine signifikanten Zusammenhänge.

Die wichtigsten Ergebnisse der vorangehenden Analyse zur Social-Exchange-Theorie finden sich in der vorliegenden Tabelle:

Tabelle 44. Hypothesentests zu den Social-Exchange-Variablen (Eigene Darstellung); + positiv signifikant; – negativ signifikant; x kein Zusammenhang

Hypothese	**Personal**	**Generelles**	**Preis**	**Strategisches**	**Gesamt**
H2.1a Vertrauenswürdigkeit der kommunalen Kontaktperson	x	x	++ Bestätigt	x	x
H2.1b Häufiger Informationsaustausch zwischen den Geschäftsführern und der Kernverwaltung	x	-- Bestätigt	x	x	-- Bestätigt
H2.2a Kulturelle Ähnlichkeit zwischen den Einstellungen der Geschäftsführer und der Kernverwaltung	x	x	x	x	x

Hypothese	**Personal**	**Generelles**	**Preis**	**Strategisches**	**Gesamt**
H2.2b Politik-Professions-Konflikt des Geschäftsführers	x	- Bivariat bestätigt	-- Bestätigt	- Bivariat bestätigt	-- Bestätigt
H2.2c Rollenambivalenz des Geschäftsführers	x	x	x	- Bivariat bestätigt	- Bivariat Bestätigt
H2.3a Eine gute Reputation des Unternehmens	x	x	++ Bestätigt (Unter Kontrolle für Branche und Rechtsform)	x	x
H2.3b Geschäftsführungserfahrung im öffentlichen Sektor	x	x	x	++ Bestätigt	x
H2.3c Anzahl politischer Kontakte	x	x	x	x	x
H2.4a Politisch-strategische Aktivitäten des Aufsichtsrates	x	-- Bestätigt	x	+ Bivariat bestätigt	x
H2.4b Strategische Aktivitäten des Aufsichtsrates	x	- Bivariat bestätigt	x	+ Bivariat bestätigt	x

Ziehen wir ein kurzes Fazit: In Kapitel zwei wurde angenommen, dass die Steuerung von kommunalen Unternehmen durch die unterhaltenen sozialen Beziehungen der maßgeblichen Akteure beeinflusst wird. Im sozialen Austausch können Individuen auf bestimmte Attribute wie Vertrauenswürdigkeit, gegenseitigen Respekt oder Erfah-rungen zurückgreifen. Im vorangehenden Abschnitt wurde untersucht, welchen dieser Attribute eine besondere Relevanz zugeschrieben werden kann.

Es wurden zehn unterschiedliche Hypothesen auf Signifikanz überprüft. Auch wenn wir viele der Hypothesen verwerfen müssen, ist der Beitrag der Social-Exchange-Theorie zur Erklärung der interorganisationalen Beziehungen im Sample insgesamt als relativ hoch einzuschätzen und verdeutlicht sich vor allem in Bezug auf Preisautonomie und strategische Managementfragen. Besonders die Variablen Vertrauen und Geschäftsführererfahrung im öffentlichen Sektor besitzen eine große

Bedeutung für die Preisautonomie bzw. die strategische Autonomie der Unternehmen. Politik-Professions-Konflikte können den Effekt des gegenseitigen Vertrauens zwischen den Kontraktpartnern aufheben oder zumindest vermindern.

Der intensive formelle und informelle Informationsaustausch zwischen Kernverwaltung und Ausgliederung besitzt (wie vermutet) eine einschränkende Wirkung auf generelle Managementautonomie und kann daher als eine Art Steuerungsmechanismus verortet werden. Womöglich ergänzen sich in diesem Fall Steuerung und Vertrauen auf eine so spezielle Weise, dass sie sich komplementär gegenüber stehen. Somit liesse sich von sozialer bzw. kultureller Steuerung im Sinne von Ouchi (1979) sprechen. Dieser Aspekt wurde insbesondere im kommunalen Kontext bereits besonders hervorgehoben (Ditillo et al. 2015). Leider konnten noch keine Faktoren identifziert werden, um soziale Steuerung in Kommunen zu erklären.

Für einige Variablen wurden keine signifikanten Effekte festgestellt: Kulturelle Ähnlichkeit wie auch die Anzahl an politischen Kontakten scheinen nur wenig Einfluss auf die vier Dimensionen der Managementautonomie zu nehmen.

Bei den Aufsichtsratsvariablen ist herauszustellen, dass politisch-strategische Aufsichtsräte, die die wichtigsten Stakeholder in ihre Überlegungen miteinbeziehen, größere strategische Freiheiten provozieren können. Ein solcher Zusammenhang konnte zumindest bivariat nachgewiesen werden. Nimmt ein Aufsichtsrat seine Rolle als politisch-strategisch wahr und reflektiert sein eigenes Handeln, so schränkt dies die generelle Managementautonomie der Unternehmen gegenüber der Trägerkommune ein. Es lässt sich daher vermuten, dass auch effektive Aufsichtsräte in öffentlichen Unternehmen ihre Rolle stärker gemeinwohlorientiert interpretieren als in Privatunternehmen.

Teil III
Diskussion der Ergebnisse und Limitationen der Studie

5. Diskussion der Ergebnisse und Limitationen der Studie

In diesem Kapitel sollen die wichtigsten Ergebnisse der vorliegenden Studie vorsichtig interpretiert und zusammenfassend diskutiert werden. In einem zweiten Schritt werden die Limitationen der Studie aufgezeigt. Im letzten Teil des Kapitels werden Implikationen für Wissenschaft und Praxis abgeleitet.

5.1 Interpretation und Zusammenfassung der wesentlichen Ergebnisse

Im vorhergehenden Abschnitt wurden auf Basis der Überlegungen der COBRA Forschungsgruppe (Verhoest et al. 2010; Bach 2014) vier grundlegende Faktoren der Managementautonomie identifiziert, die auf unterschiedliche Entscheidungsbereiche in öffentlichen Unternehmen Bezug nehmen. Der Autor hat diese wie folgt bezeichnet: Personalautonomie, Generelle Entscheidungsautonomie, Preisautonomie und Strategische Autonomie. Während Personalautonomie sich auf alle Personalentscheidungen in den Unternehmen bezieht, vereint die generelle Managementautonomie organisationsumfassende Entscheidungsbereiche wie Produktion, Forschung, Marketing, Einkauf, Diversifikation und Finanzmitteleinsatz. Strategische Entscheidungen beziehen sich vor allem auf Fragen der Investition und Finanzierung wie wichtige Investmententscheidungen, Kreditaufnahme und Beteiligung an weiteren juristischen Personen des Privatrechts. Preisentscheidungen betreffen Preise, Gebühren und Abgaben an das Unternehmen. Darüber hinaus wurde ein Gesamtindex entwickelt, der stellvertretend für die Managementautonomie als zusätzliche abhängige Variable genutzt wurde (Lioukas et al. 1993).

Im erklärenden Analysemodell wurden zwei Perspektiven auf die Steuerungsproblematik in kommunalen Unternehmen eingenommen: eine transaktionskostenbasierte Perspektive und eine Social-Exchange-Perspektive. In der Literatur wird auch von instrumentellen und relationalen Erklärungsfaktoren in Steuerungsbeziehungen gesprochen (Krause 2014: 322ff.). Beide Perspektiven wurden auf Basis der im zweiten Kapitel ausgewählten Hypothesen untersucht und anhand der identifizierten Dimensionen der Managementautonomie getestet. Erstmals wurde dabei simultan für die Kontrollvariablen Rechtsform, Eigentum, Bundesland, Vorjahresgewinn und Branche kontrolliert. Neben den theoriebezogenen Variablen wurde der wahrgenommene Steuerungseinfluss für Branche, Steuerungsakteure, Steuerungsinstrumente und Aufsichtsräte in gesonderten Abschnitten untersucht. Nach Kenntnisstand des Autors handelt es sich um die deutschlandweit erste Studie, die hierzu ein größeres Sample von Geschäftsführern öffentlicher Unternehmen befragen konnte.

Im ersten Analyseschritt wurde die Wirkung von relationalen und transaktionsbasierten Faktoren auf einen Gesamtindex der Managementautonomie untersucht. Für die Erklärung der Managementautonomie als Gesamtindex haben sich folgende Variablen als besonders hilfreich herauskristallisiert: die private Rechtsform des Unternehmens, die Branche in der die Unternehmen tätig sind, formelle Steuerungsmechanismen der Kommune wie Prozesskontrolle oder Zielsteuerung, Politik-Professions-Konflikte der Geschäftsführer, die Messbarkeit der Ziele, der Informationsaustausch zwischen Unternehmen und Kernverwaltung sowie die Anzahl der Wettbewerber.

In den transaktionskostenbasierten Variablen sind zwei Zusammenhänge besonders hervorzuheben: Einerseits spielt die Faktorspezifizität eine wichtige Rolle für Autonomisierungsprozesse. Besteht eine große Anzahl an potenziellen Wettbewerbern oder alternativen Angeboten, so ist mit einer stärkeren Autonomisierung der Unternehmen zu rechnen. Der Wettbewerbsdruck erfordert ein weniger restriktives Verhalten der Kommunen, um die Unternehmen konkurrenzfähig zu halten (Rainey und Jung 2014: 7f.). Dieser Zusammenhang bei öffentlichen Unternehmen konnte bereits in anderen Studien nachgewiesen werden (Sexty 1980; Vernon 1984; Lioukas et al. 1993).

Erhöht sich die Messbarkeit der Ziele, so ist ebenfalls mit einer stärkeren Autonomisierung zu rechnen. Der Autor vermutet, dass bürokratische Inputsteuerung in diesem Fall leichter durch Ziel- und Wirkungssteuerung zu ersetzen ist (Wilson 2000: 158ff.). Darüber hinaus kann auf die Einrichtung weiterer Prozesskontrollen verzichtet werden. Dies führt dazu, dass Manager mehr Freiraum für ihre originären Tätigkeiten gewinnen können (Schedler und Proeller 2011: 133ff.). Darüber hinaus lassen sich einige Brancheneffekte für ÖPNV und Abwasserentsorgung feststellen, die sich unter anderem auf die politische Wichtigkeit der Branchen zurückführen lassen.

Betrachtet man die Social-Exchange-Variablen, so lassen sich zwei weitere Relationen postulieren: Kontinuierlicher Informationsaustausch zwischen Unternehmen und Kernverwaltung reduziert die generelle Managementautonomie der Gesamtorganisation. Dies ist auch dann der Fall, wenn wichtige Kontrollvariablen mitberücksichtigt werden. In Hypothese H2.1b wurde angenommen, dass Informationsaustausch in bereits langfristig angelegten Beziehungen (wie kommunalen Unternehmen) eher als kontrollierend empfunden werde als in noch jungen interorganisationalen Beziehungen, weil die Transaktionskosten über die Zeit hinweg sinken (van den Abeele 2006). Die Partner haben bereits in der Vergangenheit gemeinsames Sozialkapital aufbauen können und erwarten mittlerweile einen Vertrauensvorschuss (Tomkins 2001).

Hohe positive Korrelationen zwischen den Variablen Informationsaustausch und Vertrauen sprechen für eine alternative Interpretationsweise: Es besteht eine Kohärenz von Vertrauen und Informationsaustausch in langfristig angelegten Beziehungen. Ein ähnlicher Zusammenhang wurde bereits von van Thiel und Yesilkagit (2011) im Umfeld von Agenturen auf Bundesebene nachgewiesen. Sie folgern, dass kontinuierlicher Informationsaustausch auch in langfristigen Beziehungen vertrauensförderlich wirken kann (van den Abeele 2006: 84ff.; Cristofoli et al. 2010:

361ff.; Ditillo et al. 2014: 14ff.). In diesem Fall stehen sich Vertrauen und Steuerung komplementär gegenüber (Bijlsma-Frankema und Costa 2005; van Slyke 2006). Der Sachverhalt lässt sich als Form der sozialen Steuerung interpretieren (Ouchi 1979). Soziale Steuerung appeliert an das langfristige Commitment der Gesteuerten auf Basis gemeinsamer Werte und Normen (Ouchi 1979: 843f.).

Zum anderen lässt sich erkennen, dass spezielle Politik-Professions-Konflikte entstehen können, die mit einer Verminderung der Managementautonomie einhergehen. Rollenkonflikte der Geschäftsführer sind im Besonderen Ausdruck der Governance-Singularitäten, die in öffentlichen Unternehmen mit hybrider Orientierung entstehen (Aharoni 1981: 1343; Hafsi et al. 1988: 715ff.; Whincop 2005: 5ff.; OECD 2005: 187f.; Schedler 2012: 364ff.).

Auch in der Agenturforschung hat man diese Problematik erkannt und es gibt einige Studien, die sich explizit mit Zielambivalenzen und deren negativen Wirkungen auseinandersetzen (Chun und Rainey 2005a; Chun und Rainey 2005b; Rainey und Jung 2014; Jung 2014). Rainey und Jung (2014) gehen auf Basis einer umfassenden Literaturrecherche davon aus, dass Zielambivalenzen auf Organisationsebene entstehen, wenn keine Autonomie der Zielsetzung besteht, es an validen Leistungs- und Qualitätsindikatoren mangelt, die Führungskraft nicht durchsetzungsfähig ist und eine große Gruppe von Akteuren mit unterschiedlichen Präferenzen Einfluss auf die Organisation ausüben kann (Rainey und Jung 2014: 8ff.).

Da wir lediglich eine Querschnittsstudie betrachten, ist eine Beziehung zwischen Rollenkonflikten und Autonomie in mehrere Richtungen interpretierbar: Vermutlich entstehen die Politik-Professions-Konflikte erst durch die Einschränkung der Managemententscheidungen. Man könnte sie somit als eine Art Folgeerscheinung politischer Eingriffe in das Unternehmenshandeln begreifen. Oder aber die Rollenkonflikte sind keine direkte Folge der Autonomisierungsprozesse sondern Folge der hybriden Zielsetzungen, die ursprünglich zur Gründung des Unternehmens geführt haben und nicht richtig aufgelöst werden konnten (Whincop 2005: 5). Durch die Unvereinbarkeit von unternehmerischen und politischen Zielsetzungen geraten die Geschäftsführer in einen Konflikt und es entstehen Entscheidungshemmnisse, die nur durch stärkere Steuerungseingriffe der Kommunen aufgelöst werden können. Auch in Unruhephasen mit hoher medialer Aufmerksamkeit können sich Einschränkungen von operativen Managemententscheidungen häufen (ter Bogt 2003; Rainey und Jung 2014: 8f.).

Beide Argumentationslinien sind durchaus denkbar. Mittelwertvergleiche zeigen für die Stichprobe keine signifikanten Unterschiede zwischen Politik-Professions-Konflikten bei öffentlich-rechtlichen und privatrechtlichen Unternehmen[33]. Paarweise Korrelationsanalysen zwischen der Variable „Public-Corporate-Governance-Kodex“ und dem Faktor „Politik-Professions-Konflikt“ verdeutlichen, dass die bisherigen Corporate- Governance-Kodizes noch nicht signifikant zu einer

33 $Pr(|T| > |t|) = 0.9667$ (nicht signifikant).

Verringerung der Rollenkonflikte beitragen konnten[34]. Für weiterführende Analysen zum Instrument bietet sich eine differenziertere Betrachtung der Kodizes im Hinblick auf die Auflösung von Rollenkonflikten an[35].

In den Branchenvariablen erkennt man einen positiven Zusammenhang zwischen Branche und Autonomie für IT-Unternehmen und solchen Unternehmen, die in der Wasserversorgung tätig sind. Die Bereiche Abwasserentsorgung und öffentlicher Personennahverkehr (ÖPNV) dagegen unterliegen einer strengeren, kommunalen Regulierung. Der Autor vermutet, dass IT-Dienstleistungen eine geringere, strategische Bedeutung zukommt. Da kein direkter Bürgerbezug besteht und es sich oft um verwaltungsinterne Dienstleistungen handelt, ist das öffentliche Interesse niedriger als bei direkten Versorgungsleistungen (Verschuere 2007).

Anders verhält es sich für den Bereich Abwasserbeseitigung. Weil es sich bei der Abwasserbeseitigung juristisch gesehen um eine nicht-wirtschaftliche, gesetzliche Pflichtaufgabe handelt, greifen die Regelungen des Gebührenrechtes und es wird stärker über Inputs gesteuert (Ronellenfitsch 2012: 47ff; Hellermann 2012: 149). Aus diesem Grund werden Betriebe oft als kostenrechnende Einrichtungen oder öffentlich-rechtliche Anstalten geführt (Hellermann 2012: 149). Dadurch verringern sich Personal- und Preisautonomie der betreffenden Organisationen (siehe Abschnitt 4.3).

Beim öffentlichen Personennahverkehr kann man aufgrund der geringen Lukrativität der Branche von Quersubventionierungen durch andere Versorgungsunternehmen ausgehen. Die größere finanzielle Abhängigkeit der Unternehmen führt vermutlich dazu, dass die generelle Entscheidungsfreiheit der Ausgliederungen beschnitten wird (Pfeffer und Salancik 1978; Lioukas et al. 1993). Darüber hinaus handelt es sich beim öffentlichen Personennahverkehr um einen politisch sichtbaren Bereich mit einer hohen Anzahl von Endnutzern, der große Aufmerksamkeit bei den Wählern hervorrufen kann (Lioukas et al. 1993; ter Bogt 2003). Dies betrifft insbesondere die Preispolitik der Kommunen.

Das Gegenteil gilt im Sample für den Bereich der Wasserversorgung, der starken Autonomisierungstendenzen unterliegt. In den meisten Fällen handelt es sich bei den Organisationsformen um große Holding-Gesellschaften oder Multifunktionseinheiten. Oftmals werden zusätzlich private Anteilseigner beteiligt oder es bestehen Zusammenschlüsse mehrerer Kommunen (Lieberherr et al. 2014: 12ff.; Kuhlmann und Wollmann 2014: 187). Ebenso befinden sich kommunale Wasserversorger vermehrt in einem internationalen Wettbewerb mit privaten Anbietern (Lioukas et al. 1993; Lieberherr et al. 2014). Dadurch kommt es zu einer unabhängigeren Personalpolitik und die strategische Handlungsfreiheit der Unternehmen ist signifikant höher als in anderen Branchen. Über weitere Brancheneffekte in den Bereichen Kultur, Wirtschaftsförderung, Theater, Krankenversorgung oder Pflege wurden ebenfalls Vermutungen geäußert (siehe Abschnitt 4.3), diese sind aber eher

34 Korrelationskoeffizient= -0.18; p-Wert=0.118 (nicht signifikant).

35 Eine erste, dahingehende Untersuchung findet sich bei Papenfuß (2013a).

spekulativer Natur und bedürfen weiterführender Analysen in Bezug auf die jeweiligen, juristischen Gegebenheiten.

Wie bereits einleitend vermutet besteht eine Relation zwischen privaten Rechtsformen und den Flexibilisierungen im Management der Organisationen (Braadbaart et al. 2007; MacCarthaigh 2009; Nelson und Nikolakis 2012). Auch in der multivariaten Analyse ist ein positiver Zusammenhang nachweisbar. Die Anwendung des Privatrechts führt dazu, dass der direkte Einfluss der Kernverwaltung begrenzt wird. Dieser Effekt schlägt sich vor allem in der Personal- und Preisdimension der Managementautonomie nieder. Darüber hinaus verdeutlicht die weiterführende Analyse in Abschnitt 4.5, dass mit dem Rechtsformwechsel ein Wandel von der Input- zur Outputorientierung vollzogen wird, der sich in autonomeren Unternehmensentscheidungen der formell Privatisierten manifestiert. Prozesskontrollen und Inputsteuerung wirken sich vor allem in den Dimensionen Personal-, Preis- und strategische Autonomie stärker negativ aus als Zielsteuerung, es bestehen aber hohe Korrelationen zwischen den drei Steuerungsmechanismen.

Dies zeigt zum einen, dass Steuerungsmaßnahmen der Kommunen nicht versanden, sondern faktische Wirkung auf Unternehmensentscheidungen entfalten. Zum anderen wird klar, dass Kommunen auch in der übergreifenden Beteiligungssteuerung eher auf ein Konglomerat aus verschiedenen Steuerungsmechanismen zurückgreifen (Cristofoli et al. 2010: 361ff.). Für Steuerungsverbesserungen ist es notwendig, das Zusammenwirken dieser Mechanismen in den Blick zu nehmen. Gerade die Substitution verschiedener Steuerungsmaßnahmen wie Prozess- gegen Zielsteuerung fördert die operative Autonomie der Unternehmen ohne generelle Entscheidungsspielräume der Kommune aufzugeben.

Nicht nur die angewandten Steuerungsmechanismen, auch die maßgeblichen Handlungsakteure differieren stark zwischen Öffentlich-Rechtlichen und Privatrechtlichen. Gemeinderat und Personalrat verlieren an Einfluss. Im Gegensatz dazu etabliert sich eine stärkere Kundenorientierung in privatrechtlichen Unternehmen. Aufsichtsrat, Gesellschafterversammlung und Beteiligungsmanagement der Kommune werden als wichtigste Steuerungsakteure wahrgenommen. Kontakte zur Kämmerei, zu politischen Ausschüssen, zu einem Fachbereich und zum Gemeinderat werden für privatrechtliche Unternehmen seltener. Dagegen erlangen die Aufsichtsratsvorsitzenden zentrale Bedeutung in der unterjährigen Kommunikation.

Im Abschnitt 4.4 konnte identifiziert werden, auf welche Unternehmensbereiche bzw. Autonomiefaktoren sich die Aktivität der Akteure im Speziellen auswirkt. Wenig überraschend ist, dass verwaltungsinterne und politische Steuerungsgremien einen signifikant negativen Einfluss auf den Faktor „Generelle Managementautonomie“ der Beteiligungen ausüben. Bei den externen Akteuren sind es vor allem Personalrat und Kunden, die ihren Einfluss auf das Unternehmensgeschehen geltend machen. Personalräte verringern die Preisautonomie der Unternehmen durch ihr Handeln. Möglicherweise wird Personalratsforderungen nach höheren Löhnen nachgekommen, indem von politischer Seite aus die Preise oder Gebühren der Unternehmen angepasst werden. Ein stärkerer Einfluss der Kunden wirkt sich dagegen äußerst positiv auf die Autonomie der Preisentscheidungen aus. Da die

Kunden hauptsächlich in funktionierenden Märkten mit konkurrierenden Anbietern an Bedeutung gewinnen, wertet der Autor den Sachverhalt als einen indirekten Wettbewerbseffekt. Je stärker der Wettbewerb in der Branche, desto weniger sieht sich die betreffende Kommune genötigt, zusätzliche Eingriffe in das Unternehmensgeschehen vorzunehmen. Allem Anschein nach verhalten sich Wettbewerbslogik und Politische Handlungsrationalität in diesem Fall diametral zueinander.

Bezüglich der internen Steuerungsakteure lassen sich Gemeinderat, Verwaltungsakteure und Unternehmensorgane unterscheiden. Als zentrales, politisches Gremium nimmt der Gemeinderat Einfluss auf Personal-, Preis- und generelle Managemententscheidungen. Wesentliche politische Entscheidungen nehmen ihren Ursprung im Gemeinderat und wirken sich dann wiederum auf das Handeln der Unternehmensorgane und Verwaltungsakteure aus.

Bei den Verwaltungsakteuren ist es zum einen die Organisationseinheit Beteiligungscontrolling, die generelle Managemententscheidungen und Personalentscheidungen aufgrund der ihr übertragenen Aufgaben im Blick behält. Zum anderen übt der jeweilige Fachbereich durch Qualitäts- und Leistungsbestimmungen Einfluss auf generelle Managemententscheidungen aus. Auch das Handeln der Verwaltungsführung kann sich direkt im Faktor „Generelle Managemententscheidungen" niederschlagen. Nach Wahr-nehmung der Geschäftsführer verstärken die Unternehmensorgane Aufsichtsrat und Gesellschafterversammlung den politischen Einfluss im Faktor „Generelle Managementautonomie". Der Autor vermutet, dass die Aufsichtsräte sich nicht auf die finanziellen Sachverhalte beschränken, sondern auch gemeinwohlorientierte, kommunale Ziele in den Blick nehmen. Auch postulierte Autonomisierungstendenzen werden deutlich: Aufsichtsräte vermindern tendenziell den Einfluss der Trägerkommune in Bezug auf strategische Entscheidungen.

Die einflussreichen Verwaltungsakteure machen sich auch in den Kontakten der Unternehmen bemerkbar. Das Beteiligungsmanagement nimmt für privatrechtliche Unternehmen eine zentrale Steuerungsfunktion wahr. Häufige Kontakte zum Beteiligungsmanagement oder zu einem Fachbereich mindern vor allem die „Generelle Managementautonomie".

Politische Gremien stehen mit öffentlich-rechtlichen Organisationen in häufigerem Kontakt. Das Handeln von politischen Ausschüssen vermindert dadurch die Preis- und Personalautonomie der Unternehmen. Möglicherweise lässt sich in diesem Zusammenhang von einer Übersteuerung der Beteiligungen sprechen, denn Personalautonomie ist die einzige Autonomiedimension, für die eine negative Relation zur Bürokratisierung der Organisation nachgewiesen werden konnte[36].

In Abschnitt 4.5 wurden die Flexibilisierungswirkungen verschiedener Steuerungsinstrumente untersucht. Als wichtigste Steuerungsinstrumente bei Beteiligungen konnten die Besetzung von Schlüsselpositionen, das Berichtswesen und die Anwendung von Public-Corporate-Governance-Kodizes identifiziert werden.

---

36 p=0.02 Signifikanzniveau für einen negativen Zusammenhang mit „Red Tape" (Rainey et al. 1995).

Anreizpläne und variable Vergütung werden signifikant häufiger in privatrechtlichen Unternehmen genutzt, während die Inputsteuerung über das Budget eher ein Merkmal der öffentlich-rechtlichen Organisationen darstellt.

Die Wirkungen der Steuerungsinstrumente sind unterschiedlich. So entfaltet die Inputsteuerung über das Budget eine signifikant negative Wirkung auf alle Autonomiedimensionen. Informelle Elemente wie Telefonkontakte oder häufige, unterjährige Treffen wirken sich vor allem in der Personaldimension aus und sind damit vermutlich als Ausdruck von Übersteuerung und Mikromanagement zu deklarieren. Qualitätsüberprüfungen, Berichtswesen, Telefonkontakte, variable Vergütung und Anreizpläne sowie die Besetzung von Schlüsselpositionen stehen in negativem Zusammenhang zum Faktor „Generelle Managementautonomie".

Ein unerwarteter Effekt stellt sich vor allem für die Public-Corporate-Governance-Kodizes ein. Durch Anwendung der Kodizes kann sich die Preisautonomie gegenüber der Kommune signifikant erhöhen. Dieser Effekt bleibt im Sample erhalten, auch wenn für Variablen wie Branche, Bundesland, Gewinn oder Größe kontrolliert wird. Der Autor führt den Zusammenhang zum einen auf ein höheres gegenseitiges Vertrauen zwischen Unternehmen und Kernverwaltung zurück, denn eine intensive Anwendung der Kodizes verstärkt die Planungssicherheit der Geschäftsführer. Man könnte zusätzlich argumentieren, dass unterjährige Preiseingriffe nur notwendig werden, wenn Probleme auftreten und das Vertrauensverhältnis zwischen Unternehmen und Kernverwaltung bereits nachhaltig geschädigt wurde. In diesem Fall wäre die zusätzliche Preisautonomie als ein positives Signal für die gute Zusammenarbeit zwischen Unternehmen und Kommune zu werten.

Zum anderen lässt sich annehmen, dass sich mit Verabschiedung und Anwendung eines Corporate-Governance-Kodex der indirekte Einfluss des Gemeinderates auf die Aufsichtsräte vermindert. Die Studie konnte belegen, dass kommunale Corporate-Governance-Kodizes die wahrgenommene Effektivität der Aufsichtsräte verbessern können und dass Kodizes zu einer Verringerung der Informationsüberlastung in den Aufsichtsräten beitragen. Zusätzlich reduzieren die Kodizes den prozentualen Anteil der Politiker in den Aufsichtsräten. Eventuell wirken Unabhängigkeit und Expertise der Aufsichtsratsmitglieder als zusätzliche Puffer gegenüber unwirtschaftlichen Regulierungsentscheidungen und steigern dadurch die Preisautonomie der Unternehmen.

Abschnitt 4.6 befasste sich ausführlich mit der Besetzung und Rolle der Aufsichtsräte. Zusammenfassend sind folgende Ergebnisse zu nennen: Viele Aufsichtsräte sind hauptsächlich mit Politikvertretern besetzt. So liegt der Anteil der Politikvertreter in den Aufsichtsräten durchschnittlich bei 58.5%. Dies wirkt sich negativ auf deren wahrgenommene Effektivität aus und steigert die Informationsüberlastung in den Gremien. Besonders große Aufsichtsräte leiden laut Aussage der Geschäftsführer tendenziell unter höherer Informationsüberlastung als kleinere. Da sich die Größe des Aufsichtsrates auch nach der Anzahl der Mitarbeiter richtet, ist dies durchaus verständlich, denn die Aufsichtsräte sind bei Problemstellungen mit einem höheren Komplexitätsgrad und einer größeren Vielfalt von unterschiedlichen Meinungen konfrontiert.

Die Größe der Aufsichtsräte steht darüber hinaus in einem negativen Zusammenhang zur wahrgenommenen Preis- und Personalautonomie in den Organisationen. Der Anteil der Politiker steht in negativem Bezug zum Faktor „Strategische Autonomie" bei Finanzierungs- und Wachstumsentscheidungen. Robuste Regressionsanalysen nach Li (1985) lassen aber vermuten, dass die signifikante Relation auf wenige Ausreißer[37] zurückzuführen ist. Die Auswirkungen der Ausreißer sind sogar stark genug, dass auch die multivariate Analyse unter Kontrolle von Drittvariablen auf eine signifikante Verbindung schließen lässt.

Auf Basis der weiteren Analysen kann angenommen werden, dass Informationsüberlastung und Überforderung einiger Aufsichtsräte dazu führen, dass die betreffenden Aufsichtsräte das Gesamtgeschehen nicht adäquat einschätzen können und mit den Finanzierungsentscheidungen überfordert sind. Dadurch vermehren sich die Eingriffe durch kommunale Steuerungsakteure und mindern den Faktor „Strategische Autonomie". Der Faktor „Generelle Managementautonomie" bleibt unberührt.

Auch die Rolle der Aufsichtsräte wurde im Hinblick auf die Autonomiedimensionen untersucht. Agierte der Aufsichtsrat bisher als Kontroll- und Aufsichtsgremium im Sinne der gesetzlichen Vorgaben, so mindert dies im Gesamtvergleich die wahrgenommene „Generelle Managementautonomie" der Organisationen. Im Gegensatz dazu fördern kontrollierende Aufsichtsräte die „Strategische Entscheidungsautonomie" der Organisationen. Es lässt sich vermuten, dass ein starkes Aufsichtsgremium bei zustimmungspflichtigen Geschäften die finanziellen und politischen Vorgaben der Kommune berücksichtigt und dadurch die generelle Managementautonomie gegenüber den Kommunen mindert. Kann sich die Kommune auf ein Aufsichtsgremium mit starker Kontrollfunktion verlassen, so werden auch schwierigere und komplexe Finanzgeschäfte unabhängiger getroffen.

Betrachtet wurde weiterhin die Rolle der Aufsichtsräte auf Basis des BSAQ-Index. Die Zusammenhänge zeigen, dass solche Aufsichtsräte, die nach Einschätzung der Geschäftsführer hohe Werte im Index erzielen konnten, auch als besonders effektiv wahrgenommen wurden. Eine konfirmatorische Faktorenanalyse ergab vier BSAQ-Faktoren, die dann im multivariaten Zusammenhang getestet wurden. In der multivariaten Analyse verdeutlicht sich eine negative Relation zur generellen Managementautonomie der Unternehmen. Für reflektierende wie auch politisch-strategisch agierende Aufsichtsräte konnte ein signifikant negativer Zusammenhang auf 5% Niveau nachgewiesen werden. Es besteht allerdings keine Kohärenz mit anderen Autonomiedimensionen wie Personal-, Preis- und Strategische Autonomie. Auf Basis der Analysedaten kristallisierte sich heraus, dass sich die Performanz der Aufsichtsräte vor allem im Faktor „Generelle Managementautonomie" niederschlägt. Anders ausgedrückt bedeutet dies, dass solche Unternehmenschefs, deren Unternehmen über eine geringere, generelle Managementautonomie verfügen, ihre

---

37 Die robuste Regressionsanalyse nach Li (1985) gewichtet solche Fälle, die potenziell einen sehr hohen Einfluss auf das geschätzte Regressionsmodell entfalten können, niedriger als andere Beobachtungen.

Aufsichtsräte auch unter Kontrolle von Drittvariablen besser bewerten. Dieses Ergebnis bedarf sicherlich weiterführender, erklärender Fallanalysen. Der Autor vermutet, dass Aufsichtsräte, die eine besonders aktive und effektive Rolle wahrnehmen anders als in der Privatwirtschaft auch gemeinnützige Ziele in ihren Überlegungen berücksichtigen und dadurch die generelle Managementautonomie beschneiden.

In Abschnitt 4.7 und 4.8 wurden letztendlich die transaktionskostenbasierten und die Social-Exchange-Variablen im Hinblick auf die vier Faktoren der Managementautonomie untersucht. In den Ergebnissen der Studie zeigt sich, dass beiden theoretischen Modellen ein begrenzter Erklärungsbeitrag zugeschrieben werden kann. Der Erklärungsgehalt der jeweiligen Perspektive unterscheidet sich allerdings stark, je nachdem welche Dimension der Managementautonomie genauer betrachtet wird.

Preis- und Personalautonomie beispielsweise lassen sich im Sample vor allem mit strukturellen Variablen wie der Branche, dem wahrgenommenen Wettbewerb in der Branche, der Rechtsform und der Anwendung von Prozess- und Inputsteuerung erklären. Zwar lassen sich die Hypothesen zu Steuerungsmechanismen und Wettbewerb bestätigen, es sind aber keine überraschenden Zusammenhänge eingetreten. Auch ein Effekt der wahrgenommenen politischen Konflikte lässt sich im multivariaten Gesamtmodell nicht validieren. Social-Exchange-Variablen sind als Erklärungsfaktoren für Personalautonomie nicht hilfreich, denn keine der Variablen konnte für sich genommen Signifikanz erlangen.

Für den Faktor „Generelle Managementautonomie“ stellen wir fest, dass es vor allem die eingesetzten Instrumente Zielsteuerung und Prozesskontrolle sind, die die Autonomie negativ beeinflussen. Dieser Effekt war zu erwarteten, denn sowohl Zielsteuerung als auch Prozesskontrolle können als politische Instrumente der Kommunen verwendet werden, um direkt Einfluss auf die Unternehmen auszuüben. Es lässt sich annehmen, dass formulierte Ziele nicht lediglich auf dem Papier, sondern auch in der Praxis Steuerungswirkung entfalten. Weil keine weiteren, mutlivariaten Zusammenhänge zwischen Zielsteuerung und Autonomiefaktoren bestehen, kann eine Subsitution von Input- und Prozesskontrollen gegen Zielsteuerung die Gesamtautonomie der Organisationen aber fördern.

In den Social-Exchange-Variablen sind es die Variablen Informationsaustausch, Politik-Professions-Konflikte und Aufsichtscharakteristika, die auf einen Zusammenhang mit dem Faktor „Generelle Managementautonomie“ hindeuten. Im Analyserahmen wurde angenommen, dass ein stärkerer Austausch von strategischen Informationen zwischen Kernverwaltung und Unternehmen in langfristigen Beziehungen als kontrollierend empfunden wird (Tomkins 2001; van den Abeele 2006). Die Ergebnisse zeigen aber, dass der Austausch von Informationen nicht zwangsläufig mit einem Vertrauensverlust einhergehen muss, sondern dass sich Vertrauen, Steuerungsintensität und Informationsaustausch komplementär zu einander verhalten.

Auch für Politik-Professions-Konflikte lässt sich ein negativer Zusammenhang zum Faktor „Generelle Managementautonomie“ ausmachen. Der Autor interpretiert diese Konflikte als ein Resultat der ungelösten, konkurrierenden Rationalitäten in öffentlichen Unternehmen (Schedler 2012). Diese Konflikte stehen dem Aufbau von gegenseitigem Vertrauen diametral entgegen und können dadurch vermutlich motivationshemmende Wirkungen entfalten (Davis et al. 1997: 27ff.).

In den Aufsichtsratsvariablen bestehen ebenfalls signifikante Zusammenhänge zum Faktor „Generelle Managementautonomie". Sobald Kontrollvariablen miteinbezogen werden, verlieren diese Zusammenhänge ihre Signifikanz. Einige interessante Effekte müssen allerdings weiterhin herausgestellt werden: Zum einen steht die Informationsüberlastung der Aufsichtsräte hier in einem positiven Zusammenhang zum Autonomiefaktor. Zum anderen sind es die besonders kritischen Aufsichtsräte, die stark und aktiv Informationen einfordern, eine Kontrollfunktion ernst nehmen und sich selbst kontinuierlich reflektieren, die einen negativen Einfluss auf die generelle Managementautonomie ausüben. Besonders effektive Aufsichtsräte in öffentlichen Unternehmen scheinen die Prioritäten der Stakeholder im Blick zu behalten und gemeinwohlorientierte Ziele zu berücksichtigen. Im Faktor „Generelle Managementautonomie" scheint die Überforderung der Aufsichtsräte eher zu kommunaler Unter- als zu Übersteuerung zu führen.

Den größten Erklärungsgehalt erzielen die Social-Exchange-Variablen im Faktor Preisautonomie. Hier ist es zum einen die Vertrauenswürdigkeit der kommunalen Kontaktperson, zum anderen die Reputation des Unternehmens die autonomieförderlich wirken (Blau 1964). In diesem speziellen Fall lässt sich von transaktionaler Autorität sprechen, denn beide Parteien begeben sich auf eine gemeinsame Basis aus Respekt und Entgegenkommen und akzeptieren die besondere Autorität des jeweils anderen Akteurs (Carpenter und Krause 2014: 9ff.). Wie in der vorherigen Analyse besteht ein negativer Zusammenhang mit Rollenkonflikten der Manager. Dieser konnte auch im Gesamtmodell bestätigt werden. Politik-Professions-Konflikte können das Vertrauen zwischen den Vertragspartnern torpedieren und die Preisautonomie der Einzelunternehmen vermindern. Für die transaktionskostenbasierte Variablen Wettbewerb und Prozesskontrolle bestehen lediglich bivariate Zusammenhänge in den bereits bekannten Richtungen.

Im Faktor „Strategische Autonomie" lässt sich ebenfalls ein guter Erklärungsgehalt der relationalen Faktoren ausmachen. Kommunen scheinen sich in ihren strategischen Steuerungsüberlegungen nicht oder nur selten an den Transaktionskosten und deren Determinanten zu orientieren. Lediglich für den Anteil der Politiker im Aufsichtsrat besteht ein negativer Zusammenhang. Hier können wir allerdings annehmen, dass Ausreißer den Zusammenhang verfälschen. Bei den Social-Exchange-Variablen bestehen bivariate Zusammenhänge mit Rollenkonflikten, Aufsichtsratsvariablen, Rollenambivalenzen und mit der Geschäftsführungserfahrung der Manager im öffentlichen Sektor. Im multivariaten Modell lässt sich nur der Zusammenhang zur Geschäftsführererfahrung im öffentlichen Sektor bestätigen. Der Biographie des Managers kommt somit eine entscheidende Rolle zu, wenn es um die strategische Autonomie des Unternehmens geht.

Wir vermuten zwei Gründe für den signifikant positiven Zusammenhang: Einerseits bestehen gefestigtere Kontakte im politischen Umfeld. Andererseits weiß ein erfahrener Geschäftsführer, wie mit den verschiedenen Akteuren im politischen

Raum umzugehen ist und wie er diese als Ressourcen nutzen kann (Emerson 1976; Thomasson 2009).

Zusammenfassend lässt sich folgendes konstatieren: Einige transaktionskostenbasierte Variablen wie die Faktorspezifizität oder die Messbarkeit der Ziele eignen sich gut dazu, die Gesamtautonomie der Organisationen vorherzusagen. Betrachten wir aber unterschiedliche Dimensionen von Managementautonomie, so können sie nur einen Teilausschnitt der Realität abbilden. Auch eine instrumentelle Sichtweise, die die angewandten Steuerungsmechanismen wie Prozesskontrolle oder Zielsteuerung berücksichtigt, kann lediglich in zwei Faktoren, wir haben diese als „Personalautonomie“ und „Generelle Managementautonomie“ bezeichnet, beachtliche, signifikante Ergebnisse erzielen.

Selbst unter Berücksichtigung von strukturellen und ressourcenorientierten Faktoren wie Rechtsform, Branche, Eigentümer, Vorjahresgewinn, Bundesland oder Größe der Unternehmen kann eine ergänzende, relationale Perspektive zusätzliche Erklärungsmuster liefern. Der Variable Informationsaustausch kommt ein großer Erklärungsgehalt für „Generelle Managementautonomie“ zu. Politik-Professions-Konflikte, die Reputation der Unternehmen und die gegenseitige Vertrauenswürdigkeit der Kontraktpartner haben sich als bedeutende Erklärungsfaktoren für die Preisautonomie der Unternehmen herausgebildet. Zusätzlich konnte mit der biographischen Variable Geschäftsführungserfahrung im öffentlichen Sektor ein erheblicher Anteil der Varianz im Faktor „Strategische Autonomie“ erklärt werden.

Letztendlich lässt sich feststellen, dass die Social-Exchange-Theorie sicher nicht als allumfassende Theorie begriffen werden kann. Sie erklärt uns lediglich einen Teilausschnitt der Realität, der bilaterale Beziehungen zwischen sozialen Akteuren als Untersuchungseinheit begreift (Emerson 1976: 345). Die Theorie lässt sich aber als eine wichtige, erweiternde Perspektive auf Governance Probleme begreifen. Es sind nicht nur die institutionellen Faktoren, die die Entscheidungen und Handlungsspielräume der Akteure effektiv begrenzen, es sind ebenfalls die informellen, sozialen Beziehungen, die zwischen den Akteuren in und um Organisationen bestehen (Blau 1964; Emerson 1976; Cook und Rice 2006). Ökonomische Handlungen in Märkten und Institutionen sind in solche sozialen Strukturen gewissermaßen „eingebettet“ (Granovetter 1985: 482f.) und es ist Aufgabe der weiteren Forschung, diese Strukturen zu identifizieren und deren Konsequenzen aufzuzeigen.

5.2 Limitationen der Studie

Im folgenden Abschnitt sollen noch einmal die wesentlichen Schwächen der vorliegenden Studie und des verwendeten Untersuchungsdesigns diskutiert werden. Hier ist zwischen methodischen Einschränkungen und solchen, die auf die verwendete Datenbasis zurückzuführen sind, zu unterscheiden. Die Einschränkungen betreffen vor allem die externe und interne Validität[38] der Studie und können daher die Generalisierbarkeit und Konsistenz der Ergebnisse belasten.

38 Siehe Bortz (2005: 8).

Zuerst ist anzumerken, dass sich die vorliegende Studie nur auf die Mehrheitsbeteiligungen in deutschen Großstädten bezieht. Kommunale Minderheitsbeteiligungen, Joint-Ventures, Zweckverbände und mehrheitliche Nonprofit-Unternehmen finden aufgrund dieses Untersuchungsdesigns keine Berücksichtigung und wurden von vorne herein ausgeschlossen. Im Rahmen der angewandten Definition für Beteiligungen wurden Dezernate, Ämter und Fachbereiche ebenfalls aus der Untersuchung entfernt, denn diese Organisationstypen können wir zur unmittelbaren Kernverwaltung zählen (Lasar et al. 2011: 226). Weil man sich auf deutsche Großstädte konzentrierte, wurden Kommunen mit geringerer Bevölkerungszahl als 200.000 Einwohner aus der Untersuchung ausgeschlossen. Alle identifizierten Mehrheitsbeteiligungen sind auf der obersten oder der zweiten Konzernebene angesiedelt. Somit beschränkt sich die Aussagekraft der Studie vor allem auf die vermeintlich wichtigsten Mehrheitsbeteiligungen der Städte. Für Beteiligungen auf niedrigeren Ebenen können keine generellen Aussagen getroffen werden.

Bei Überlegungen zur Wiederholbarkeit der Studie ist darauf hinzuweisen, dass die Grundgesamtheit der einbezogenen Mehrheitsbeteiligungen auf Basis der vorliegenden Beteiligungsberichte im Zeitraum der Recherche identifiziert wurde. Der Autor war daher auf die zusammengetragenen Daten der Kommunen angewiesen. Einige Beteiligungsberichte (bspw. für Berlin, Rostock oder Düsseldorf) befanden sich zu Beginn der Untersuchung leider nicht mehr auf dem neuesten Stand, bei allen anderen Beteiligungsberichten handelte es sich um die Berichte für das Vorjahr 2012. Im Fall eines nicht aktuellen Berichtes wurde darauf geachtet, neuere Beteiligungsberichte bis Ende Juni 2013 in die Datenbasis einfließen zu lassen. Aktuellere Kapitalbewegungen konnten aus Praktikabilitätsgründen keine Berücksichtigung mehr in der identifizierten Grundgesamtheitfinden.

Aufgrund dieser Einschränkungen bildet die durch Vorauswahl identifizierte Grundgesamtheit die deutschlandweite Verteilung der Mehrheitsbeteiligungen nur bedingt ab (Statistisches Bundesamt 2014: 256). Die Branchen Unternehmensberatung, Abfallentsorgung und Transport sind in der identifizierten Grundgesamtheit leicht überrepräsentiert. Die deutschlandweit starken Branchen Wasserversorgung und Abwasserentsorgung dagegen sind unterrepräsentiert. Auch die deutschlandweite Verteilung der Rechtsformen konnte nicht repliziert werden. So sind privatrechtliche Beteiligungen mit einem 87.2%igen Anteil in der identifizierten Grundgesamtheit überaus stark vertreten. Der Anteil privater Rechtsformen deckt sich aber mit Untersuchungen zu den unmittelbaren Beteiligungen der deutschen Großstädte (Richter et al. 2006: 115; Papenfuß 2010: 105).

In Bezug zur eigentlichen Stichprobe kann der Gesamtrücklauf von 22.52% als durchaus akzeptabel für Top-Level Führungskräftebefragungen gewertet werden (Cycota und Harrison 2006: 133ff.). Dies ist im Speziellen der Fall, weil es sich bei den gestellten Fragen um besonders vertrauliche Angaben zu den Aufsichtsräten und den Machtkonstellationen im Umfeld der Organisationen handelt. Die wesentlichsten Einschränkungen der Generalisierbarkeit betreffen vor allem die Branchenverteilung innerhalb der Stichprobe und den Branchenrücklauf im Vergleich zur Grundgesamtheit.

Ein Vergleich mit der Verteilung der Grundgesamtheit ergab, dass einige Branchen in der Stichprobe stark überrepräsentiert sind. Dies betrifft vor allem die Abwasserentsorgung und Stadtwerke Holding Gesellschaften. Unterrepräsentiert sind Unternehmen in der Energie- und Gasversorgung, der Transportwirtschaft und der Krankenversorgung. X^2-Goodness-of-fit-Tests zur Verteilung von Branche und Rechtsformen zeigen, dass die Stichprobe für beide Kategorien keine gute Annäherung an die Verteilung der identifizierten Grundgesamtheit bietet. Dieser Befund stellt eine Limitation für die Studienergebnisse dar und wirkt sich negativ auf die externe Validität und Verallgemeinerbarkeit der Untersuchung aus.

Der Vorteil des gewählten Studiendesigns liegt in der theoretischen Ausrichtung. Ein gewisses Maß an externer Validität besteht vor allem deshalb, weil alle Hypothesen auf theoretischen Annahmen und Argumenten basieren. Am Beispiel von Mehrheitsbeteiligungen deutscher Großstädte wurde erstmals getestet, ob sich Transaktionskostendeterminanten und Social-Exchange-Attribute in der „De-facto"-Managementautonomie von öffentlichen Unternehmen niederschlagen. Etwaige Schwächen der gewählten, theoretischen Ansätze wurden für beide Theorien in Kapitel drei separat ausgeführt und diskutiert.

Bei der Untersuchung von wahrgenommener Autonomie handelt es sich um einen neuartigen Ansatz in der Tradition der Agenturforschung, der nicht zwischen den diskreten Alternativen der Leistungserstellung wie Eigenproduktion und Auslagerung unterscheidet, sondern die noch weitgehend unbekannten, internen Konsequenzen der Corporatisation in den Fokus rückt. Der große Nachteil des Untersuchungsdesigns besteht in der Subjektivität der Antworten.

Nur mittels Befragung der Geschäftsführer war es möglich, die relationalen Beziehungen zu den verschiedenen Steuerungsakteuren im Unternehmensumfeld zu identifizieren. Der selbstständig erstellte Fragebogen richtet sich darum explizit an die gesteuerten Organisationseinheiten in den Kommunen. Es ist anzunehmen, dass die steuernden Fachbereiche, das Beteiligungsmanagement oder die Mitglieder des Gemeinderates eine andere Haltung zu den befragten Themenblöcken einnehmen. Um diese unterschiedlichen Interpretationen zu berücksichtigen, hätten alle möglichen Steuerungsakteure separat befragt werden müssen. Dies hätte den Rahmen der Untersuchung aus wirtschaftlichen und zeitlichen Überlegungen heraus gesprengt. Für die Zukunft besteht Spielraum für weitere Untersuchungen, die die Perspektive der Steuernden ergänzen oder in den Mittelpunkt der Betrachtung stellen.

Das lediglich einseitige Bild aus Sicht der Gesteuerten mindert allerdings die interne Validität der Studienergebnisse. Es lässt sich aus konstruktivistischer Sicht zwar argumentieren, dass die Geschäftsführer wesentliche Führungsentscheidungen selbst treffen, beeinflussen oder zumindest beurteilen können und daher ihrer subjektiven Wahrnehmung und Rolle eine besondere Bedeutung für das gesamte Unternehmensgeschehen zukommt (Weick 1995: 76ff.). Da die Führungskräfte aber nicht nur zu persönlichen Einstellungen oder Verhaltensweisen, sondern vor allem zur Gesamtorganisation befragt wurden, steht die Untersuchung in der Tradition von Elite-Surveys und unterliegt den damit verbundenen Problemen (Moyser and Wagstaffe 1987; Hurrle und Kieser 2005; Walker und Enticott 2004; Bach 2014).

Diese wurden bereits in Kapitel drei ausführlich diskutiert und sollen lediglich noch einmal abschließend zusammengefasst werden:

Die Aussagen könnten einem Key-Informant-Bias unterliegen (Hurrle und Kieser 2005: 585). Führungspersonen könnten geneigt sein, ihre Organisationen in einem besonders positiven Licht darzustellen (Walker und Enticott 2004: 420). Besonders Leistungsdaten und Daten zum Unternehmenserfolg unterliegen einer höheren Fehlerquote als andere Auskünfte (Wall et al. 2004; Meier und O'Toole 2013). Man spricht von Impression-Management und Self-Serving Attributions, die den Probanden und seine Aktivitäten gut aussehen lassen (Hurrle und Kieser 2005: 589f.).

Die Reliabilität und Validität von Daten zu objektiven Sachverhalten kann zusätzlich durch weitere, systematische Verzerrungen eingeschränkt sein (Anderson 1985; Bagozzi et al. 1991; Kumar et al. 1993). Dies gilt insbesondere dann, wenn bei organisationsübergreifenden Einschätzungen das Verhalten anderer beurteilt werden soll (Schwarz und Wellens 1997). Aber auch bei vergleichsweise einfachen Auskünften über objektive Tatbestände kommt es häufig zu Fehlerquoten (Bommer et al. 1995). Bach (2014: 100f.) argumentiert, dass insbesondere auf Organisationsebene keine Alternativen auf unteren Unternehmensebenen bereitstehen, um an die gleichen Informationen zu gelangen. In der vorliegenden Untersuchung wurde deshalb versucht, die Fehlerquellen durch einen Pretest des Fragebogens auf ein Minimum zu reduzieren.

Darüber hinaus unterliegt die Untersuchung den typischen Problemen von Survey-Designs. Beispielsweise konnten nur Querschnittsdaten über einen gewissen Zeitpunkt gewonnen werden. Langzeitveränderungen und deren Auswirkungen auf die wahrgenommene Managementautonomie wurden somit nicht abgebildet. Wie andere Survey-Studien leidet das fragebogengestützte Vorgehen unter einem Common-Method-Bias, weil einige unabhängige Variablen und die abhängige Variable Managementautonomie aus dem gleichen Fragebogen stammen (Favero und Bullock 2015: 285). Da einem Common-Method-Bias mit statistischen Analyseverfahren kaum nachzukommen ist, wurde für erklärende Variablen wie Branche, Rechtsform, Corporate-Governance-Kodex, Unternehmensgröße oder Vorjahresgewinn zusätzlich auf Sekundärdaten zurückgegriffen (Favero und Bullock 2015: 304). Theoriegeleitete Konstrukte wie gegenseitiges Vertrauen, Reputation oder kulturelle Ähnlichkeit ließen sich allerdings nicht aus Sekundärdaten gewinnen.

Weitere Schwächen der Untersuchung sind auf die zugrunde liegende Datenstruktur in der Stichprobe zurückzuführen. Aufgrund der sehr geringen Fallzahl in allen Regressionsanalysen können Ausreißer einen starken Effekt auf die Schätzparameter ausüben. Um den Einfluss von Extremwerten zu vermindern, wurden zusätzlich robuste Regressionsanalysen nach Li (1985) durchgeführt. In den linearen Regressionsanalysen wurde mit robusten Standardfehlern für die Bundesländer gearbeitet, die eine geringere Anfälligkeit gegenüber Heteroskedastizität[39] aufweisen

39 Die Ungleichheit der Streuung der Residuen kann dazu führen, dass die Nullhypothese zu Unrecht abgelehnt wird (Hayes und Cai 2007: 710).

(Hayes und Cai 2007). Traten unterschiedliche Signifikanzen in den Schätzparametern der Modelle auf, so wurden lediglich solche Ergebnisse berücksichtigt, die sich auch in den robusten Analysen bei unterschiedlicher Gewichtung der Extremwerte bestätigen ließen.

Die Regressionsdiagnostik ergab für alle linearen Regressionen in den Faktoren Personalautonomie und Strategische Autonomie eine schiefe Verteilung der Residuen. Dadurch ist die Normalverteilungsannahme in diesen Modellen verletzt. Dies kann zu systematischen Verzerrungen der Schätzparameter führen (Bortz 2005: 216). Mit Anwendung von nichtlinearen Verfahren wie der Bootstrapping-Methode (Efron und Tibshirani 1993; Mooney und Duval 1993), die keine normalverteilten Residuen voraussetzt, wurden die Ergebnisse zusätzlich überprüft und konnten größtenteils repliziert werden. Abweichungen von den signifikanten Ergebnissen nach Anwendung der nichtlinearen Methode müssen wir mit äußerster Vorsicht gegenübertreten.

5.3 Implikationen für Wissenschaft und Praxis

Ziel der vorliegenden Untersuchung war es, Flexibilisierungstendenzen im Rahmen von Corporatisation Prozessen besser verstehen zu lernen. Dabei stellte sich heraus, dass sich Flexibilisierungstendenzen nicht nur in einem Gesamtindex als Managementautonomie, sondern zusätzlich dimensional darstellen lassen. Eine explorative Faktorenanalyse konnte im Verhältnis zur steuernden Gebietskörperschaft vier voneinander unabhängige Faktoren der Managementautonomie identifizieren: Personalautonomie, Generelle Entscheidungsautonomie, Preisautonomie und Strategische Entscheidungsautonomie.

Da sich diese Faktoren branchen- und kommunenübergreifend feststellen lassen, nehmen wir an, dass es sich um allgemeine Dimensionen der Managementautonomie von öffentlichen Unternehmen handelt, die in verschiedenen Kontexten funktionieren und sich auf Staats-, Landes- oder Kommunalebene übertragen lassen. Diese Steuerungsaspekte sind von allgemeinen Branchenregulierungen zu unterscheiden (Thynne 2011; Farazmand 2013), denn sie fokussieren vor allem den Einfluss der betreffenden Gebietskörperschaft. Vermutlich können uns die Autonomiefaktoren einen Hinweis auf die generelle Funktionsweise von öffentlichen Unternehmen liefern. Die Faktoren werden uns in Zukunft dabei helfen, die Wirkungsweise der strukturellen Merkmale, Steuerungsmechanismen und informellen Aspekte im Umfeld der Einzelunternehmen beschreiben und einschätzen zu lernen.

Forschungsbedarf besteht vor allem für das Zusammenwirken von Autonomie und Performanz in öffentlichen Unternehmen. Für diese Gretchenfrage der Public-Management- Forschung werden lang angelegte Panelstudien und internationale Vergleiche notwendig sein, die die Veränderungsprozesse über die Zeit hinweg betrachten. Eine Berücksichtigung der vier identifizierten Formen der Managementautonomie könnte in der Konzeption solcher internationalen Studien einen ersten Ansatzpunkt liefern. Derzeit mangelt es noch an Datensätzen und Vergleichsstudien zum Thema.

Weiterer Forschungsbedarf sollte bei den identifizierten, erklärenden Variablen ansetzen. Wie vermutet konnte die Untersuchung zeigen, dass eine Rechtsformänderung und die Platzierung der Organisationen in einem stärker wettbewerbsorientierten Umfeld mit einer höheren Managementautonomie der Unternehmen einhergehen. Der positive Zusammenhang schlägt sich nach Ansicht der Geschäftsführer vor allem in den Bereichen Personal- und Preisautonomie nieder. Stehen die Unternehmen in einem stärkeren Wettbewerb, so wirkt sich dies ebenfalls stark positiv auf die ihnen zugestandene Personal- und Preisautonomie aus. Auch die Budgetierungsmethode übt einen wesentlichen Effekt auf die Unabhängigkeit der Unternehmensentscheidungen aus. So steht die Inputsteuerung über Stellenpläne und Budgets in einem durchweg negativen Zusammenhang mit wahrgenommener Managementautonomie.

Diese Zusammenhänge decken sich stark mit vorherigen Erkenntnissen zur Steuerung von teilautonomen Einheiten und bestätigen unsere Eingangsvermutung, dass die Platzierung in einem wettbewerbsorientierteren Umfeld zu Flexibilisierungstendenzen führt (Lioukas et al. 1993; Nelson und Nikolakis 2012; Beecher 2013). Interessant ist vor allem, dass sich die positiven Effekte einer Rechtsformänderung nicht in jeder Teildimension von Autonomie niederschlagen. Beispielsweise strategische Finanzentscheidungen und generelle Managementoperationen unterliegen auch bei Corporatisation dem Eingriff der Gebietskörperschaften. Weitere Untersuchungen zu diesem Sachverhalt werden Aufschluss darüber geben, ob es sich um eine zufällige Beobachtung im kleinen Sample oder einen allgemeineren Aspekt handelt, der auch in größeren Daten-sätzen Bestand hat.

In den organisationsübergreifenden Steuerungsmechanismen zeigt sich, dass die Anwendung von Prozesskontrolle oder Zielsteuerung die Managementautonomie insgesamt signifikant vermindern. Allerdings wirkt sich Inputsteuerung stärker negativ aus als andere Steuerungsmechanismen. Auch der intensive formelle und informelle Austausch von Informationen zwischen Kernverwaltung und Beteiligungen ist nach Ansicht der Befragten als eine wesentliche Autonomieeinschränkung zu begreifen. Dies betrifft vorwiegend den Faktor „Generelle Managementautonomie“. Im Gegensatz dazu kann eine bessere Messbarkeit der Leistungen dazu beitragen, dass die „Generelle Managementautonomie“ ansteigt. Dieser positive Zusammenhang besteht auch für den Gesamtindex.

Der Autor vermutet in diesem Fall, dass Input- und Prozessteuerung leichter durch Zielsteuerung zu ersetzen sind und daher insgesamt weniger Steuerungsmechanismen Anwendung finden müssen. Bisherige Untersuchungen zur Steuerung kommunaler Leistungserbringung haben gezeigt, dass verschiedene Mechanismen nebeneinander existieren können und dass die Charakteristika der Services vor allem den Einsatz von Prozess- und Zielsteuerung begünstigen (Caglio und Ditillo 2008; Cristofoli et al. 2010; Ditillo et al. 2014). Weitere qualitative Untersuchungen können möglicherweise Aufschluss darüber geben, wie sich das Zusammenspiel der Steuerungsmechanismen über die Zeit hinweg verändert.

Die vorliegende Untersuchung sollte allerdings nicht nur formelle, sondern auch informelle, beziehungsorientierte Aspekte von Kontraktsteuerung berücksichtigen (Ditillo et al. 2014: 4ff.). Die Ergebnisse zeigen, dass sich gegenseitiges Vertrauen zwischen den Kontraktpartnern und eine gute Reputation der Unternehmen in einer größeren Preisautonomie der betreffenden Unternehmen niederschlägt. Negative Zusammenhänge zwischen gegenseitigem Vertrauen und anderen Autonomiedimensionen verschwinden, wenn für Vorjahresgewinn und Beteiligung von Privatkapital kontrolliert wird. Interessanterweise wirkt sich auch die Anwendung eines Public-Corporate-Governance-Kodex positiv auf die Preisautonomie der Einzelunternehmen aus. Gleichermaßen fördert ein Kodex das gegenseitige Vertrauen zwischen Kernverwaltung und Beteiligungen und stärkt aus Sicht der Geschäftsführer die wahrgenommene Effektivität der Aufsichtsräte. Diese Zusammenhänge konnten im Rahmen der Untersuchung erstmals für ein größeres Sample nachgewiesen werden.

Zukünftige qualitative Untersuchungen könnten die Frage klären, inwiefern und warum derzeitige Public-Corporate-Governance-Kodizes das Vertrauen zwischen Unternehmen und kommunalen Vertragspartnern fördern. Dafür ist es notwendig, die genauen Formulierungen der Kodizes Stadt für Stadt durchzugehen und intensive Befragungen und Netzwerkstudien zu den informellen Beziehungen der Akteure durchzuführen. Um die Verbindung zur Preisautonomie zu schlagen, wäre es wichtig, die Vertragswerke und Satzungen der Unternehmen einer genaueren Untersuchung zu unterziehen. Neben der wahrgenommenen Preisautonomie der Geschäftsführer könnte es ein wichtiger Ansatzpunkt weiterer Analysen sein, die tatsächliche Preisentwicklung von Branchen in Städten mit Kodizes über die Zeit hinweg nachzuverfolgen und mit anderen Städten zu vergleichen, die noch keine Kodizes verabschiedet haben.

Derzeit lassen sich lediglich Vermutungen anstellen, warum die bisherigen Corporate- Governance-Kodizes die Preisautonomie der Unternehmen im Sample steigern. Verglei-chende Fallstudien und qualitative Analysen können sicherlich Aufschluss darüber geben, ob sich diese Verbindung auch in weiteren Analysen bestätigen lässt. Die bisherigen Vermutungen richten sich vor allem auf eine Verbesserung des ordnungspolitischen Rahmens, die größere Klarheit der Verantwortlichkeiten in den Gremien und einen vertrauensvolleren Umgang in der Zusammenarbeit.

Man kann davon ausgehen, dass nicht nur formale Kennzahlen in der Steuerung Anwendung finden, sondern im Speziellen auch nichtroutinierte, mündliche ad-hoc Informationen gesammelt und weitergegeben werden, die sich in der Autonomie der Unternehmen niederschlagen (Kroll 2013: 266ff.). Luke (2010) erkennt, dass für öffentliche Unternehmen auch informelle Verbindungen zu externen und internen Akteuren bestehen, die das Unternehmensgeschehen und die Verantwortlichkeiten der Unternehmen verändern (Luke 2010: 155ff.). Nach Romzek et al. (2014) kann es in netzwerkbasierten Arrangements zu starken Spannungen zwischen formellen und informellen Steuerungselementen kommen (Romzek et al. 2014: 832ff.).

Die Untersuchung konnte aufzeigen, dass informelle Steuerung über Telefonkontakte oder gemeinsame Treffen vermehrt eingesetzt wird, um direkten Einfluss auf das Unternehmensgeschehen auszuüben. Dies betrifft vor allem die Personalentscheidungen der kommunalen Unternehmen. Außerdem schlägt sich die informelle Steuerung im größeren gegenseitigen Vertrauen zwischen den Akteuren nieder und fördert den Informationsaustausch zwischen Unternehmen und Kernverwaltung. Informelle Mechanismen scheinen ein probates Mittel zu sein, um Personaleinfluss zu nehmen. Weitere Fallstudienuntersuchungen können uns möglicherweise erklären, wie es dazu kommt und warum sich durch die vertrauensfördernde Wirkung keine positiven Zusammenhänge zu den Autonomiedimensionen einstellen.

Weitere Ergebnisse verdeutlichen, dass Politik-Professions-Konflikte die Managementautonomie der Unternehmen insgesamt stark einschränken bzw. eine geringere Autonomie der Geschäftsführer Politik-Professions-Konflikte hervorrufen kann. Dies offenbart sich vor allem im Bereich der Preisautonomie und für Rollenambivalenzen im Faktor „Strategische Autonomie". Die Analyse zeigt, dass bisherige Corporate-Governance-Kodizes noch nicht dazu beitragen konnten, diese Rollenkonflikte signifikant zu vermindern.

Es muss das Ziel weiterer Forschung sein, Erklärungsfaktoren für Rollenkonflikte in spezifisch öffentlichen Unternehmen zu identifizieren. So können Handlungsempfehlungen für die Praxis der Governance gegeben werden, die die Kodizes in wesentlichen Punkten verbessern. In einem kürzlich erschienenen Literaturüberblick zu Zielambivalenzen öffentlicher Organisationen identifizieren Rainey und Jung (2014: 15f.) verschiedene Prädiktoren. Hier unterscheiden sie solche Variablen, die sich auf die Organisation selbst beziehen und solche, die vor allem das Umfeld der Organisationen betreffen. Unter den organisatorischen Variablen finden sich: Die Größe und das Alter einer Agentur, regulatorische versus nicht regulatorische Aufgaben, Komplexität der Aufgaben und die finanzielle Abhängigkeit der Organisation (Rainey und Jung 2014: 15f.). Bei den Variablen, die sich auf das Umfeld der Organisationen beziehen, gelten die politische Wichtigkeit der Agentur, die Anzahl an externen Anspruchsgruppen und die Managementkapazität der Agenturen als wichtige Einflussfaktoren (Rainey und Jung 2014: 15f.).

Nicht alle dieser Faktoren lassen sich direkt auf öffentliche Unternehmen übertragen, die in einen sehr spezifischen Kontext eingebettet sind (Pollitt 2013; O'Toole und Meier 2014). Insbesondere gemeinwohlorientierte Organisationen können in ein Spannungsfeld zwischen verschiedenen Rationalitäten geraten (Thomasson 2009; Schedler 2012; Grossi und Thomasson 2015). Schedler (2012) spricht in diesem Zusammenhang von multirationalem Management, weil er glaubt, dass Rollenkonflikte auf parallel nebeneinander existierende Rationalitäten und Sinnbilder in den hybriden Unternehmensformen zurückzuführen sind (Schedler 2012: 366ff.). Folgt ein Unternehmen nur einer einzigen, dominanten Handlungsrationalität, so entstehen blinde Flecken in der Unternehmensorganisation, die zur Missachtung wichtiger Anspruchsgruppen führen können und dadurch die Legitimität der

Gesamtorganisation schwächen (Schedler 2012: 370). Akzeptiert die Organisation dagegen die inhärenten Widersprüche, die aufgrund der verschiedenen Anspruchsgruppen und Sinnzusammenhänge entstehen, so bringt dies strategische Handlungsvorteile mit sich und kann wichtige Spielräume eröffnen (Schedler 2012: 373f.). Rainey und Jung (2014) unterschieden drei verschiedene Formen von Zielambivalenzen: Vage Ziele, Zielkonflikte und die Vielzahl von Zielen (Rainey und Jung 2014: 9). Es bleibt die Aufgabe weiterer Untersuchungen, die Determinanten der verschiedenen Zielambivalenzen in öffentlichen Unternehmen zu untersuchen.

Die vorliegende Untersuchung zeigt im Besonderen, dass solche Geschäftsführer, die eine besonders große Führungserfahrung im öffentlichen Sektor mitbringen, die strategische Handlungsfähigkeit der Organisationen vergrößern. Bernier (2014) glaubt in diesem Zusammenhang an die Wichtigkeit von „Public Entrepreneurs" (Bernier 2014: 253ff.). Neben einer gesteigerten Autonomie (Beecher 2013: 160) erkennt er in Unternehmertum und Innovationskraft die wichtigsten Faktoren, um die Performanz der Unternehmen zu steigern (Bernier 2014: 254). Um erfolgreich zu sein, müssen Public Entrepreneurs Verhandlungsgeschick und Motivation besitzen, aber auch bürokratische Wege kennen, um ihre Vorhaben durchzusetzen (Currie et al. 2008: 1003). In diesem Fall sollte sich die Geschäftsführungserfahrung im Sektor auszahlen. Weitere Forschung zum Thema könnte sich den spezifisch biographischen Faktoren widmen, die Public Entrepreneurship in öffentlichen Unternehmen begünstigen und Handlungsstrategien aufzeigen, mit denen Public Entrepreneurs ihre Ziele erreichen (Bernier 2014: 263).

In den Unterzielen der vorliegenden Untersuchung wurden die aktuelle Steuerungspraxis und die Intensität untersucht, mit der die lokalen Verwaltungsakteure und Politiker auf die Geschäftstätigkeiten von kommunalen Unternehmen wahrnehmbar Einfluss nehmen. Es hat sich gezeigt, dass die primären Steuerungsakteure sich stark verschieben, je nachdem, ob es sich um ein öffentlich-rechtliches oder ein privatrechtliches Unternehmen handelt. Corporatisation führt dazu, dass der Einfluss des Gemeinderates und der Fachbereiche vermindert wird und dass dem Beteiligungscontrolling, den Kunden, der Gesellschafterversammlung und den Aufsichtsräten eine jeweils starke Steuerungsrolle zukommt. Eine höhere Effektivität der Aufsichtsräte steht in diesem Fall in einem negativen Zusammenhang zum Faktor „Generelle Managementautonomie". Diese Erkenntnis ist äußerst überraschend und bedarf weiterer quantitativer und qualitativer Studien. Es lässt sich vermuten, dass besonders effektive Aufsichtsräte in öffentlichen Unternehmen die gemeinwohlorientierten Ziele der Stakeholder mitberücksichtigen.

Noch wissen wir sehr wenig über Entscheidungsprozesse in Aufsichtsräten von öffentlichen Unternehmen. Da die Mitglieder besonderen Interessenkonflikten unterliegen können, besteht hier sicherlich weiterer Forschungsbedarf im Rahmen von Fallstudien oder Experimenten. Weiterführende Studien könnten uns Aufschluss darüber geben, nach welchen Kriterien die Aufsichtsräte beurteilen und wie genau sie mit den Verwaltungsakteuren innerhalb der Kommune in Verbindung stehen.

Letztendlich sollen die gewonnenen Erkenntnisse auch genutzt werden, um einige praktische Handlungsempfehlungen für die Beteiligungssteuerung in Kommunen zu geben. Die Untersuchung konnte zeigen, dass die Inputsteuerung die Flexibilität und Wettbewerbsfähigkeit der Unternehmen stark einschränkt. Ebenfalls tragen vermehrte, informelle Eingriffe in das Unternehmensgeschehen meist zu einer Verminderung der Personalautonomie bei. Die Anwendung dieser beiden Mechanismen sollte daher für alle Branchen auf ein Mindestmaß beschränkt werden. Andernfalls gehen die positiven Effekte der Rechtsformänderung schnell verloren.

Eine wichtige, weitere praktische Erkenntnis der Umfrage ist, dass ein hoher Anteil Politiker in den Aufsichtsräten aus Sicht der Manager mit geringerer Expertise und einer höheren Informationsüberlastung der Ratsmitglieder einhergehen kann. Aus Sicht der Geschäftsführer kommen effektive Aufsichtsräte in öffentlichen Unternehmen ihrer Funktion als Kontroll- und Aufsichtsgremium nach, sind mit den bereitgestellten Informationen weniger überfordert und behalten die Ziele der Stakeholder aus Politik und Verwaltung im Blick. Da aber nicht gänzlich auf Politiker in den Räten verzichtet werden kann, sollte zumindest festgehalten werden, dass bisherige Corporate-Governance- Kodizes die Qualität der Aufsichtsräte bereits merklich verbessern konnten. Dennoch wird auf Basis der Erkenntnisse empfohlen, die Größe der Aufsichtsräte auf ein Mindestmaß zu reduzieren und solche Politiker auszuwählen, die bereits Fachkenntnis in der jeweiligen Branche besitzen.

Darüber hinaus ist es eine wichtige Erkenntnis der Umfrage, dass Umstrukturierungen der Beteiligungen nicht aus kurzfristigen, rein finanziellen Überlegungen heraus getroffen werden sollten. Interne Umstrukturierungen haben implizite Auswirkungen auf die Handlungsfähigkeit der betreffenden Kommunen. Entgegen der bisherigen Vermutungen versuchen Kommunen besonders bei hoher Fachkenntnis der Aufsichtsräte stärker auf die generelle Managementautonomie der Unternehmen Einfluss zu nehmen. Starke Aufsichtsräte haben einige Möglichkeiten, politisch-strategische Vorhaben zu blockieren oder abzuschwächen.

Ein „aus dem Auge, aus dem Sinn“-Denken löst also auch bei Anwendung der Kodizes keine Kosten- und Qualitätsprobleme, solange es an maßgeblichen Handlungszielen, Qualitätskriterien und Kontraktformulierungen mangelt. Die Umfrage zeigt aber, dass nicht allein eine Fokussierung auf die Outputs gefragt ist, sondern eine Kombination aus mehreren Steuerungsmechanismen Notwendigkeit besitzt. Diese müssen auf die spezielle Situation der Unternehmen und deren Branchen abgestimmt werden. Um Rollenkonflikte in den Organisationen einzudämmen, plädiert der Autor für ein ausgefeiltes Kontraktmanagement, das politisch gewollte, wettbewerbsfremde Eingriffe in das Unternehmensgeschehen einkalkuliert und die Unternehmen für die dadurch entstandenen Kosten entlastet (Whincop 2005: 8ff.; Vagliasindi 2008: 5ff.). Für solche Leistungsvereinbarungen ist es notwendig, Eigentümerstrategien zu entwickeln, die Kosten der politischen Vorhaben zu schätzen und die strategische Planung mit den maßgeblichen Akteuren aus Politik, Verwaltung und Unternehmen im Rahmen von Szenario- und Risikoanalysen abzustimmen.

Auch bei vollständiger Privatisierung der Organisationen werden Großstädte nur mit einem gut aufgestellten Steuerungsinstrumentarium in der Lage sein, auf zukünftige Herausforderungen adäquat und schnell zu reagieren ohne die eigenen Unternehmen mit Mikropolitik zu überfordern. Daher sollte in die notwendigen Kapazitäten und technischen Voraussetzungen für ein kommunenübergreifendes Management-Control-System investiert werden. Die noch laufende Umstellung auf den kommunalen Konzernabschluss und damit verbundene Neuinvestitionen könnte für viele Kommunen ein Handlungsfenster eröffnen, um neben den buchhalterischen auch die notwendigen personellen und technischen Kapazitäten im Kontraktmanagement zu schaffen.

Literaturverzeichnis

Aars, Jacob; Ringkjøb, Hans-Erik (2011): Local Democracy Ltd. In: *Public Management Review* 13 (6), S. 825–844.

Aberbach, Joel D.; Putnam, Robert D.; Rockman, Bert A. (1981): Bureaucrats and politicians in western democracies. Cambridge, Mass.: Harvard University Press.

Aharoni; Yair (1981): Performance Evaluation of State-Owned Enterprises: A Process Perspective. In: *Management Science* 27 (11), S. 1340–1347.

Aivazian, Varouj A.; Ge, Ying; Qiu, Jiaping (2005): Can corporatization improve the performance of state-owned enterprises even without privatization? In: *Journal of Corporate Finance* 11 (5), S. 791–808.

Alessi, Louis De (1983): Property Rights, Transaction Costs, and X-Efficiency: An Essay in Economic Theory. In: *The American Economic Review* 73 (1), S. 64–81.

Allaire, Yvan; Firsirotu, Mihaela E. (1984): Theories of organizational culture. In: *Organization Studies* 5 (3), S. 193–226.

Almquist, Roland; Grossi, Giuseppe; van Helden, G. Jan; Reichard, Christoph (2013): Public sector governance and accountability. In: *Critical Perspectives on Accounting* 24 (7–8), S. 479–487.

Ambrosius, Gerold (2012a): Paradigmen öffentlichen Wirtschaftens in historischer Perspektive. In: Christina Schaefer und Ludwig Theuvsen (Hg.): Renaissance öffentlicher Wirtschaft. Bestandsaufnahme – Kontexte – Perspektiven. 1. Aufl. Baden-Baden: Nomos (Schriftenreihe öffentliche Dienstleistungen, 57), S. 71–91.

Ambrosius, Gerold (2012b): Geschichte der Stadtwerke. In: Dietmar Bräunig und Wolf Gottschalk (Hg.): Stadtwerke. Grundlagen, Rahmenbedingungen, Führung und Betrieb. 1. Aufl. Baden-Baden: Nomos-Verl.-Ges. (Schriftenreihe öffentliche Dienstleistungen, 56), S. 35–52.

Amirkhanyan, Anna A.; Kim, Hyun Joon; Lambright, Kristina T. (2010): Do relationships matter? Assessing the association between relationship design and contractor performance. In: *Public Performance & Management Review* 34 (2), S. 189–220.

Anastassopoulos, Jean-Pierre (1985): State-owned Enterprises between Autonomy and Dependency. In: *Journal of Public Policy* 5 (04), S. 521–539.

Anderson, James C. (1985): A Measurement Model to Assess Measure-Specific Factors in Multiple-Informant Research. In: *Journal of Marketing Research* 22 (1), S. 86–92.

Andrés, Luis A.; Schwartz, Jordan; Guasch, J. Luis (2013): Uncovering the Drivers of Utility Performance: The World Bank. Washington D.C.: World Bank Publishing.

Anthony, Robert N.; Young, David W. (2003): Management control in nonprofit organizations. 7th ed. Boston: McGraw-Hill/Irwin.

Aulich, Chris; Batainah, Heba; Wettenhall, Roger (2010): Autonomy and Control in Australian Agencies: Data and Preliminary Findings from a Cross-National Empirical Study. In: *Australian Journal of Public Administration* 69 (2), S. 214–228.

Avellaneda, Claudia N. (2013): Mayoral Decision-Making: Issue Salience, Decision Context, and Choice Constraint? An Experimental Study with 120 Latin American Mayors. In: *Journal of Public Administration Research and Theory* 23 (3), S. 631–661.

Bach, Tobias (2010): Policy and management autonomy of federal agencies in Germany. In: Per Lægreid und Koen Verhoest (Hg.): Governance of public sector organizations. Proliferation, autonomy, and performance. Houndmills, Basingstoke, Hampshire, UK, New York, NY: Palgrave Macmillan, S. 89–110.

Bach, Tobias (2014): Autonomie und Steuerung verselbständigter Behörden. Eine empirische Analyse am Beispiel Deutschlands und Norwegens. Wiesbaden: Springer Verlag für Sozialwissenschaften.

Bach, Tobias; Huber, Etienne (2011): Comparing agencification in continental countries. In: Koen Verhoest, Sandra van Thiel, Geert Bouckaert und Per LÃ¦greid (Hg.): Government Agencies. Practices and Lessons from 30 Countries. Cheltenham: Palgrave Macmillan, S. 203–210.

Bach, Tobias; Jann, Werner (2010): Animals in the administrative zoo: organizational change and agency autonomy in Germany. In: *International Review of Administrative Sciences* 76 (3), S. 443–468.

Backhaus, Klaus; Erichson, Bernd; Plinke, Wulff; Weiber, Rolf (2006): Multivariate Analysemethoden. Eine anwendungsorientierte Einführung. 11. Aufl. Berlin: Springer.

Bagozzi, Richard P.; Yi, Youjae; Phillips, Lynn W. (1991): Assessing construct validity in organizational research. In: *Administrative Science Quarterly*, S. 421–458.

Baldwin, Robert; Cave, Martin; Lodge, Martin (2012): Understanding regulation. Theory, strategy, and practice. 2nd ed. New York: Oxford University Press.

Barbieri, Dario; Belle, Nicola; Fedele, Paolo; Ongaro, Eduardo (2010): Determinants of Autonomy of European Union Agencies. European Consortium for Political Research Conference (ECPR).

Barbieri, Dario; Galli, Davide; Fedele, Paolo; Ongaro, Edoardo (2013): Drivers of Autonomy of Public Agencies in Italy. In: *Financial Accountability & Management* 29 (1), S. 26–49.

Barbieri, Dario; Ongaro, Eduardo (2008): EU agencies: what is common and what is distinctive compared with national-level public agencies. In: *International Review of Administrative Sciences* 74 (3), S. 395–420.

Bartel, Ann P.; Harrison, Ann E. (2005): Ownership versus Environment: Disentangling the Sources of Public-Sector Inefficiency. In: *The Review of Economics and Statistics* 87 (1), S. 135–147.

Beecher, Janice A. (2013): What matters to performance? Structural and institutional dimensions of water utility governance. In: *International Review of Applied Economics* 27 (2), S. 150–173.

Bel, Germà; Fageda, Xavier (2007): Why do local governments privatise public services? A survey of empirical studies. In: *Local Government Studies* 33 (4), S. 517–534.

Bel, Germà; Fageda, Xavier (2010): Partial Privatisation in Local Services Delivery: An Empirical Analysis of the Choice of Mixed Firms. In: *Local Government Studies* 36 (1), S. 129–149.

Bel, Germà; Fageda, Xavier (2011): Big Guys Eat Big Cakes: Firm Size and Contracting in Urban and Rural Areas. In: *International Public Management Journal* 14 (1), S. 4–26.

Bel, Germà; Fageda, Xavier; Mur, Melania (2013): Why Do Municipalities Cooperate to Provide Local Public Services? An Empirical Analysis. In: *Local Government Studies* 39 (3), S. 435–454.

Bel, Germà; Hebdon, Robert; Warner, Mildred (2007): Local government reform: Privatisation and its alternatives. In: *Local Government Studies* 33 (4), S. 507–515.

Bentler, Peter M. (1990): Comparative fit indexes in structural models. In: *Psychological bulletin* 107 (2), S. 238–246.

Bernier, Luc (2014): Public enterprises as policy instruments: the importance of public entrepreneurship. In: *Journal of Economic Policy Reform* 17 (3), S. 253–266.

Bertelli, Anthony M. (2006): Delegating to the Quango: Ex ante and ex post ministerial constraints. In: *Governance* 19 (2), S. 229–249.

Bertelli, Anthony M.; Smith, Craig R. (2010): Relational contracting and network management. In: *Journal of Public Administration Research and Theory* 20 (suppl 1), S. i21-i40.

Bertero, Elisabetta; Rondi, Laura (2000): Financial pressure and the behaviour of public enterprises under soft and hard budget constraints: evidence from Italian panel data. In: *Journal of Public Economics* 75 (1), S. 73–98.

Biela, J.; Papadopoulos, Y. (2014): The empirical assessment of agency accountability: a regime approach and an application to the German Bundesnetzagentur. In: *International Review of Administrative Sciences* 80 (2), S. 362–381.

Bijlsma-Frankema, Katinka; Costa, Ana Cristina (2005): Understanding the Trust-Control Nexus. In: *International Sociology* 20 (3), S. 259–282.

Bilodeau, N.; Laurin, C.; Vining, A. (2006): "Choice of Organizational Form Makes a Real Difference": The Impact of Corporatization on Government Agencies in Canada. In: *Journal of Public Administration Research and Theory* 17 (1), S. 119–147.

Blau, Peter M. (1968): Social exchange. In: *International Encyclopedia of the Social Sciences* 7, S. 452–457.

Blau, Peter Michael (1964): Exchange and power in social life. New York: Wiley.

Blau, Peter Michael (1986): Exchange and power in social life: 2nd Edition. New York: Wiley.

Bogumil, Jörg; Jann, Werner (2009): Verwaltung und Verwaltungswissenschaft in Deutschland. 2. Aufl. Wiesbaden: Verlag für Sozialwissenschaften.

Bollen, K. A.; Long, J. S. (Hg.) (1993): Testing Structural Equation Models. Newsbury Park, CA: Sage.

Bommer, William H.; Johnson, Jonathan L.; Rich, Gregory A.; Podsakoff, Philip M.; MacKenzie, Scott B. (1995): On the interchangeability of objective and subjective measures of employee performance: a meta-analysis. In: *Personnel Psychology* 48 (3), S. 587–605.

Bortz, Jürgen (2005): Statistik für Human- und Sozialwissenschaftler. Mit 242 Tabellen. 6., vollst. überarb. und aktualisierte Aufl. Berlin, Heidelberg, New York: Springer (Springer-Lehrbuch).

Boubakri, Narjess; Cosset, Jean-Claude; Saffar, Walid (2012): The Impact of Political Connections on Firms' Operating Performance and Financing Decisions. In: *Journal of Financial Research* 35 (3), S. 397–423.

Bouckaert, Geert; Peters, B. Guy (2004): What is available and what is missing in the study of quangos? In: Christopher Pollitt und Colin Talbot (Hg.): Unbundled Government. A critical analysis of the global trend to agencies, quangos and contractualisation. London: Routledge, S. 22–49.

Bovens, Mark (2007): Analysing and assessing accountability: a conceptual framework. In: *European law journal* 13 (4), S. 447–468.

Bozec, Richard; Breton, Gaétan (2003): The impact of the corporatization process on the financial performance of Canadian state-owned enterprises. In: *International Journal of Public Sector Management* 16 (1), S. 27–47.

Bozec, Richard; Zéghal, Daniel; Boujenoui, Ameur (2004): The Effect of the Reform of Canadian State-Owned Enterprises on Major Corporate Governance Mechanisms. In: *Australian Journal of Public Administration* 63 (2), S. 79–94.

Bozeman, Barry; Moulton, Stephanie (2011): Integrative Publicness: A Framework for Public Management Strategy and Performance. In: *Journal of Public Administration Research and Theory* 21 (Supplement 3), S. i363.

Braadbaart, Okke; van Eybergen, Niels; Hoffer, Jan (2007): Managerial autonomy: does it matter for the performance of water utilities? In: *Public Administration and Development* 27 (2), S. 111–121.

Bradbury, Michael E. (1999): Government Ownership and Financial Performance in a Competitive Environment: Evidence from the Corporatization of the New Zealand Government Computing Services. In: *Asia Pacific Journal of Management* 16 (1), S. 157–172.

Bräunig, Dietmar; Gottschalk, Wolf (Hg.) (2012): Stadtwerke. Grundlagen, Rahmenbedingungen, Führung und Betrieb. 1. Aufl. Baden-Baden: Nomos-Verl.-Ges. (Schriftenreihe öffentliche Dienstleistungen, 56).

Bremeier, Wolfram; Brinckmann, Hans; Killian, Werner (2006): Public Governance kommunaler Unternehmen. Vorschläge zur politischen Steuerung ausgegliederter Aufgaben auf der Grundlage einer empirischen Erhebung. Düsseldorf: Hans-Böckler-Stiftung (Edition der Hans-Böckler-Stiftung, 173).

Britische Militärregierung (1946): Die Deutsche Gemeindeordnung (Revidierte Fassung für die britische Besatzungszone). DGO (rev.). Fundstelle: http://www.lwl.org/westfaelische-geschichte/que/normal/que1313.pdf, zuletzt geprüft am 25.10.2014.

Brown, Trevor L.; Potoski, Matthew; van Slyke, David (2015): Managing Complex Contracts: A Theoretical Approach. In: *Journal of Public Administration Research and Theory*, S. 1–24.

Brown, William A. (2005): Exploring the association between board and organizational performance in nonprofit organizations. In: *Nonprofit Management and Leadership* 15 (3), S. 317–339.

Browne, Michael W.; Cudeck, Robert (1992): Alternative Ways of Assessing Model Fit. In: *Sociological Methods & Research* 21 (2), S. 230–258.

Bruton, Henry J. (1998): A reconsideration of import substitution. In: *Journal of economic literature*, S. 903–936.

Bundesrepublik Deutschland (2015): Sozialgesetzbuch. SGB I-XII. Unter Mitarbeit von Steffen Wasmund. Online verfügbar unter http://www.sozialgesetzbuch-sgb.de/, zuletzt geprüft am 21.04.2015.

Burgess, Bushell (Hg.) (1969): Behavioral Sociology. New York: Columbia University Press.

Burth, Andreas; Gnädinger, Marc (2013): Haushaltssteuerung,de. Portal zur öffentlichen Haushalts- und Finanzwirtschaft. Hg. v. Andreas Burth. Darmstadt. Online verfügbar unter http://www.haushaltssteuerung.de/haushaltsreform-deutschland.html, zuletzt geprüft am 20.02.2013.

Busch, Manfred; Lasarzik, Maik; Heiling, Jens (2009): Steuerungspotenziale des kommunalen Konzernabschlusses. In: *Zeitschrift für Planung und Unternehmenssteuerung* 19 (4), S. 421–440.

Busch, Tor; Gustafsson, Ove (2002): Slack in the Public Sector: A comparative analysis of a private and a public enterprise for refuse collection. In: *Public Management Review* 4 (2), S. 167–186.

Busuioc, Madalina (2009): Accountability, control and independence: The case of European agencies. In: *European law journal* 15 (5), S. 599–615.

Busuioc, Madalina; Curtin, Deirdre; Groenleer, Martijn (2011): Agency growth between autonomy and accountability: the European Police Office as a 'living institution'. In: *Journal of European Public Policy* 18 (6), S. 848–867.

Caglio, Ariela; Ditillo, Angelo (2008): A review and discussion of management control in inter-firm relationships: Achievements and future directions. In: *Accounting, Organizations and Society* 33 (7–8), S. 865–898.

Calabrò, Andrea; Torchia, Mariateresa (2011): Conflicts of interest and governance mechanisms in Italian local public utilities. In: *International Journal of Public Administration* 34 (7), S. 447–460.

Calabrò, Andrea; Torchia, Mariateresa; Ranalli, Francesco (2013): Ownership and control in local public utilities: the Italian case. In: *J Manag Gov* 17 (4), S. 835–862.

Cambini, Carlo; Filippini, Massimo; Piacenza, Massimiliano; Vannoni, Davide (2011): Corporatization and Firm Performance: Evidence from Publicly-Provided Local Utilities. In: *Review of Law & Economics* 7 (1), S. 195–217.

Carpenter, D.; Krause, G. A. (2014): Transactional Authority and Bureaucratic Politics. In: *Journal of Public Administration Research and Theory* 25 (1), S. 5–25.

Caulfield, Janice L. (2004): Measuring autonomy in social security agencies: a four country comparison. In: *Public Admin. Dev.* 24 (2), S. 137–145.

Chait, Richard; Holland, Thomas P.; Taylor, Barbara E. (1993): The effective board of trustees. Phoenix, Ariz.: Oryx Press (American Council on Education series on higher education).

Chan, Hon S. (2009): Politics over markets: Integrating state-owned enterprises into Chinese socialist market. In: *Public Admin. Dev.* 29 (1), S. 43–54.

Chandler, Alfred D. (1962): Strategy and Structure. Dissertation. Cambridge: MIT.

Chang, Eric C.; Wong, Sonia M.L. (2004): Political control and performance in China's listed firms. In: *Journal of Comparative Economics* 32 (4), S. 617–636.

Cheng, H.; Cheng, H.; Nugent, J. B.; Jiqueng, Q. (2006): Managerial Autonomy in a Transition Economy – Determinants and Effects: Some Evidence from China's TVEs. In: *Pacific Economic Review* (11), S. 341–361.

Christensen, Lene Tolstrup (2015): On track or Derailed: State-Owned Enterprises in market reforms of Public Service Delivery. Lessons from Passenger Rail in Denmark and Sweden. Paper prepared for the New researchers stream at IRSPM (Birmingham).

Christensen, Tom; Lægreid, Per (Hg.) (2006): Autonomy and Regulation: Coping with Agencies in the Modern State. Cheltenham: Edward Elgar Publishing.

Chubb, John E.; Peterson, Paul E. (Hg.) (1989): Can the government govern? Washington, D.C: Brookings Institution.

Chun, Young H.; Rainey, Hal G. (2005): Goal Ambiguity and Organizational Performance in U.S. Federal Agencies. In: *Journal of Public Administration Research and Theory* 15 (4), S. 529–557.

Chun, Young H.; Rainey, Hal G. (2005): Goal Ambiguity in U.S. Federal Agencies. In: *Journal of Public Administration Research and Theory* 15 (1), S. 1–30.

Citroni, Giulio; Lippi, Andrea; Profeti, Stefania (2013): Remapping the State: Inter-Municipal Cooperation through Corporatisation and Public-Private Governance Structures. In: *Local Government Studies* 39 (2), S. 208–234.

Clauß, Günter; Ebner, Heinz (1971): Grundlagen der Statistik für Psychologen, Pädagogen und Soziologen. Frankfurt am Main: Harri Deutsch.

Clifton, Judith; Comín, Francisco; Díaz Fuentes, Daniel (2006): Privatizing public enterprises in the European Union 1960–2002: ideological, pragmatic, inevitable? In: *Journal of European Public Policy* 13 (5), S. 736–756.

Coase, Ronald (1937): The Nature of the Firm. In: *Economica* 4, S. 386–405.

Coen, David (2005): Business–regulatory relations: learning to play regulatory games in European utility markets. In: *Governance* 18 (3), S. 375–398.

Cohen, Michael D.; March, James G.; Olsen, Johan P. (1972): A Garbage Can Model of Organizational Choice. In: *Administrative Science Quarterly* 17 (1), S. 1–25.

Cook, Karen S.; Emerson, Richard M. (1978): Power, Equity and Commitment in Exchange Networks. In: *American Sociological Review* 43 (5), S. 721–739.

Cook, Karen S.; Rice, Eric R. W. (2001): Exchange and Power. In: Jonathan H. Turner (Hg.): Handbook of Sociological Theory. New York: Springer, S. 699–719.

Cook, Karen S.; Cheshire, Coye; Rice, Eric R. W.; Nakagawa, Sandra (2013): Social Exchange Theory. In: John DeLamater und Amanda Ward (Hg.): Handbook of Social Psychology. Dordrecht: Springer Netherlands, S. 61–88.

Cook, Karen S.; Rice, Eric (2006): Social Exchange Theory. In: John DeLamater (Hg.): Handbook of Social Psychology. New York: Springer US, S. 53–76.

Cook, Thomas D.; Campbell, Donald T. (1976): The design and conduct of quasi-experiments and true experiments in field settings. In: Marvin Dunnette (Hg.): Handbook of industrial and organizational psychology. Chicago: Rand McNally College Publishing Company, S. 223–336.

Cornforth, Chris; Chambers, Naomi (2010): The role of corporate governance and boards in organisational performance. In: Kieran Walshe, Gill Harvey und Pauline Jas (Hg.): Connecting knowledge and performance in public services. From knowing to doing. Cambridge, New York: Cambridge University Press, S. 99–127.

Creusen, Leander: Die Arbeit der Organisationseinheit „Beteiligungsmanagement" im Gesamtkontext der Steuerung öffentlicher Unternehmen auf kommunaler Ebene. Masterarbeit. Potsdam: Universitätsverlag.

Cristofoli, Daniela; Ditillo, Angelo; Liguori, Mariannunziata; Sicilia, Mariafrancesca; Steccolini, Ileana (2010): Do environmental and task characteristics matter in the control of externalized local public services? In: *Accounting, Auditing & Accountability Journal* 23 (3), S. 350–372.

Cropanzano, Russell; Mitchell, Marie S. (2005): Social exchange theory: An interdisciplinary review. In: *Journal of Management* 31 (6), S. 874–900.

Cuervo-Cazurra, Alvaro; Inkpen, Andrew; Musacchio, Aldo; Ramaswamy, Kannan (2014): Governments as owners: State-owned multinational companies. In: *Journal of International Business Studies* 45 (8), S. 919–942.

Currie, Graeme; Humphreys, Mike; Ucbasaran, Deniz; McManus, Steve (2008): Eentrepreneural Leadership in the English Public Sector: Paradox or Possibility? In: *Public Administration* 86 (4), S. 987–1008.

Cycyota, Cynthia S.; Harrison, David A. (2006): What (Not) to Expect When Surveying Executives: A Meta-Analysis of Top Manager Response Rates and Techniques Over Time. In: *Organizational Research Methods* 9 (2), S. 133–160.

Cyert, Richard M.; March, James G. (1963): A behavioral theory of the firm. Malden: Blackwell.

Da Cruz, Nuno Ferreira; Marques, Cunhau I.R. (2012): Mixed Companies and Local Governance: No Man Can serve two Masters. In: *Public Administration* 90 (3), S. 737–758.

Das, T. K.; Teng, B.-S. (1998): Resource and Risk Management in the Strategic Alliance Making Process. In: *Journal of Management* 24 (1), S. 21–42.

Das, T. K.; Teng, B.-S. (2001): Trust, Control, and Risk in Strategic Alliances: An Integrated Framework. In: *Organization Studies* 22 (2), S. 251–283.

David, Robert J.; Han, Shin-Kap (2004): A systematic assessment of the empirical support for transaction cost economics. In: *Strategic Management Journal* 25 (1), S. 39–58.

Davis, James H.; Schoorman, F. David; Donaldson, Lex (1997): Toward a Stewardship Theory of Management. In: *The Academy of Management Review* 22 (1), S. 20–47.

de KruijfJohannes A. M. (2011): Autonomy and control of public bodies. Legal and economic autonomy and parliamentary control on service provision by ZBOs. Twente: University of Twente.

Dekker, Henri C. (2004): Control of inter-organizational relationships: evidence on appropriation concerns and coordination requirements. In: *Accounting, Organizations and Society* 29 (1), S. 27–49.

Dekker, Henri C.; Van den Abbeele, Alexandra (2010): Organizational Learning and Interfirm Control: The Effects of Partner Search and Prior Exchange Experiences. In: *Organization Science* 21 (6), S. 1233–1250.

DeLamater, John (Hg.) (2006): Handbook of Social Psychology. New York: Springer US.

DeLamater, John; Ward, Amanda (Hg.) (2013): Handbook of Social Psychology: Springer Netherlands (Handbooks of sociology and social research).

Deutschland (Bundesrepublik) (2005): Wettbewerbsrecht und Kartellrecht, Gesetz gegen den unlauteren Wettbewerb, Preisangabenverordnung, Markengesetz,

Markenverordnung, Gemeinschaftsmarkenverordnung, Gesetz gegen Wettbewerbsbeschränkungen sowie die wichtigsten wettbewerbsrechtlichen internationalen Übereinkommen und Vorschriften der Europäischen Gemeinschaft: Textausgabe mit ausführlichem Sachverzeichnis und einer Einführung. München: Deutscher Taschenbuchverlag.

Deutschland (Bundesrepublik) (2013): Gesetz gegen Wettbewerbsbeschränkungen, GWB. In: Helge Sodan (Hg.): Öffentliches, privates und europäisches Wirtschaftsrecht. Baden-Baden: Nomos-Verlagsges (Nomos-Gesetze).

Deutschland (Bundesrepublik) (2013): Grundgesetz für die Bundesrepublik Deutschland. GG, vom Mit Einigungsvertrag : (ohne Anl.), ParlamentsbeteiligungsG, Artikel 10-G, BundeswahlG, ParteienG, BundesverfassungsgerichtsG, Parlamentar. Geschäftsordnungen, EuropawahlG, Menschenrechtskonvention, EUV, AEUV, EU-Grundrechte -Charta; Textausgabe mit ausführlichen Verweisungen, umfangreichem Sachregister sowie einer Einführung. München: Beck.

Deutschland (Bundesrepublik) (2013): Mitbestimmungsrecht: Kommentierung des MitbestG, des DrittelbG, des SEBG und des MgVG. München: Beck.

Deutschland (Bundesrepublik) (2014): Aktiengesetz, AktG. In: NWB Redaktion (Hg.): Wichtige Wirtschaftsgesetze: NWB Verlag.

Deutschland (Bundesrepublik) (2014): Handelsgesetzbuch, HGB. In: NWB Redaktion (Hg.): Wichtige Wirtschaftsgesetze: NWB Verlag.

Diederich, Nils; Haag, Ingeborg; Cadel, Georg (1994): Kontrolle öffentlicher Unternehmen: Die Steuerung und Überwachung wirtschaftlicher Beteiligungen durch Exekutive, Legislative, Rechnungshof und Wirtschaftsprüfer. Teilbericht 1 aus dem Projekt „Kontrolle öffentlicher Unternehmen". Hg. v. Freie Universität Berlin. Berlin.

Dietrich, Irina (2011): Öffentliche Unternehmen in Deutschland. Eine Analyse von Mikrodaten der amtlichen Statistik. Potsdam: Univ.-Verl (Potsdamer Schriften zu Statistik und Wirtschaft, 3).

Dietrich, Irina; Strohe, Hans Gerhard (2011): Die Finanzlage öffentlicher Unternehmen in Deutschland. Statistische Analyse amtlicher Mikrodaten der Jahresabschlüsse. Potsdam: Universitätsverlag.

DiMaggio, Paul J.; Powell, Walter W. (1983): The Iron Cage Revisited: Institutional Isomorphism and Collective Rationality in Organizational Fields. In: *American Sociological Review* 48 (2), S. 147–160.

Ditillo, Angelo; Liguori, Mariannunziata; Sicilia, Mariafrancesca; Steccolini, Ileana (2015): Control Patterns in Contracting-Out Relationships: It matters what you do, not who you are. In: *Public Administration* 93 (1), S. 212–229.

Döhler, Marian (2007): Die politische Steuerung der Verwaltung. In: *Eine empirische Studie über politisch-administrative Interaktionen auf der Bundesebene. Baden-Baden: Nomos (Staatslehre und politische Verwaltung, Bd. 11).*

Donaldson, L.; Davis, J. H. (1991): Stewardship Theory or Agency Theory: CEO Governance and Shareholder Returns. In: *Australian Journal of Management* 16 (1), S. 49–64.

Drury, C. (2008): Management and cost accounting. Mason, OH: South-Western/ Cengage Learning.

Dudley, Geoffrey (1994): The next Steps Agencies, Political Salience and the Arm's-Length Principle: Barbara Castle at the Ministry of Transport 1965-68. In: *Public Administration* 72 (2), S. 219–240.

Dunnette, Marvin (Hg.) (1976): Handbook of industrial and organizational psychology. Chicago: Rand McNally College Publishing Company.

Dunsire, Andrew (1978): Control in a Bureaucracy. London: Palgrave Macmillan.

Dunsire, Andrew; Hartley, Keith; Parker, David (1991): Organizational Status and Performance: Summary of the Findings. In: *Public Administration* 69 (1), S. 21–40.

Durant, Robert F. (Hg.) (2010): The Oxford handbook of American bureaucracy. Oxford: Oxford University Press (The Oxford handbooks of American politics).

Ebinger, Falk; Schmitt, Carina (2010): Alles eine Frage des Managements? Wie Autonomierechte die Handlungsfreiheit des administrativen Führungspersonals beeinflussen. In: *Politische Vierteljahresschrift* 51 (1), S. 69–93.

Edeling, Thomas; Stölting, Erhard; Wagner, Dieter (2004): Öffentliche Unternehmen zwischen Privatwirtschaft und öffentlicher Verwaltung. Eine empirische Studie im Feld kommunaler Versorgungsunternehmen. 1. Aufl. Wiesbaden: VS, Verl. für Sozialwiss. (Schriftenreihe Interdisziplinäre Organisations- und Verwaltungsforschung, 8).

Efron, Bradley (1979): Bootstrap Methods: Another Look at the Jackknife. In: *The Annals of Statistics* 7 (1), S. 1–26.

Efron, Bradley; Tibshirani, Robert J. (1994): An introduction to the bootstrap. London: Chapman & Hall (Monographs on Statistics and Applied Probability, 57).

Egeberg, Morten; Trondal, Jarle (2009): Political Leadership and Bureaucratic Autonomy: Effects of Agencification. In: *Governance* 22 (4), S. 673–688.

Eickhof, Norbert (2000): Öffentliche Unternehmen und das Effizienzproblem. Potsdam: Universität Potsdam.

Eisenhardt, Kathleen M. (1985): Control: Organizational and Economic Approaches. In: *Management Science* 31 (2), S. 134–149.

Eisenhardt, Kathleen M. (1989): Agency theory: An assessment and review. In: *Academy of Management Review* 14 (1), S. 57–74.

Emerson, Richard M. (1962): Power-dependence relations. In: *American Sociological Review*, S. 31–41.

Emerson, Richard M. (1964): Power-dependence relations: Two experiments. In: *Sociometry*, S. 282–298.

Emerson, Richard M. (1969): Operant psychology and exchange theory. In: Bushell Burgess (Hg.): Behavioral Sociology. New York: Columbia University Press, S. 379–405.

Emerson, Richard M. (1972): Exchange theory, Part I: A psychological basis for social exchange. In: *Sociological theories in progress* 2, S. 38–57.

Emerson, Richard M. (1976): Social exchange theory. In: *Annual Review of Sociology*, S. 335–362.

Emslie, Stuart (2007): Exploring the Association between Board and Organisational Performance in NHS Foundation Trusts. Oxford: CL Publishing.

Ennser-Jedenastik, Laurenz (2014): Political Control and Managerial Survival in State-Owned Enterprises. In: *Governance* 27 (1), S. 135–161.

Entwistle, Tom (2011): For Appropriateness or Consequences? Explaining Organizational Change in English Local Government. In: *Public Administration* 89 (2), S. 661–680.

Epstein, David; O'Halloran, Sharyn (1994): Administrative procedures, information, and agency discretion. In: *American Journal of Political Science*, S. 697–722.

Epstein, David; O'Halloran, Sharyn (1999): Delegating powers: A transaction cost politics approach to policy making under separate powers. New York: Cambridge University Press.

Europäische Kommission (2000): Richtlinie 2000/52/EG der Kommission vom 26. Juli 2000 zur Änderung der Richtlinie 80/723/EWG über die Transparenz der finanziellen Beziehungen zwischen den Mitgliedstaaten und den öffentlichen Unternehmen. Brüssel: Europäische Kommission.

Fabry, Beatrice (2011): Organisationsformen öffentlicher Unternehmen. In: Beatrice Fabry und Ursula Augsten (Hg.): Handbuch Unternehmen der öffentlichen Hand. 2. Aufl. Baden-Baden: Nomos Verl.-Ges. (Nomos-Praxis), S. 35–83.

Fabry, Beatrice; Augsten, Ursula (Hg.) (2011): Handbuch Unternehmen der öffentlichen Hand. 2. Aufl. Baden-Baden: Nomos Verl.-Ges. (Nomos-Praxis).

Faccio, Mara (2010): Differences between politically connected and nonconnected firms: A cross-country analysis. In: *Financial Management* 39 (3), S. 905–928.

Fama, Eugene F.; Jensen, Michael C. (1983): Separation of ownership and control. In: *Journal of law and economics*, S. 301–325.

Fan, Joseph P. H.; Wong, T. J.; Zhang, Tianyu (2007): Politically connected CEOs, corporate governance, and Post-IPO performance of China's newly partially privatized firms. In: *Journal of Financial Economics* 84 (2), S. 330–357.

Fan, Joseph P. H.; Wong, T. J.; Zhang, Tianyu (2013): Institutions and Organizational Structure: The Case of State-Owned Corporate Pyramids. In: *Journal of Law, Economics, and Organization* 29 (6), S. 1217–1252.

Farazmand, Ali (2013): Conclusion: Can We Go Home? Roads Taken, Targets Met, and Lessons Learned on Governance and Organizational Eclecticism in the Public Arena. In: *Public Organization Review* 13 (2), S. 219–228.

Favero, Nathan; Bullock, Justin B. (2014): How (Not) to Solve the Problem: An Evaluation of Scholarly Responses to Common Source Bias. In: *Journal of Public Administration Research and Theory* 25 (1), S. 285–308.

Fitch, Kimberly (2007): Water privatisation in France and Germany: The importance of local interest groups. In: *Local Government Studies* 33 (4), S. 589–605.

Flinders, Matthew (2008): Delegated Governance and the British State: Walking without Order: Walking without Order: OUP Oxford.

Flinders, Matthew (2009): Review Article: Theory and Method in the Study of Delegation: Three dominant Traditions. In: *Public Administration* 87 (4), S. 955–971.

Florio, Massimo; Fecher, Fabienne (2011): The Future of Public Enterprises: Contributions to a new Discourse. In: *Annals of Public and Cooperative Economics* 82 (4), S. 361–373.

Foa, Uriel G.; Foa, Edna B. (1980): Resource theory: Interpersonal behavior as exchange. In: Kenneth J. Gergen, Martin S. Greenberg und Richard Hartley Willis (Hg.): Social exchange. Advances in theory and research. New York: Plenum Press, S. 77–94.

Ganske, Matthias (2005): Corporate governance im öffentlichen Unternehmen. Frankfurt am Main: Lang.

Garrone, Paola; Grilli, Luca; Rousseau, Xavier (2013): Management Discretion and Political Interference in Municipal Enterprises. Evidence from Italian Utilities. In: *Local Government Studies* 39 (4), S. 514–540.

Garrone, Paola; Marzano, Riccardo (2014): Why Do Local Governments Resist Contracting Out? In: *Urban Affairs Review*, S. 1–33.

Garson, David (2012): Testing Statistical Assumptions. Hg. v. Statistical Associates Publishing. Chapel Hill: North Carolina University.

Gergen, Kenneth J.; Greenberg, Martin S.; Willis, Richard Hartley (Hg.) (1980): Social exchange. Advances in theory and research. New York: Plenum Press.

Geringer, J. Michael; Hebert, Louis (1989): Control and Performance of International Joint Ventures. In: *Journal of International Business Studies* 20 (2), S. 235–254.

Ghoshal, Sumantra; Moran, Peter (1996): Bad for practice: A critique of the transaction cost theory. In: *Academy of Management Review* 21 (1), S. 13–47.

Gilardi, Fabrizio (2002): Policy credibility and delegation to independent regulatory agencies: a comparative empirical analysis. In: *Journal of European Public Policy* 9 (6), S. 873–893.

Gilardi, Fabrizio (2005): The Institutional Foundations of Regulatory Capitalism: The Diffusion of Independent Regulatory Agencies in Western Europe. In: *Annals of the American Academy of Political and Social Science* 598, S. 84–101.

Gilardi, Fabrizio (2009): Delegation in the regulatory state: independent regulatory agencies in Western Europe. Cheltenham: Edward Elgar Publishing.

Gnan, Luca; Hinna, Alessandro; Scarozza, Danila; Montaduro, Fabio (2010): SOEs Ownership and Control: Indipendence and Competence of Board Members. In: *Corporate Ownership & Control* 8 (1), S. 720–740.

Gómez-Ibáñez, Jose A. (2007): Alternatives to Infrastructure Privatization Revisited: Public Enterprise Reform from the 1960s to the 1980s. Policy Research Paper 4391. Hg. v. World Bank. Washington D.C.: World Bank.

Gouldner, Alvin W. (1960): The Norm of Reciprocity: A Preliminary Statement. In: *American Sociological Review* 25 (2), S. 161–178.

Gräfer, Horst; Scheld, Guido A. (2007): Grundzüge der Konzernrechnungslegung. Mit Fragen, Aufgaben und Lösungen. 10., neu bearb. und erw. Aufl. Berlin: Schmidt (ESV basics).

Granovetter, Mark (1985): Economic action and social structure: the problem of embeddedness. In: *American journal of sociology*, S. 481–510.

Greenwood, Royston; Hinings, Christopher Robin (1988): Organizational design types, tracks and the dynamics of strategic change. In: *Organization Studies* 9 (3), S. 293–316.

Greiling, Dorothea; Halachmi, Arie; Schauer, Reinbert (Hg.) (2011): Accounting, accountability and governance in the public sector. 9th International Symposium on Public Sector Management ; Johannes Kepler University, Linz (Austria). International Symposium on Public Sector Management. Linz: Trauner (Schriftenreihe Public & Nonprofit Management).

Greve, Carsten; Flinders, Matthew; van Thiel, Sandra (1999): Quangos—what's in a name? Defining quangos from a comparative perspective. In: *Governance* 12 (2), S. 129–146.

Grønnegård Christensen, Jørgen; Pallesen, Thomas (2001): The Political Benefits of Corporatization and Privatization. In: *Journal of Public Policy* 21 (03), S. 283–309.

Grossi, Giuseppe; Marcou, Gérard; Reichard, Christoph (2010): Comparative aspects of institutional variants for local public service provision. In: Hellmut Wollmann und Gérard Marcou (Hg.): The provision of public services in Europe. Between state, local government and market. Cheltenham, Northhampton, MA: Edward Elgar, S. 217–239.

Grossi, Giuseppe; Reichard, Christoph (2008): Municipal corporatization in Germany and Italy. In: *Public Management Review* 10 (5), S. 597–617.

Grossi, Giuseppe; Reichard, Christoph (2014): Institutional Variants of Local Public Service Delivery: Evidence from some European Countries. COST WG 1 Meeting Arbeitspapier. Potsdam: COST.

Grossi, Giuseppe; Reichard, Christoph (2016): Institutional Variants of Local Utility Services: Evidence from Several European Countries. In: Wollmann, Hellmut;

Marcou, Gérard; Kopric, Ivan (Hg.): Provision of Public and social services in Europe. New York: Palgrave-MacMillan (Im Erscheinen).

Grossi, Giuseppe; Thomasson, Anna (2011): Jointly owned companies as instruments of local government: comparative evidence from the Swedish and Italian water sectors. In: *Policy Studies* 32 (3), S. 277–289.

Grossi, Giuseppe; Thomasson, Anna (2015): Bridging the accountability gap in hybrid organizations: the case of Copenhagen Malmö Port. In: *International Review of Administrative Sciences*, S. 1–17.

Growtisch, Felix; Müsgens, Felix (2005): Die Liberalisierung des deutschen Strommarktes – ein Erfolgsmodell? In: *Wirtschaft im Wandel* 12, S. 383–387.

Gulati, Ranjay (1995): Does Familiarity Breed Trust? The Implications of Repeated Ties for Contractual Choice in Alliances. In: *The Academy of Management Journal* 38 (1), S. 85–112.

Gulati, Ranjay; Singh, Harbir (1998): The architecture of cooperation: Managing coordination costs and appropriation concerns in strategic alliances. In: *Administrative Science Quarterly*, S. 781–814.

Gulick, Luther (1937): Notes on the theory of organization. In: Luther Gulick und Lyndall F. Urwick (Hg.): Papers on the science of administration. New York, S. 1–45.

Gulick, Luther; Urwick, Lyndall F. (Hg.) (1937): Papers on the science of administration. New York: Institute for Public Administration.

Günther, Thomas; Niepel, Mirko (2006): Kommunales Beteiligungscontrolling. Ergebnisse einer empirischen Studie. In: *Zeitschrift für Planung und Unternehmenssteuerung* 17 (3), S. 323–343.

Gupta, Nina; Shaw, Jason D.; Delery, John E. (2000): Correlates of response outcomes among organizational key informants. In: *Organizational Research Methods* 3 (4), S. 323–347.

Hack, Andreas (2005): Kommunales Beteiligungscontrolling unter der Lupe. In: *Zeitschrift für Kommunalfinanzen* 55 (1), S. 1–4.

Hafsi, Taieb; Kiggundu, Moses N.; Jorgensen, Jan J. (1987): Strategic Apex Configurations in State-Owned Enterprises. In: *The Academy of Management Review* 12 (4), S. 714–730.

Hafsi, Taieb; Koenig, Christian (1988): The State-SOE-Relationship: Some Patterns. In: *Journal of Management Studies* 25 (3), S. 235–249.

Hammerschmid, Gerhard; Görnitz, Anja; Oprisor, Anca; Stimac, Vid (2013): Public Sector Reform in Germany: Views and Experiences from Senior Executives. Country Report Germany as part of the COCOPS Research Project. Hg. v. COCOPS. Berlin: Hertie School of Governance.

Hayes, Andrew F.; Cai, Li (2007): Using heteroskedasticity-consistent standard error estimators in OLS regression: An introduction and software implementation. In: *Behavior Research Methods* 39 (4), S. 709–722.

Hefetz, Amir; Warner, Mildred (2004): Privatization and Its Reverse: Explaining the Dynamics of the Government Contracting Process. In: *Journal of Public Administration Research and Theory* 14 (2), S. 171–190.

Hefetz, Amir; Warner, Mildred (2007): Beyond the market versus planning dichotomy: Understanding privatisation and its reverse in US cities. In: *Local Government Studies* 33 (4), S. 555–572.

Hefetz, Amir; Warner, Mildred (2012): Contracting or Public Delivery? The Importance of Service, Market, and Management Characteristics. In: *Journal of Public Administration Research and Theory* 22 (2), S. 289–317.

Hellermann, Johannes (2012): Handlungsformen und Handlungsinstrumentarien wirtschaftlicher Betätigung. In: Werner Hoppe, Michael Uechtritz und Hans-Joachim Reck (Hg.): Handbuch kommunale Unternehmen. 3. Aufl. Köln: O. Schmidt, S. 133–201.

Hellman, Joel; Schankerman, Mark (2000): Intervention, Corruption and Capture: The Nexus between Enterprises and the State. In: *Economics of Transition* 8 (3), S. 545–576.

Hengel, Martin (2011): Beteiligungsmanagement in Zeiten des kommunalen Gesamtabschlusses. Masterarbeit, Potsdam: Universität Potsdam.

Hermann, Karolin (2012): Kommunale Schattenhaushalte: Versteckte Schulden und Haftungsrisiken. Hg. v. Karl-Bräuer Institut des Bundes der Steuerzahler. Berlin: Karl-Bräuer Institut des Bundes der Steuerzahler.

Hille, Dietmar (2003): Grundlagen des kommunalen Beteiligungsmanagements. Kommunale Unternehmen gründen, steuern und überwachen. 1. Aufl. München, Berlin: Jehle.

Hirshhorn, Ron (1989): Public Enterprise: The Nexus between Organization and Control. In: *Financial Accountability & Management* 5 (4), S. 259–269.

Hoaglin, David C.; Mosteller, Frederic; Turkey, John W. (Hg.) (1985): Exploring Data: Trends and Shapes. New York: Wiley.

Hofstede, Geert (1981): Management control of public and not-for-profit activities. In: *Accounting, Organizations and Society* 6 (3), S. 193–211.

Homans, George C. (1958): Social behavior as exchange. In: *American journal of sociology*, S. 597–606.

Homans, George C. (1961): Social behaviour and its elementary forms. New York: Harcourt: Brace and World.

Homans, George C. (1974): Social behaviour and its elementary forms. 2nd Edition. New York: Harcourt: Brace and World.

Hood, Christopher (1991): A Public Management for all Seasons? In: *Public Administration* 69 (1), S. 3–19.

Hood, Christopher; Dunsire, Andrew; Thomson, K. Suky (1981): Bureaumetrics. The quantitative comparison of British central government agencies. Farnborough, Hants: Gower.

Hoppe, Werner; Uechtritz, Michael; Reck, Hans-Joachim (Hg.) (2012): Handbuch kommunale Unternehmen. 3. Aufl. Köln: O. Schmidt.

Huber, Etienne (2012): Autonomie von Agencies auf Bundesebene in der Schweiz. 1. Aufl. Bern, Stuttgart, Wien: Haupt.

Huber, John D.; Shipan, Charles R. (2000): The costs of control: Legislators, agencies, and transaction costs. In: *Legislative Studies Quarterly*, S. 25–52.

Huber, John D.; Shipan, Charles R. (2002): Deliberate discretion? The institutional foundations of bureaucratic autonomy. New York: Cambridge University Press.

Huffmann, Harald (2011): Kommunales Beteiligungsmanagement. In: Thomas Mann und Günter Püttner (Hg.): Handbuch der kommunalen Wissenschaft und Praxis. 3. Aufl. Berlin [u.a.]: Springer (Handbuch der kommunalen Wissenschaft und Praxis, 2), S. 379–408.

Hurrle, Beatrice; Kieser, Alfred (2005): Sind Key Informants verlässliche Datenlieferanten? In: *Die Betriebswirtschaft: DBW* 65 (6), S. 584–602.

Irwin, Timothy; Yamamoto, Chiaki (2004): Some Options for Improving the Governance of State-Owned Electricity Utilities. Hg. v. World Bank Group. Washington D.C.: World Bank.

Jackson, Douglas K.; Holland, Thomas P. (1998): Measuring the effectiveness of nonprofit boards. In: *Nonprofit and voluntary sector quarterly* 27 (2), S. 159–182.

Jacobsen, Dag Ingvar (2006): The Relationship between Politics and Administration: The Importance of Contingency Factors, Formal Structure, Demography, and Time. In: *Governance* 19 (2), S. 303–323.

Jann, Werner (1999): Neue Steuerungslogik. In: Frieder Naschold, Werner Jann und Christoph Reichard (Hg.): Innovation, Effektivität, Nachhaltigkeit. Internationale Erfahrungen zentralstaatlicher Verwaltungsreform. Berlin: Ed. Sigma (Modernisierung des öffentlichen Sektors, 16), S. 15–37.

Janosch, Meike; Schomaker, Rahel (Hg.) (2008): Wasser im nahen Osten und Nordafrika. Wege aus der Krise. Münster: Waxmann.

Jantz, Bastian; Schuster, Ferdinand; Schwarting, Gunnar; Fudalla, Mark (2009): Kommunaler Gesamtabschluss. die Gestaltung des „Konzerns Kommune“. Berlin: KPMG Institut für den Öffentlichen Sektor.

Jensen, Michael C.; Meckling, William H. (1976): Theory of the Firm: Managerial Behavior, Agency Costs and Ownership Structure. In: *Journal of Financial Economics* 3 (4), S. 305–360.

Jones, Leroy P. (1991): Controlling State-Owned Enterprises. In: Ravi Ramamurti und Raymond Vernon (Hg.): Privatization and control of state-owned enterprises. Washington, D.C.: World Bank (EDI development studies), S. 110–127.

Jones, Stephen R. H. (1997): Transaction costs and the theory of the firm: the scope and limitations of the new institutional approach. In: *Business History* 39 (4), S. 9–25.

Jordana, Jacint; Levi-Faur, David (2004): The politics of regulation: institutions and regulatory reforms for the age of governance. Cheltenham: Edward Elgar Publishing.

Jordana, Jacint; Levi-Faur, David; i Marín, Xavier Fernández (2011): The global diffusion of regulatory agencies: channels of transfer and stages of diffusion. In: *Comparative Political Studies*, S. 1343–1369.

Jung, Chan S. (2014): Organizational Goal Ambiguity and Job Satisfaction in the Public Sector. In: *Journal of Public Administration Research and Theory* 24 (4), S. 955–981.

Jungmann, Carsten (2006): The Effectiveness of Corporate Governance in One-Tier and Two-Tier Board Systems. Evidence from the UK and Germany. In: *European Company and Financial Law Review* 3 (4), S. 426–474.

Karré, Philip Marcel (2011): Heads and tails: both sides of the coin: an analysis of hybrid organizations in the Dutch waste management sector. Den Haag: Eleven International Publishing.

Kaufmann, Franz-Xaver (1986): The Relationship between Guidance, Control and Evaluation. In: Franz-Xaver Kaufmann und Giandomenico Majone (Hg.): Guidance, control, and evaluation in the public sector: the Bielefeld interdisciplinary project. Berlin: Walter De Gruyter Inc, S. 211–228.

Kaufmann, Franz-Xaver; Majone, Giandomenico (Hg.) (1986): Guidance, control, and evaluation in the public sector: the Bielefeld interdisciplinary project. Berlin: Walter De Gruyter Inc.

Kieser, Alfred (2002): Organisationstheorien. (5.Auflage). Stuttgart: Kohlhammer.

Killian, Werner; Richter, Peter; Trapp, Jan Hendrik (Hg.) (2006): Ausgliederung und Privatisierung in Kommunen. Empirische Befunde zur Struktur kommunaler Aufgabenwahrnehmung. Berlin: Edition Sigma (Modernisierung des öffentlichen Sektors. Sonderband, 25).

Kingdon, John (1995): Agendas, Alternatives, and Public Policies. 2. Aufl. New York: Addison-Wesley Educational Publishers.

Kirsch, Laurie J. (1996): The Management of Complex Tasks in Organizations: Controlling the Systems Development Process. In: *Organization Science* 7 (1), S. 1–21.

Knieps, Günter (2008): Wettbewerbsökonomie. Regulierungstheorie, Industrieökonomie, Wettbewerbspolitik. 3. Aufl. Berlin, Heidelberg: Springer.

Knight, Frank H. (1921): Risk, Uncertainty and Profit. Boston: Hart, Schaffner & Marx.

Kommunale Gemeinschaftsstelle für Verwaltungsmanagement (KGSt) (2012): Steuerung kommunaler Beteiligungen. Köln: KGSt (KGSt-Bericht, 03/2012).

Koppell, Jonathan G. S. (2006): The politics of quasi-government. Hybrid organizations and the dynamics of bureaucratic control. Cambridge, New York: Cambridge University Press.

KPMG Institut für den Öffentlichen Sektor (2007): Public Corporate Governance Kodizes im Vergleich. In: *Public Governance* (Winter), S. 12–15.

KPMG Institut für den Öffentlichen Sektor (2008/2009): Public Corporate Governance Kodizes auf dem Prüfstand. In: *Public Governance* (Winter), S. 6–12.

KPMG Institut für den Öffentlichen Sektor (2013): Neues zu den Rechten und Pflichten des öffentlichen Aufsichtsrats. In: *Public Governance* (Herbst), S. 6–11.

KPMG Institut für den Öffentlichen Sektor (2014): Öffentliche Aufsichtsräte: Zusammensetzung und Qualifikation. In: *Public Governance* (Frühjahr), S. 19–21.

Krasner, Stephen D. (1988): Sovereignty: An Institutional Perspective. In: *Comparative Political Studies* 21 (1), S. 66–94.

Krause, George A. (2010): Legislative Delegation of Authority to Bureaucratic Agencies. In: Robert F. Durant (Hg.): The Oxford handbook of American bureaucracy. Oxford: Oxford University Press (The Oxford handbooks of American politics), S. 521–544.

Krause, Tobias (2015): A Natural Experiment on Media Attention and Public Enterprise Accountability. In: *Public Organization Review* 15 (2), S.297–315.

Krause, Tobias (2014): A Contingency Framework on Partnership Risk. In: *International Journal of Public Sector Management* 27 (4), S. 317–333.

Kroll, Alexander (2013): The Other Type of Performance Information: Nonroutine Feedback, Its Relevance and Use. In: *Public Administration Review* 73 (2), S. 265–276.

Kuhlmann, Sabine (2008): Reforming local public services. In: *Public Management Review* 10 (5), S. 573–596.

Kuhlmann, Sabine; Wollmann, Hellmut (2014): Introduction to Comparative Public Administration. Administrative Systems and Reform in Europe. Cheltenham: Edward Elgar.

Kumar, Nirmalya; Stern, Louis W.; Anderson, James C. (1993): Conducting interorganizational research using key informants. In: *Academy of Management Journal* 36 (6), S. 1633–1651.

Lægreid, P.; Roness, P. G.; Verhoest, K. (2011): Explaining the Innovative Culture and Activities of State Agencies. In: *Organization Studies* 32 (10), S. 1321–1347.

Lægreid, Per; Roness, Paul G.; Rubecksen, Kristin (2006): Autonomy and control in the Norwegian civil service: Does agency form matter. In: T. Christensen und P. Lægreid (Hg.): Autonomy and Regulation: Coping with Agencies in the Modern State: Edward Elgar Publishing, S. 235–267.

Lægreid, Per; Roness, Paul G.; Rubecksen, Kristin (2008): Controlling Regulatory Agencies. In: *Scandinavian Political Studies* 31 (1), S. 1–26.

Lægreid, Per; Verhoest, Koen (Hg.) (2010): Governance of public sector organizations. Proliferation, autonomy, and performance. Houndmills, Basingstoke, Hampshire, UK, New York, NY: Palgrave Macmillan.

Langfield-Smith, Kim; Smith, David (2003): Management control systems and trust in outsourcing relationships. In: *Management Accounting Research* 14 (3), S. 281–307.

Lasar, Andreas; Buchholz, Gabriele; Hellenbrand, Andreas (2011): Integrierte Konzernsteuerung in der Kommunalverwaltung. In: *Der moderne Staat- Zeitschrift für Public Policy, Recht und Management* 4 (1), S. 225–247.

Lawson, Colin (1994): The Theory of State-Owned Enterprises in Market Economies. In: *Journal of Economic Surveys* 8 (3), S. 283–309.

Leana, Carrie R.; Pil, Frits K. (2006): Social Capital and Organizational Performance: Evidence from Urban Public Schools. In: *Organization Science* 17 (3), S. 353–366.

Leimeister, Stefanie; Yetton, Philip; Wuellenweber, Kim; Krcmar, Helmut (2010): Relational governance mediates the effect of formal contracts on BPO performance. Paper presented at the 18th European Conference on Information Systems (ECIS). Pretoria.

Leitstelle Gemeindeprüfung im Innenministerium Nordrhein-Westfalen (2001): Bericht über die vergleichende Untersuchung „Beteiligungsverwaltung". Düsseldorf.

Leixnering, Stephan; Bramböck, Stefanie (2013): Public-Corporate-Governance-Kodizes: Die Köpenickiade der Beteiligungsverwaltung. In: *Zeitschrift für öffentliche und gemeinwirtschaftliche Unternehmen / Journal of Public and Nonprofit Services* 36 (2), S. 170–190.

Lenk, Thomas; Rottmann, Oliver; Lück, Oliver (2013): Konzern Kommune. Leipzig: Universität Leipzig/HypoVereinsbank.

Lenk, Thomas; Rottmann, Oliver; Woitek, Florian (2009): Public Corporate Governance in Public Enterprises. Transparency in the Face of Divergent Positions of Interest. Leipzig: Universität Leipzig.

Levi-Faur, David (2005): The global diffusion of regulatory capitalism. In: *The Annals of the American Academy of Political and Social Science* 598 (1), S. 12–32.

Li, Guoying (1985): Robust Regression. In: David C. Hoaglin, Frederic Mosteller und John W. Turkey (Hg.): Exploring Data: Trends and Shapes. New York: Wiley, S. 281–340.

Lieberherr, Eva; Lobina, Emanuele; Viard, Claudine; Uno, Jiro; Herzberg, Carsten; Muller-Quoy, Isabelle (2014): COST Policy Report on Water Provision. Convergence and Divergence of institutional reforms across countries. Potsdam.

Limbach, Jutta (2003): Grundgesetz. Mit Vertrag über die abschließende Regelung in bezug auf Deutschland. Menschenrechtskonvention, Verfahrensordnung Europäischer Gerichtshof für Menschenrechte, Bundesverfassungsgerichtsgesetz, Parteiengesetz, Untersuchungsausschussgesetz und Gesetz über den Petitionsausschuß : Textausgabe mit ausführlichem Sachverzeichnis und einem Vorwort von Jutta Limbach. 38., neubearb. Aufl., Stand: 15. Oktober 2002, Sonderausg. München: Dt. Taschenbuch-Verl.

Lin, Xiaohua; Germain, Richard (1998): Sustaining Satisfactory Joint Venture Relationships: The Role of Conflict Resolution Strategy. In: *Journal of International Business Studies* 29 (1), S. 179–196.

Lin, Xiaohua; Germain, Richard (2003): Organizational structure, context, customer orientation, and performance: lessons from Chinese state-owned enterprises. In: *Strategic Management Journal* 24 (11), S. 1131–1151.

Lindblom, Charles E. (1959): The science of" muddling through". In: *Public Administration Review*, S. 79–88.

Lindqvist, Katja (2013): Hybrid Governance: The Case of Household Solid Waste Management in Sweden. In: *Public Organization Review* 13 (2), S. 143–154.

Linhos, Ramon (2005): Die Stadt als Konzern: Ansätze eines Konzernmanagements für Kommunen und ihre Beteiligungen. Dissertation. Potsdam: Universitätsverlag.

Linhos, Ramon (2006): Der Konzern Stadt. Zum veränderten Bild der Komunen und ihrer Beteiligungen. Potsdam: Universitätsverlag Potsdam (KWI Arbeitshefte, 11).

Lioukas, S.; Bourantas, D.; Papadakis, V. (1993): Managerial Autonomy of State-Owned Enterprises: Determining Factors. In: *Organization Science* 4 (4), S. 645–666.

Littkemann, Jörn; Derfuß, Klaus; Körner, Stephan; Bollermann, Sandra (2014): Strategisches Beteiligungscontrolling in Kommunen. In: *Controlling- Zeitschrift für erfolgsorientierte Unternehmenssteuerung* 26 (7), S. 392–398.

Luhmann, Niklas (1987): Soziale Systeme. Grundriss einer allgemeinen Theorie. 1. Aufl. Frankfurt am Main: Suhrkamp (Suhrkamp Taschenbuch Wissenschaft, 666).

Luhmann, Niklas (1997): Die Gesellschaft der Gesellschaft. 1. Aufl. Frankfurt am Main: Suhrkamp (Suhrkamp-Taschenbuch Wissenschaft, 1360).

Luke, Belinda (2010): Examining Accountability Dimensions in State-Owned Enterprises. In: *Financial Accountability & Management* 26 (2), S. 134–162.

Luke, Belinda; Kearins, Kate; Verreynne, Martie-Louise (2011): The risks and returns of new public management: political business. In: *International Journal of Public Sector Management* 24 (4), S. 325–355.

MacCarthaigh, Muiris (2009): The corporate governance of commercial state-owned enterprises in Ireland. Dublin: Institute of Public Administration (CPMR research report).

MacCarthaigh, Muiris (2011): Managing state-owned enterprises in an age of crisis: an analysis of Irish experience. In: *Policy Studies* 32 (3), S. 215–230.

Maggetti, Martino (2007): De facto independence after delegation: A fuzzy-set analysis. In: *Regulation Governance* 1 (4), S. 271–294.

Maggetti, Martino; Verhoest, Koen (2014): Unexplored aspects of bureaucratic autonomy: a state of the field and ways forward. In: *International Review of Administrative Sciences* 80 (2), S. 239–256.

Majone, Giandomenico (1997): From the Positive to the Regulatory State: Causes and Consequences of Changes in the Mode of Governance. In: *Journal of Public Policy* 17 (2), S. 139–167.

Mann, Thomas; Püttner, Günter (Hg.) (2011): Handbuch der kommunalen Wissenschaft und Praxis. 3. Aufl. Berlin: Springer (Handbuch der kommunalen Wissenschaft und Praxis, 2).

March, James G.; Olsen, Johan P. (1975): The Uncertainty of the Past: Organizational Learning under Ambiguity. In: *European Journal of Political Research* 3 (2), S. 147–171.

March, James G.; Olsen, Johan P. (1989): Rediscovering institutions: the organizational basis of politics. New York: Free Press.

March, James G.; Olsen, Johan P. (1996): Institutional Perspectives on Political Institutions. In: *Governance* 9 (3), S. 247–264.

March, James G.; Olsen, Johan P. (1998): The Institutional Dynamics of International Political Orders. In: *International Organization* 52 (4), S. 943–969.

March, James G.; Olsen, Johan P. (2006): The logic of appropriateness. In: Martin Rein, Michael Moran und Robert E. Goodin (Hg.): The Oxford Handbook of Public Policy. Oxford: Oxford University Press, S. 689–708.

March, James G.; Simon, Herbert A.; Guetzkow, Harold Steere (1993): Organizations. 2nd ed. Cambridge, Mass., USA: Blackwell.

Marsh, Herbert W.; Balla, John R.; McDonald, Roderick P. (1988): Goodness-of-fit indexes in confirmatory factor analysis: The effect of sample size. In: *Psychological bulletin* 103 (3), S. 391–410.

Marx, Karl (2009): Das Kapital. Kritik der politischen Ökonomie. 1932. Aufl. Köln: Anaconda.

Mauss, Marcel; Halls, W. D. (1990): The gift. The form and reason for exchange in archaic societies. New York: W.W. Norton.

Mayer, Roger C.; Davis, James H. (1999): The effect of the performance appraisal system on trust for management: A field quasi-experiment. In: *Journal of applied psychology* 84 (1), S. 123–136.

Mayntz, Renate; Scharpf, Fritz Wilhelm (1995): Gesellschaftliche Selbstregelung und politische Steuerung. Frankfurt, New York: Campus (Schriften des Max-Planck-Instituts für Gesellschaftsforschung, Köln, Bd. 23).

McCubbins, Mathew D.; Noll, Roger G.; Weingast, Barry R. (1987): Administrative Procedures as Instruments of Political Control. In: *Journal of Law, Economics, & Organization* 3 (2), S. 243–277.

McDonagh, Kathryn J. (2005): Hospital governing boards: a study of their effectiveness in relation to organizational performance. In: *Journal of healthcare management/American College of Healthcare Executives* 51 (6), S. 377–389.

McDonald, Roderick P.; Marsh, Herbert W. (1990): Choosing a multivariate model: Noncentrality and goodness of fit. In: *Psychological bulletin* 107 (2), S. 247–255.

McGauran, Anne-Marie; Humphreys, Peter C.; Verhoest, Koen (2005): The Corporate Governance of Agencies in Ireland. Dublin: Institute of Public Administration.

Meeker, Barbara F. (1971): Decisions and Exchange. In: *American Sociological Review* 36 (3), S. 485–495.

Meier, Kenneth J.; O'Toole, Laurence J. (2013): I Think (I Am Doing Well), Therefore I Am: Assessing the Validity of Administrators' Self-Assessments of Performance. In: *International Public Management Journal* 16 (1), S. 1–27.

Menozzi, Anna; Gutierrez Urtiaga, Maria; Vannoni, Davide (2012): Board composition, political connections, and performance in state-owned enterprises. In: *Industrial and Corporate Change* 21 (3), S. 671–698.

Merchant, Kenneth A. (1998): Modern management control systems: text and cases. Upper Saddle River, NJ: Prentice Hall.

Merchant, Kenneth A.; Van der Stede, Wim A (2012): Management control systems. Performance measurement, evaluation and incentives. 3rd ed. Harlow, England, New York: Financial Times/Prentice Hall.

Meßmer, Stefan (2011): Zulässigkeit und Grenzen unternehmerischer Betätigung der öffentlichen Hand. In: Beatrice Fabry und Ursula Augsten (Hg.): Handbuch Unternehmen der öffentlichen Hand. 2. Aufl. Baden-Baden: Nomos Verl.-Ges. (Nomos-Praxis), S. 84–114.

Meyer, John W.; Rowan, Brian (1977): Institutionalized organizations: Formal structure as myth and ceremony. In: *American journal of sociology*, S. 340–363.

Moe, Terry M. (1990): The politics of structural choice: Toward a theory of public bureaucracy. In: *Organization theory: From Chester Barnard to the present and beyond*, S. 116–153.

Moe, Terry M. (2005): Power and political institutions. In: *Perspectives on politics* 3 (02), S. 215–233.

Mooney, Christopher Z.; Duval, Robert D. (1993): Bootstrapping. A nonparametric approach to statistical inference. Newbury Park, Calif.: SAGE Publications

(Sage University papers series. Quantitative applications in the social sciences, no. 07–095).

Moulton, Stephanie; Bozeman, Barry (2010): The Publicness of Policy Environments: An Evaluation of Subprime Mortgage Lending. In: *Journal of Public Administration Research and Theory* 21 (1), S. 87–115.

Moynihan, Donald P.; Pandey, Sanjay K. (2004): Testing How Management Matters in an Era of Government by Performance Management. In: *Journal of Public Administration Research and Theory* 15 (3), S. 421–439.

Moynihan, Donald P.; Pandey, Sanjay K. (2006): Creating desirable organizational characteristics. In: *Public Management Review* 8 (1), S. 119–140.

Moyser, George; Wagstaffe, Margaret (1987): Research methods for elite studies. London, Boston: Allen & Unwin.

Naschold, Frieder; Jann, Werner; Reichard, Christoph (Hg.) (1999): Innovation, Effektivität, Nachhaltigkeit. Internationale Erfahrungen zentralstaatlicher Verwaltungsreform. Berlin: Ed. Sigma.

Nelson, Harry W.; Nikolakis, William (2012): How Does Corporatization Improve the Performance of Government Agencies? Lessons From the Restructuring of State-Owned Forest Agencies in Australia. In: *International Public Management Journal* 15 (3), S. 364–391.

Niklasson, Birgitta; Pierre, Jon (2012): Does agency age matter in administrative reform?: Policy autonomy and public management in Swedish agencies. The role of agencies in policy making. In: *Policy and Society* 31 (3), S. 195–210.

Nordlinger, Eric (1987): Taking the State Seriously. In: Myron Weiner, Samuel Phillips Huntington und Gabriel Abraham Almond (Hg.): Understanding political development: an analytic study. Glenview: Scott Foresman & Company, S. 353–390.

NWB Redaktion (Hg.): Wichtige Wirtschaftsgesetze. Herne: NWB Verlag.

OECD (2002): Distributed public governance: agencies, authorities and other government bodies. Paris: OECD.

OECD (2005): Corporate governance of state-owned enterprises. A survey of OECD countries. Paris: OECD.

OECD (2010): Accountability and transparency. A guide for state ownership. Paris: OECD.

OECD (2011): Corporate governance of state-owned enterprises. Change and reform in OECD countries since 2005. Paris: OECD.

OECD (2012): Towards new arrangements for state ownership in the Middle East and North Africa. Paris: OECD.

OECD (2014a): OECD Guidelines on Corporate Covernance of State-Owned Enterprises. Second Draft. Paris: OECD.

OECD (2014b): The Size and Sectoral Distribution of SOEs in OECD and Partner Countries. Paris: OECD Publishing.

OECD Working Group on Privatisation and Corporate Governance (2009): State Owned Enterprises in China: Reviewing the Evidence. Paris: OECD.

Oelmann, Mark (2008): Preisregulierungsverfahren in der Wasserwirtschaft. In: Meike Janosch und Rahel Schomaker (Hg.): Wasser im nahen Osten und Nordafrika. Wege aus der Krise. Münster: Waxmann, S. 113–126.

Olsen, Johan P. (2009): Democratic government, institutional autonomy and the dynamics of change. In: *West European Politics* 32 (3), S. 439–465.

O'Toole, Laurence J.; Meier, Kenneth J. (2014): Public Management, Context, and Performance: In Quest of a More General Theory. In: *Journal of Public Administration Research and Theory* 25 (1), S. 237–256.

Otto, Raimund (2002): Beteiligungsmanagement in Kommunen. Stuttgart: Deutscher Sparkassen Verlag GmbH.

Ouchi, William G. (1979): A Conceptual Framework for the Design of Organizational Control Mechanisms. In: *Management Science* 25 (9), S. 833–848.

Ouchi, William G. (1980): Markets, bureaucracies, and clans. In: *Administrative Science Quarterly*, S. 129–141.

Painter, Martin; Burns, John; Yee, Wai-Hang (2010): Explaining autonomy in public agencies: the case of Hong Kong. In: Per Lægreid und Koen Verhoest (Hg.): Governance of public sector organizations. Proliferation, autonomy, and performance. Houndmills, Basingstoke, Hampshire, UK, New York, NY: Palgrave Macmillan (Governance and public management), S. 111–133.

Painter, Martin; Peters, B. Guy (2010): Administrative Traditions in Comparative Perspective: Families, Groups and Hybrids. In: Martin Painter und B. Guy Peters (Hg.): Tradition and public administration. Houndmills, Basingstoke, Hampshire, New York: Palgrave Macmillan, S. 19–30.

Painter, Martin; Peters, B. Guy (Hg.) (2010): Tradition and public administration. Houndmills, Basingstoke, Hampshire, New York: Palgrave Macmillan.

Painter, Martin; Pierre, Jon (Hg.) (2005): Challenges to state policy capacity. Global trends and comparative perspectives. Houndmills, Basingstoke, Hampshire, New York: Palgrave Macmillan.

Painter, Martin; Yee, Wai-Hang (2011): Task Matters: A Structural-Instrumental Analysis of the Autonomy of Hong Kong Government Bodies. In: *The American Review of Public Administration* 41 (4), S. 395–410.

Papenfuß, Ulf (2008): Public Corporate Governance Kodizes. Implementierungsprobleme, Wirkungspotenziale und Reformvorschläge. In: *Zeitschrift für öffentliche und gemeinwirtschaftliche Unternehmen / Journal of Public and Nonprofit Services* (Beiheft 36), S. 115–130.

Papenfuß, Ulf (2010): Unmittelbare Beteiligungen der öffentlichen Hand in der Kontroverse um Daseinsvorsorge- Eine empirische Analyse von allen im Internet verfügbaren Beteiligungsberichten zu Anzahl und Rechtsformen. In: *Zeitschrift für öffentliche und gemeinwirtschaftliche Unternehmen / Journal of Public and Nonprofit Services* 33 (2), S. 97–121.

Papenfuß, Ulf (2011): Spärliche Offenlegung der Managervergütung in Öffentlichen Unternehmen. Erste repräsentative Studie und Vierjahresvergleich bei Landeshauptstädten und Bund. In: *Verwaltung und Management* 17 (6), S. 288–298.

Papenfuß, Ulf (2012): Status Quo der öffentlichen Wirtschaft: Empirische Analyse von Beteiligungsberichten zu Anzahl und Rechtsformen von unmittelbaren Beteiligungen der öffentlichen Hand. In: Christina Schaefer und Ludwig Theuvsen (Hg.): Renaissance öffentlicher Wirtschaft. Bestandsaufnahme – Kontexte – Perspektiven. 1. Aufl. Baden-Baden: Nomos (Schriftenreihe öffentliche Dienstleistungen, 57), S. 49–70.

Papenfuß, Ulf (2013a): Verantwortungsvolle Steuerung und Leitung öffentlicher Unternehmen. Empirische Analyse und Handlungsempfehlungen zur Public Corporate Governance. Wiesbaden: Springer-Gabler.

Papenfuß, Ulf (2013b): Ein Public Corporate Governance Kodex ist aus theoretischer und praktischer Perspektive nützlich – Eine Replik zu einer Köpenickiade. In: *Zeitschrift für öffentliche und gemeinwirtschaftliche Unternehmen / Journal of Public and Nonprofit Services* 36 (4), S. 302–323.

Papenfuß, Ulf; Aufenacker, Marcel (2011): Organisationsmodelle und Personaleinsatz im öffentlichen Beteiligungsmanagement – Eine Analyse auf Grundlage von Experteninterviews in 75 deutschen Großstädten. In: *Zeitschrift für öffentliche und gemeinwirtschaftliche Unternehmen / Journal of Public and Nonprofit Services* 34 (1), S. 25–50.

Papenfuß, Ulf; Schaefer, Christina (2010): Improving public accountability by aligning reporting to organizational changes in public service provision – an empirical Internet study of all Austrian, German and Swiss towns and states from an agency-theory perspective. In: *International Review of Administrative Sciences* 76 (3), S. 555–576.

Papenfuß, Ulf; Schaefer, Christina (2011): Beteiligungsberichterstattung in Deutschland, Österreich und der Schweiz. Repräsentative Befunde und Reformvorschläge für die öffentliche Hand. In: *Zeitschrift für öffentliche und gemeinwirtschaftliche Unternehmen / Journal of Public and Nonprofit Services* 34 (4), S. 375–395.

Papenfuß, Ulf; Schaefer, Christina (2012): Mehr Transparenz bei der öffentlichen Aufgabenerfülllung. Eine Vollerhebung der Internetseiten aller deutschen Städte über 30.000 Einwohner zur Beteiligungsberichterstattung. In: Christina Schaefer und Ludwig Theuvsen (Hg.): Renaissance öffentlicher Wirtschaft. Bestandsaufnahme – Kontexte – Perspektiven. 1. Aufl. Baden-Baden: Nomos, S. 205–230.

Papenfuß, Ulf; Thomas, Tobias (2007): Public Corporate Governance. Grundlagen und Perspektiven der Steuerung und Kontrolle öffentlicher Unternehmen. In: Christina Schaefer und Jens Fischer (Hg.): Neues Verwaltungsmanagement, Bd. 1.2. Berlin: Raabe, S. 1–34.

Parsons, Talcott (1977): Social systems and the evolution of action theory. New York: Free Press.

Parsons, Talcott; Platt, Gerald M. (1973): The American university. Cambridge: Harvard University Press.

Pech, Heiko; Bahn, Jan-Hendrik (2002): Wie gut ist das Beteiligungsmanagement/-controlling der Großstädte Deutschlands? Studie zum Beteiligungsmanagement/-controlling der 100 größten Städte Deutschlands. Nürnberg.

Pfeffer, Jeffrey; Salancik, Gerald R. (1978): The external control of organizations: a resource dependence perspective. New York: Harper and Row Publishers.

Podsakoff, Philip M.; MacKenzie, Scott B.; Podsakoff, Nathan P. (2012): Sources of method bias in social science research and recommendations on how to control it. In: *Annual review of psychology* 63, S. 539–569.

Pollack, Mark (2002): Learning from the Americanists (again): Theory and method in the study of delegation. In: *West European Politics* 25 (1), S. 200–219.

Pollit, Christopher; Bathgate, Karen; Caulfield, Janice; Smullen, Amanda; Talbot, Colin (2001): Agency fever? Analysis of an international policy fashion. In: *Journal of comparative policy analysis: Research and practice* 3 (3), S. 271–290.

Pollitt, Christopher (2005): Ministries and Agencies: Steering, Meddling, Neglect and Dependency. In: Martin Painter und Jon Pierre (Hg.): Challenges to state policy capacity. Global trends and comparative perspectives. Houndmills, Basingstoke, Hampshire, New York: Palgrave Macmillan, S. 113–136.

Pollitt, Christopher (2013): Context in public policy and management. The missing link? Cheltenham: Edward Elgar Publishing.

Pollitt, Christopher; Bouckaert, Geert (2004): Public management reform. A comparative analysis. 2nd ed. Oxford, New York: Oxford University Press.

Pollitt, Christopher; Talbot, Colin (Hg.) (2004): Unbundled Government. A critical analysis of the global trend to agencies, quangos and contractualisation. London: Routledge.

Pollitt, Christopher; Talbot, Collin; Caulfield, Janice; Smullen, Amanda (Hg.) (2004): Agencies: How Governments do Things through semi-autonomous Organizations. Basingstoke: Palgrave Macmillan.

Porst, Rolf (2008): Fragebogen. Ein Arbeitsbuch. 1. Aufl. Wiesbaden: VS, Verlag für Sozialwissenschaften.

Presthus, Robert V. (1960): Authority in Organizations. In: *Public Administration Review* 20 (2), S. 86–91.

Provan, Keith G. (1993): Embeddedness, interdependence, and opportunism in organizational supplier-buyer networks. In: *Journal of Management* 19 (4), S. 841–856.

Putnam, Robert D. (1976): The Comparative Study of Political Elites. Englewood Cliffs, N.J.: Prentice-Hall.

Radon, Jenik; Thaler, Julius (2005): Resolving conflicts of interest in state-owned enterprises. In: *International Social Science Journal* 57, S. 11–20.

Rainey, H. G.; Jung, Chan S. (2014): A Conceptual Framework for Analysis of Goal Ambiguity in Public Organizations. In: *Journal of Public Administration Research and Theory* 25 (1), S. 71–99.

Rainey, Hal G.; Pandey, Sanjay; Bozeman, Barry (1995): Research Note: Public and Private Managers' Perceptions of Red Tape. In: *Public Administration Review* 55 (6), S. 567–574.

Ramamurti, Ravi (1991): Controlling State-Owned Enterprises. In: Ravi Ramamurti und Raymond Vernon (Hg.): Privatization and control of state-owned enterprises. Washington, D.C.: World Bank, S. 127–144.

Ramamurti, Ravi; Vernon, Raymond (Hg.) (1991): Privatization and control of state-owned enterprises. Washington, D.C.: World Bank.

Ramaswamy, Kannan (2001): Organizational Ownership, Competitive Intensity, and Firm Performance: An empirical Study of the Indian Manufacturing Sector. In: *Strategic Management Journal* 22 (10), S. 989–998.

Ramaswamy, Kannan; Glinow, Mary Ann von (2000): Organizational performance following changes in ownership: modelling post-privatization outcomes. In: *Strategic Change* 9 (5), S. 297–310.

Reddy, Krishna; Locke, Stuart; Scrimgeour, Frank (2011): Improving performance in New Zealand's public corporations: the effect of governance practices. In: *Governance* 24 (3), S. 517–556.

Rees, Ray (1984): The Public Enterprise Game. In: *The Economic Journal* 94, S. 109–123.

Reichard, Christoph (2003): Local public management reforms in Germany. In: *Public Administration* 81 (2), S. 345–363.

Reichard, Christoph (2009): Institutionelle Alternativen zu Public-Private-Partnerships. Kommunale Eigenleistung, Public-Public-Partnerships und Contracting-Out. In: *Hartmut Bauer, Christiane Büchner und Frauke Brosius-Gersdorf (Hg.): Verwaltungskooperation: Public Private Partnerships und Public Public Partnerships. Potsdam: Universitätsverlag*, S. 61–72.

Reichard, Christoph; Grossi, Giuseppe (2008): Corporate Governance von städtischen Holdings. In: *Zeitschrift für öffentliche und gemeinwirtschaftliche Unternehmen / Journal of Public and Nonprofit Services* (Beiheft 36), S. 86–100.

Rein, Martin; Moran, Michael; Goodin, Robert E. (Hg.) (2006): The Oxford Handbook of Public Policy. Oxford: Oxford University Press.

Rich, Gregory A.; Bommer, William H.; MacKenzie, Scott B.; Podsakoff, Philip M.; Johnson, Jonathan L. (1999): Apples and apples or apples and oranges? A meta-analysis of objective and subjective measures of salesperson performance. In: *The Journal of Personal Selling and Sales Management* 19, S. 41–52.

Richter, Peter; Kilian, Werner; Trapp, Jan-Hendrik (2006): Verselbstständigung kommunaler Aufgabenerbringung und die Folgen. In: Werner Killian, Peter Richter und Jan Hendrik Trapp (Hg.): Ausgliederung und Privatisierung in Kommunen. Empirische Befunde zur Struktur kommunaler Aufgabenwahrnehmung. Berlin: Edition Sigma, S. 111–130.

Ring, Peter Smith; Perry, James L. (1985): Strategic Management in Public and Private Organizations: Implications of Distinctive Contexts and Constraints. In: *Academy of Management Review* 10 (2), S. 276–286.

Rizzo, John R.; House, Robert J.; Lirtzman, Sidney I. (1970): Role Conflict and Ambiguity in Complex Organizations. In: *Administrative Science Quarterly* 15 (2), S. 150–163.

Röber, Manfred (2008): Die Sphäre des Politischen. Ein blinder Fleck in der Public Corporate Governance? In: *Zeitschrift für öffentliche und gemeinwirtschaftliche Unternehmen / Journal of Public and Nonprofit Services* (Beiheft 36), S. 57–68.

Rommel, Jan; Verhoest, Koen (2014): Exploring effects of coordination on the autonomy of regulators: energy regulators in Belgium. In: *International Review of Administrative Sciences* 80 (2), S. 298–317.

Romzek, B.; LeRoux, K.; Johnston, J.; Kempf, R. J.; Piatak, J. S. (2014): Informal Accountability in Multisector Service Delivery Collaborations. In: *Journal of Public Administration Research and Theory* 24 (4), S. 813–842.

Ronellenfitsch, Michael (2012): Verfassungsrechtliche und gemeinschaftsrechtliche Vorgaben. In: Werner Hoppe, Michael Uechtritz und Hans-Joachim Reck (Hg.): Handbuch kommunale Unternehmen. 3. Aufl. Köln: O. Schmidt, S. 33–47.

Ronellenfitsch, Michael; Ronellenfitsch, L. (2012): Voraussetzungen und historische Entwicklung privatwirtschaftlicher Betätigung der Kommunen. In: Werner Hoppe, Michael Uechtritz und Hans-Joachim Reck (Hg.): Handbuch kommunale Unternehmen. 3. Aufl. Köln: O. Schmidt, S. 3–14.

Roness, Paul G.; Verhoest, Koen; Rubecksen, Kristin; MacCarthaigh, Muiris (2008): Autonomy and Regulation of State Agencies: Reinforcement, Indifference or Compensation? In: *Public Organization Review* 8 (2), S. 155–174.

Rottmann, Oliver (2011): Herausforderungen für die Innensteuerung von Stadtwerken aus der Interdependenz der Außensteuerungspostulate. Frankfurt am Main: Lang.

Rousseau, Denise M.; Schalk, René (2000): Psychological contracts in employment. Cross cultural perspectives. Thousand Oaks: SAGE.

Rowe, William D. (1994): Understanding Uncertainty. In: *Risk Analysis* 14 (5), S. 743–750.

Ruter, Rudolf X. (2004): Ein Corporate Governance Kodex für öffentliche Unternehmen? In: *Zeitschrift für öffentliche und gemeinwirtschaftliche Unternehmen / Journal of Public and Nonprofit Services* 27 (4), S. 389–393.

Sathe, Vijay (1983): Implications of corporate culture: A manager's guide to action. In: *Organizational dynamics* 12 (2), S. 5–23.

Schaefer, Christina; Fischer, Jens (Hg.) (2007): Neues Verwaltungsmanagement. Berlin: Raabe.

Schaefer, Christina; Theuvsen, Ludwig (Hg.) (2012): Renaissance öffentlicher Wirtschaft. Bestandsaufnahme – Kontexte – Perspektiven. 1. Aufl. Baden-Baden: Nomos.

Scharpf, Fritz W. (2006): Interaktionsformen. Akteurzentrierter Institutionalismus in der Politikforschung. Unveränd. Nachdr. der 1. Aufl. Wiesbaden: Verlag für Sozialwissenschaften.

Schedler, Kuno (2012): Multirationales Management. Ansätze eines relativistischen Umgangs mit Rationalitäten in Organisationen. In: *Der moderne Staat- Zeitschrift für Public Policy, Recht und Management* 5 (2), S. 361–376.

Schedler, Kuno; Gulde, Alexander; Suter, Simone (2007): Corporate governance öffentlicher Unternehmen. Ausgewählte Fragen zur Führung staatlicher Beteiligungen. St. Gallen: Inst. für Öffentliche Dienstleistungen und Tourismus, Universität St. Gallen.

Schedler, Kuno; Müller, Roland; Sonderegger, Roger W. (2011): Public Corporate Governance. 1., Auflage. Bern: Haupt Verlag.

Schedler, Kuno; Proeller, Isabella (2011): New public management. 5., korr. Aufl. Bern, Stuttgart, Wien: Haupt Verlag.

Schnell, Rainer; Esser, Elke; Hill, Paul B. (2013): Methoden der empirischen Sozialforschung. 10., überarb. Aufl. München: Oldenbourg.

Schomaker, Rahel (2009): Bereitstellung netzgebundener Infrastruktur. Regulierung versus Public-Private Partnerships. Speyer: Deutsches Forschungsinstitut für öffentliche Verwaltung.

Schwarz, Norbert; Wellens, Tracy (1997): Cognitive dynamics of proxy responding: The diverging perspectives of actors and observers. In: *Journal of Official Statistics* 13, S. 159–179.

Seidman, Harold (1983): Public Enterprise Autonomy. Need for a New Theory. In: *International Review of Administrative Sciences* 49 (1), S. 65–72.

Sexty, Robert W. (1980): Autonomy Strategies of Government Owned Business Corporations in Canada. In: *Strategic Management Journal* 1 (4), S. 371–384.

Shirley, Mary M. (1997): Policy Arena: The Economics and Politics of Government Ownership. In: *Journal of International Development* 9 (6), S. 849–864.

Shirley, Mary M. (1999): Bureaucrats in business: The roles of privatization versus corporatization in state-owned enterprise reform. In: *World Development* 27 (1), S. 115–136.

Shleifer, Andrei; Vishny, Robert W. (1997): A survey of corporate governance. In: *The journal of finance* 52 (2), S. 737–783.

Simon, Herbert A. (1959): Administrative behavior: a study of decision-making processes in administrative organization. New York: Macmillan.

Simons, Robert (1995): Levers of control. How managers use innovative control systems to drive strategic renewal. Boston, Mass.: Harvard Business School Press.

Six, Frédérique (2013): Trust in Regulatory Relations. In: *Public Management Review* 15 (2), S. 163–185.

Skinner, B. F. (1958): Reinforcement today. In: *American Psychologist* 13 (3), S. 94–99.

Slater, Gary; Spencer, David A. (2000): The uncertain foundations of transaction costs economics. In: *Journal of Economic Issues*, S. 61–87.

Sodan, Helge (2013): Öffentliches, privates und europäisches Wirtschaftsrecht. 14. Aufl., Stand: 1. August 2013. Baden-Baden: Nomos-Verlagsges (Nomos-Gesetze).

Stan, Ciprian V.; Peng, Mike W.; Bruton, Garry D. (2014): Slack and the performance of state-owned enterprises. In: *Asia Pacific Journal of Management* 31 (2), S. 473–495.

Statistische Ämter des Bundes und der Länder (2013): Gemeindeverzeichnis online. Online verfügbar unter http://www.statistik-portal.de/Statistik-Portal/gemeindeverz.asp, zuletzt geprüft am 20.02.2013.

Statistisches Bundesamt (2014): Statistisches Jahrbuch Deutschland 2014. 1. Aufl. Wiesbaden: Statistisches Bundesamt.

Statisitsches Bundesamt (2013a): Statistisches Jahrbuch Deutschland 2013. 1. Aufl. Wiesbaden: Statistisches Bundesamt.

Statistisches Bundesamt (2013b): Datenreport 2013. Ein Sozialbericht für die Bundesrepublik Deutschland. Bonn: Bundeszentrale für politische Bildung.

Sundell, Anders; Lapuente, Victor (2012): Adam Smith or Machiavelli? Political incentives for contracting out local public services. In: *Public Choice* 153 (3–4), S. 469–485.

Talbot, Colin (2004): The Agency idea. In: Christopher Pollitt und Colin Talbot (Hg.): Unbundled Government. A critical analysis of the global trend to agencies, quangos and contractualisation. London: Routledge, S. 3–21.

Tantardini, Michele; Kroll, Alexander (2015): The Role of Organizational Social Capital in Performance Management. In: *Public Performance and Management Review* (im Erscheinen).

Taylor, Frederick (1911): Principles of Scientific Management. New York: Harper & Brothers.

Teo, Stephen (2000): Evidence of Strategic HRM Linkages in Eleven Australian Corporatized Public Sector Organizations. In: *Public Personnel Management* 29 (4), S. 557–575.

Ter Bogt, Henk J (2003): A transaction cost approach to the autonomization of government organizations: a political transaction cost framework confronted with six cases of autonomization in the Netherlands. In: *European Journal of Law and Economics* 16 (2), S. 149–186.

Thatcher, Mark (2002): Delegation to Independent Regulatory Agencies: Pressures, Functions and Contextual Mediation. In: *West European Politics* 25 (1), S. 125–147.

Theuvsen, Ludwig (2011): Corporate Governance Codes in the Public Sector: A Contribution to Greater Transparency? In: Dorothea Greiling, Arie Halachmi und Reinbert Schauer (Hg.): Accounting, accountability and governance in the public sector. 9th International Symposium on Public Sector Management; Johannes Kepler University, Linz (Austria). Linz: Trauner (Schriftenreihe Public & Nonprofit Management), S. 251–273.

Theuvsen, Ludwig; Frentrup, Mechthild (2008): Public Corporate Governance und Transparenz öffentlicher Unternehmen. In: *Zeitschrift für öffentliche und gemeinwirtschaftliche Unternehmen / Journal of Public and Nonprofit Services* (Beiheft 36), S. 131–149.

Thibaut, John W.; Kelley, Harold H. (1959): The social psychology of groups. Oxford: John Wiley.

Thomasson, Anna (2009): Navigating in the landscape of ambiguity. A stakeholder approach to the governance and management of hybrid organisations. Dissertation. Lund: Lund University.

Thynne, Ian (2011): Ownership as an instrument of policy and understanding in the public sphere: trends and research agenda. In: *Policy Studies* 32 (3), S. 183–197.

Tomkins, Cyril (2001): Interdependencies, trust and information in relationships, alliances and networks. In: *Accounting, Organizations and Society* 26 (2), S. 161–191.

Trapp, Jan Hendrik (2006): Ausgliederung und Privatisierung in den dreißig größten deutschen Städten. In: Werner Killian, Peter Richter und Jan Hendrik Trapp (Hg.): Ausgliederung und Privatisierung in Kommunen. Empirische Befunde zur Struktur kommunaler Aufgabenwahrnehmung. Berlin: Edition Sigma (Modernisierung des öffentlichen Sektors. Sonderband, 25), S. 85–110.

Trapp, Jan Hendrik; Bolay, Sebastian (2003): Privatisierung in Kommunen – eine Auswertung kommunaler Beteiligungsberichte. Berlin: Difu (Materialien / Deutsches Institut für Urbanistik, 2003,10).

Tricker, R. Ian (2012): Corporate governance. Principles, policies and practices. 2nd ed. Oxford: Oxford University Press.

Trondal, Jarle (2010): An emergent European executive order. Oxford: Oxford University Press.

Tummers, Lars; Vermeeren, Brenda; Steijn, Bram; Bekkers, Victor (2012): Public Professionals and Policy implementation. In: *Public Management Review* 14 (8), S. 1041–1059.

Turner, Jonathan H. (Hg.) (2001): Handbook of Sociological Theory. New York: Springer.

Uechtritz, Michael; Otting, Olaf; Olgemöller, Udo H. (2012): Kommunalrechtliche Voraussetzungen für die wirtschaftliche Betätigung. In: Werner Hoppe, Michael Uechtritz und Hans-Joachim Reck (Hg.): Handbuch kommunale Unternehmen. 3. Aufl. Köln: O. Schmidt, S. 63–128.

Uechtritz, Michael; Reck, Hans-Joachim (2012): Rechtsform kommunaler Unternehmen: Rechtliche Vorgaben und Entscheidungskriterien. In: Werner Hoppe, Michael Uechtritz und Hans-Joachim Reck (Hg.): Handbuch kommunale Unternehmen. 3. Aufl. Köln: O. Schmidt, S. 773–815.

Ugboro, Isaiah O.; Obeng, Kofi (2009): Board Activities, Involvement, and Public Transit Performance. In: *Administration & Society* 41 (2), S. 235–257.

Uzzi, Brian (1996): The sources and consequences of embeddedness for the economic performance of organizations: The network effect. In: *American Sociological Review*, S. 674–698.

Vagliasindi, Maria (2008): Governance Arrangements for State Owned Enterprises. WP 4542. Washington D.C.: World Bank.

van den Abeele, Alexandra (2006): Management Control of Interfirm Relations: The Role of Information. Dissertation. Leuven: KU Leuven.

Van der Meer-Kooistra, Jeltje; Vosselman, Ed G. J. (2000): Management control of interfirm transactional relationships: the case of industrial renovation and maintenance. In: *Accounting, Organizations and Society* 25 (1), S. 51–77.

Van Slyke, D. M. (2006): Agents or Stewards: Using Theory to Understand the Government-Nonprofit Social Service Contracting Relationship. In: *Journal of Public Administration Research and Theory* 17 (2), S. 157–187.

van Thiel, S.; Yesilkagit, K. (2014): Does task matter? The effect of task on the establishment, autonomy and control of semi-autonomous agencies. In: *International Review of Administrative Sciences* 80 (2), S. 318–340.

van Thiel, Sandra (2001): Quangos: trends, causes and consequences: Burlington: Ashgate Aldershot.

van Thiel, Sandra (2004): Quangos in Dutch Government. In: Christopher Pollitt und Colin Talbot (Hg.): Unbundled Government. A critical analysis of the global trend to agencies, quangos and contractualisation. London: Routledge, S. 167–183.

van Thiel, Sandra (2004): Trends in the Public Sector Why Politicians Prefer Quasi-Autonomous Organizations. In: *Journal of Theoretical Politics* 16 (2), S. 175–201.

van Thiel, Sandra (2011): Comparing Agencies across Countries. In: Koen Verhoest, Sandra van Thiel, Geert Bouckaert und Per Lægreid (Hg.): Government Agencies. Practices and Lessons from 30 Countries. Basingstoke: Palgrave Macmillan, S. 18–26.

van Thiel, Sandra; van der Wal, Zeger (2010): Birds of a Feather? The Effect of Organizational Value Congruence on the Relationship Between Ministries and Quangos. In: *Public Organization Review* 10 (4), S. 377–397.

van Thiel, Sandra; Yesilkagit, Kutsal (2011): Good Neighbours or Distant Friends? In: *Public Management Review* 13 (6), S. 783–802.

Verardi, Vincenzo; Croux, Christophe (2009): Robust Regression in Stata. In: *Stata Journal* 9 (3), S. 439–453.

Verhoest, Koen (2005): Effects of autonomy, performance contracting, and competition on the performance of a public agency: A case study. In: *Policy Studies Journal* 33 (2), S. 235–258.

Verhoest, Koen (2010): Common Data in the COBRA-research: An outline. COBRA Proposal for Common Survey Questions. Leuven: KU Leuven.

Verhoest, Koen; Bach, Tobias; Wynen, Jan (2014): The differential effects of organizational characteristics and politicoadministrative context on agency autonomy: investigating differences between and within country clusters. Paper prepared for the EGPA Annual Conference 2014. Speyer.

Verhoest, Koen; Peters, B. Guy; Bouckaert, Geert; Verschuere, Bram (2004): The study of organisational autonomy: a conceptual review. In: *Public Admin. Dev.* 24 (2), S. 101–118.

Verhoest, Koen; Roness, Paul; Verschuere, Bram; Rubecksen, Kristin; MacCarthaigh, Muiris (2010): Autonomy and control of state agencies: Comparing states and agencies. Basingstoke: Palgrave Macmillan.

Verhoest, Koen; van Thiel, Sandra; Bouckaert, Geert; LÃ¦greid, Per (Hg.) (2011): Government Agencies. Practices and Lessons from 30 Countries. Basingstoke: Palgrave Macmillan.

Verhoest, Koen; van Thiel, Sandra; Bouckaert, Geert; Lægreid, Per (2011): Governing Public Agencies in the 21st Century. International lessons and policy recommendations. Leuven: KU Leuven.

Vernon, Raymond (1984): Linking Managers with Ministers: Dilemmas of the State-Owned Enterprise. In: *Journal of Policy Analysis and Management* 4 (1), S. 39–55.

Verschuere, Bram (2007): The autonomy – control balance in Flemish arm's length public agencies. In: *Public Management Review* 9 (1), S. 107–133.

Verschuere, Bram; Barbieri, Dario (2009): Investigating the 'NPM-ness' of agencies in Italy and Flanders. In: *Public Management Review* 11 (3), S. 345–373.

Vickers, John; Yarrow, George (1988): Privatization: An Economic Analysis. Cambridge: MIT Press.

Viswesvaran, Chockalingam; Barrick, Murray R.; Ones, Deniz S. (1993): How definitive are conclusions based on Survey Data: Estimating Robustness to Nonresponse. In: *Personnel Psychology* 46 (3), S. 551–567.

Walker, Richard M.; Enticott, Gareth (2004): Using Multiple Informants in Public Administration: Revisiting the Managerial Values and Actions Debate. In: *Journal of Public Administration Research and Theory* 14 (3), S. 417–434.

Wall, Toby D.; Michie, Jonathan; Patterson, Malcolm; Wood, Stephen J.; Sheehan, Maura; Clegg, Chris W.; West, Michael (2004): On the validity of subjective measures of company performance. In: *Personnel Psychology* 57 (1), S. 95–118.

Walshe, Kieran; Harvey, Gill; Jas, Pauline (Hg.) (2010): Connecting knowledge and performance in public services. From knowing to doing. Cambridge, New York: Cambridge University Press.

Waring, Justin; Currie, Graeme; Bishop, Simon (2013): A Contingent Approach to the Organization and Management of Public-Private Partnerships: An Empirical Study of English Health Care. In: *Public Administration Review* 73 (2), S. 313–326.

Weber, Max (1922): Wirtschaft und Gesellschaft. Grundriss der verstehenden Soziologie. Tübingen: Mohr.

Weetman, Pauline (2006): Financial and management accounting: an introduction. Harlow, England: Pearson Education.

Weick, Karl E. (1995): Sensemaking in organizations. Thousand Oaks: SAGE Publications.

Weiner, Myron; Huntington, Samuel Phillips; Almond, Gabriel Abraham (Hg.) (1987): Understanding political development: an analytic study. Glenview: Scott Foresman & Company.

Westphal, James D.; Bednar, Michael K. (2008): The Pacification of Institutional Investors. In: *Administrative Science Quarterly* 53 (1), S. 29–72.

Westphal, James D.; Boivie, Steven; Chng, Ming; Han, Daniel (2006): The strategic impetus for social network ties: Reconstituting broken CEO friendship ties. In: *Strategic Management Journal* 27 (5), S. 425–445.

Westphal, James D.; Clement, Michael B. (2008): Sociopolitical dynamics in relations between top managers and security analysts: Favor rendering, reciprocity, and analyst stock recommendations. In: *Academy of Management Journal* 51 (5), S. 873–897.

Westphal, James D.; Deephouse, David L. (2011): Avoiding bad press: Interpersonal influence in relations between CEOs and journalists and the consequences for press reporting about firms and their leadership. In: *Organization Science* 22 (4), S. 1061–1086.

Westphal, James D.; Milton, Laurie P. (2000): How experience and network ties affect the influence of demographic minorities on corporate boards. In: *Administrative Science Quarterly* 45 (2), S. 366–398.

Westphal, James D.; Park, Sun Hyun (2012): Unintended agency: Impression management support as a trigger of institutional change in corporate governance. In: *Research in Organizational Behavior* 32, S. 23–46.

Wettenhall, Roger; Aulich, Chris (2009): The Public Sector's Use of Agencies: A Dynamic Rather than Static Scene. In: *Public Organization Review* 9 (2), S. 101–118.

Whincop, Michael J. (2005): Corporate governance in government corporations. Aldershot, Hants, England, Burlington, VT: Ashgate.

White, Halbert (1980): A Heteroskedasticity-Consistent Covariance Matrix Estimator and a Direct Test for Heteroskedasticity. In: *Econometrica* 48 (4), S. 817–838.

Wildavsky, Aaron B. (1964): Politics of the budgetary process. Boston: Little, Brown.

Williamson, Oliver E. (1975): Markets and hierarchies: antitrust analysis and implications. New York: Free Press.

Williamson, Oliver E. (1979): Transaction-Cost Economics: The Governance of Contractual Relations. In: *Journal of law and economics* 22 (2), S. 233–261.

Williamson, Oliver E. (1981): The economics of organization: The transaction cost approach. In: *American journal of sociology*, S. 548–577.

Williamson, Oliver E. (1983): Credible Commitments: Using Hostages to Support Exchange. In: *The American Economic Review* 73 (4), S. 519–540.

Williamson, Oliver E. (1985): The economic institutions of capitalism. Firms, markets, relational contracting. New York, London: Free Press; Collier Macmillan.

Williamson, Oliver E. (1991): Comparative Economic Organization: The Analysis of Discrete Structural Alternatives. In: *Administrative Science Quarterly* 36 (2), S. 269–296.

Williamson, Oliver E. (1996): The mechanisms of governance. New York: Oxford University Press.

Wilson, James Q. (1989): Bureaucracy. What government agencies do and why they do it. New York: Basic Books.

Wilson, James Q. (2000): Bureaucracy: What government agencies do and why they do it. 2. Aufl. New York: Basic Books.

Wirth, Wolfgang (1986): Control in Public Administration: Plurality, Selectivity, Redundancy. In: Franz-Xaver Kaufmann und Giandomenico Majone (Hg.): Guidance, control, and evaluation in the public sector: the Bielefeld interdisciplinary project: Berlin: Walter De Gruyter Inc, S. 595–624.

Wollmann, Hellmut; Marcou, Gérard (Hg.) (2010): The provision of public services in Europe. Between state, local government and market. Cheltenham, Northhampton, MA: Edward Elgar.

Wong, Simon C. Y. (2004): Improving corporate governance in SOEs: An integrated approach. In: *Corporate Governance International* 7 (2), S. 5–15.

Wong, Sonia M. L.; Opper, Sonja; Hu, Ruyin (2004): Shareholding structure, depoliticization and firm performance. In: *Economics of Transition* 12 (1), S. 29–66.

Wood, B. Dan; Waterman, Richard W. (1991): The Dynamics of Political Control of the Bureaucracy. In: *The American Political Science Review* 85 (3), S. 801–828.

Woods, Margaret (2007): A contingency theory perspective on the risk management control system within Birmingham City Council. Hg. v. University of Nottingham. Nottingham: University of Nottingham.

World Bank (2006): Held by the Visbile Hand. The Challenge of SOE Corporate Governance for Emerging Markets. Unter Mitarbeit von David Robinett. Hg. v. World Bank Group. Washington D.C: World Bank.

Wright, B. E.; Millesen, J. L. (2008): Nonprofit Board Role Ambiguity: Investigating Its Prevalence, Antecedents, and Consequences. In: *The American Review of Public Administration* 38 (3), S. 322–338.

Wright, Patrick M.; Gardner, Timothy M.; Moynihan, Lisa M.; Park, Hyeon Jeong; Gerhart, Barry; Delery, John E. (2001): Measurement Error in Research on Human Resources and Firm Performance: Additional Data and Suggestions for Future Research. In: *Personnel Psychology* 54 (4), S. 875–901.

Wynen, Jan; Verhoest, Koen; Ongaro, Edoardo; van Thiel, Sandra; in cooperation with the COBRA network (2014): Innovation-Oriented Culture in the Public Sector: Do managerial autonomy and result control lead to innovation? In: *Public Management Review* 16 (1), S. 45–66.

Yamamoto, Kiyoshi (2006): Performance of semi-autonomous public bodies: linkage between autonomy and performance in Japanese agencies. In: *Public Administration and Development* 26 (1), S. 35–44.

Yescombe, E. R. (2007): Public-private partnerships. Principles of Policy and Finance. 1. Aufl. Amsterdam, Boston, Burlington, Mass: Elsevier; Butterworth-Heinemann.

Yesilkagit, Kutsal (2004): Bureaucratic Autonomy, Organizational Culture, and Habituation: Politicians and Independent Administrative Bodies in the Netherlands. In: *Administration & Society* 36 (5), S. 528–552.

Yesilkagit, Kutsal; Christensen, Jørgen G. (2010): Institutional Design and Formal Autonomy: Political versus Historical and Cultural Explanations. In: *Journal of Public Administration Research and Theory* 20 (1), S. 53–74.

Yesilkagit, Kutsal; van Thiel, Sandra (2008): Political Influence and Bureaucratic Autonomy. In: *Public Organization Review* 8 (2), S. 137–153.

Yesilkagit, Kutsal; van Thiel, Sandra (2011): Autonomous Agencies and Perceptions of Stakeholder Influence in Parliamentary Democracies. In: *Journal of Public Administration Research and Theory* 22 (1), S. 101–119.

Zafirovski, Milan (2005): Social exchange theory under scrutiny: A positive critique of its economic-behaviorist formulations. In: *Electronic Journal of Sociology* 2, S. 1–40.

Zaheer, Akbar; McEvily, Bill; Perrone, Vincenzo (1998): Does trust matter? Exploring the effects of interorganizational and interpersonal trust on performance. In: *Organization Science* 9 (2), S. 141–159.

Zajac, Edward J.; Olsen, Cyrus P. (1993): From transaction cost to transactional value analysis: Implications for the study of interorganizational strategies. In: *Journal of Management Studies* 30 (1), S. 131–145.

Zhang, Zhe; Wan, Difang; Jia, Ming; Gu, Lihong (2009): Prior Ties, Shared Values and Cooperation in Public-Private Partnerships. In: *Management and Organization Review* 5 (3), S. 353–374.

Zif, Jehiel (1981): Managerial Strategic Behavior in State-Owned Enterprises—Business and Political Orientations. In: *Management Science* 27 (11), S. 1326–1339.

Zucker, Lynne G. (1987): Institutional Theories of Organization. In: *Annual Review of Sociology* 13, S. 443–464.

Anhang

Anhang 1: Online Anschreiben

Liebe Geschäftsführerinnen und Geschäftsführer,

in den letzten Jahren hat das Thema der „Steuerung und Autonomie kommunaler Beteiligungen" vor allem in Deutschland an Bedeutung gewonnen. Schätzungsweise 50 % aller kommunalen Beschäftigten sind bei öffentlichen Unternehmen angestellt. Um ein effizientes Wirtschaften zu ermöglichen, fordert die OECD, den einzelnen Unternehmen von Seiten der Politik den notwendigen unternehmerischen Freiraum zu gewähren.

Mit dem Ziel einer ersten deutschlandweiten Bestandsaufnahme führen wir, der Lehrstuhl für Public & Nonprofit Management der Universität Potsdam, eine Online Befragung unter Führungskräften durch. Nur Sie als Geschäftsführer sind in der Lage, den kommunalen Einfluss, sowie den unternehmerischen Spielraum der jeweiligen Beteiligung en Detail zu beurteilen.

Wir möchten Sie daher bitten, an dieser anonymen Umfrage teilzunehmen. Es wird keinen Rückschluss darüber geben, welche Führungskraft die Fragen wie beantwortet hat, und dies ist für uns auch nicht von Interesse.

Die Umfrage wird von Seiten **des bvöd, Bundesverband Öffentliche Dienstleistungen-Deutsche Sektion des CEEP e.V.**, der **KGSt (Kommunale Gemeinschaftsstelle für Verwaltungsmanagement)** und der **Allianz der öffentlichen Wasserwirtschaft e.V.** unterstützt.

Ihren Befragungslink und Code finden Sie in der angehängten PDF. Damit Sie sich den Fragebogen vor dem Online Ausfüllen anschauen können, haben wir ein Ansichtsexemplar beigefügt.

Nach Abschluss der Befragung werden wir Ihnen gerne die wesentlichen Ergebnisse per Email zukommen lassen. Bisherige Testdurchläufe kamen zu dem Ergebnis, dass die Bearbeitung des Fragebogens in etwa 10 Minuten dauert. Es ist möglich, die Befragung zu beginnen und zu einem späteren Zeitpunkt fortzusetzen.

Im Voraus möchten wir uns ganz herzlich für Ihre Teilnahme an der Befragung bedanken!

Mit freundlichen Grüßen,

Prof. Dr. Isabella Proeller
Prof. em Dr. Christoph Reichard
Dipl.-Kfm. Tobias Krause

Lehrstuhl für Public & Nonprofit Management
Universität Potsdam
August-Bebel-Str. 89, 14482 Potsdam
Tel: +49 331 977 3202
tobias.krause@uni-potsdam.de

Anhang 2: Zweites Anschreiben (Online)

Sehr geehrter Herr/Frau xy,

wir möchten Sie noch einmal einladen, an unserer anonymen Führungskräftebefragung zum Thema „Autonomie und Steuerung von kommunalen Unternehmen" teilzunehmen. Diese empirische Umfrage soll erstmals die Wahrnehmung der verantwortlichen Geschäftsführer von öffentlichen Unternehmen untersuchen. Sie besitzt eine außergewöhnlich hohe Bedeutung für die Praxis der Unternehmensführung. Ihre Erfahrung und Teilnahme ist daher für uns äußerst wichtig.

Klicken Sie einfach auf folgenden Link oder kopieren Sie diesen in Ihren Internet Explorer:

http://survey.uni-potsdam.de/survey/c5fb4dd6/b28b20ac/de.html

Ihr Eingabecode lautet:

XY00

Viele Ihrer Kolleginnen und Kollegen haben bereits an der Befragung teilgenommen. An alle bisherigen Teilnehmer/innen senden wir ein großes Dankeschön!

Die Umfrage wird von Seiten des bvöd, Bundesverband Öffentliche Dienstleistungen-Deutsche Sektion des CEEP e.V., der KGSt (Kommunale Gemeinschaftsstelle für Verwaltungsmanagement) und der Allianz der öffentlichen Wasserwirtschaft e.V. ideell unterstützt. Die Auswertungen der Umfrage werden im Anschluss in Form eines Ergebnisberichtes kostenlos an die teilnehmenden Unternehmen versendet.

bvöd PUBLIC SERVICES KGSt

Mit freundlichen Grüßen

Prof. Dr. Isabella Proeller

Prof. Dr. em. Christoph Reichard

Dipl.-Kfm. Tobias Krause

Lehrstuhl für Public & Nonprofit Management
Universität Potsdam
August-Bebel-Str. 89, 14482 Potsdam
Tel: +49 331 977 3202
tobias.krause@uni-potsdam.de

Anhang 3: Postalisches Anschreiben und Unterstützungsschreiben

Universität Potsdam

Universität Potsdam . August-Bebel-Str. 89 . 14482 Potsdam

«Unternehmen»
«Anrede»n «Titel» «Vorname» «Name»
«Straße»
«PLZ» «Ort»

Wirtschafts- und Sozialwissenschaftliche Fakultät
Professur für
Public und Nonprofit Management
Prof. Dr. Isabella Proeller

Dipl.-Kfm. Tobias Krause
Tobias.Krause@uni-potsdam.de
Telefon: (0331) 977-3202
Fax: (0331) 977-3288

Datum: xxx

Sehr geehrter «Anrede» «Titel» «Vorname» «Name»,

in den letzten Jahren hat das Thema der „Steuerung und Autonomie kommunaler Beteiligungen" vor allem in Deutschland an Bedeutung gewonnen:

Schätzungsweise 50% aller kommunalen Beschäftigten sind bei öffentlichen Unternehmen angestellt und das Kreditvolumen, das in Beteiligungen ausgelagert ist, entspricht ungefähr dem der kommunalen Kernhaushalte.

Um ein effizientes Wirtschaften zu ermöglichen, fordert die OECD, den einzelnen Unternehmen von Seiten der Politik den notwendigen unternehmerischen Freiraum zu gewähren. Dieser Spielraum kann sich auch unabhängig von Branche und Rechtsform mitunter deutlich unterscheiden.

Mit dem Ziel einer ersten deutschlandweiten Bestandsaufnahme führen wir, der Lehrstuhl für Public & Nonprofit Management der Universität Potsdam, eine Befragung unter Führungskräften zum Thema „Steuerung un d Autonomie kommunaler Beteiligungen" durch. Nur Sie als Geschäftsführer sind in der Lage, den kommunalen Einfluss, sowie den unternehmerischen Spielraum der jeweiligen Beteiligung en Detail zu beurteilen.

Die Umfrage wird von Seiten des bvöd, Bundesverband Öffentliche Dienstleistungen-Deutsche Sektion des CEEP e.V., der KGSt (Kommunale Gemeinschaftsstelle für Verwaltungsmanagement) und der Allianz der öffentlichen Wasserwirtschaft e.V. unterstützt. Ein ausführliches Unterstützungsschreiben der KGSt finden Sie anbei.

bvöd PUBLIC SERVICES KGSt

Bankverbindung:
Kontoinhaber: Landeshauptkasse
Kreditinstitut: Landesbank Hessen-Thüringen (Helaba)
Bankleitzahl: 300 500 00
Kontonr.: 711 040 2844
BIC/Swift: WELADEDDXXX
IBAN: DE09 3005 0000 7110 4028 44

Hausanschrift:
Universität Potsdam
Lehrstuhl Public und Nonprofit Management
August-Bebel-Str. 89
14482 Potsdam
http://www.uni-potsdam.de/u/ls_puma/

Der beigefügte schriftliche Fragebogen richtet sich ausdrücklich an die oberste Führungsebene kommunaler Unternehmen. Wir bitten Sie als Geschäftsführer darum, sich etwas Zeit zu nehmen und Ihre Erfahrungen in der kommunalen Zusammenarbeit zu reflektieren. Bitte senden Sie den Fragebogen mit dem rückfrankierten Umschlag per Post an unseren Lehrstuhl zurück.

Die Umfrage wird anonymisiert ausgewertet. Es wird keinen Rückschluss darüber geben, welche Führungskraft die Fragen wie beantwortet hat, und dies ist für uns auch nicht von Interesse.

Nach Abschluss der Befragung werden wir Ihnen gerne die wesentlichen Ergebnisse per Email zukommen lassen. Die Bearbeitung des Fragebogens nimmt in etwa 10 Minuten in Anspruch. Ihr persönlicher Eingabecode lautet: **«Code»**

Im Voraus möchten wir uns ganz herzlich für Ihre Teilnahme an der Befragung bedanken!

Mit freundlichen Grüßen,

Prof. Dr. Isabella Proeller
Prof. em Dr. Christoph Reichard
Dipl.-Kfm. Tobias Krause

Lehrstuhl für Public & Nonprofit Management
Universität Potsdam
August-Bebel-Str. 89, 14482 Potsdam
Tel: +49 331 977 3202
tobias.krause@uni-potsdam.de

KGSt · Gereonstraße 18 -32 · 50670 Köln

Herrn Tobias Krause
Lehrstuhl für Public & Nonprofit
Management
Universität Potsdam
August-Bebel-Str. 89
14482 Potsdam

Köln, den 10.06.2013

Sehr geehrter Herr Krause,

in den letzten Jahren hat das Thema der „Steuerung und Autonomie kommunaler Beteiligungen" vor allem in Deutschland an Bedeutung gewonnen: Schätzungsweise 50 % aller kommunalen Beschäftigten sind bei öffentlichen Unternehmen angestellt und das Kreditvolumen, das in Beteiligungen ausgelagert ist, entspricht ungefähr dem der kommunalen Kernhaushalte. Daher ist für uns das Thema „Beteiligungen" und „Beteiligungssteuerung" von besonderem Interesse. Mit Interesse haben wir die Führungskräftebefragung des Lehrstuhls für Public & Nonprofit Management der Universität Potsdam zur Kenntnis genommen. Sie ergänzt aus unserer Sicht die Ansätze der KGSt, die sich um eine Verbesserung der kommunalen Gesamtsteuerung bemühen. Gerade eine effiziente Zusammenarbeit der verschiedenen Gremien im Sinne einer guten Organisationspolitik spielt in unseren Berichten eine große Rolle. Leider gibt es derzeit keine deutschlandweite Bestandsaufnahme der tatsächlich verwendeten Steuerungsinstrumente in den Trägerkommunen. Ebenso ist unklar, wie und inwiefern die Autonomie der Einzelbeteiligungen durch fehlgeleitete Einflussnahme belastet wird.
Da gerade das Thema „Beteiligungssteuerung" für die strategische Steuerung der Kommunen in Deutschland immer wichtiger wird und bereits erste praktische Erfahrungen vorliegen, finden wir es sehr wichtig, diese zu dokumentieren und wissenschaftlich auszuwerten. Auch die breite Anlage der Befragung halten wir für zielführend, da sie es ermöglicht, die Besonderheiten im vielfältigen Branchenumfeld zu berücksichtigen. Die Kommunale Gemeinschaftsstelle für Verwaltungsmanagement (KGSt) unterstützt daher ausdrücklich diese Untersuchung. Bislang mangelt es in Deutschland an einschlägigen wissenschaftlichen Ergebnissen, die auf einer systematischen Analyse der Erfahrungen von Führungskräften aus der Unternehmenspraxis basieren. Deshalb möchten wir Sie als Praktiker, die zur Teilnahme an der Befragung eingeladen wurden, dazu ermutigen, Ihre Erfahrungen und Einschätzungen einzubringen.

Mit freundlichen Grüßen

Dr. Alfred Reichwein
Vertreter des Vorstands

DER VORSTAND

KGSt
Kommunale
Gemeinschaftsstelle
für Verwaltungs -
management

Gereonstraße 18 -32
50670 Köln

Fon 0221 37689 -44
Fax 0221 37689 -7444
kgst@kgst.de
www.kgst.de

Bankverbindung
Sparkasse KölnBonn
Konto 1 202 159
BLZ 370 501 98

USt-IdNr.:
DE 123049001

Anhang 4: Fragebogen (Online Version)

Führungskräftebefragung bei öffentlichen Unternehmen: Kommunale Beteiligungssteuerung

Herzlichen Dank für Ihre Bereitschaft, an der Befragung zu öffentlichen Unternehmen teilzunehmen!

Thema der Befragung ist die Untersuchung der Steuerungsbeziehungen, die zwischen kommunalen Unternehmen und deren Trägerkommunen bestehen.

Bevor Sie beginnen, möchten wir Ihnen noch ein paar kurze Hinweise geben:

Zu Beginn des Fragebogens werden Sie aufgefordert, einen 4stelligen Code einzugeben, der eigens für Sie generiert wurde und in der Ihnen zugesandten E-Mail zu finden ist. Die Eingabe des richtigen Codes verhindert, dass jemand Unberechtigtes an der Umfrage teilnimmt.

Wir versichern Ihnen, dass alle Angaben anonymisiert ausgewertet werden. Es wird demnach keinen Rückschluss darüber geben, welche Führungskraft oder welches Unternehmen die Fragen wie beantwortet hat, und dies ist für uns auch nicht von Interesse.

Begriffe: Unter dem Begriff „Gemeinderat“ werden auch synonyme Bezeichnungen wie Stadtverordnetenversammlung, Gemeindevertretung, Stadtrat, Stadtparlament und Magistrat verstanden.

Unter dem Begriff „Kommunaler Träger“ verstehen wir alle übergeordneten Stellen oder Gremien derjenigen Kommune, die auf direktem oder indirektem Wege mehr als 50% der Unternehmensanteile besitzt.

Insgesamt besteht der Fragebogen aus vier Teilen:

Teil I Fragen zur Person

Teil II Steuerung und Autonomie

Teil III Politisches Umfeld

Teil IV Allgemeine Informationen

Aus wissenschaftlicher Sicht ist es für uns interessant zu untersuchen, inwieweit Zusammenhänge zwischen den Antworten der verschiedenen Teile bestehen. Damit wir die Ergebnisse umfassend auswerten können, bitten wir Sie, alle Fragen zu beantworten. Bei Unterbrechung der Sitzung können Sie die Befragung zu einem anderen Zeitpunkt fortführen. Bisherige Testdurchläufe kamen zu dem Ergebnis, dass die Bearbeitung des Fragebogens in etwa 10 Minuten dauert.

Für Rückfragen stehen wir natürlich gerne zur Verfügung:

Prof. Dr. Isabella Proeller (Universität Potsdam)

Tobias Krause (Universität Potsdam) tobias.krause@uni-potsdam.de Tel: 0331 977 3202

Bitte geben Sie den für Sie generierten 4stelligen Code (siehe E-Mail) ein:

Teil I Fragen zur Person

Im ersten Teil stellen wir Ihnen zum Einstieg einige Fragen zu Ihrer Person.

Wo würden Sie Ihre Stärken als Geschäftsführer sehen? Inwiefern stimmen Sie den folgenden Aussagen zu?

(stimme überhaupt nicht zu/ stimme stark zu)

	stimme überhaupt nicht zu	stimme eher nicht zu	teils/teils	stimme eher zu	stimme stark zu
Ich besitze Erfahrung in der Branche.	○	○	○	○	○
Ich besitze Erfahrung in der Privatwirtschaft.	○	○	○	○	○
Ich besitze Erfahrung als Geschäftsführer eines oder mehrerer Privatunternehmen.	○	○	○	○	○
Ich besitze Erfahrung als Geschäftsführer eines oder mehrerer öffentlicher Unternehmen.	○	○	○	○	○
Ich besitze viele Kontakte in der Kommunalpolitik.	○	○	○	○	○
Ich besitze viele branchenbezogene Kontakte.	○	○	○	○	○

Besetzen Sie weitere Geschäftsführerpositionen in kommunalen Unternehmen?

(1 Kreuz möglich)

○ Nein, keine weiteren Geschäftsführerpositionen.

○ In einem weiteren Unternehmen.

○ In zwei bis drei weiteren Unternehmen.

○ In mehr als drei weiteren Unternehmen.

Wie lange arbeiten Sie bereits in Ihrer jetzigen Position als Geschäftsführer?

(1 Kreuz möglich)

○ < 1 Jahr

○ 1-2 Jahre

○ 3-4 Jahre

○ 5-6 Jahre

○ 7-8 Jahre

○ > 8 Jahre

Teil II Steuerung und Autonomie

Der zweite Teil stellt den Kern der Umfrage dar. Hier stellen wir Ihnen einige Fragen zur Beteiligungssteuerung Ihrer Kommune sowie zur Managementautonomie Ihres Unternehmens. Diese Fragen sollen Sie aus Ihrem persönlichen Eindruck heraus bewerten und einschätzen. Dieser persönliche Eindruck kann unter Umständen stark von der rechtlich vorgegebenen Soll-Situation abweichen.

Wie stark steuert der kommunale Träger Ihr Unternehmen über folgende Mechanismen?

Hinweis: Im Folgenden verstehen wir unter dem Begriff "kommunaler Träger" alle übergeordneten Stellen oder Gremien derjenigen Kommune, die auf direktem oder indirektem Wege mehr als 50% der Unternehmensanteile besitzt.

	überhaupt nicht	eher wenig	teils/teils	eher stark	sehr stark
Besetzung von Schlüsselpositionen (Geschäftsführung, Aufsichtsrat) im Unternehmen	○	○	○	○	○
Inputsteuerung über das Budget oder einen Stellenplan	○	○	○	○	○
Regelmäßige Sitzungen zwischen Kommunalvertretern (bspw. Kämmerer, Oberbürgermeister) und der Unternehmensführung	○	○	○	○	○
Intensiver Telefonkontakt bzw. informelle Treffen zwischen Kommunalvertretern (bspw. Kämmerer, Oberbürgermeister) und der Unternehmensführung	○	○	○	○	○
Anwendung eines Corporate Governance Kodex oder einer Beteiligungsrichtlinie in der Kommune	○	○	○	○	○
Regelmäßige Qualitätsüberprüfungen	○	○	○	○	○
Anreizpläne und variable Vergütungselemente für das Top Management	○	○	○	○	○
Unterjähriges Berichtswesen über nichtfinanzielle Kennzahlen	○	○	○	○	○

Inwiefern stimmen Sie den folgenden Aussagen zu?

Hinweis: Im Folgenden verstehen wir unter dem Begriff "kommunaler Träger" alle übergeordneten Stellen oder Gremien derjenigen Kommune, die auf direktem oder indirektem Wege mehr als 50% der Unternehmensanteile besitzt.

	stimme überhaupt nicht zu	stimme eher nicht zu	teils/teils	stimme eher zu	stimme stark zu
Es bestehen klare Leistungs- und/oder Wirkungsziele von Seiten des kommunalen Trägers.	○	○	○	○	○
Der kommunale Träger überprüft die Erfullung der Leistungs- und/oder Wirkungsziele.	○	○	○	○	○
Wenn wir die Leistungsvorgaben des kommunalen Trägers nicht erfüllen können, werden wir gebeten, dies zu erklären.	○	○	○	○	○
Die Prozesse, die vom Unternehmen angewandt werden, um eine Aufgabe zu erfüllen, werden vom kommunalen Träger überprüft.	○	○	○	○	○
Der kommunale Träger versucht, nicht funktionierende Prozesse im Unternehmen zu modifizieren.	○	○	○	○	○

Die folgende Frage bezieht sich auf Ihren persönlichen Eindruck: Besitzt Ihre Organisation im Hinblick auf die folgenden allgemeinen Managementangelegenheiten generelle Entscheidungs- und Regelungskompetenzen, ohne dass die Zustimmung oder Beteiligung einer übergeordneten Stelle bzw. eines Gremiums der Trägerkommune erforderlich ist?

(immer Zustimmung erforderlich/nie Zustimmung erforderlich)

	immer Zustimmung erforderlich				nie Zustimmung erforderlich
Vertrieb	○	○	○	○	○
Produktion (Mengenveränderung und Mengenanpassung)	○	○	○	○	○
Forschung und Entwicklung (FuE)	○	○	○	○	○
Einkaufspolitik und Beschaffung	○	○	○	○	○
Entscheidungen, die die Bandbreite der Geschäftsaktivitäten betreffen ("Diversifikation")	○	○	○	○	○
Wichtige Investmententscheidungen und Großprojekte	○	○	○	○	○
Marketingentscheidungen	○	○	○	○	○
Aufnahme von Krediten für Investitionen	○	○	○	○	○
Festlegung und Anpassung der Höhe von Gebühren, Abgaben, Eigenanteilen	○	○	○	○	○
Festlegung und Anpassung von Preisen/Kostenersatz für Leistungen und Produkte	○	○	○	○	○
Beteiligung an juristischen Personen des Privatrechts	○	○	○	○	○
Finanzmitteleinsatz für Personal und Sachmittel	○	○	○	○	○
Auswahl und Anzahl von MitarbeiterInnen	○	○	○	○	○
Höhe der Entlohnung des Personals	○	○	○	○	○
Bedingungen für Beförderungen von MitarbeiterInnen	○	○	○	○	○
Mitarbeiterauswahl im Einzelfall	○	○	○	○	○
Beurteilungskriterien für MitarbeiterInnen	○	○	○	○	○
Kündigung des Arbeitsverhältnisses im Einzelfall	○	○	○	○	○
Beförderung von MitarbeiterInnen im Einzelfall	○	○	○	○	○

Teil III Politisches Umfeld

Im dritten Teil der Umfrage stellen wir Ihnen einige Fragen zum Austausch mit verschiedenen Gremien des kommunalen Trägers.

Die folgende Frage bezieht sich auf Ihren persönlichen Eindruck: Bitte beurteilen Sie Ihr Verhältnis zur kommunalen Kernverwaltung. Stimmen Sie den folgenden Aussagen zu?

(stimme überhaupt nicht zu/ stimme stark zu)

	stimme überhaupt nicht zu	stimme eher nicht zu	teils/teils	stimme eher zu	stimme stark zu
Die gegenseitige Abhängigkeit zwischen der Kernverwaltung und unserer Organisation ist hoch.	○	○	○	○	○
Wir (=Kernverwaltung und unsere Organisation) sind uns gemeinsam darüber einig, wie wir zusammen arbeiten wollen.	○	○	○	○	○
Unsere Organisation teilt Informationen über eine Geschäftsausweitung auf neue Märkte oder Technologien mit der kommunalen Kernverwaltung.	○	○	○	○	○

Die folgende Frage bezieht sich auf Ihren persönlichen Eindruck: In welchem Ausmaß beeinflussen die folgenden Akteure die Entscheidungen Ihrer Organisation?
(überhaupt nicht/ sehr großer Einfluss)

	überhaupt nicht	eher wenig Einfluss	teils/teils	eher großer Einfluss	sehr großer Einfluss
Kommunale Verwaltungsspitze	○	○	○	○	○
Beteiligungscontrolling der Kommune	○	○	○	○	○
Kommunaler Fachbereich mit Branchenbezug	○	○	○	○	○
Gemeinderat	○	○	○	○	○
Aufsichtsrat der Organisation	○	○	○	○	○
Gesellschafterversammlung	○	○	○	○	○
Personalrat	○	○	○	○	○
Medien	○	○	○	○	○
Bürger	○	○	○	○	○
Kunden	○	○	○	○	○
Externer, nichtöffentlicher Träger (falls vorhanden)	○	○	○	○	○
Externe Berater	○	○	○	○	○

Bitte beurteilen Sie die folgenden Aussagen bezogen auf den Akteur in der Kommunalverwaltung, der für Sie und Ihre Organisation den wichtigsten Kontakt als Vertragspartner (Auftraggeberrolle) darstellt:
(stimme überhaupt nicht zu/ stimme stark zu)

	stimme überhaupt nicht zu	stimme eher nicht zu	teils/teils	stimme eher zu	stimme stark zu
Der betreffende Akteur besitzt das Wissen und die Fähigkeiten, um unsere Arbeitsweise zu verstehen.	○	○	○	○	○
Aufgrund der bisherigen Erfahrungen können wir uns vollständig auf die Versprechen dieses Akteurs verlassen.	○	○	○	○	○
Der Akteur verhielt sich in Verhandlungen stets sachlich.	○	○	○	○	○
Der betreffende Akteur ist sehr qualifiziert.	○	○	○	○	○

Die folgenden Fragen beziehen sich auf den Aufsichtsrat in Ihrem Unternehmen. Sollte Ihr Unternehmen keinen Aufsichtsrat besitzen, können Sie diese Fragen überspringen, indem Sie in der nächsten Frage "nein" ankreuzen.

Besteht in Ihrer Organisation ein Aufsichtsrat oder ein vergleichbares Gremium?

○ nein ○ ja

Bitte beantworten Sie folgende Fragen betreffend den Aufsichtsrat Ihrer Organisation: Wie viele ständige Mitglieder zählt der Aufsichtsrat Ihres Unternehmens?
(Gesamte Anzahl der Mitglieder)

[bitte wählen] ▾

Davon Verwaltungsmitarbeiter:
(Gesamte Anzahl der aktiven Verwaltungsmitarbeiter inkl. Verwaltungsspitze im Aufsichtsrat)

[bitte wählen] ▾

Davon Politiker:
(Gesamte Anzahl der aktiven Politiker exkl. Verwaltungsspitze im Aufsichtsrat)

[bitte wählen] ▾

Davon Personalvertreter:
(Gesamte Anzahl der Personalvertreter und Gewerkschaftsanhänger im Aufsichtsrat)

[bitte wählen] ▾

Davon Externe:

(Anzahl externer Vertreter aus Wissenschaft und Praxis)

[bitte wählen] ▾

Davon weibliche Mitglieder:

(Gesamte Anzahl der weiblichen Mitglieder im Aufsichtsrat)

[bitte wählen] ▾

Inwiefern stimmen Sie den folgenden Aussagen zu? Der Aufsichtsrat...

(stimme überhaupt nicht zu/ stimme stark zu)

	stimme überhaupt nicht zu	stimme eher nicht zu	teils/teils	stimme eher zu	stimme stark zu
...konzentriert sich auf Prozesse, die die organisationalen Prioritäten schärfen.	○	○	○	○	○
...lenkt die Aufmerksamkeit auf Prioritäten und Entscheidungen von strategischer oder symbolischer Bedeutung für die Organisation.	○	○	○	○	○
...antizipiert potenzielle Probleme und agiert bevor es dringlich wird.	○	○	○	○	○
...respektiert die legitimen Rollen und Verantwortlichkeiten anderer Stakeholder.	○	○	○	○	○
...berät sich oft mit wichtigen Stakeholdern.	○	○	○	○	○
...sucht regelmäßig nach Informationen und Feedback über die eigene Effektivität.	○	○	○	○	○
...nimmt sich Zeit zur Selbstreflexion und zur Einschätzung der eigenen Stärken, Fehler und Schwächen.	○	○	○	○	○
...sucht stark und aktiv nach konkreten Informationen.	○	○	○	○	○
...erkennt, dass komplexe Phänomene selten perfekte Lösungen aufweisen.	○	○	○	○	○

Inwiefern stimmen Sie den folgenden Aussagen zu?

(stimme überhaupt nicht zu/ stimme stark zu)

	stimme überhaupt nicht zu	stimme eher nicht zu	teils/ teils	stimme eher zu	stimme stark zu
Die Vertreter im Aufsichtsrat besitzen durchschnittlich eine sehr hohe fachliche Expertise (bspw. Branchenerfahrung, betriebswirtschaftliche Kenntnisse).	○	○	○	○	○
Mindestens die Hälfte der Aufsichtsräte sitzt seit mehr als einer Legislaturperiode im Aufsichtsrat unserer Organisation.	○	○	○	○	○
Die zeitliche Belastung der Kommunalvertreter (Politiker, Verwaltungsmitarbeiter) durch Positionen in weiteren Aufsichtsräten (sog. Mehrfachmandate) ist sehr hoch.	○	○	○	○	○
Viele Vertreter im Aufsichtsrat sind mit der Menge der bereitgestellten Informationen überfordert.	○	○	○	○	○

Inwiefern stimmen Sie den folgenden Aussagen zu?

(stimme überhaupt nicht zu/ stimme stark zu)

Der derzeitige Aufsichtsrat wirkt in seiner Rolle vor allem...	stimme überhaupt nicht zu	stimme eher nicht zu	teils/teils	stimme eher zu	stimme stark zu
...als starkes Kontrollorgan.	○	○	○	○	○
...als Partner und Berater.	○	○	○	○	○
...als wichtiges Organ, um neue Ressourcen (wie bspw. politische Kontakte) zu erschließen.	○	○	○	○	○
...als strategischer Impulsgeber.	○	○	○	○	○

Inwiefern stimmen Sie den folgenden Aussagen zum Verhältnis zwischen dem Ober-Bürgermeister und anderen Akteuren zu?

(stimme überhaupt nicht zu/ stimme stark zu)

	stimme überhaupt nicht zu	stimme eher nicht zu	teils/teils	stimme eher zu	stimme stark zu
Das Verhältnis zwischen Ober-Bürgermeister und Gemeinderat der Trägerkommune lässt sich als sehr kooperativ beschreiben.	○	○	○	○	○
Unser Unternehmen besitzt für den Ober-Bürgermeister der Trägerkommune eine sehr hohe politische Relevanz.	○	○	○	○	○

Führen Sie sich die Managementkultur (bspw. Entscheidungsverhalten, Führungsstil) in der kommunalen Kernverwaltung vor Augen. Vergleichen Sie diese mit der in Ihrem Unternehmen. Wie beurteilen Sie die folgenden Aussagen?
(stimme überhaupt nicht zu/ stimme stark zu)

	stimme überhaupt nicht zu	stimme eher nicht zu	teils / teils	stimme eher zu	stimme stark zu
Führungskräfte in der Kernverwaltung nehmen Dinge so wahr wie wir in unserem Unternehmen.	○	○	○	○	○
Führungskräfte in der Kernverwaltung verhalten sich wie wir in unserem Unternehmen.	○	○	○	○	○

Inwiefern stimmen Sie den folgenden Aussagen betreffend der gewählten Volksvertretung zu?
(stimme überhaupt nicht zu/ stimme stark zu)

	stimme überhaupt nicht zu	stimme eher nicht zu	teils / teils	stimme eher zu	stimme stark zu
Die meisten Kommunalpolitiker glauben, dass unsere Organisation kompetent ist.	○	○	○	○	○
Die meisten Kommunalpolitiker glauben, dass unsere Organisation effektiv ist.	○	○	○	○	○
Die meisten Kommunalpolitiker sind sehr kritisch gegenüber unserer Organisation.	○	○	○	○	○

Die folgende Frage bezieht sich auf Ihren persönlichen Eindruck: Wie oft besprechen Sie Einzelentscheidungen gemeinsam mit folgenden Akteuren der Kernverwaltung bzw. Politik?

	nie	jährlich	quartalsweise	monatlich	wöchentlich	täglich
dem Ober-Bürgermeister/der Verwaltungsspitze	○	○	○	○	○	○
der Kämmerei	○	○	○	○	○	○
dem Beteiligungsmanagement	○	○	○	○	○	○
dem Fachlich Zuständigen	○	○	○	○	○	○
Beigeordneten im Gemeinderat	○	○	○	○	○	○
dem Vorsitzenden des Aufsichtsrates	○	○	○	○	○	○
einem speziellen Ausschuss von Gemeindepolitikern	○	○	○	○	○	○

Ausgehend von Ihrem Professionsverständnis wie bewerten Sie die folgenden Aussagen?
(stimme überhaupt nicht zu/ stimme stark zu)

	stimme überhaupt nicht zu	stimme eher nicht zu	teils/teils	stimme eher zu	stimme stark zu
Ich habe das Gefühl, dass ich mich manchmal zwischen meinen professionellen Werten als Manager und den Vorgaben der Politik entscheiden muss.	○	○	○	○	○
Die Anwendung der politischen Vorgaben konkurriert mit meiner professionellen Vorstellung von Management.	○	○	○	○	○
Ich muss oft Dinge tun, die anders getan werden sollten.	○	○	○	○	○
Ich arbeite unter unvereinbaren politischen Vorgaben und Richtlinien.	○	○	○	○	○
Ich weiss genau, was von mir in meinem Beruf erwartet wird.	○	○	○	○	○
Ich kenne meine Verantwortlichkeiten.	○	○	○	○	○

Teil III Politisches Umfeld und Unternehmenskontext

Vergleichen Sie Ihr Unternehmen mit Wettberbern und ähnlichen Firmen in Ihrer Branche. Wie beurteilen Sie den Erfolg Ihrer Organisation?
(liegt stark unter dem Durchschnitt/ liegt stark über dem Durchschnitt)

	stark unter dem Durchschnitt	eher unter dem Durchschnitt	im Branchendurchschnitt	eher über dem Durchschnitt	stark über dem Durchschnitt
Der Erfolg unserer Organisation liegt...	○	○	○	○	○

Wir verstehen "Bürokratisierung" als belastende, administrative Regeln und Prozesse, die einen negativen Einfluss auf die Effektivität der Gesamtorganisation haben. Wie hoch ist insgesamt der Grad an „Bürokratisierung" in Ihrer Organisation?
(überhaupt nicht bürokratisch/höchst bürokratisch)

	überhaupt nicht bürokratisch	-	-	-	-	-	-	-	-	höchst bürokratisch
Unsere Organisation ist insgesamt...	○	○	○	○	○	○	○	○	○	○

Über welche Einnahmequellen verfügte Ihre Organisation im letzten Jahr?
Bitte geben Sie zu jeder dieser Einnahmequellen eine ungefähre Einschätzung des prozentualen Anteils an den Gesamteinnahmen an:

	<10%	10-20%	21-30%	31-40%	Mehr als 40%
Pauschalierte Mittelzuweisung von der Kommune (Beiträge, Leistungsentgelte, Subventionen) oder Quersubventionierung (Querverbund)	○	○	○	○	○
Zuweisung durch andere Verwaltungsebenen (Bund, Land, Europäische Union, internationale Organisationen)	○	○	○	○	○
Eigene Einnahmen durch Gebühren, Zwangsabgaben, Verkauf von Leistungen, Marktentgelte etc.	○	○	○	○	○
Einnahmen durch Vergütung von Leistungen an kommunale Auftraggeber	○	○	○	○	○

Im Folgenden sollen Sie einige Aussagen zum Marktumfeld und den Unternehmenszielen Ihrer Organisation bewerten:

Wie stark stimmen Sie den folgenden Aussagen zu?
(stimme überhaupt nicht zu/stimme stark zu)

	stimme überhaupt nicht zu	stimme eher nicht zu	teils/teils	stimme eher zu	stimme stark zu
Wenn ich möchte, kann ich genau und verlässlich prüfen, inwieweit das jeweils festgelegte Unternehmensziel erreicht wurde.	○	○	○	○	○
Es würde wenig Mühe kosten, festzustellen wie hoch der derzeitige Zielerreichungsgrad in einem bestimmten Bereich ist.	○	○	○	○	○
Die Anzahl an potenziellen Wettbewerbern in unserem Sektor ist sehr hoch.	○	○	○	○	○
Es gibt eine hohe Anzahl an alternativen Leistungen, die auf dem Markt angeboten werden.	○	○	○	○	○
Die Komplexität unserer Leistungen ist sehr hoch in Bezug auf die eingesetzte Technologie.	○	○	○	○	○
Es ist einfach, Außenstehenden unsere Unternehmensziele präzise zu erklären.	○	○	○	○	○
Die Organisation besitzt klar definierte Ziele.	○	○	○	○	○
Die Komplexität unserer Leistungen ist sehr hoch in Bezug auf das branchenspezifische Know-How.	○	○	○	○	○

Teil IV Allgemeine Informationen

Zum Abschluss des Fragebogens benötigen wir noch einige allgemeine Informationen zu Ihrem Unternehmen.

In welcher Branche ist Ihr Unternehmen tätig?

Mehrfachnennungen sind möglich.

- ☐ Wasserversorgung
- ☐ Abwasserentsorgung
- ☐ Wohnungsbau
- ☐ Stadtentwicklung
- ☐ Öffentlicher Personennahverkehr
- ☐ Energieversorgung
- ☐ Wirtschaftsförderung
- ☐ Krankenversorgung
- ☐ Theater
- ☐ Kultur-, Sport- und Bäderbetriebe
- ☐ Abfallwirtschaft
- ☐ Banken und Finanzdienstleister
- ☐ Altenpflege und Soziale Dienste
- ☐ Bestattungsbetriebe und Friedhöfe
- ☐ Transportwirtschaft (bspw. Hafen, Flughafen)
- ☐ IT Dienstleistungen
- ☐ Stadtwerke
- ☐ Sonstige: ____________

Wie lautet die Bezeichnung der Rechtsform Ihrer Organisation?

(1 Kreuz möglich)

- ○ GmbH
- ○ GmbH und Co KG
- ○ gGmbH
- ○ Aktiengesellschaft
- ○ KGaA
- ○ AöR
- ○ Eigenbetrieb
- ○ Andere öffentlich rechtliche Gesellschaftsform
- ○ Andere privatrechtliche Gesellschaftsform
- ○ Sonstige Rechtsform: ____________

Wie viele Mitarbeiter (=Vollzeitäquivalente) beschäftigt Ihre Organisation insgesamt?

(1 Kreuz möglich)

[bitte wählen] ▾

Wie hoch ist der Jahresumsatz (in Mio €), den Ihre Organisation durchschnittlich erzielt?

(1 Kreuz möglich)

[bitte wählen] ▾

Sollten sie noch Anmerkungen und Verbesserungsvorschläge zu dieser Umfrage haben, so können Sie diese hier gerne kundtun:

(offene Frage)

____

Fragebogen absenden

Führungskräftebefragung bei öffentlichen Unternehmen: Kommunale Beteiligungssteuerung

Herzlichen Dank für Ihre Unterstützung! Die Auswertung der Online-Umfrage werden wir allen Teilnehmern im Anschluss in Form eines Ergebnisberichts (PDF-Format) zukommen lassen.

Befragung beenden

Anhang 5: Fragebogen (schriftlich)

Führungskräftebefragung bei öffentlichen Unternehmen: Kommunale Beteiligungssteuerung

Universität Potsdam

Herzlichen Dank für Ihre Bereitschaft, an der Befragung zu öffentlichen Unternehmen teilzunehmen!

Thema der Befragung ist die Untersuchung der Steuerungsbeziehungen, die zwischen kommunalen Unternehmen und deren Trägerkommunen bestehen.

Bevor Sie beginnen, möchten wir Ihnen noch ein paar kurze Hinweise geben:

Zu Beginn des Fragebogens werden Sie aufgefordert, einen 4stelligen Code einzutragen, der eigens für Sie generiert wurde und in dem Ihnen zugesandten Anschreiben zu finden ist. Das Eintragen des richtigen Codes verhindert, dass jemand Unberechtigtes an der Umfrage teilnimmt.

Wir versichern Ihnen, dass alle Angaben anonymisiert ausgewertet werden. Es wird demnach keinen Rückschluss darüber geben, welche Führungskraft oder welches Unternehmen die Fragen wie beantwortet hat, und dies ist für uns auch nicht von Interesse.

Begriffe: Unter dem Begriff „Gemeinderat" werden auch synonyme Bezeichnungen wie Stadtverordnetenversammlung, Gemeindevertretung, Stadtrat, Stadtparlament und Magistrat verstanden.

Unter dem Begriff „Kommunaler Träger" verstehen wir alle übergeordneten Stellen oder Gremien derjenigen Kommune, die auf direktem oder indirektem Wege mehr als 50% der Unternehmensanteile besitzt.

Insgesamt besteht der Fragebogen aus vier Teilen:

Teil I Fragen zur Person

Teil II Steuerung und Autonomie

Teil III Politisches Umfeld

Teil IV Allgemeine Informationen

Aus wissenschaftlicher Sicht ist es für uns interessant zu untersuchen, inwieweit Zusammenhänge zwischen den Antworten der verschiedenen Teile bestehen. Damit wir die Ergebnisse umfassend auswerten können, bitten wir Sie, alle Fragen zu beantworten. Der Fragebogenteil umfasst insgesamt 17 Seiten. Bisherige Testdurchläufe kamen zu dem Ergebnis, dass die Bearbeitung des Fragebogens in etwa 10 Minuten dauert. Für Rückfragen stehen wir natürlich gerne zur Verfügung:

Prof. Dr. Isabella Proeller

(Universität Potsdam)

Tobias Krause
(Universität Potsdam)

tobias.krause@uni-potsdam.de Tel: 0331 977 3202

Fragebogen

Führungskräftebefragung bei öffentlichen Unternehmen: Kommunale Beteiligungssteuerung

Bitte tragen Sie den für Sie generierten 4stelligen Code (siehe Anschreiben) in das Feld ein:

☐

Teil I Fragen zur Person

Im ersten Teil stellen wir Ihnen zum Einstieg einige Fragen zu Ihrer Person.

Wo würden Sie Ihre Stärken als Geschäftsführer sehen? Inwiefern stimmen Sie den folgenden Aussagen zu?

(stimme überhaupt nicht zu/ stimme stark zu)

	stimme überhaupt nicht zu	stimme eher nicht zu	teils/ teils	stimme eher zu	stimme stark zu
Ich besitze Erfahrung in der Branche.	☐	☐	☐	☐	☐
Ich besitze Erfahrung in der Privatwirtschaft.	☐	☐	☐	☐	☐
Ich besitze Erfahrung als Geschäftsführer eines oder mehrerer Privatunternehmen.	☐	☐	☐	☐	☐
Ich besitze Erfahrung als Geschäftsführer eines oder mehrerer öffentlicher Unternehmen.	☐	☐	☐	☐	☐
Ich besitze viele Kontakte in der Kommunalpolitik.	☐	☐	☐	☐	☐
Ich besitze viele branchenbezogene Kontakte.	☐	☐	☐	☐	☐

Besitzen Sie weitere Geschäftsführerpositionen in kommunalen Unternehmen?

(1 Kreuz möglich)

☐ Nein, keine weiteren Geschäftsführerpositionen.

☐ In einem weiteren Unternehmen.

☐ In zwei bis drei weiteren Unternehmen.

☐ In mehr als drei weiteren Unternehmen.

Wie lange arbeiten Sie bereits in Ihrer jetzigen Position als Geschäftsführer?
(1 Kreuz möglich)

- ☐ < 1 Jahr
- ☐ 1-2 Jahre
- ☐ 3-4 Jahre
- ☐ 5-6 Jahre
- ☐ 7-8 Jahre
- ☐ > 8 Jahre

Teil II Steuerung und Autonomie

Der zweite Teil stellt den Kern der Umfrage dar. Hier stellen wir Ihnen einige Fragen zur Beteiligungssteuerung Ihrer Kommune sowie zur Managementautonomie Ihres Unternehmens.

Diese Fragen sollen Sie aus Ihrem persönlichen Eindruck heraus bewerten und einschätzen. Dieser persönliche Eindruck kann unter Umständen stark von der rechtlich vorgegebenen Soll-Situation abweichen.

Wie stark steuert der kommunale Träger Ihr Unternehmen über folgende Mechanismen?

Hinweis: Im Folgenden verstehen wir unter dem Begriff "kommunaler Träger" alle übergeordneten Stellen oder Gremien derjenigen Kommune, die auf direktem oder indirektem Wege mehr als 50% der Unternehmensanteile besitzt.

	über-haupt nicht	eher wenig	teils/ teils	eher stark	sehr stark
Besetzung von Schlüsselpositionen (Geschäftsführung, Aufsichtsrat) im Unternehmen	☐	☐	☐	☐	☐
Inputsteuerung über das Budget oder einen Stellenplan	☐	☐	☐	☐	☐
Regelmäßige Sitzungen zwischen Kommunalvertretern (bspw. Kämmerer, Oberbürgermeister) und der Unternehmensführung	☐	☐	☐	☐	☐
Intensiver Telefonkontakt bzw. informelle Treffen zwischen Kommunalvertretern (bspw. Kämmerer, Oberbürgermeister) und der Unternehmensführung	☐	☐	☐	☐	☐
Anwendung eines Corporate Governance Kodex oder einer Beteiligungsrichtlinie in der Kommune	☐	☐	☐	☐	☐
Regelmäßige Qualitätsüberprüfungen	☐	☐	☐	☐	☐
Anreizpläne und variable Vergütungselemente für das Top Management	☐	☐	☐	☐	☐
Unterjähriges Berichtswesen über nichtfinanzielle Kennzahlen	☐	☐	☐	☐	☐

Inwiefern stimmen Sie den folgenden Aussagen zu?

Hinweis: Im Folgenden verstehen wir unter dem Begriff "kommunaler Träger" alle übergeordneten Stellen oder Gremien derjenigen Kommune, die auf direktem oder indirektem Wege mehr als 50% der Unternehmensanteile besitzt.

	stimme überhaupt nicht zu	stimme eher nicht zu	teils/ teils	stimme eher zu	stimme stark zu
Es bestehen klare Leistungs- und/ oder Wirkungsziele von Seiten des kommunalen Trägers.	☐	☐	☐	☐	☐
Der kommunale Träger überprüft die Erfüllung der Leistungs- und/oder Wirkungsziele.	☐	☐	☐	☐	☐
Wenn wir die Leistungsvorgaben des kommunalen Trägers nicht erfüllen können, werden wir gebeten, dies zu erklären.	☐	☐	☐	☐	☐
Die Prozesse, die vom Unternehmen angewandt werden, um eine Aufgabe zu erfüllen, werden vom kommunalen Träger überprüft.	☐	☐	☐	☐	☐
Der kommunale Träger versucht, nicht funktionierende Prozesse im Unternehmen zu modifizieren.	☐	☐	☐	☐	☐

Die folgende Frage bezieht sich auf Ihren persönlichen Eindruck: Besitzt Ihre Organisation im Hinblick auf die folgenden allgemeinen Managementangelegenheiten generelle Entscheidungs- und Regelungskompetenzen, ohne dass die Zustimmung oder Beteiligung einer übergeordneten Stelle bzw. eines Gremiums der Trägerkommune erforderlich ist?
(immer Zustimmung erforderlich/nie Zustimmung erforderlich)

	immer Zustimmung erforderlich				nie Zustimmung erforderlich
Vertrieb	☐	☐	☐	☐	☐
Produktion (Mengenveränderung und Mengenanpassung)	☐	☐	☐	☐	☐
Forschung und Entwicklung (FuE)	☐	☐	☐	☐	☐
Einkaufspolitik und Beschaffung	☐	☐	☐	☐	☐
Entscheidungen, die die Bandbreite der Geschäftsaktivitäten betreffen („Diversifikation")	☐	☐	☐	☐	☐
Wichtige Investmententscheidungen und Großprojekte	☐	☐	☐	☐	☐
Marketingentscheidungen	☐	☐	☐	☐	☐
Aufnahme von Krediten für Investitionen	☐	☐	☐	☐	☐
Festlegung und Anpassung der Höhe von Gebühren, Abgaben, Eigenanteilen	☐	☐	☐	☐	☐

	immer Zustimmung erforderlich				nie Zustimmung erforderlich
Festlegung und Anpassung von Preisen/Kostenersatz für Leistungen und Produkte	☐	☐	☐	☐	☐
Beteiligung an juristischen Personen des Privatrechts	☐	☐	☐	☐	☐
Finanzmitteleinsatz für Personal und Sachmittel	☐	☐	☐	☐	☐
Auswahl und Anzahl von MitarbeiterInnen	☐	☐	☐	☐	☐
Höhe der Entlohnung des Personals	☐	☐	☐	☐	☐
Bedingungen für Beförderungen von MitarbeiterInnen	☐	☐	☐	☐	☐
Mitarbeiterauswahl im Einzelfall	☐	☐	☐	☐	☐
Beurteilungskriterien für MitarbeiterInnen	☐	☐	☐	☐	☐
Kündigung des Arbeitsverhältnisses im Einzelfall	☐	☐	☐	☐	☐
Beförderung von MitarbeiterInnen im Einzelfall	☐	☐	☐	☐	☐

Teil III Politisches Umfeld

Im dritten Teil der Umfrage stellen wir Ihnen einige Fragen zum Austausch mit verschiedenen Gremien des kommunalen Trägers.

Die folgende Frage bezieht sich auf Ihren persönlichen Eindruck: Bitte beurteilen Sie Ihr Verhältnis zur kommunalen Kernverwaltung. Stimmen Sie den folgenden Aussagen zu?

(stimme überhaupt nicht zu/ stimme stark zu)

	stimme über-haupt nicht zu	stimme eher nicht zu	teils/ teils	stimme eher zu	stimme stark zu
Die gegenseitige Abhängigkeit zwischen der Kernverwaltung und unserer Organisation ist hoch.	☐	☐	☐	☐	☐
Wir (=Kernverwaltung und unsere Organisation) sind uns gemeinsam darüber einig, wie wir zusammen arbeiten wollen.	☐	☐	☐	☐	☐
Unsere Organisation teilt Informationen über eine Geschäftsausweitung auf neue Märkte oder Technologien mit der kommunalen Kernverwaltung.	☐	☐	☐	☐	☐

Die folgende Frage bezieht sich auf Ihren persönlichen Eindruck: In welchem Ausmaß beeinflussen die folgenden Akteure die Entscheidungen Ihrer Organisation?

(überhaupt nicht/ sehr großer Einfluss)

	überhaupt nicht	eher wenig Einfluss	teils/teils	eher großer Einfluss	sehr großer Einfluss
Kommunale Verwaltungsspitze	☐	☐	☐	☐	☐
Beteiligungsontrolling der Kommune	☐	☐	☐	☐	☐
Kommunaler Fachbereich mit Branchenbezug	☐	☐	☐	☐	☐
Gemeinderat	☐	☐	☐	☐	☐
Aufsichtsrat der Organisation	☐	☐	☐	☐	☐
Gesellschafterversammlung	☐	☐	☐	☐	☐
Personalrat	☐	☐	☐	☐	☐
Medien	☐	☐	☐	☐	☐
Bürger	☐	☐	☐	☐	☐
Kunden	☐	☐	☐	☐	☐
Externer, nicht öffentlicher Träger (falls vorhanden)	☐	☐	☐	☐	☐
Externe Berater	☐	☐	☐	☐	☐

Bitte beurteilen Sie die folgenden Aussagen bezogen auf den Akteur in der Kommunalverwaltung, der für Sie und Ihre Organisation den wichtigsten Kontakt als Vertragspartner (Auftraggeberrolle) darstellt:

(stimme überhaupt nicht zu/ stimme stark zu)

	stimme über-haupt nicht zu	stimme eher nicht zu	teils/ teils	stimme eher zu	stimme stark zu
Der betreffende Akteur besitzt das Wissen und die Fähigkeiten, um unsere Arbeitsweise zu verstehen.	☐	☐	☐	☐	☐
Aufgrund der bisherigen Erfahrungen können wir uns vollständig auf die Versprechen dieses Akteurs verlassen.	☐	☐	☐	☐	☐
Der Akteur verhielt sich in Verhandlungen stets sachlich.	☐	☐	☐	☐	☐
Der betreffende Akteur ist sehr qualifiziert.	☐	☐	☐	☐	☐

Die folgenden Fragen beziehen sich auf den Aufsichtsrat in Ihrem Unternehmen. Sollte Ihr Unternehmen keinen Aufsichtsrat besitzen, können Sie diese Fragen überspringen und in der nächsten Frage "nein" ankreuzen.

Besteht in Ihrer Organisation einen Aufsichtsrat oder ein vergleichbares Gremium?

☐ nein ☐ ja

Bitte beantworten Sie folgende Fragen betreffend den Aufsichtsrat Ihrer Organisation: Wie viele ständige Mitglieder zählt der Aufsichtsrat Ihres Unternehmens?

Gesamte Anzahl der Mitglieder:

Davon Verwaltungsmitarbeiter:
(Gesamte Anzahl der aktiven Verwaltungsmitarbeiter inkl. Verwaltungsspitze im Aufsichtsrat)

Davon Politiker:
(Gesamte Anzahl der aktiven Politiker exkl. Verwaltungsspitze im Aufsichtsrat)

Davon Personalvertreter:
(Gesamte Anzahl der Personalvertreter und Gewerkschaftsanhänger im Aufsichtsrat)

Davon Externe:
(Anzahl externer Vertreter aus Wissenschaft und Praxis)

Davon weibliche Mitglieder:
(Gesamte Anzahl der weiblichen Mitglieder im Aufsichtsrat)

Inwiefern stimmen Sie den folgenden Aussagen zu? Der Aufsichtsrat...
(stimme überhaupt nicht zu/ stimme stark zu)

	stimme über-haupt nicht zu	stimme eher nicht zu	teils/ teils	stimme eher zu	stimme stark zu
...konzentriert sich auf Prozesse, die die organisationalen Prioritäten schärfen.	☐	☐	☐	☐	☐
...lenkt die Aufmerksamkeit auf Prioritäten und Entscheidungen von strategischer oder symbolischer Bedeutung für die Organisation.	☐	☐	☐	☐	☐
...antizipiert potenzielle Probleme und agiert bevor es dringlich wird.	☐	☐	☐	☐	☐
...respektiert die legitimen Rollen und Verantwortlichkeiten anderer Stakeholder.	☐	☐	☐	☐	☐
...berät sich oft mit wichtigen Stakeholdern.	☐	☐	☐	☐	☐
...sucht regelmäßig nach Informationen und Feedback über die eigene Effektivität.	☐	☐	☐	☐	☐
...nimmt sich Zeit zur Selbstreflexion und zur Einschätzung der eigenen Stärken, Fehler und Schwächen.	☐	☐	☐	☐	☐
...sucht stark und akltiv nach konkreten Informationen.	☐	☐	☐	☐	☐
...erkennt, dass komplexe Phänomene selten perfekte Lösungen aufweisen.	☐	☐	☐	☐	☐

Inwiefern stimmen Sie den folgenden Aussagen zu?

(stimme überhaupt nicht zu/ stimme stark zu)

	stimme über-haupt nicht zu	stimme eher nicht zu	teils/ teils	stimme eher zu	stimme stark zu
Die Vertreter im Aufsichtsrat besitzen durchschnittlich eine sehr hohe fachliche Expertise (bspw. Branchenerfahrung, betriebswirtschaftliche Kenntnisse).	☐	☐	☐	☐	☐
Mindestens die Hälfte der Aufsichtsräte sitzt seit mehr als einer Legislaturperiode im Aufsichtsrat unserer Organisation.	☐	☐	☐	☐	☐
Die zeitliche Belastung der Kommunalvertreter (Politiker, Verwaltungsmitarbeiter) durch Positionen in weiteren Aufsichtsräten (sog. Mehrfachmandate) ist sehr hoch.	☐	☐	☐	☐	☐
Viele Vertreter im Aufsichtsrat sind mit der Menge der bereitgestellten Informationen überfordert.	☐	☐	☐	☐	☐

Inwiefern stimmen Sie den folgenden Aussagen zu? Der derzeitige Aufsichtsrat wirkt in seiner Rolle vor allem…

(stimme überhaupt nicht zu/ stimme stark zu)

	stimme über-haupt nicht zu	stimme eher nicht zu	teils/ teils	stimme eher zu	stimme stark zu
…als starkes Kontrollorgan.	☐	☐	☐	☐	☐
…als Partner und Berater.	☐	☐	☐	☐	☐
…als wichtiges Organ, um neue Ressourcen (wie bspw. politische Kontakte) zu erschließen.	☐	☐	☐	☐	☐
…als strategischer Impulsgeber.	☐	☐	☐	☐	☐

Inwiefern stimmen Sie den folgenden Aussagen zum Verhältnis zwischen dem Ober-Bürgermeister und anderen Akteuren zu?

	stimme über-haupt nicht zu	stimme eher nicht zu	teils/ teils	stimme eher zu	stimme stark zu
Das Verhältnis zwischen Ober-Bürgermeister und Gemeinderat der Trägerkommune lässt sich als sehr kooperativ beschreiben.	☐	☐	☐	☐	☐
Unser Unternehmen besitzt für den Ober-Bürgermeister der Trägerkommune eine sehr hohe politische Relevanz.	☐	☐	☐	☐	☐

Führen Sie sich die Managementkultur (bspw. Entscheidungsverhalten, Führungsstil) in der kommunalen Kernverwaltung vor Augen. Vergleichen Sie diese mit der in Ihrem Unternehmen. Wie beurteilen Sie die folgenden Aussagen?

(stimme überhaupt nicht zu/ stimme stark zu)

	stimme über-haupt nicht zu	stimme eher nicht zu	teils/ teils	stimme eher zu	stimme stark zu
Führungskräfte in der Kernverwaltung nehmen Dinge so wahr wie wir in unserem Unternehmen.	☐	☐	☐	☐	☐
Führungskräfte in der Kernverwaltung verhalten sich wie wir in unserem Unternehmen.	☐	☐	☐	☐	☐

Inwiefern stimmen Sie den folgenden Aussagen betreffend der gewählten Volksvertretung zu?
(stimme überhaupt nicht zu/ stimme stark zu)

	stimme über-haupt nicht zu	stimme eher nicht zu	teils/ teils	stimme eher zu	stimme stark zu
Die meisten Kommunalpolitiker glauben, dass unsere Organisation kompetent ist.	☐	☐	☐	☐	☐
Die meisten Kommunalpolitiker glauben, dass unsere Organisation effektiv ist.	☐	☐	☐	☐	☐
Die meisten Kommunalpolitiker sind sehr kritisch gegenüber unserer Organisation.	☐	☐	☐	☐	☐

Die folgende Frage bezieht sich auf Ihren persönlichen Eindruck: Wie oft besprechen Sie Einzelentscheidungen gemeinsam mit folgenden Akteuren der Kernverwaltung bzw. Politik?

	nie	jährlich	quartals-weise	monat-lich	wöchent-lich	täglich
dem Ober-Bürgermeister/der Verwaltungsspitze	☐	☐	☐	☐	☐	☐
der Kämmerei	☐	☐	☐	☐	☐	☐
dem Beteiligungsmanagement	☐	☐	☐	☐	☐	☐
dem Fachlich Zuständigen	☐	☐	☐	☐	☐	☐
Beigeordneten im Gemeinderat	☐	☐	☐	☐	☐	☐
dem Vorsitzenden des Aufsichtsrates	☐	☐	☐	☐	☐	☐
einem speziellen Ausschuss von Gemeindepolitikern	☐	☐	☐	☐	☐	☐

Ausgehend von Ihrem Professionsverständnis wie bewerten Sie die folgenden Aussagen?

	stimme über-haupt nicht zu	stimme eher nicht zu	teils/ teils	stimme eher zu	stimme stark zu
Ich habe das Gefühl, dass ich mich manchmal zwischen meinen professionellen Werten als Manager und den Vorgaben der Politik entscheiden muss.	☐	☐	☐	☐	☐
Die Anwendung der politischen Vorgaben konkurriert mit meiner professionellen Vorstellung von Management.	☐	☐	☐	☐	☐
Ich muss oft Dinge tun, die anders getan werden sollten.	☐	☐	☐	☐	☐
Ich arbeite unter unvereinbaren politischen Vorgaben und Richtlinien.	☐	☐	☐	☐	☐
Ich weiss genau, was von mir in meinem Beruf erwartet wird.	☐	☐	☐	☐	☐
Ich kenne meine Verantwortlichkeiten.	☐	☐	☐	☐	☐

Vergleichen Sie Ihr Unternehmen mit Wettberbern und ähnlichen Firmen in Ihrer Branche. Wie beurteilen Sie den Erfolg Ihrer Organisation?

(liegt stark unter dem Durchschnitt/ liegt stark über dem Durchschnitt)

	stark unter dem Durchschnitt	eher unter dem Durchschnitt	im Branchen-durchschnitt	eher über dem Durchschnitt	stark über dem Durchschnitt
Der Erfolg unserer Organisation liegt...	☐	☐	☐	☐	☐

Wir verstehen "Bürokratisierung" als belastende, administrative Regeln und Prozesse, die einen negativen **Einfluss auf die Effektivität der Gesamtorganisation haben. Wie hoch ist insgesamt der Grad an** „Bürokratisierung" in Ihrer **Organisation?** Unsere Organisation ist insgesamt…

(überhaupt nicht bürokratisch/ höchst bürokratisch)

Überhaupt nicht bürokratisch									höchst bürokratisch
☐	☐	☐	☐	☐	☐	☐	☐	☐	☐

Über welche Einnahmequellen verfügte Ihre Organisation im letzten Jahr?

Bitte geben Sie zu jeder dieser Einnahmequellen eine ungefähre Einschätzung des prozentualen Anteils an den Gesamteinnahmen an:

	< 10%	10-20%	21-30%	31-40%	mehr als 40%
Pauschalierte Mittelzuweisung von der Kommune (Beiträge, Leistungsentgelte, Subventionen) oder Quersubventionierung (Querverbund)	☐	☐	☐	☐	☐
Zuweisung durch andere Verwaltungsebenen (Bund, Land, Europäische Union, internationale Organisationen)	☐	☐	☐	☐	☐
Eigene Einnahmen durch Gebühren, Zwangsabgaben, Verkauf von Leistungen, Marktentgelte etc.	☐	☐	☐	☐	☐
Einnahmen durch Vergütung von Leistungen an kommunale Auftraggeber	☐	☐	☐	☐	☐

Im Folgenden sollen Sie einige Aussagen zum Marktumfeld und den Unternehmenszielen Ihrer Organisation bewerten:

Wie stark stimmen Sie den folgenden Aussagen zu?

	stimme über-haupt nicht zu	stimme eher nicht zu	teils/ teils	stimme eher zu	stimme stark zu
Wenn ich möchte, kann ich genau und verlässlich prüfen, inwieweit das jeweils festgelegte Unternehmensziel erreicht wurde.	☐	☐	☐	☐	☐
Es würde wenig Mühe kosten, festzustellen wie hoch der derzeitige Zielerreichungsgrad in einem bestimmten Bereich ist.	☐	☐	☐	☐	☐
Die Anzahl an potenziellen Wettbewerbern in unserem Sektor ist sehr hoch.	☐	☐	☐	☐	☐
Es gibt eine hohe Anzahl an alternativen Leistungen, die auf dem Markt angeboten werden.	☐	☐	☐	☐	☐
Die Komplexität unserer Leistungen ist sehr hoch in Bezug auf die eingesetzte Technologie.	☐	☐	☐	☐	☐
Es ist einfach, Außenstehenden unsere Unternehmensziele präzise zu erklären.	☐	☐	☐	☐	☐
Die Organisation besitzt klar definierte Ziele.	☐	☐	☐	☐	☐
Die Komplexität unserer Leistungen ist sehr hoch in Bezug auf das branchenspezifische Know-How.	☐	☐	☐	☐	☐

Teil IV Allgemeine Informationen

Zum Abschluss des Fragebogens benötigen wir noch einige allgemeine Informationen zu Ihrem Unternehmen.

In welcher Branche ist Ihr Unternehmen tätig?
(Mehrfachnennungen sind möglich)

☐ Wasserversorgung

☐ Abwasserentsorgung

☐ Wohnungsbau

☐ Stadtentwicklung

☐ Öffentlicher Personennahverkehr

☐ Energieversorgung

☐ Wirtschaftsförderung

☐ Krankenversorgung

☐ Theater

☐ Kultur-, Sport- und Bäderbetriebe

☐ Abfallwirtschaft

☐ Banken und Finanzdienstleister

☐ Altenpflege und Soziale Dienste

☐ Bestattungsbetriebe und Friedhöfe

☐ Transportwirtschaft (bspw. Hafen, Flughafen)

☐ IT Dienstleistungen

☐ Stadtwerke

☐ Sonstige Branche:

Wie lautet die Bezeichnung der Rechtsform Ihrer Organisation?
(1 Kreuz möglich)

- ☐ GmbH
- ☐ GmbH und Co KG
- ☐ gGmbH
- ☐ Aktiengesellschaft
- ☐ KGaA
- ☐ AöR
- ☐ Eigenbetrieb
- ☐ Andere öffentlich rechtliche Gesellschaftsform
- ☐ Andere privatrechtliche Gesellschaftsform
- ☐ Sonstige Rechtsform:

Wie viele Mitarbeiter (=Vollzeitäquivalente) beschäftigt Ihre Organisation insgesamt?

Wie hoch ist der Jahresumsatz (in Mio €), den Ihre Organisation durchschnittlich erzielt?

Sollten sie noch Anmerkungen und Verbesserungsvorschläge zu dieser Umfrage haben, so können Sie diese hier gerne kundtun:

Herzlichen Dank für Ihre Unterstützung!

Die Auswertung der Umfrage werden wir allen Teilnehmern im Anschluss in Form eines Ergebnisberichts (PDF-Format) zukommen lassen.

Universität Potsdam

Anhang 6: Operationalisierung der Variablen und Faktorladungen

Abhängige Variable

Variable	Operationalisierung
Managementautonomie (Lioukas et al. 1993; Verhoest et al. 2010)	Die folgende Frage bezieht sich auf Ihren persönlichen Eindruck:
	Besitzt Ihre Organisation im Hinblick auf die folgenden allgemeinen Managementangelegenheiten generelle Entscheidungs- und Regelungskompetenzen, ohne dass die Zustimmung oder Beteiligung einer übergeordneten Stelle bzw. eines Gremiums der Trägerkommune erforderlich ist? (immer Zustimmung erforderlich/nie Zustimmung erforderlich)
	Vertrieb
	Produktion
	Forschung und Entwicklung (FuE)
	Einkaufspolitik und Beschaffung
	Entscheidungen, die die Bandbreite der Geschäftsaktivitäten betreffen ("Diversifikation")
	Wichtige Investmententscheidungen und Großprojekte
	Marketingentscheidungen
	Aufnahme von Krediten für Investitionen
	Festlegung und Anpassung der Höhe von Gebühren, Abgaben, Eigenanteilen
	Festlegung und Anpassung von Preisen/Kostenersatz für Leistungen und Produkte
	Beteiligung an juristischen Personen des Privatrechts
	Finanzmitteleinsatz für Personal und Sachmittel
	Auswahl und Anzahl von MitarbeiterInnen
	Höhe der Entlohnung des Personals
	Bedingungen für Beförderungen von MitarbeiterInnen
	Mitarbeiterauswahl im Einzelfall
	Beurteilungskriterien für MitarbeiterInnen
	Kündigung des Arbeitsverhältnisses im Einzelfall
	Beförderung von MitarbeiterInnen im Einzelfall

Unabhängige Variablen

Variable	Operationalisierung (Faktorladungen einer Hauptkomponentenanalyse finden sich in Klammern bei den Items, Cronbach's Alpha-Werte direkt bei der Frage)
Großes Unternehmen (Anzahl der MitarbeiterInnen)	Wie viele Mitarbeiter (Vollzeitäquivalente) beschäftigt Ihre Organisation insgesamt? (1=mehr als 500 Mitarbeiter; 0=bis zu 500 Mitarbeiter)
Wettbewerb (van den Abeele 2006: 91)	Wie stark stimmen Sie den folgenden Aussagen zu? (α=.874)
	Die Anzahl an potenziellen Wettbewerbern in unserem Sektor ist sehr hoch. (.9424)
	Es gibt eine hohe Anzahl an alternativen Leistungen, die auf dem Markt angeboten werden. (.9424) (1=stimme überhaupt nicht zu; 5=stimme stark zu)
Private Rechtsform	Wie lautet die Bezeichnung der Rechtsform Ihrer Organisation? (1= GmbH, gGmbH, AG, GmbH und Co KG, KGaA, Andere privatrechtliche Rechtsform; 0= AöR, Eigenbetrieb, Andere öffentlich-rechtliche Rechtsform)
Kulturelle Ähnlichkeit (Lin und Germain 1998)	Wie stark stimmen Sie den folgenden Aussagen zu? (α=.8518)
	Führungskräfte in der Kernverwaltung nehmen Dinge so wahr wie wir in unserem Unternehmen. (0.9348)
	Führungskräfte in der Kernverwaltung verhalten sich wie wir in unserem Unternehmen. (0.9348) (1=stimme überhaupt nicht zu; 5=stimme stark zu)
Verschuldungsgrad	Verhältnis von Fremdkapital zu Eigenkapital für jedes Unternehmen (Vorjahr; metrische Variable auf Basis der Beteiligungsberichte)
Vorjahresgewinn	Gewinn aus dem Vorjahr für jedes Unternehmen (metrische Variable auf Basis der Jahresabschlüsse)

Variable	Operationalisierung (Faktorladungen einer Hauptkomponentenanalyse finden sich in Klammern bei den Items, Cronbach's Alpha-Werte direkt bei der Frage)
Informationsaustausch (Dekker und van den Abeele 2010)	Wie stark stimmen Sie den folgenden Aussagen zu? (α=.6315)
	Wir (=Kernverwaltung und unsere Organisation) sind uns gemeinsam darüber einig, wie wir zusammenarbeiten wollen. (.584)
	Unsere Organisation teilt Informationen über eine Geschäftsausweitung auf neue Märkte oder Technologien mit der kommunalen Kernverwaltung. (.584)
Branche	In welcher Branche ist Ihr Unternehmen tätig? Mehrfachnennungen sind möglich.
	Dummy Variable für die angegebene Branche: Wasserversorgung, Abwasserentsorgung, Wohnungsbau, Stadtentwicklung, Öffentlicher Personennahverkehr, Energieversorgung, Wirtschaftsförderung, Krankenversorgung, Theater, Kultur-, Sport- und Bäderbetriebe, Abfallwirtschaft, Altenpflege und soziale Dienste, Transportwirtschaft (bspw. Hafen, Flughafen), IT-Branche, Stadtwerke (1=Unternehmen in Branche tätig; 0=nicht in Branche tätig)
Gegenseitiges Vertrauen (Zaheer et al. 1998; Mayer und Davis 1999; van den Abeele 2006)	Bitte beurteilen Sie die folgenden Aussagen bezogen auf den Akteur in der Kommunalverwaltung, der für Sie und Ihre Organisation den wichtigsten Kontakt als Vertragspartner (Auftraggeberrolle) darstellt: (α=.8967)
	Der betreffende Akteur besitzt das Wissen und die Fähigkeiten, um unsere Arbeitsweise zu verstehen. (.8446) (Kompetenzvertrauen)
	Aufgrund der bisherigen Erfahrungen können wir uns vollständig auf die Versprechen dieses Akteurs verlassen. (.9001) (Vertrauen in die Integrität)

Variable	Operationalisierung (Faktorladungen einer Hauptkomponentenanalyse finden sich in Klammern bei den Items, Cronbach's Alpha-Werte direkt bei der Frage)
	Der Akteur verhielt sich in Verhandlungen stets sachlich. (.8395) (Vertrauen in die Integrität)
	Der betreffende Akteur ist sehr qualifiziert. (.914) (Kompetenzvertrauen) (1=stimme überhaupt nicht zu; 5=stimme stark zu)
Vernetzung in der Politik (Jacobsen 2006)	Wie stark stimmen Sie den folgenden Aussagen zu?
	Ich besitze viele Kontakte in der Kommunalpolitik. (1=stimme überhaupt nicht zu; 5=stimme stark zu)
CEO Erfahrung im öffentlichen Sektor (Jacobsen 2006)	Ich besitze Erfahrung als Geschäftsführer eines oder mehrerer öffentlicher Unternehmen. (1=stimme überhaupt nicht zu; 5=stimme stark zu)
Bundesland	Dummy Variablen aus Sekundärrecherche für das jeweilige Bundesland (Berlin, Baden Württemberg, Nordrhein-Westfalen, Bayern, Sachsen-Anhalt, Rheinland-Pfalz, Hessen, Hamburg, Schleswig-Holstein, Niedersachsen, Sachsen, Thüringen, Bremen, Mecklenburg-Vorpommern, Brandenburg, Saarland) (ja/nein)
Größe des Aufsichsrates	Bitte beantworten Sie folgende Fragen betreffend den Aufsichtsrat Ihrer Organisation: Wie viele ständige Mitglieder zählt der Aufsichtsrat Ihres Unternehmens? (kategoriale Variable auf Basis vorgegebener Antworten von „1“ bis „22 oder mehr“)
Anzahl der Politiker m Aufsichtsrat	Davon Politiker: (kategoriale Variable auf Basis vorgegebener Antworten von „1“ bis „22 oder mehr“)
Anteil der Politiker im Aufsichtsrat	Anzahl der Politiker/Größe des Aufsichtsrates (metrische Variable) Der Wert „22 oder mehr“ wurde als „22“ gewertet

Variable	Operationalisierung (Faktorladungen einer Hauptkomponentenanalyse finden sich in Klammern bei den Items, Cronbach's Alpha-Werte direkt bei der Frage)
Rolle des Aufsichtsrates (Chait et al. 1993; Emslie 2007)	Inwiefern stimmen Sie den folgenden Aussagen zu? Der Aufsichtsrat…
Strategische Dimension (α=.7235) (BSAQ)	…konzentriert sich auf Prozesse, die die organisationalen Prioritäten schärfen. (.66)
	… …lenkt die Aufmerksamkeit auf Prioritäten und Entscheidungen von strategischer oder symbolischer Bedeutung für die Organisation. (.67)
	… antizipiert potenzielle Probleme und agiert bevor es dringlich wird. (.81)
Politisch-strategische Dimension (α=.6867) (BSAQ	…respektiert die legitimen Rollen und Verantwortlichkeiten anderer Stakeholder. (.63)
	…berät sich oft mit wichtigen Stakeholdern. (.81)
Reflektierende Dimension (α=.8862)	…sucht regelmäßig nach Informationen und Feedback über die eigene Effektivität. (.92)
	…nimmt sich Zeit zur Selbstreflexion und zur Einschätzung der eigenen Stärken, Fehler und Schwächen. (.86)
Analytische Dimension (α=.6929)	…sucht stark und aktiv nach konkreten Informationen (.79)
	…erkennt, dass komplexe Phänomene selten perfekte Lösungen aufweisen. (.65) (1= stimme überhaupt nicht zu; 5=stimme stark zu)

Variable	Operationalisierung (Faktorladungen einer Hauptkomponentenanalyse finden sich in Klammern bei den Items, Cronbach's Alpha-Werte direkt bei der Frage)
Expertise des Aufsichtsrates	Inwiefern stimmen Sie den folgenden Aussagen zu? Die Vertreter im Aufsichtsrat besitzen durchschnittlich eine sehr hohe fachliche Expertise (bspw. Branchenerfahrung, betriebswirtschaftliche Kenntnisse). (1= stimme überhaupt nicht zu; 5=stimme stark zu)
Private Anteilseigner	Dummy Variable auf Basis einer Sekundärrecherche für private Anteilseigner (ja/nein)
Politische Relevanz des Unternehmens	Inwiefern stimmen Sie den folgenden Aussagen zum Verhältnis zwischen dem Ober-Bürgermeister und anderen Akteuren zu? Unser Unternehmen besitzt für den Ober-Bürgermeister der Trägerkommune eine sehr hohe politische Relevanz. (1= stimme überhaupt nicht zu; 5=stimme stark zu)
Komplexität der Aufgaben (van den Abeele 2006)	Wie stark stimmen Sie den folgenden Aussagen zu? (α=.6396) Die Komplexität unserer Leistungen ist sehr hoch in Bezug auf die eingesetzte Technologie. (.8607) Die Komplexität unserer Leistungen ist sehr hoch in Bezug auf das branchenspezifische Know-How. (.8607)
Messbarkeit der Ziele (Kirsch 1996)	(1= stimme überhaupt nicht zu; 5=stimme stark zu) Wie stark stimmen Sie den folgenden Aussagen zu? (α=.7664) Wenn ich möchte, kann ich genau und verlässlich prüfen, inwieweit das jeweils festgelegte Unternehmensziel erreicht wurde. (.7262) Es würde wenig Mühe kosten, festzustellen wie hoch der derzeitige Zielerreichungsgrad in einem bestimmten Bereich ist. (.7262)

Variable	Operationalisierung (Faktorladungen einer Hauptkomponentenanalyse finden sich in Klammern bei den Items, Cronbach's Alpha-Werte direkt bei der Frage)
Reputation des Unternehmens (Moynihan und Pandey 2006)	Inwiefern stimmen Sie den folgenden Aussagen betreffend der gewählten Volksvertretung zu? (α=.7341)
	Die meisten Kommunalpolitiker glauben, dass unsere Organisation kompetent ist. (.8975)
	Die meisten Kommunalpolitiker glauben, dass unsere Organisation effektiv ist. (.8836)
	Die meisten Kommunalpolitiker sind sehr kritisch gegenüber unserer Organisation. (.6854) (rev. coded) (1= stimme überhaupt nicht zu; 5=stimme stark zu)
Politischer Konflikt	Inwiefern stimmen Sie den folgenden Aussagen zum Verhältnis zwischen dem Ober-Bürgermeister und anderen Akteuren zu?
	Das Verhältnis zwischen Ober-Bürgermeister und Gemeinderat der Trägerkommune lässt sich als sehr kooperativ beschreiben. (1= stimme überhaupt nicht zu; 5=stimme stark zu)
Für die folgenden Variablen wurden ebenfalls konfirmatorische Faktorenanalysen (CFA) errechnet:	Die Ergebnisse der Goodness-of-fit-Tests finden sich in Klammern unter den Variablen:
Zielsteuerung (Dekker und van den Abeele 2010) (α=.892)	Inwiefern stimmen Sie den folgenden Aussagen zu? (1= stimme überhaupt nicht zu; 5=stimme stark zu)
	Es bestehen klare Leistungs- und/oder Wirkungsziele von Seiten des kommunalen Trägers. (.82)
	Der kommunale Träger überprüft die Erfüllung der Leistungs- und/oder Wirkungsziele. (.95)

Variable	Operationalisierung (Faktorladungen einer Hauptkomponentenanalyse finden sich in Klammern bei den Items, Cronbach's Alpha-Werte direkt bei der Frage)
	Wenn wir die Leistungsvorgaben des kommunalen Trägers nicht erfüllen können, werden wir gebeten, dies zu erklären. (.80)
Prozesskontrolle (Dekker und van den Abeele 2010) (α=.7205)	Die Prozesse, die vom Unternehmen angewandt werden, um eine Aufgabe zu erfüllen, werden vom kommunalen Träger überprüft. (.88)
	Der kommunale Träger versucht, nicht funktionierende Prozesse im Unternehmen zu modifizieren. (.64)
Modell Fit-Statistik:	RMSEA=0.089; lower bound (90%): 0.033, upper bound: 0.150, pclose=0.107; AIC=3841.835; BIC=3205.05; CFI=0.988; TLI=0.969; SRMR=0.022; Chi²_ms: p>Chi²=0.018
Rollenambivalenz (Rizzo et al. 1970; Wright und Millesen 2008) (α=.7028)	Inwiefern stimmen Sie den folgenden Aussagen zu?
	Ich weiss genau, was von mir in meinem Beruf erwartet wird. (rev. coded) (.79)
	Ich kenne meine Verantwortlichkeiten. (rev. coded) (.74)
Policy-Professions-Konflikt (Tummers et al. 2012) (α=.8685)	Ich habe das Gefühl, dass ich mich manchmal zwischen meinen professionellen Werten als Manager und den Vorgaben der Politik entscheiden muss. (.81)
	Die Anwendung der politischen Vorgaben konkurriert mit meiner professionellen Vorstellung von Management. (.87)
	Ich muss oft Dinge tun, die anders getan werden sollten. (.83)
	Ich arbeite unter unvereinbaren politischen Vorgaben und Richtlinien. (.66)
Modell Fit-Statistik:	RMSEA=0.054; lower bound (90%): 0.000, upper bound: 0.103, pclose=0.394; AIC=3238.145; BIC=3303.714; CFI=0.99; TLI=0.982; SRMR=0.024; Chi²_ms: p>Chi²=0.098

Variable	Operationalisierung
Steuerungsakteure (Moynihan nd Pandey 2006)	Die folgende Frage bezieht sich auf Ihren persönlichen Eindruck: In welchem Ausmaß beeinflussen die folgenden Akteure die Entscheidungen Ihrer Organisation? Kommunale Verwaltungsspitze Beteiligungscontrolling der Kommune Kommunaler Fachbereich mit Branchenbezug Gemeinderat Aufsichtsrat der Organisation Gesellschafterversammlung Personalrat Medien Bürger Kunden Externer, nicht öffentlicher Träger (falls vorhanden) Externe Berater (1=überhaupt nicht; 5=sehr großer Einfluss)
Kommunale Subventionen	Über welche Einnahmequellen verfügte Ihre Organisation im letzten Jahr? Bitte geben Sie zu jeder dieser Einnahmequellen eine ungefähre Einschätzung des prozentualen Anteils an den Gesamteinnahmen an: Pauschalierte Mittelzuweisung von der Kommune (Beiträge, Leistungsentgelte, Subventionen) oder Quersubventionierung (Querverbund) (<=10%; 10-20%; 21-30%; 31-40%; mehr als 40%)
Kontakt zu Steuerungsakteuren (Jacobsen 2006)	Die folgende Frage bezieht sich auf Ihren persönlichen Eindruck: Wie oft besprechen Sie Einzelentscheidungen gemeinsam mit folgenden Akteuren der Kernverwaltung bzw. Politik? dem Ober-Bürgermeister/der Verwaltungsspitze der Kämmerei dem Beteiligungsmanagement dem Fachlich Zuständigen Beigeordneten im Gemeinderat dem Vorsitzenden des Aufsichtsrats einem speziellen Ausschuss von Gemeindepolitikern (nie; jährlich; quartalsweise; monatlich; wöchentlich; täglich)

Variable	Operationalisierung
Informationsüberlastung im Aufsichtsrat	Inwiefern stimmen Sie den folgenden Aussagen zu?
	Viele Vertreter im Aufsichtsrat sind mit der Menge der bereitgestellten Informationen überfordert. (1= stimme überhaupt nicht zu; 5=stimme stark zu)
Steuerungsinstrumente	Wie stark steuert der kommunale Träger Ihr Unternehmen über folgende Mechanismen?
	Besetzung von Schlüsselpositionen (Geschäftsführung, Aufsichtsrat) im Unternehmen Inputsteuerung über das Budget oder einen Stellenplan Regelmäßige Sitzungen zwischen Kommunalvertretern (bspw. Kämmerer, Oberbürgermeister) und der Unternehmensführung Intensiver Telefonkontakt bzw. informelle Treffen zwischen Kommunalvertretern (bspw. Kämmerer, Oberbürgermeister) und der Unternehmensführung Anwendung eines Corporate Governance Kodex oder einer Beteiligungsrichtlinie in der Kommune
	Regelmäßige Qualitätsüberprüfungen Anreizpläne und variable Vergütungselemente für das Top Management Unterjähriges Berichtswesen über nichtfinanzielle Kennzahlen (überhaupt nicht/eher stark)
Alle weitere Variablen finden sich im Fragebogen und wurden als Single Items gemessen	

Anhang 7: Summarische Statistik für zentrale, unabhängige Variablen (Mittelwerte, Standardabweichungen, Zahl der Beobachtungen, Minimum und Maximum)

Variable	Mittelwert	Standardab weichung	Beobach-tungen	Min./Max.
Wettbewerb	3.069	1.221	236	1/5
Die Anzahl an potenziellen Wettbewerbern in unserem Sektor ist sehr hoch.	3.051	1.319	235	1/5
Es gibt eine hohe Anzahl an alternativen Leistungen, die auf dem Markt angeboten werden.	2.978	1.273	236	1/5
Kulturelle Ähnlichkeit	2.246	0.799	238	1/5
Führungskräfte in der Kernverwaltung nehmen Dinge so wahr wie wir in unserem Unternehmen.	2.344	0.908	238	1/5
Führungskräfte in der Kernverwaltung verhalten sich wie wir in unserem Unternehmen.	2.147	0.8004	238	1/5
Policy-Professions Konflikt	2.662	0.898	237	1/5
Ich habe das Gefühl, dass ich mich manchmal zwischen meinen professionel- len Werten als Manager und den Vorgaben der Politik entscheiden muss	3.149	1.089	235	1/5
Die Anwendung der politischen Vorgaben konkurriert mit meiner professionellen Vorstellung von Management.	3.068	1.0737	236	1/5
Ich muss oft Dinge tun, die anders getan werden sollten.	2.519	1.079	235	1/5
Ich arbeite unter unvereinbaren politischen Vorgaben und Richtlinien.	1.924	0.97562	237	1/5

Variable	Mittelwert	Standardab weichung	Beobach-tungen	Min./Max.
Rollenambivalenz (rev. coded)	1.612	0.6616	237	1/5
Ich weiss genau, was von mir in meinem Beruf erwartet wird. (rev. coded)	1.839	0.8283	237	1/5
Ich kenne meine Verantwortlichkeiten. (rev. coded)	1.384	0.6703	237	1/5
Prozesskontrolle	2.286	0.971	250	1/5
Die Prozesse, die vom Unternehmen angewandt werden, um eine Aufgabe zu erfüllen, werden vom kommunalen Träger überprüft.	2.436	1.118	250	1/5
Der kommunale Träger versucht, nicht funktionierende Prozesse im Unternehmen zu modifizieren.	2.136	1.078	250	1/5
Zielsteuerung	3.473	1.014	250	1/5
Es bestehen klare Leistungs- und/ oder Wirkungsziele des kommunalen Trägers.	3.4	1.119	250	1/5
Der kommunale Träger überprüft die Erfüllung der Leistungs- und/oder Wirkungsziele.	3.426	1.109	249	1/5
Wenn wir die Leistungsvorgaben des kommunalen Trägers nicht erfüllen können, werden wir gebeten, dies zu erklären	3.606	1.1097	249	1/5
Informationsaustausch	3.417	0.918	246	1/5
Wir (=Kernverwaltung und unsere Organisation) sind uns gemeinsam darüber einig, wie wir zusammen arbeiten wollen.	3.469	0.9897	245	1/5

Variable	Mittelwert	Standardab weichung	Beobach- tungen	Min./Max.
Unsere Organisation teilt Informationen über eine Geschäftsausweitung auf neue Märkte oder Technologien mit der kommunalen Kernverwaltung.	3.3602	1.1602	236	1/5
Gegenseitiges Vertrauen	3.3740	0.9244	240	1/5
Der betreffende Akteur besitzt das Wissen und die Fähigkeiten, um unsere Arbeitsweise zu verstehen.	3.1875	1.0640	240	1/5
Aufgrund der bisherigen Erfahrungen können wir uns vollständig auf die Versprechen dieses Akteurs verlassen.	3.2971	1.107	239	1/5
Der Akteur verhielt sich in Verhandlungen stets sachlich.	3.679	0.9901	240	1/5
Der betreffende Akteur ist sehr qualifiziert.	3.339	1.068	239	1/5
Vernetzung in der Politik				
Ich besitze viele Kontakte in der Kommunalpolitik.	3.775	1.148	258	1/5
CEO Erfahrung im öffentlichen Sektor				
Ich besitze Erfahrung als Geschäftsführer eines oder mehrerer öffentlicher Unternehmen	4.1063	1.2978	254	1/5

Variable	Mittelwert	Standardab weichung	Beobach- tungen	Min./Max.
Branche				
Wasserversorgung	0.0576	0.2335	243	0/1
Abwasserentsorgung	0.0699	0.2556	243	0/1
Wohnungsbau	0.1152	0.3199	243	0/1
Stadtentwicklung	0.1317	0.3388	243	0/1
ÖPNV	0.1028	0.3044	243	0/1
Energieversorgung	0.0864	0.2816	243	0/1
Wirtschaftliche Entwicklung	0.1235	0.3296	243	0/1
Krankenversorgung	0.0658	0.2485	243	0/1
Theater	0.0617	0.2411	243	0/1
Abfallentsorgung	0.0617	0.2411	243	0/1
Altenpflege und Soziale Dienste	0.0411	0.199	243	0/1
Kultur-, Sport- und Bäderbetriebe	0.0864	0.2816	243	0/1
Informationstechnologie	0.0453	0.2083	243	0/1
Transportwirtschaft	0.0658	0.2485	243	0/1
Stadtwerke Holding	0.0658	0.2485	243	0/1
Rolle des Aufsichtsrates (BSAQ)	2.8320	0.6951	184	1/4.67
Strategische Dimension	2.8888	0.8239	198	1/4.67
...konzentriert sich auf Prozesse, die die organisationalen Prioritäten schärfen.	2.7245	1.0356	196	1/5
...lenkt die Aufmerksamkeit auf Prioritäten und Entscheidungen von strategischer oder symbolischer Bedeutung für die Organisation	3.3418	0.9977	196	1/5
...antizipiert potenzielle Probleme und agiert bevor es dringlich wird.	2.6243	0.9903	197	1/5
Politische Dimension	3.1929	0.9141	184	1/5
...respektiert die legitimen Rollen und Verantwortlichkeiten anderer Stakeholder	3.5435	0.9853	184	1/5
...berät sich oft mit wichtigen Stakeholdern.	2.8232	1.0963	181	1/5

Variable	Mittelwert	Standardab weichung	Beobach-tungen	Min./Max.
Reflektierende Dimension	2.2205	0.9153	195	1/5
...sucht regelmäßig nach Informationen und Feedback über die eigene Effektivität.	2.256	1.0234	195	1/5
...nimmt sich Zeit zur Selbstreflexion und zur Einschätzung der eigenen Stärken, Fehler und Schwächen.	2.168	0.9103	190	1/5
Analytische Dimension	3.072	0.8326	195	1/5
...sucht stark und akltiv nach konkreten Informationen.	2.834	0.9861	193	1/5
...erkennt, dass komplexe Phänomene selten perfekte Lösungen aufweisen.	3.3105	0.9163	190	1/5
Expertise im Aufsichtsrat				
Die Vertreter im Aufsichtsrat besitzen durchschnittlich eine sehr hohe fachliche Expertise (bspw. Branchenerfahrung, betriebswirtschaftliche Kenntnisse)	2.838	1.0345	198	1/5
Informationsüberlastung im AR				
Viele Vertreter im Aufsichtsrat sind mit der Menge der bereitgestellten Informationen überfordert	3.0259	1.106	193	1/5
Private Rechtsform	0.8067	0.3957	238	0/1
Verschuldungsgrad	42.26	171.728	214	0.0002/ 1343.58
Vorjahresgewinn	189807	1.96* 10^7	146	(-2.01* 10^8)/ (6.95* 10^7)
Großes Unternehmen	0.2301	0.4218	239	0/1
Anteil Politiker im AR	0.5853	0.2652	175	0.0625/1

Variable	Mittelwert	Standardab weichung	Beobach-tungen	Min./Max.
Größe AR	10.995	5.4177	206	1/22
Komplexität der Aufgaben	3.549	0.9418	234	1/5
Die Komplexität unserer Leistungen ist sehr hoch in Bezug auf die eingesetzte Technologie.	3.3275	1.1892	229	1/5
Die Komplexität unserer Leistungen ist sehr hoch in Bezug auf das branchenspezifische Know-How	3.7629	0.9846	232	1/5
Messbarkeit der Ziele	4.2394	0.8166	236	1.5/5
Wenn ich möchte, kann ich genau und verlässlich prüfen, inwieweit das jeweils festgelegte Unternehmensziel erreicht wurde	4.394	0.7837	236	2/5
Es würde wenig Mühe kosten, festzustellen wie hoch der derzeitige Zielerreichungsgrad im Bereich ist	4.0847	1.0154	236	1/5
Kommunale Subventionen	2.2604	1.7095	215	1/5
Politischer Konflikt	2.6537	0.9697	231	1/5
Politische Relevanz des Unternehmens	3.3502	1.238	237	1/5
Reputation	3.8842	0.6315	239	2/5
Die meisten Kommunalpolitiker glauben, dass unsere Organisation kompetent ist.	4.075	0.6503	239	2/5
Die meisten Kommunalpolitiker glauben, dass unsere Organisation effektiv ist.	3.878	0.7334	238	2/5
Die meisten Kommunalpolitiker sind sehr kritisch gegenüber unserer Organisation	3.6987	0.9355	239	1/5

Anhang 8: Paarweise (Pearson-) Korrelationen zwischen abhängigen und unabhängigen Variablen

	Personal-autonomie	Generelle Managementautonomie	Preisautonomie	Strategische Autonomie	Rollenkonflikt	Rollenambivalenz	Strategischer AR	Politisch-strategischer AR	Refl. AR	Analytischer AR	Vertrauen	Austausch von Information	CEO Erfahrung oeffentlich	Politisch vernetzt	Expertise AR
Rollenkonflikt	-0.05	-0.14*	-0.27***	-0.15**	1.00										
	(0.51)	(0.08)	(0.00)	(0.05)											
Rollenambivalenz	-0.09	0.01	0.02	-0.17**	0.19***	1.00									
	(0.27)	(0.86)	(0.81)	(0.03)	(0.00)										
Strategischer_AR	-0.02	-0.26***	0.01	0.18**	-0.17**	-0.10	1.00								
	(0.84)	(0.00)	(0.94)	(0.04)	(0.02)	(0.19)									
Politisch-strategischer_AR	0.06	-0.23**	0.08	0.19**	-0.23***	-0.18**	0.75***	1.00							
	(0.47)	(0.01)	(0.35)	(0.03)	(0.00)	(0.02)	(0.00)								
Reflektierender_AR	0.01	-0.25***	-0.02	0.10	-0.16**	-0.15**	0.82***	0.72***	1.00						
	(0.89)	(0.00)	(0.86)	(0.24)	(0.03)	(0.05)	(0.00)	(0.00)							
Analytischer_AR	0.06	-0.26***	0.06	0.12	-0.22***	-0.16**	0.85***	0.90***	0.73***	1.00					
	(0.53)	(0.00)	(0.50)	(0.18)	(0.00)	(0.03)	(0.00)	(0.00)	(0.00)						
Vertrauen	-0.04	-0.13*	0.24***	-0.12	-0.27***	-0.00	0.30***	0.38***	0.23***	0.45***	1.00				
	(0.59)	(0.09)	(0.00)	(0.12)	(0.00)	(0.98)	(0.00)	(0.00)	(0.00)	(0.00)					
Informationsaustausch	0.03	-0.19**	0.03	-0.10	0.00	0.04	0.32***	0.23***	0.26***	0.30***	0.39***	1.00			
	(0.69)	(0.02)	(0.69)	(0.22)	(0.99)	(0.55)	(0.00)	(0.00)	(0.00)	(0.00)	(0.00)				
CEO_Erfahrung_oeffentlich	0.01	-0.09	-0.00	0.19**	0.01	-0.04	0.09	0.06	0.11	0.08	0.06	-0.00	1.00		
	(0.85)	(0.24)	(0.99)	(0.02)	(0.90)	(0.51)	(0.23)	(0.41)	(0.17)	(0.32)	(0.35)	(0.95)			
Politisch_vernetzt	-0.07	-0.09	-0.06	-0.07	0.02	-0.09	0.18**	0.17**	0.15*	0.18**	0.13*	0.25***	0.34***	1.00	

	Personal-autonomie	Generelle Managementautonomie	Preisautonomie	Strategische Autonomie	Rollenkonflikt	Rollenambivalenz	Strategischer AR	Politisch-strategischer AR	Refl. AR	Analytischer AR	Vertrauen	Austausch von Information	CEO Erfahrung oeffentlich	Politisch vernetzt	Expertise AR
	(0.35)	(0.23)	(0.45)	(0.38)	(0.77)	(0.16)	(0.02)	(0.02)	(0.05)	(0.02)	(0.05)	(0.00)	(0.00)		
Expertise_AR	0.07	-0.15*	0.10	0.04	-0.32***	-0.13*	0.59***	0.53***	0.52***	0.59***	0.29***	0.16**	0.07	0.10	1.00
	(0.43)	(0.07)	(0.22)	(0.63)	(0.00)	(0.08)	(0.00)	(0.00)	(0.00)	(0.00)	(0.00)	(0.02)	(0.36)	(0.15)	
Pol_Konflikt	0.19***	-0.02	0.02	0.05	0.07	0.07	-0.14*	-0.12	-0.16**	-0.15*	-0.22***	-0.17**	0.01	-0.02	-0.20**
	(0.01)	(0.76)	(0.84)	(0.52)	(0.29)	(0.33)	(0.07)	(0.12)	(0.03)	(0.06)	(0.00)	(0.01)	(0.93)	(0.79)	(0.01)
Pol_Relevanz	-0.06	-0.09	-0.03	-0.01	0.03	-0.15**	0.11	0.18**	0.14*	0.19**	0.19***	0.08	0.05	0.11*	0.02
	(0.46)	(0.27)	(0.69)	(0.94)	(0.63)	(0.03)	(0.14)	(0.02)	(0.07)	(0.01)	(0.00)	(0.23)	(0.45)	(0.08)	(0.80)
PCG-Kodex	0.00	-0.04	0.18**	0.13	-0.06	0.03	0.25***	0.23***	0.21**	0.25***	0.24***	0.13*	0.06	0.10	0.25***
	(0.95)	(0.58)	(0.02)	(0.11)	(0.37)	(0.69)	(0.00)	(0.00)	(0.01)	(0.00)	(0.00)	(0.05)	(0.34)	(0.11)	(0.00)
Inpusteuerung	-0.24***	-0.20**	-0.17**	-0.23***	0.21***	0.02	0.12	-0.01	0.08	0.08	0.06	0.19***	0.18**	0.12*	0.06
	(0.00)	(0.01)	(0.03)	(0.00)	(0.00)	(0.81)	(0.12)	(0.86)	(0.33)	(0.32)	(0.35)	(0.00)	(0.01)	(0.07)	(0.41)
Zielsteuerung	-0.16**	-0.29***	-0.15*	-0.09	0.06	-0.09	0.43***	0.42***	0.42***	0.49***	0.24***	0.26***	0.06	0.17**	0.34***
	(0.04)	(0.00)	(0.06)	(0.28)	(0.38)	(0.18)	(0.00)	(0.00)	(0.00)	(0.00)	(0.00)	(0.00)	(0.40)	(0.01)	(0.00)
Prozesskontrolle	-0.27***	-0.32***	-0.17**	-0.05	0.12*	-0.03	0.41***	0.35***	0.41***	0.40***	0.14**	0.25***	0.08	0.21***	0.35***
	(0.00)	(0.00)	(0.03)	(0.51)	(0.06)	(0.70)	(0.00)	(0.00)	(0.00)	(0.00)	(0.04)	(0.00)	(0.20)	(0.00)	(0.00)
Messbarkeit_Ziele	0.13*	0.08	0.05	0.11	-0.12*	-0.35***	0.07	0.11	0.07	0.10	-0.02	-0.05	0.17**	0.03	0.09
	(0.09)	(0.32)	(0.56)	(0.15)	(0.07)	(0.00)	(0.39)	(0.15)	(0.34)	(0.18)	(0.71)	(0.45)	(0.01)	(0.68)	(0.22)
Wettbwerb	0.28***	0.05	0.17**	0.13	-0.11*	-0.16**	0.06	0.12	0.08	0.08	-0.02	-0.12*	-0.02	-0.08	0.04
	(0.00)	(0.55)	(0.03)	(0.10)	(0.09)	(0.01)	(0.47)	(0.11)	(0.28)	(0.31)	(0.81)	(0.07)	(0.73)	(0.22)	(0.56)
Komplexität_Aufgabe	-0.04	0.10	-0.06	0.13	0.05	-0.07	0.05	0.07	0.12	0.06	-0.04	-0.02	0.18**	0.16**	-0.03
	(0.61)	(0.21)	(0.46)	(0.10)	(0.43)	(0.33)	(0.50)	(0.40)	(0.13)	(0.44)	(0.59)	(0.72)	(0.01)	(0.02)	(0.73)
Kult_Ähnlichkeit	-0.09	-0.02	0.15*	0.00	-0.28***	-0.02	0.36***	0.32***	0.26***	0.37***	0.45***	0.32***	-0.02	-0.02	0.25***
	(0.23)	(0.84)	(0.06)	(1.00)	(0.00)	(0.74)	(0.00)	(0.00)	(0.00)	(0.00)	(0.00)	(0.00)	(0.77)	(0.82)	(0.00)
Reputation	0.03	0.10	0.06	0.05	-0.38***	-0.23***	0.07	0.11*	0.13*	0.11	0.14**	-0.03	0.10	0.07	0.19**
	(0.72)	(0.19)	(0.47)	(0.54)	(0.00)	(0.00)	(0.35)	(0.16)	(0.09)	(0.17)	(0.03)	(0.71)	(0.14)	(0.28)	(0.01)

***p<0.01
**p<0.05 *p<0.1

Pol Konflikt	Pol. Relevanz	PCG Kodex	Input-steuerung	Ziel-steuerung	Prozess-kontrolle	Messbarkeit Ziele	Wett-bewerb	Komplexität Aufgabe	Kult. Ähnlichkeit	Repu-tation
1.00										
-0.23***	1.00									
(0.00)										
-0.08	-0.04	1.00								
(0.21)	(0.50)									
-0.05	-0.05	0.09	1.00							
(0.45)	(0.45)	(0.15)								
-0.15**	0.18**	0.31***	0.27***	1.00						
(0.03)	(0.01)	(0.00)	(0.00)							
-0.09	0.13*	0.33***	0.31***	0.75***	1.00					
(0.18)	(0.06)	(0.00)	(0.00)	(0.00)						
0.02	-0.10	-0.05	-0.09	0.12*	-0.05	1.00				
(0.78)	(0.14)	(0.43)	(0.15)	(0.07)	(0.42)					
0.11	-0.07	0.08	-0.24***	0.04	-0.03	0.20***	1.00			
(0.11)	(0.31)	(0.24)	(0.00)	(0.56)	(0.67)	(0.00)				
-0.00	0.06	0.04	0.01	0.09	0.00	0.04	0.13*	1.00		
(0.95)	(0.35)	(0.58)	(0.84)	(0.19)	(0.98)	(0.59)	(0.05)			
-0.20***	0.08	0.18**	0.17**	0.19***	0.20***	-0.04	-0.16**	-0.24***	1.00	
(0.00)	(0.25)	(0.01)	(0.01)	(0.00)	(0.00)	(0.54)	(0.02)	(0.00)		
-0.21***	0.11*	-0.05	-0.05	0.08	-0.05	0.18**	-0.08	0.11	0.15**	1.00
(0.00)	(0.09)	(0.43)	(0.44)	(0.25)	(0.45)	(0.01)	(0.25)	(0.11)	(0.02)	

www.ingramcontent.com/pod-product-compliance
Ingram Content Group UK Ltd.
Pitfield, Milton Keynes, MK11 3LW, UK
UKHW021840290926
8980IPUK00005B/570

9 783631 717837